THOMAS RAAB

Negatorischer Rechtsschutz des Betriebsrats gegen mitbestimmungswidrige Maßnahmen des Arbeitgebers

Schriften zum Sozial- und Arbeitsrecht

Band 122

Negatorischer Rechtsschutz des Betriebsrats gegen mitbestimmungswidrige Maßnahmen des Arbeitgebers

Ein Beitrag zur Systematik des betriebsverfassungsrechtlichen Rechte- und Pflichtenverhältnisses und zum Organstreit

Von

Dr. Thomas Raab

Duncker & Humblot · Berlin

Die Deutsche Bibliothek – CIP-Einheitsaufnahme

Raab, Thomas:
Negatorischer Rechtsschutz des Betriebsrats gegen mitbestimmungswidrige Massnahmen des Arbeitgebers : ein Beitrag zur Systematik des betriebsverfassungsrechtlichen Rechte- und Pflichtenverhältnisses und zum Organstreit / von Thomas Raab. — Berlin : Duncker und Humblot, 1993
(Schriften zum Sozial- und Arbeitsrecht ; Bd. 122)
Zugl.: Mainz, Univ., Diss., 1992
ISBN 3-428-07710-5
NE: GT

Fotoprint: Werner Hildebrand, Berlin 65
Printed in Germany

ISSN 0582-0227
ISBN 3-428-07710-5

Meinen Eltern

Vorwort

Der Schutz der Beteiligungsrechte des Betriebsrats stellt sozusagen die Nagelprobe für das Funktionieren der betriebsverfassungsrechtlichen Ordnung dar. Hier soll erneut der Versuch gewagt werden, Abwehransprüche des Betriebsrats bei Verletzung seiner Beteiligungsrechte zu begründen, in das System der Rechte und Pflichten zwischen Arbeitgeber und Betriebsrat einzubinden und einer systemimmanenten und in sich konsistenten Behandlung zuzuführen.

Die Arbeit hat dem Fachbereich Rechts- und Wirtschaftswissenschaften der Johannes Gutenberg-Universität Mainz im Sommersemester 1992 als Dissertation vorgelegen. Das Manuskript wurde im März 1992 abgeschlossen. Für die Drucklegung wurde der Text nochmals geringfügig überarbeitet und später veröffentlichte Rechtsprechung und Literatur - soweit möglich - noch berücksichtigt.

Zu danken habe ich in erster Linie meinem akademischen Lehrer, Herrn Professor Dr. Alfons Kraft, der mich zum wissenschaftlichen Arbeiten angeleitet und die Entstehung der Arbeit während meiner Tätigkeit als wissenschaftlicher Mitarbeiter an seinem Lehrstuhl wesentlich gefördert, insbesondere mir den notwendigen Freiraum zur eigenen wissenschaftlichen Tätigkeit gewährt hat. Des weiteren gilt mein Dank Herrn Professor Dr. Horst Konzen, der die Erstellung des Zweitgutachtens übernommen hat und dessen Hinweise mich an einigen Stellen zu einer Präzisierung meiner Ausführungen angeregt haben, meinem Kollegen Dr. Christoph Weber für wertvolle technische Hilfe bei der Vorbereitung der Drucklegung sowie dem Verlag Duncker & Humblot für die Aufnahme der Arbeit in die Schriftenreihe.

Zu danken habe ich schließlich meiner lieben Frau Jutta, deren Verständnis für meine zeitliche und sonstige Inanspruchnahme die Erstellung der Arbeit wesentlich erleichtert hat. Ich widme die Arbeit meinen Eltern, ohne deren Unterstützung mir ein vertieftes Studium nicht möglich gewesen und diese Arbeit wahrscheinlich nicht entstanden wäre.

Mainz, im Dezember 1992

Thomas Raab

Inhaltsverzeichnis

2. Teil

§ 23 Abs. 3 BetrVG im System der betriebsverfassungsrechtlichen Pflichten

Abkürzungsverzeichnis

a.A.	anderer Ansicht
a.a.O	am angegebenen Ort
abl.	ablehnend
Abs.	Absatz
AbzG	Gesetz betreffend die Abzahlungsgeschäfte
AcP	Archiv für die civilistische Praxis
a.E.	am Ende
AFG	Arbeitsförderungsgesetz
AG	Aktiengesellschaft. Die Aktiengesellschaft (Zeitschrift)
AGBG	Gesetz zur Regelung des Rechts der allgemeinen Geschäftsbedingungen
AktG	Aktiengesetz
allg.	allgemein
Alt.	Alternative
Anh.	Anhang
Anm.	Anmerkung
AöR	Archiv für öffentliches Recht
AP	Arbeitsrechtliche Praxis
ArbG	Arbeitsgericht
ArbGG	Arbeitsgerichtsgesetz vom 2.7.1979 (sofern nicht anders vermerkt)
Art.	Artikel
Aufl.	Auflage

AÜG	Arbeitnehmerüberlassungsgesetz
AuR	Arbeit und Recht
ausf.	ausführlich
ausdr.	ausdrücklich
AVG	Angestelltenversicherungsgesetz
Az	Aktenzeichen
BAG	Bundesarbeitsgericht
BayObLG	Bayerisches Oberstes Landesgericht
BB	Betriebsberater
Bd.	Band
BegrRegE	Begründung zum Regierungsentwurf
BegrEntw	Begründung zum Entwurf
Beil.	Beilage
BeschFG	Gesetz über die arbeitsrechtlichen Vorschriften zur Beschäftigungsförderung
Beschl.	Beschluß
Betr	Der Betrieb
BetrAVG	Gesetz zur Verbesserung der betrieblichen Altersversorgung
BetrVG	Betriebsverfassungsgesetz vom 15.1.1972
BetrVG 1952	Betriebsverfassungsgesetz vom 11.10.1952
BGB	Bürgerliches Gesetzbuch
BGBl.	Bundesgesetzblatt
BGH	Bundesgerichtshof
BGHZ	Entscheidungen des Bundesgerichtshofs in Zivilsachen
Bl.	Blatt
BR-Drucks.	Bundesrats-Drucksache
BT-Drucks.	Bundestagsdrucksache

BUrlG	Bundesurlaubsgesetz
BVerfG	Bundesverfassungsgericht
BVerfGE	Entscheidungen des Bundesverfassungsgerichts
bzgl.	bezüglich
bzw.	beziehungsweise
ders.	derselbe
d.h.	das heißt
dies.	dieselbe(n)
Diss.	Dissertation
DJT	Deutscher Juristentag
Einl.	Einleitung
etc.	et cetera
EuGH	Europäischer Gerichtshof
EzA	Entscheidungssammlung zum Arbeitsrecht
f., ff.	(fort)folgende
Fn., Fnn.	Fußnote(n)
FS	Festschrift
gem.	gemäß
GewO	Gewerbeordnung
GG	Grundgesetz für die Bundesrepublik Deutschland
GmbH	Gesellschaft mit beschränkter Haftung
GmbHG	Gesetz betreffend die Gesellschaften mit beschränkter Haftung
GmbHR	GmbH-Rundschau
Grunds.	Allgemeine Grundsätze
GRUR	Gewerblicher Rechtsschutz und Urheberrecht
GS	Großer Senat

GWB	Gesetz gegen Wettbewerbsbeschränkungen
HGB	Handelsgesetzbuch
h.M.	herrschende Meinung
Hrsg.	Herausgeber
Hs.	Halbsatz
i.d.F.	in der Fassung
i.d.R.	in der Regel
i.E.	im Ergebnis
insbes.	insbesondere
i.S.	im Sinne
i.V.m.	in Verbindung mit
JArbR	Das Arbeitsrecht der Gegenwart. Jahrbuch für das gesamte Arbeitsrecht und die Arbeitsgerichtsbarkeit
JArbSchG	Jugendarbeitsschutzgesetz
jew.	jeweils
JR	Juristische Rundschau
JuS	Juristische Schulung
JZ	Juristenzeitung
KO	Konkursordnung
krit.	kritisch
KSchG	Kündigungsschutzgesetz
LAG	Landesarbeitsgericht
LAGE	Entscheidungen der Landesarbeitsgerichte
LG	Landgericht
Lit.	Literatur
lit.	Buchstabe
m.Anm.	mit Anmerkung

MitbestErG	Gesetz zur Ergänzung des Gesetzes über die Mitbestimmung der Arbeitnehmer in den Aufsichtsräten und Vorständen der Unternehmen des Bergbaus und der Eisen und Stahl erzeugenden Industrie
MitbestG	Gesetz über die Mitbestimmung der Arbeitnehmer
m.w.N.	mit weiteren Nachweisen
n.F.	neue(r) Fassung
Nachw.	Nachweise
NJW	Neue Juristische Wochenschrift
NJW-RR	NJW Rechtsprechungs-Report Zivilrecht
Nr.	Nummer(n)
NZA	Neue Zeitschrift für Arbeits- und Sozialrecht
OLG	Oberlandesgericht
PersVG	Personalvertretungsgesetz
RAG	Reichsarbeitsgericht
RdA	Recht der Arbeit
RegE	Regierungsentwurf
RG	Reichsgericht
RGZ	Entscheidungen des Reichsgerichts in Zivilsachen
Rspr.	Rechtsprechung
RVO	Reichsversicherungsordnung
Rz	Randziffer
S.	Seite
s.a.	siehe auch
SAE	Sammlung Arbeitsrechtlicher Entscheidungen
SchwbG	Schwerbehindertengesetz
sog.	sogenannte(r)
str.	streitig

st.Rspr.	ständige Rechtsprechung
TVG	Tarifvertragsgesetz
u.a.	unter anderem(n)
umf.N.	umfassende Nachweise
Urt.	Urteil
u.U.	unter Umständen
VerbrKrG	Verbraucherkreditgesetz
VersR	Versicherungsrecht
vgl.	vergleiche
Vorbem.	Vorbemerkung
WM	Wertpapier-Mitteilungen
w.N.	weitere Nachweise
z.B.	zum Beispiel
ZfA	Zeitschrift für Arbeitsrecht
ZGR	Zeitschrift für Unternehmens- und Gesellschaftsrecht
ZHR	Zeitschrift für das gesamte Handels- und Wirtschaftsrecht
ZIP	Zeitschrift für Wirtschaftsrecht und Insolvenzpraxis
zit.	zitiert
ZPO	Zivilprozeßordnung
z.T.	zum Teil
zust.	zustimmend
zutr.	zutreffend
ZZP	Zeitschrift für Zivilprozeßrecht

Einleitung und Problemstellung

Das BetrVG räumt dem Betriebsrat umfangreiche Mitwirkungsrechte bei der Regelung der arbeitstechnischen Organisation sowie bei der Gestaltung der Rechtsverhältnisse im Betrieb ein. Insbesondere im Bereich der sog. sozialen Angelegenheiten gem. § 87 BetrVG hat der Betriebsrat weitgehende Kompetenzen in vielen Bereichen, die den Betriebsablauf, aber auch die materiellen Arbeitsbedingungen[1] wesentlich bestimmen. Diese Beteiligungsrechte sind dadurch abgesichert, daß der Betriebsrat nach h.M. grundsätzlich ein Initiativrecht dergestalt hat, daß er entsprechende Regelungen selbst herbeiführen kann[2], andererseits die Mitwirkung des Betriebsrats Voraussetzung für die individualrechtliche Wirksamkeit einer Maßnahme des Arbeitgebers ist[3]. Einigen sich die Betriebspartner nicht über eine Regelung, so können beide gem. § 76 Abs. 5 BetrVG die Einigungsstelle anrufen, deren Spruch gem. § 87 Abs. 2 BetrVG die Einigung ersetzt.

Trotz dieser Ausgestaltung kann es dazu kommen, daß das Beteiligungsrecht des Betriebsrats im Ergebnis leerläuft. Die Einflußmöglichkeiten des Betriebsrats sind nämlich dadurch entscheidend beschränkt, daß die Leitung des Betriebs grundsätzlich allein in den Händen des Arbeitgebers liegt, was in § 77 Abs. 1 Satz 2 BetrVG eindeutig dadurch zum Ausdruck kommt, daß dem Betriebsrat einseitige Eingriffe in diese Leitung untersagt sind. Der Arbeitgeber hat daher die Möglichkeit, bestimmte Maßnahmen auch ohne Einschaltung des Betriebsrats anzuordnen. Zwar kann der Betriebsrat in diesem Fall die Eini-

---

[1] Die frühere Unterscheidung in (mitbestimmungspflichtige) formelle und (mitbestimmungsfreie) materielle Arbeitsbedingungen ist nach der Neufassung des BetrVG 1972 heute im wesentlichen ohne Bedeutung vgl. *Fitting/Auffarth/Kaiser/Heither* § 87 Rz 20; *Wiese* GK-BetrVG § 87 Rz 26 ff.

[2] Zu Einzelheiten vgl. *Dietz/Richardi* § 87 Rz 46 ff.; *Fitting/Auffarth/Kaiser/Heither* § 87 Rz 26; *Galperin/Löwisch* § 87 Rz 26 ff.; *Wiese* GK-BetrVG § 87 Rz 100 ff.; *Zöllner/Loritz*, ArbR, § 47 III 4, S.507

[3] Aus der Rspr. BAG, AP Nr.2 zu § 87 BetrVG 1972 Kurzarbeit; AP Nr. 6 zu § 87 BetrVG 1972 Altersversorgung Bl 3 unter 2b; ebenso die h.M. in der Literatur *Fitting/Auffarth/Kaiser/Heither* § 87 Rz 23; *Galperin/Löwisch* § 87 Rz 16 ff.; *v.Hoyningen-Huene*, BetrVR, § 12 I 5 b, S.226 f.; *Wiese* GK-BetrVG § 87 Rz 76 ff.; a.A. *Dietz/Richardi* § 87 Rz 80 ff.; *Hess/Schlochauer/Glaubitz* § 87 Rz 77 ff.; krit. auch *Zöllner/Loritz*, ArbR, § 47 V 3, S.514 ff.; ausf. Nachweise insbes. zur Rspr. des BAG bei *Wiese* a.a.O. Rz 76.

gungsstelle anrufen und deren Errichtung und Entscheidung gegen den Widerstand bzw. ohne die Mitwirkung des Arbeitgebers durchsetzen, da deren Vorsitzender gem. §§ 76 Abs. 2 Satz 2 BetrVG, 98 Abs. 1 Satz 1 ArbGG durch das Arbeitsgericht bestellt werden kann und die Einigungsstelle notfalls gem. § 76 Abs. 5 Satz 2 BetrVG nur mit den Stimmen der vom Betriebsrat benannten Beisitzer entscheidet (zur Zahl der Beisitzer vgl. § 76 Abs. 2 Satz 3 BetrVG)[4].

Doch ändert dies nichts an der faktischen Durchführung der Maßnahme bis zu dem Zeitpunkt, in dem die Einigungsstelle entscheidet. Bezieht man das Verfahren zur gerichtlichen Bestellung des Vorsitzenden sowie zur Bestimmung der Zahl der Beisitzer gem. § 98 Abs. 1 ArbGG mit ein, so kann bis dahin ein erheblicher Zeitraum verstreichen. Hält sich der Arbeitgeber an den Beschluß der Einigungsstelle ebenfalls nicht für gebunden, so bleibt dem Betriebsrat nur der Weg zu den Arbeitsgerichten. Geht man mit der zutreffenden Auffassung des BAG[5] davon aus, daß der Betriebsrat grundsätzlich einen Anspruch auf Einhaltung und Durchführung einer durch den Spruch der Einigungsstelle abgeschlossenen Betriebsvereinbarung hat, so kann der Betriebsrat beantragen, dem Arbeitgeber aufzugeben, entsprechend zu verfahren und betriebsvereinbarungswidrige Maßnahmen zu unterlassen. Aber auch soweit der Betriebsrat in diesem Verfahren obsiegt, ist eine zwangsweise Durchsetzung dieses Anspruches mit den Mitteln der Zwangsvollstreckung frühestens mit Rechtskraft der Entscheidung möglich, da gem. § 85 Abs. 1 ArbGG eine Vollstreckung nur aus rechtskräftigen Beschlüssen stattfindet. Rechnet man mit einem Rechtsweg über 3 Instanzen, so macht allein dies deutlich, daß bis zu einer endgültigen Durchsetzung u.U. Jahre vergehen können.

In dieser Zeit kann sich die Maßnahme längst erledigt haben, da ihr Zweck erfüllt ist. Besonders plastisch wird die Unzulänglichkeit des Rechtsschutzes bei der Anordnung von Überstunden. Dabei handelt es sich um eine vorübergehende Verlängerung der betriebsüblichen Arbeitszeit, über die der Betriebsrat - soweit es sich um eine kollektive Maßnahme handelt[6] - mitzubestimmen hat. Da sich ein solcher Bedarf i.d.R. kurzfristig ergibt und die Maßnahme nach dem gesetzlichen Mitbestimmungstatbestand zeitlich begrenzt sein muß, sie also kaum über mehrere Jahre kontinuierlich aufrechterhalten werden dürfte, ist

---

[4] Hierzu *Dietz/Richardi* § 76 Rz 35, 82; *Fitting/Auffarth/Kaiser/Heither* § 76 Rz 23 ff.; *Galperin/Löwisch* § 76 Rz 12 ff., 33; *Kreutz* GK-BetrVG § 76 Rz 27 f., 73 ff.

[5] AP Nr.24 zu § 77 BetrVG 1972.

[6] Zur Beschränkung der Mitbestimmung auf kollektive Maßnahmen ausf. *Galperin/Löwisch* § 87 Rz 6 ff.; *Wiese* GK-BetrVG § 87 Rz 13 ff.; s.a. *Fitting/Auffarth/Kaiser/Heither* § 87 Rz 18 f.; krit. *Dietz/Richardi* § 87 Rz 93, 97, die gerade in dieser Beschränkung eine wesentliche Schwäche der Theorie der notwendigen Mitbestimmung sehen.

die Überstundenanordnung meist zum Zeitpunkt der rechtskräftigen Entscheidung bereits aufgehoben, somit die Erledigung des Rechtsstreits eingetreten. Zwar kann der Betriebsrat, da i.d.R. wegen des Auftretens ähnlicher Fälle in der Zukunft ein Feststellungsinteresse bestehen wird[7], die Rechtswidrigkeit der Maßnahme durch eine Änderung des Antrags gem. § 264 Nr.3 ZPO feststellen lassen. Dies ändert aber nichts daran, daß er sein Mitbestimmungsrecht bei der Gestaltung dieser Maßnahme endgültig nicht ausüben konnte[8].

Ebensowenig hilft es in diesem Zusammenhang weiter, daß nach der herrschenden sog. Theorie der Wirksamkeitsvoraussetzung[9] die entsprechende Arbeitgebermaßnahme unwirksam ist. Diese Unwirksamkeit wirkt sich allein im Individualarbeitsverhältnis insofern aus, als Rechte und Pflichten des ArbN durch die einseitige Maßnahme nicht begründet werden können. Demzufolge kann die Nichtigkeit nur von den Arbeitnehmern geltend gemacht werden. Diese werden aber hieran häufig kein Interesse haben[10], insbesondere dann nicht, wenn sie in der Möglichkeit, durch Überstunden ein höheres Einkommen zu erzielen, einen Vorteil sehen, was mit fortschreitender Verkürzung der regelmäßigen Wochenarbeitszeit kein Ausnahmefall sein dürfte.

Bei dieser Ausgangssituation ist es nicht verwunderlich, daß dies fast zwangsläufig zu Überlegungen geführt hat, auf welchem Wege dem Arbeitgeber von vornherein wirksam untersagt werden kann, solche einseitigen Maßnahmen durchzuführen, insbesondere ob es einen allgemeinen Anspruch des Betriebsrats gegen den Arbeitgeber auf Unterlassung von Maßnahmen gibt, die seine Beteiligungsrechte unterlaufen, der dann u.U. Grundlage eines einstweiligen Rechtsschutzes sein und so eine schnelle Sicherung der Beteiligungsrechte gewährleisten könnte[11]. Erstaunlicher erscheint vielmehr, daß erst im Jahre 1983 eine Entscheidung des 1.Senats des BAG[12] die Problematik zum Gegenstand hatte und damit die Diskussion um einen solchen Unterlassungsanspruch in Gang brachte, die dafür dann allerdings um so heftiger ausfiel.

Zentrale Bedeutung für die Diskussion um einen negatorischen Rechtsschutz des Betriebsrats gegen solche mitbestimmungswidrigen Maßnahmen des Ar-

---

[7] BAG, AP Nr.3 zu § 81 ArbGG 1979; AP Nr.21 zu § 99 BetrVG 1972; *Germelmann/Matthes/Prütting*, ArbGG, § 81 Rz 25 f.; *Grunsky*, ArbGG, § 80 Rz 20 b.

[8] Zur vergleichbaren Problematik bei der Mitbestimmung bei personellen Einzelmaßnahmen BAG, AP Nr.7 zu § 23 BetrVG 1972.

[9] Vgl. die Nachw. oben Fn 3.

[10] Dies sieht auch der 1.Senat des BAG, AP Nr.2 zu § 23 BetrVG 1972 zu B II 5 b.

[11] Zu den Problemen, die der einstweilige Rechtsschutz in diesem Zusammenhang aufwirft, *Olderog*, NZA 1985, 753 ff.

[12] BAG, Beschl. vom 22.2.1983, AP Nr.2 zu § 23 BetrVG 1972.

beitgebers hatte sowohl in dieser Entscheidung, als auch in der darauf folgenden Entwicklung der Rechtsprechung sowie in den Stellungnahmen der Literatur die Frage, inwieweit sich aus der Existenz von den Arbeitgeber verpflichtenden Mitwirkungsrechten des Betriebsrats durchsetzbare Ansprüche ergeben, insbesondere ob sich aus einzelnen Mitbestimmungsrechten über das vom Gesetz ausdrücklich zur Verfügung gestellte Instrumentarium hinaus ungeschriebene Ansprüche auf Unterlassung kompetenzverletzender Maßnahmen herleiten lassen. Da die Herleitung solcher Ansprüche entscheidend davon abhängig ist, welche Rechtsqualität dem Verhältnis zwischen Arbeitgeber und Betriebsrat beigemessen wird, soll in einem ersten Teil die rechtliche Struktur dieses Verhältnisses analysiert werden. Im zweiten Teil der Arbeit wird die Bedeutung des § 23 Abs. 3 BetrVG für die Herleitung selbständiger Ansprüche im Betriebsverfassungsrecht behandelt. Der Vorschrift kommt insofern besondere Bedeutung zu, als sie von den Gegnern eines ergänzenden negatorischen Rechtsschutzes als Schranke für die Herleitung selbständiger Unterlassungsansprüche angesehen wird. Es erscheint daher gerechtfertigt, Funktion und Anwendungsbereich des § 23 Abs. 3 BetrVG in einem eigenen Abschnitt darzustellen.

Im Mittelpunkt des anschließenden dritten Teils steht die Frage, ob sich speziell im Bereich der Mitbestimmung des Betriebsrats in sozialen Angelegenheiten Unterlassungsansprüche des Betriebsrats zur Verhinderung mitbestimmungswidriger einseitiger Maßnahmen des Arbeitgebers begründen lassen. Hierzu wird zunächst, anknüpfend an die Ergebnisse bei der Analyse des Rechtsverhältnisses zwischen Arbeitgeber und Betriebsrat, untersucht werden, ob im Aktienrecht entsprechende Ansprüche der Organe bei Kompetenzübergriffen durch das jeweils andere Organ anerkannt sind. Anschließend sollen die Verbindungslinien zwischen dem aktienrechtlichen Organstreit und der Situation bei mitbestimmungswidrigen Maßnahmen im Betriebsverfassungsrecht nachgezeichnet und eine gemeinsame Rechtsgrundlage für Ansprüche in beiden Rechtsgebieten gesucht werden.

Schließlich werden in einem letzten Abschnitt die gewonnenen Erkenntnisse auf das betriebsverfassungsrechtliche Rechtsverhältnis im Bereich der Mitbestimmung in sozialen Angelegenheiten übertragen und angewandt. Dabei wird insbesondere zu untersuchen sein, ob das BetrVG selbst bereits eine Regelung des Kompetenzkonfliktes enthält und deshalb der Begründung ergänzender, aus allgemeinen Grundsätzen hergeleiteter Ansprüche entgegensteht.

1. Teil

Das Rechtsverhältnis zwischen Arbeitgeber und Betriebsrat

In dem nun folgenden ersten Teil soll zunächst das Verhältnis zwischen Arbeitgeber und Betriebsrat einer Analyse unterzogen werden. Die Beantwortung der Frage, ob sich aus einem Rechtsverhältnis bestimmte erzwingbare Pflichten bzw. Ansprüche ableiten lassen, setzt naturgemäß voraus, daß man sich über die Rechtsnatur und die Struktur des Rechtsverhältnisses Klarheit verschafft. Die Qualifizierung des Verhältnisses zwischen Arbeitgeber und Betriebsrat wiederum kann nur sinnvoll vorgenommen werden, wenn man sich zuvor die Bedeutung der Betriebsverfassung selbst und damit die Funktion des Betriebsrats als Interessenvertreter der Arbeitnehmer vergegenwärtigt.

A. Das Betriebsverfassungsgesetz als Instrument zur Verwirklichung der Selbstbestimmung der Arbeitnehmer

I. Das Schutz- und Funktionsdefizit des Arbeitsvertrages

1. Die Voraussetzungen privatautonomer Gestaltung

Ebenso wie das gesamte Arbeitsrecht als eigenständiges Rechtsgebiet hat auch das Betriebsverfassungsrecht seinen Ursprung in dem gesteigerten Schutzbedürfnis der Arbeitnehmer. Der Arbeitgeber hatte im 19.Jahrhundert aufgrund der Tatsache, daß die Arbeitnehmer auf die Verrichtung unselbständiger Arbeit zur Sicherung ihres Lebensunterhaltes angewiesen waren, eine überlegene Position, die es ihm ermöglichte, die Arbeitsbedingungen praktisch einseitig durchzusetzen[1]. Dies ebenso wie die Ausgestaltung des Dienstverhältnisses als eine Art "besonderes Gewaltverhältnis", wie es auch heute noch z.B.

---

[1] *Hanau/Adomeit*, ArbR, B I 4, S.30 f.; *Hueck/Nipperdey*, ArbR I, S.25 ff.; *Richardi*, Kollektivgewalt und Individualwille, S. 114 f.

in der Bezeichnung des Arbeitgebers als "Prinzipal" in einigen Vorschriften des HGB (vgl. etwa § 62 HGB) zum Ausdruck kommt, führte auch im betrieblichen Bereich zu einer umfassenden Weisungs- und Organisationsbefugnis des Arbeitgebers[2].

Das BetrVG will demgegenüber die Selbstbestimmung der Arbeitnehmer stärken. Es stellt folglich eine Reaktion auf ein funktionales Defizit des Individualvertragsrechts dar[3], das sich im abhängigen Beschäftigungsverhältnis zuerst offenbarte, und ergänzt den durch die zwingenden Normen des Individualarbeitsrechts sowie das Koalitions- und Arbeitskampfrecht bestehenden Arbeitnehmerschutz. Das Arbeitsrecht in seiner Ausprägung als Arbeitnehmerschutzrecht stand damit am Beginn einer Entwicklung, die den Schutz des sozial Schwächeren in einem Vertragsverhältnis in Antithese zum Grundsatz der unbeschränkten Vertragsfreiheit des Liberalismus zum Gegenstand gesetzlicher Regelungen machte[4].

Das bürgerliche Recht wird insbesondere im Recht der Schuldverhältnisse beherrscht von dem Grundsatz der Privatautonomie. Dieser beinhaltet, daß die Rechtssubjekte, auch als Parteien des Vetragsverhältnisses, so weit als möglich die Bedingungen, zu denen sie gegenseitig bindende Rechts- und Pflichtenbeziehungen eingehen, selbstbestimmt (autonom) ohne Beschränkung durch staatliche Gesetze festlegen sollen[5]. Dabei geht das Gesetz davon aus, daß diese autonome Festlegung der Vertragsbedingungen am ehesten die Gewähr dafür bietet, daß das vertragliche Regelwerk einen angemessenen Ausgleich der beiderseitigen Interessen darstellt und die am Vertragsschluß Beteiligten am weitestgehenden ihre Zwecksetzung verwirklichen können. Die Privatautonomie ist folglich zugleich ein Ausschnitt aus dem Freiheitsrecht des Einzelnen vor staatlicher Bevormundung, also Ausfluß des heute in Art.2 Abs. 1 GG verankerten Rechts auf freie Entfaltung der Persönlichkeit[6]. Ein wesentliches Element der Privatautonomie ist der in § 305 BGB kodifizierte Grundsatz der Vertragsfreiheit. Die Vertragsfreiheit wiederum erfaßt sowohl die (Vertrags-) Abschlußfreiheit, also die Freiheit darüber zu entscheiden, ob und mit wem

---

2 *Thiele* GK-BetrVG Einl Rz 18; *Belling*, Haftung des Betriebsrats, S.175 f.

3 Vgl. zum sog. Funktionsdefizit des Arbeitsvertrages ausf. *Zöllner*, AcP 176 (1976), 221.

4 Zur Entwicklung, die in der Folge auch das Mietrecht sowie die Regelungen zum Verbraucherschutz (AGBG, AbzG, VerbrKrG) erfaßte vgl. *Soergel/Wolf* vor § 305 Rz 10 ff.; *Soergel/ Teichmann* § 241 Rz 11; *Larenz*, AT § 3 I, S.50 ff.

5 *Larenz*, AT § 2 II, S.40 f.

6 *Dürig* in *Maunz/Dürig*, GG, Art.2 I Rz 53; *Jarass/Pieroth*, GG, Art.2 Rz 30a; *v.Mangoldt/ Klein/Starck*, GG, Art.2 Rz 99; *v.Münch*, GG, Art.2 Rz 20.

man Verträge abschließt, als auch die (Vertrags-)Gestaltungsfreiheit, also die Freiheit, den Inhalt dieser Verträge festzulegen[7].

Dabei wurde jedoch übersehen, daß die Vertragsfreiheit nur unter einer Prämisse am besten den gerechten Interessenausgleich gewährleistet und damit das Prinzip der Selbstbestimmung als Kern der Privatautonomie verwirklicht. Diese Voraussetzung ist nämlich, daß sich auf beiden Seiten gleich starke Partner gegenüberstehen[8]. Sobald eine Seite ein faktisches Übergewicht besitzt, kann sich unter der Herrschaft der Vertragsfreiheit nur die Freiheit des Stärkeren verwirklichen, während dies auf Seiten des Schwächeren mit einem Verlust an selbstbestimmter Gestaltung der Lebensbedingungen verbunden ist. Privatautonome Gestaltung setzt somit nicht nur die Freiheit der Vertragspartner vor regulierenden Eingriffen Dritter, vor heteronomer Regelung voraus, sondern bedingt mindestens in gleicher Weise, daß die von äußeren Einflüssen freie, nur vom Zusammenspiel der Vertragspartner abhängige Vereinbarung der Vertragsbedingungen jedem der Partner zumindest die Möglichkeit der Verwirklichung der eigenen Interessen bietet. Das Recht, selbstbestimmt über Inhalt und Umfang der rechtlichen Bindungen zu entscheiden, muß sich also nicht nur gegenüber Dritten, sondern gerade auch gegenüber dem jeweiligen Vertragspartner behaupten können. Die Gestaltung der Rechtsbeziehungen nach dem Prinzip der Selbstbestimmung setzt also neben der formalen auch die (annähernd) faktische Gleichheit oder Gleichgewichtigkeit der Parteien eines Rechtsverhältnisses voraus[9]. Ist diese Gleichgewichtigkeit gegeben, so bietet die freie Vertragsgestaltung als Synthese der beiden Willensäußerungen regelmäßig eine Gewähr dafür, daß beide Partner ihre Interessen in der getroffenen Regelung angemessen berücksichtigt finden, mithin eine Art "Richtigkeitsgewähr"[10].

---

[7] *Jauernig/Vollkommer* § 305, I 2; *MünchKomm/Söllner* § 305 Rz 1; *Soergel/Wolf* § 305 Rz 3; *Staudinger/Löwisch* § 305 Rz 1.

[8] Vgl. a. *Soergel/Wolf* vor § 305 Rz 14; *Flume*, AT II, S.10.

[9] BVerfG AP Nr.65 zu Art.12 GG unter C I 3 = NJW 1990, 1469; *Biedenkopf*, Vertragliche Wettbewerbsbeschränkung, S.106 ff., 108 f.; *Flume*, AT II, S.10, 15 f.; *Fastrich*, Inhaltskontrolle, S.56; *Richardi*, Kollektivgewalt und Individualwille, S.49 f.; die These, daß privatautonome Gestaltung auf beiden Seiten eine Gleichgewichtigkeit der Machtverhältnisse erfordert, wird teilweise auch von denjenigen akzeptiert, die am Ungleichgewicht im Arbeitsverhältnis zweifeln vgl. *Kreutz*, Grenzen der Betriebsautonomie, S.160 f.

[10] Die Idee der Richtigkeitsgewähr basiert auf Überlegungen von *Schmidt-Rimpler*, AcP 147 (1941), 130, 155 ff., 161, die jedoch zunächst einen stark ordnungspolitischen Ansatz verfolgten; ähnlich *Biedenkopf*, Vertragliche Wettbewerbsbeschränkung, S.106 ff.; krit. hierzu *Flume*, AT II, S.7 f.; *Richardi*, Kollektivgewalt und Individualwille, S.42 f. Wird die Idee der Richtigkeitsgewähr als Mittel zur Sicherstellung der Funktionsvoraussetzungen für eine gerechte Vertragsordnung verstanden, ist sie jedoch ohne weiteres mit dem Gedanken der Privatautonomie vereinbar; zutr. *Fastrich*, Inhaltkontrolle, S.52 ff.; vgl. zum Ganzen auch *Kreutz*, Grenzen der Betriebsautonomie, S.156 ff.

2. Die Ungleichgewichtigkeit infolge wirtschaftlicher und "intellektueller" Unterlegenheit des Arbeitnehmers

Eine auf beiden Seiten selbstbestimmte, privatautonome Regelung der Arbeitsbedingungen setzt mithin ein faktisches Machtgleichgewicht zwischen Arbeitgeber und Arbeitnehmer voraus. Im Arbeitsverhältnis ist aber der Arbeitgeber typischerweise in einer erheblich stärkeren Position[11]. Dies folgt zum einen daraus, daß er (bzw. die von ihm angestellten Personen) über erheblich mehr Erfahrung und Geschick im Rechts- und Geschäftsverkehr verfügt. Zum anderen ist es das Ergebnis der bereits angesprochenen Tatsache, daß die überwiegende Zahl der Menschen in der heutigen arbeitsteiligen Wirtschaft auf die Leistung unselbständiger Arbeit angewiesen sind, um ihren Lebensunterhalt zu sichern[12], und auf diese Weise die Dispositionsmöglichkeit über ihre eigene Arbeitskraft verlieren, da sie ausschließlich fremdnützig im Rahmen der wirtschaftlichen Disposition des Arbeitgebers tätig werden[13]. Ihnen steht somit eine Wahlmöglichkeit allenfalls hinsichtlich der Person des jeweiligen Arbeitgebers zur Verfügung, nicht dagegen im Hinblick auf das "Ob" des Abschlusses eines Arbeitsvertrages.

Die These von der Ungleichgewichtigkeit im Arbeitsverhältnis, der Unterlegenheit sowie der hieraus resultierenden Abhängigkeit und Schutzbedürftigkeit des Arbeitnehmers, ist zunächst de lege lata dem Verständnis des geltenden Arbeitsrechts und damit auch dem Verständnis der Funktion der Betriebsverfassung zugrunde zu legen, weil das Gesetz selbst von dieser Prämisse ausgegangen und nur aus ihr heraus verständlich ist[14]. Trotz kritischer Stimmen im neueren Schrifttum[15] ist an der These aber auch in der Sache festzuhalten. Da-

---

[11] Dies ist im Grundsatz auch heute noch anerkannt, vgl. die grundlegenden Darstellungen bei *Nikisch*, ArbR I, S.29 ff. und *Hueck/Nipperdey*, ArbR I, S.25 ff.; die Bedeutung insbes. der wirtschaftlichen Abhängigkeit hat in neuerer Zeit insbes. *Lieb*, ArbR, S.5 f. zu Recht betont; auch das BVerfG geht davon aus, daß bei Abschluß von Arbeitsverträgen ein Kräftegleichgewicht typischerweise nicht besteht, Urt. vom 28.1.1992, NZA 1992, 270, 273 unter C III 3; krit. zur These der Ungleichgewichtigkeit *Kreutz*, Grenzen der Betriebsautonomie, S.165 ff.; *Zöllner*, AcP 176 (1976), 221, 230 ff.

[12] *Hueck/Nipperdey*, ArbR I, S.26; *Nikisch*, ArbR I, S.29; *Zöllner*, AcP 176 (1976), 221, 233 bestreitet die Erheblichkeit dieses Aspekts für die Schwäche des Arbeitnehmers.

[13] Vgl. zu diesem Aspekt *Beuthien/Wehler* RdA 1978, 2 ff., 5; *Lieb*, ArbR, S.5 f.; *H.P.Westermann*, AcP 178 (1978), 150 ff., 159 f.

[14] Zutr. *Belling*, Haftung des Betriebsrats, S.178; *Konzen*, ZfA 1991, 379, 394; vgl. auch Bericht der Mitbestimmungskommission, BT-Drucks. VI/334, S.61; die Bedeutung dieser These für die Auslegung des geltenden Arbeitsrechts wird auch von *Kreutz*, Grenzen der Betriebsautonomie, S.172 nicht geleugnet.

[15] *Kreutz*, Grenzen der Betriebsautonomie, S.165 ff.; *Zöllner*, AcP 176 (1976), 221 ff.

bei soll ohne weiteres eingeräumt werden, daß das Machtgleichgewicht durchaus in Abhängigkeit von der konkreten Situation am Arbeitsmarkt gewissen Schwankungen unterworfen ist, so daß z.B. in Zeiten des Arbeitskräftemangels die vertragliche Position des Arbeitnehmers sich erheblich günstiger darstellt[16]. Ebensowenig ist zu leugnen, daß auch der Arbeitgeber, soweit seine Zweckverfolgung den Einsatz menschlicher Arbeitskraft bedingt, einem gewissen faktischen "Kontrahierungszwang" insofern unterworfen ist, als er keine Wahl mehr bzgl. des "Ob" des Abschlusses eines Vertrages hat, sich die Wahlmöglichkeit also auf die Auswahl der Person des Arbeitnehmers reduziert. Doch wird ein Aspekt des Kräfteverhältnisses von den Kritikern nicht weiter problematisiert, dessen Bedeutung nicht gering zu veranschlagen sein dürfte. Für das faktische Kräfteverhältnis ist nämlich nicht nur ausschlaggebend, welche Stellung ein Vertragspartner tatsächlich am Markt hat, sondern mindestens ebenso, wieweit er in der Lage ist, diese Stellung für seine Zwecke zu funktionalisieren. Dies setzt zum einen die Kenntnis dieser Stellung voraus, zum anderen aber auch ein entsprechendes Verhandlungsgeschick. In beiden Bereichen wirkt sich aber die sog. intellektuelle Überlegenheit des Arbeitgebers aus[17], der zumindest typischerweise sich anhand seines unternehmerischen Organisationsapparates, sei es durch im Unternehmen beschäftigte Fachleute, sei es durch Berater in freien Berufen, den nötigen Sachverstand beschaffen kann. Der Arbeitgeber ist insoweit bereits deshalb in einer besseren Ausgangsposition, weil es für ihn als Unternehmer zum "täglichen Brot" gehört, im Rechts- und Geschäftsverkehr tätig zu werden. Außerdem stellen sich für ihn auch im Personalbereich die Probleme nicht als Einzelfall, so daß es für ihn auch von den Kosten her interessant ist, sich einer ständigen Unterstützung durch Fachleute zu vergewissern, während sich der Arbeitnehmer entsprechende Beratungskontakte, etwa in Form anwaltlicher Beratung, i.d.R. erst im Zusammenhang mit einem konkreten Anlaß aufbauen muß. Entgegen dem teilweise erweckten Eindruck handelt es sich bei der sog. intellektuellen Überlegenheit also nicht um ein Intelligenzdefizit auf Seiten des Arbeitnehmers[18], sondern um ein organisatorisches bzw. ein Erfahrungsdefizit. Der Arbeitgeber hat insoweit quasi einen "logistischen" Vorteil.

Auch im übrigen ist die Argumentation der Kritiker nicht recht überzeugend. So erscheint der Hinweis von Zöllner, daß schon die Tatsache, daß die Arbeitsbedingungen in Großunternehmen i.d.R. günstiger seien als in kleineren und

---

[16] *Kreutz*, Grenzen der Betriebsautonomie, S.168; *Zöllner*, AcP 176 (1976), 221, 238 f.; Bericht der Mitbestimmungskommission, BT-Drucks VI/334 Teil IV Ziff.16.

[17] *Säcker*, Gruppenautonomie, S.88 ff.

[18] Vgl. die Äußerung bei *Zöllner*, AcP 176 (1976), 221, 237; s.a. *Kreutz*, Grenzen der Betriebsautonomie, S.166 f.

mittleren Unternehmen, gegen die These der Ungleichgewichtigkeit spreche[19], wenig sachgerecht. Zöllner geht dabei nämlich von der Prämisse aus, daß die Unternehmen ihre bestehende Macht in gleicher Weise ausgespielt haben, so daß die Unterschiede allein durch das Gewicht der Arbeitnehmer zu erklären wären. Die günstigeren Arbeitsbedingungen in Großunternehmen dürften aber gerade darauf beruhen, daß die Unternehmen im Hinblick auf ihre gute Ertragslage davon absehen, die möglichen schlechteren Arbeitsbedingungen auch tatsächlich durchzusetzen, und stattdessen im Interesse der Mitarbeitermotivation die Finanzressourcen zur Schaffung angenehmer Arbeitsbedingungen ebenso wie zur Zahlung von die Arbeitnehmer zufriedenstellenden Löhnen und Gehältern nutzen. Die beschriebene Erfahrungstatsache beruht also auf einer bestimmten Definition der unternehmerischen Interessen, nämlich auf der Überlegung, daß angenehme Arbeitsbedingungen zugleich Leistungsanreize darstellen können und die Identifikation mit dem Unternehmen fördern, nicht dagegen auf der Mächtigkeit der Arbeitnehmer bei der Durchsetzung ihrer Interessen.

Ebensowenig läßt sich die These von der Ungleichgewichtigkeit dadurch entkräften, daß sie im Hinblick auf die neuere Rechtsentwicklung fragwürdig geworden sei, weil sich die Position des Arbeitnehmers durch das Arbeitsschutzrecht, die Bildung einer Gegenmacht durch die Arbeitnehmerkoalitionen sowie andere sozialpolitische Errungenschaften erheblich verbessert habe[20]. Die Argumentation belegt im Grunde die Behauptung, die sie zu widerlegen beabsichtigt. Bedarf es nämlich zur Herstellung der Gleichgewichtigkeit der Gegensteuerung durch den Gesetzgeber, so würde ohne sie ein Ungleichgewicht bestehen. Soweit neuere Entwicklungen in der Gesetzgebung sich auf die These einer immer noch bestehenden Ungleichgewichtigkeit stützen, mag man die durch die Arbeitnehmerschutzgesetze geschaffene Situation einbeziehen. Soweit aber das geltende Arbeitsrecht, also auch das Betriebsverfassungsrecht, als Instrument zur Korrektur der typischen Ungleichgewichtslage im Arbeitsverhältnis untersucht wird, muß man gerade auf die Situation abstellen, die ohne die Regelungen zum Arbeitnehmerschutz bestehen würde[21].

---

19 *Zöllner*, AcP 176 (1976), 221, 233.

20 *Kreutz*, Grenzen der Betriebsautonomie, S.170 f.

21 *Kreutz*, Grenzen der Betriebsautonomie, S.172: "Andererseits kann aber für die Beurteilung des vorhandenen Arbeitsrechts...nicht ausgeschlossen werden, daß dieses seinerseits einen Beitrag zur Überwindung (früherer) Ungleichgewichtigkeit zwischen Arbeitgeber und Arbeitnehmer leistet und auch leisten will.".

3. *Die Ungleichgewichtigkeit infolge struktureller Abhängigkeit des Arbeitnehmers*

Schließlich sind es nicht zuletzt faktische Zwänge bei der Ausgestaltung der Arbeitsbedingungen, die einen gleichberechtigten Interessenausgleich zwischen Arbeitgeber und Arbeitnehmer erschweren. So müssen bestimmte Arbeitsbedingungen (Arbeitszeit, Arbeitsumgebung, bestimmte Verhaltenspflichten zur Einhaltung von Sicherheitsvorschriften oder der betrieblichen Ordnung) nicht nur zwischen den einzelnen Vertragspartnern, sondern zugleich mit den übrigen abhängig Beschäftigten abgestimmt werden, wobei eine einheitliche Regelung getroffen werden muß. Unter den Voraussetzungen der Privatautonomie, die allein das einzelne Vertragsverhältnis im Auge hat, bietet sich insoweit kaum eine andere Möglichkeit als die einseitige Festlegung durch den Arbeitgeber, etwa in Form von allgemeinen Arbeitsbedingungen in Einheitsverträgen[22].

Die Unterlegenheit des Arbeitnehmers zeigt sich zudem an einem Aspekt, der gerade zum Typusmermerkmal des Arbeitsverhältnisses geworden ist, nämlich dem der persönlichen Abhängigkeit, der Weisungsunterworfenheit[23]. Diese ergibt sich zwangsläufig daraus, daß der Arbeitnehmer seine Dienste anbietet, um einen fremdnützigen Zweck zu verfolgen, also einen Zweck, der vom Arbeitgeber als dem Unternehmer vorgegeben wird. Dann muß dem Arbeitgeber aber auch grundsätzlich die Befugnis zustehen, den Inhalt der Dienstleistung sowie die Modalitäten der Erfüllung zu bestimmen, da diese wesentlich von der unternehmerischen Zwecksetzung abhängen[24]. Die Ungleichgewichtigkeit wird dadurch verstärkt, daß es sich insoweit um eine strukturelle Abhängigkeit handelt, die mithin von den beteiligten Personen unabhängig ist[25]. Die abhängige Beschäftigung hat für den jeweils Dienstberechtigten wirtschaftlich nur solange einen Sinn, wie er die Inhalte der geschuldeten Leistung auf seine Zweckverfolgung ausrichten kann. Bestünde diese Möglichkeit nicht mehr, so würde einer unternehmerischen Zweckverfolgung, die das jeweilige Ziel durch die Nutzung der Arbeitskraft einer Vielzahl von Beschäftigten zu

---

22 Ebenso insoweit *Zöllner*, AcP 176 (1976), 221, 233 f.

23 Hierzu *Hanau/Adomeit*, ArbR, E 2, S.145; *Hueck/Nipperdey*, ArbR I, S.41 ff.; *Münch-Komm/Söllner* § 611 Rz 129 ff.; *Soergel/Kraft*, 11.Aufl., vor § 611 Rz 4 ff.; *Staudinger/Richardi* vor § 611 Rz 152 ff.; *Zöllner/Loritz*, ArbR § 4 III 5, S.43 ff.

24 Vgl. auch *Beuthien/Wehler*, RdA 1978, 2, 4; *Reuter*, ZfA 1975, 85, 87.

25 *Reuter*, ZfA 1975, 85, 87 spricht von "institutioneller Abhängigkeit"; zutr. führt *Richardi*, Kollektivgewalt und Individualwille, S.118 aus, daß selbst eine Aufhebung des Privateigentums und eine Vergesellschaftung nur zu einem Wechsel des Eigentümers, nicht dagegen zu einer Beseitigung der Abhängigkeit führen würde.

verwirklichen sucht und entsprechend Aufgaben an diese delegiert, die Grundlage entzogen. Stellt somit die Weisungsunterworfenheit die Existenzgrundlage der abhängigen Beschäftigung dar, so wird deutlich, daß die Arbeitgeber im Hinblick auf die Ausgestaltung der Arbeitsbedingungen insoweit quasi ein "Angebotskartell" bilden, weil für sie als Unternehmer eine Beschäftigung ohne weitgehendes Weisungsrecht sinnlos wäre. Hieraus ergibt sich zugleich, daß der Arbeitnehmer nicht die Möglichkeit hat, durch die Wahl eines anderen Arbeitgebers dieser Unterwerfung unter die einseitige Bestimmung zu entgehen. Da er nach dem oben Gesagten typischerweise auch keine freie Entscheidung über das "Ob" einer unselbständigen Tätigkeit treffen kann, ist die Abhängigkeit bezüglich der Gestaltung der Arbeitsbedingungen zwangsläufig und folglich nicht mehr selbstbestimmt[26].

Kreutz[27] bestreitet, daß die organisatorische Abhängigkeit auf ein Funktionsdefizit der Privatautonomie schließen lasse. Er begründet dies damit, daß das Direktionsrecht des Arbeitgebers nicht auf einer "Unterwerfung" des Arbeitnehmers aufgrund des Diktats des Arbeitgebers beruhe, sondern auf der Ausgestaltung des Arbeitsverhältnisses durch die Arbeitsrechtsordnung. Beruhe aber die Begrenzung rechtsgeschäftlicher Gestaltungsmöglichkeiten auf der Rechtsordnung, so könne hieraus nicht auf ein Versagen materieller Vertragsfreiheit geschlossen werden[28]. Diese Argumentation verkennt jedoch die Ursachenzusammenhänge, die zur "Ausgestaltung des Direktionsrechts durch die Rechtsordnung" geführt haben. Der Arbeitsvertrag als schuldrechtlicher Vertragstypus hat sich als Unterfall des Dienstvertrages herausgebildet, dessen besonderes Kennzeichen die Leistung abhängiger, weisungsgebundener Dienste ist. Die gesetzlichen Vertragstypen sind aber Regelungsmuster, die vom Gesetzgeber vorgefunden und im Hinblick auf bestimmte Konfliktkonstellationen näher ausgestaltet werden, insbesondere um eine Regelung der Punkte vorzusehen, die von den Parteien bei Vertragsschluß u.U. nicht bedacht und damit auch nicht geregelt wurden[29]. Das Direktionsrecht des Arbeitgebers ist daher keine gesetzgeberische Vorgabe. Der Herausbildung des Typus Arbeitsvertrag ging vielmehr die konkrete Ausgestaltung des Dienstvertrages als eines abhängigen Beschäftigungsverhältnisses mit umfassender Weisungsunterworfenheit des Arbeitnehmers voraus. Die Entwicklung des Arbeitsrechts als eigenes Rechtsgebiet erfolgte gerade als Reaktion auf das Entstehen solcher Beschäftigungsverhältnisse und die Erkenntnis der hieraus resultierenden Schutzbedürftigkeit der Arbeitnehmer. Folglich beruht auch die Weisungsunterworfenheit

---

26 Vgl. a. Bericht der Mitbestimmungskommission BT-Drucks VI/334 Teil IV Ziff.15 f.

27 Grenzen der Betriebsautonomie, S.175 ff.

28 *Kreutz*, Grenzen der Betriebsautonomie, S.180 f.

29 *Larenz*, SchR II/1, § 38, S.3 f.

nicht auf der geltenden Rechtsordnung, sondern darauf, daß bei arbeitsteiliger Produktion der Arbeitgeber nur ein Interesse an einer Beschäftigung haben kann, bei der er den Inhalt der zu verrichtenden Tätigkeit weitgehend alleine bestimmen kann. Das Direktionsrecht ist zwar in der Folgezeit durch die Rechtsordnung anerkannt worden. Dies ändert aber nichts daran, daß abhängige Beschäftigung zunächst als Rechtstatsache vorgefunden worden ist, die ihre Ursache darin fand, daß die Arbeitnehmer auf die Verrichtung von Diensten zur Bestreitung des Lebensunterhaltes angewiesen waren und solche Dienste ihnen nur in der Form abhängiger Beschäftigung angeboten wurden. Ursache für die abhängige Beschäftigung war also nicht ihre Anerkennung durch die Rechtsordnung, sondern die durch die tatsächlichen Verhältnisse erzwungene Bereitschaft der Arbeitnehmer zur Verrichtung weisungsgebundener Tätigkeit, also eine Art "Unterwerfung" unter das Direktionsrecht des Arbeitgebers. Deshalb kann die Schutzbedürftigkeit infolge der organisatorischen Abhängigkeit nicht mit dem Hinweis auf die geltende Arbeitsrechtsordnung negiert werden, da sich gerade die Entwicklung der Arbeitsrechtsordnung als ein ständiger Prozeß zur Einschränkung des als umfassend vorgefundenen Direktionsrechts des Arbeitgebers darstellt.

II. Die Verwirklichung der Selbstbestimmung durch das Betriebsverfassungsgesetz auf der kollektiven Ebene

In Anbetracht des bestehenden Machtungleichgewichtes im Arbeitsverhältnis hat sich die Arbeitsrechtsordnung den Ausgleich des Schutz- und Funktionsdefizits des Arbeitsvertrages zum Ziel gesetzt. In ihrem Bestreben, dem sozialen und wirtschaftlichen Ungleichgewicht entgegenzuwirken, verwirklicht die Arbeitsrechtsordnung die im Sozialstaatsgebot des Art. 20 Abs. 1 GG zum Ausdruck kommende Wertentscheidung und erfüllt eine von der Verfassung selbst dem Gesetzgeber gestellte Aufgabe[30]. Es ergänzt dabei das Arbeitsvertragsrecht, das durch zwingende Mindestnormen die Individualrechte der Arbeitnehmer zu verstärken sucht. Im Gegensatz hierzu will das BetrVG die Selbstbestimmung auf einer kollektiven Ebene herstellen, indem es zur Regelung der Rechte und Pflichten aus dem Arbeitsverhältnis dem Arbeitgeber nicht den einzelnen Arbeitnehmer, sondern den Betriebsrat gegenüberstellt, der für die Gesamtheit der Arbeitnehmer handelt. Das BetrVG setzt dabei insbesondere bei der persönlichen Abhängigkeit in bezug auf die Verrichtung der Arbeitsleistung an, also bei der individualrechtlich weitreichenden Weisungsbefugnis des Arbeitgebers. Die Betriebsverfassung ergänzt insoweit den Einzel-

---

30 BVerfGE 81, 242, 254 f.; BVerfG, Urt. vom 28.1.1992, NZA 1992, 270, 273.

vertrag in den Bereichen, in denen dieser eine selbstbestimmte Entscheidung des Arbeitnehmers nicht zuläßt[31]. Letztlich dient also die Regelungsbefugnis des Betriebsrats dazu, die Situation herzustellen, die idealiter bereits aufgrund der privatautonomen Gestaltung durch den einzelnen Arbeitnehmer bestehen sollte. Es ist deshalb gerechtfertigt, das in dem Gedanken der Vertragsfreiheit enthaltene Prinzip der Selbstbestimmung als elementares Prinzip der Betriebsverfassung anzusehen und auch aus diesem Grunde das Betriebsverfassungsrecht dem Privatrecht zuzuordnen[32], ohne damit gleichzeitig die Frage zu beantworten, wer Träger der Mitbestimmungsrechte ist[33]. Man mag dem entgegenhalten, daß die Mitbestimmungsrechte des Betriebsrats weit über das hinausgehen, was in einem Arbeitsvertrag regelbar wäre, etwa soweit der Betriebsrat bei der Einstellung von neuen Arbeitnehmern gem. § 99 Abs. 1 BetrVG mitzubestimmen hat[34]. Das BetrVG ist daher auch teilweise auf den Gedanken der "betrieblichen Demokratie" zurückgeführt worden[35]. Doch trägt das Gesetz durch diese Erstreckung in den Bereich unternehmerischer Planung nur der Tatsache Rechnung, daß das Arbeitsverhältnis den Arbeitnehmer in seinen wesentlichen persönlichen Lebensverhältnissen prägt. Das Prinzip der Selbstbestimmung muß aber stets in Zusammenhang mit der Reichweite des Regelungsgegenstandes gesehen werden. Da die Lebensverhältnisse der Arbeitnehmer durch fast alle Entscheidungen des Arbeitgebers im betrieblichen Bereich berührt werden, muß sich auch die Mitbestimmung auf Maßnahmen erstrecken, die nur mittelbare Auswirkungen auf die Arbeitsbedingungen haben, die also außerhalb des eigentlichen Austauschverhältnisses liegen. Diese Ausdehnung ändert deshalb nichts daran, daß ideeller Bezugspunkt der Befugnisse des Betriebsrats in jedem Fall der Ausgleich des Schutzdefizits der Arbeitnehmer, die Verwirklichung der Selbstbestimmung in einer herrschaftsfreien Ordnung und damit letztlich die Privatautonomie ist[36].

---

31 *Belling*, Haftung des Betriebsrats, S.175 f., 315; *Staudinger/Richardi* vor § 611 Rz 698, 706; *ders.*, Kollektivgewalt und Individualwille, S.292; *Thiele* GK-BetrVG Einl Rz 42, 56 ff.; zu dieser, als "Sachwalter-Konzeption" bezeichneten These ausf. *Kreutz*, Grenzen der Betriebsautonomie, S.156 ff.

32 So i.Erg. heute auch die ganz h.M. vgl. *Dietz/Richardi* § 1 Rz 31 ff.; *Fitting/Auffarth/Kaiser/Heither* § 1 Rz 136; *Galperin/Löwisch* vor § 1 Rz 8; *Hueck/Nipperdey/Säcker*, ArbR II/2, S.1095 ff. m.umf.N. auch zur älteren Literatur; *Kraft* GK-BetrVG § 1 Rz 9 ff.; *Nikisch*, ArbR III, S.20 ff.; *Thiele* GK-BetrVG Einl Rz 31 ff.; zu weiteren Argumenten für die Einstufung des Betriebsverfassungsrechts als Privatrecht vgl. insbes. die Darstellungen bei *Hueck/Nipperdey/Säcker* sowie *Dietz/Richardi* jeweils a.a.O.

33 Hierzu *Dietz/Richardi* § 1 Rz 8 ff.; *Thiele* GK-BetrVG Einl Rz 35 ff. sowie unten B.

34 Vgl. a. *Kreutz*, Grenzen der Betriebsautonomie, S.162.

35 *Hueck/Nipperdey/Säcker*, ArbR II/2, S.1063.

Allerdings ist bereits festgestellt worden, daß durch das BetrVG das Selbstbestimmungsrecht von einer individuellen auf eine kollektive Ebene transponiert worden ist. Dies hat naturgemäß Auswirkungen auf die Art und Weise der Verwirklichung der Selbstbestimmung. Zum einen bedeutet es einen erheblichen Zuwachs an Einflußmöglichkeiten, da die Arbeitnehmer nunmehr als Gesamtheit auftreten und durch den Betriebsrat Regelungen durchsetzen können, die für sie als Einzelne niemals durchsetzbar wären. So gibt es z.B. Regelungen, die notwendigerweise für den Betrieb einheitlich getroffen werden müssen, die sich daher einer individuellen Vereinbarung zwischen Arbeitgeber und Arbeitnehmer entziehen. Hierauf wurde bereits hingewiesen. Zu diesen Regelungen zählt etwa die Lage der Arbeitszeit, soweit - wie in den meisten Betrieben - zumindest ein Teil der Belegschaft auf eine Zusammenarbeit mit anderen Arbeitnehmern angewiesen ist. Gäbe es die Einrichtung des Betriebsrats nicht, bliebe - wie oben gezeigt - kaum eine andere Möglichkeit als dem Arbeitgeber ein einseitiges Bestimmungsrecht einzuräumen. Durch den Betriebsrat haben die Arbeitnehmer aber nunmehr gem. § 87 Abs. 1 Nr.2 BetrVG die Möglichkeit, ihre Interessen in die Regelung einzubringen.

Andererseits hat die Kollektivierung zur Folge, daß den Interessen des Arbeitgebers nicht die Interessen des Arbeitnehmers als Individuum, sondern das durch den Betriebsrat "repräsentierte"[37] Interesse der Gesamtbelegschaft gegenübersteht. Da die Entfaltung eines tatsächlichen Willens und damit von eigenen Interessen nur dem Individuum, der natürlichen Person, möglich ist, handelt es sich dabei selbstverständlich um nichts anderes als einen Ausgleich der u.U. divergierenden Einzelinteressen innerhalb der Belegschaft. Die Kollektivierung führt also zu einer Objektivierung oder Normativierung der Einzelinteressen[38]. Dies gilt auch in den Fällen, in denen der Betriebsrat in Angelegenheiten eines einzelnen Arbeitnehmers tätig wird, etwa bei Streitigkeiten über die zeitliche Lage des Erholungsurlaubs gem. § 87 Abs. 1 Nr.5 BetrVG, da der Betriebsrat insoweit zumindest auch die Interessen der übrigen Belegschaft in Rechnung zu stellen hat, soweit diese berührt sind[39].

---

36 Ebenso *Thiele* GK-BetrVG Einl Rz 31; *Belling*, Haftung des Betriebsrats, S.177; wohl auch *Staudinger/Richardi* vor § 611 Rz 706, wenn er sagt, daß das Mitbestimmungsrecht der Sicherung der Privatautonomie diene; *ders.*, Kollektivgewalt und Individualwille, S.292.

37 Zur rechtlichen Einordnung der Stellung des Betriebsrats sogleich unten B.

38 *Thiele* GK-BetrVG Einl Rz 39 ff., insbes. Rz 46 f.

Die Verlagerung der Interessenwahrnehmung hat somit zur Konsequenz, daß die Selbstbestimmung aus der Sicht des Einzelnen eine andere Qualität erlangt. Der einzelne Arbeitnehmer mag nämlich die Befugnis des Betriebsrats zur (Mit)Gestaltung der Arbeitsbedingungen durchaus als eine Fremdbestimmung erfahren, so daß man von Privatheteronomie statt von Privatautonomie sprechen müßte[40]. Man denke insoweit an den Fall, daß der Betriebsrat bei der Regelung einer übertariflichen Zulagenordnung auf Betriebsebene eine gegenüber der ursprünglich vom Arbeitgeber geplanten Verteilung im ganzen günstigere, für einzelne Arbeitnehmer aber ungünstigere Regelung durchsetzt[41]. Dies ist aber die notwendige Folge des Umstandes, daß der Arbeitnehmer als Individuum zur autonomen Gestaltung der Arbeitsbedingungen aufgrund des beschriebenen faktischen Machtungleichgewichtes im Arbeitsverhältnis nicht in der Lage ist. Werden aber Individualinteressen von mehreren gemeinsam gegenüber Dritten wahrgenommen, so muß stets ein Ausgleich der divergierenden internen Interessen erfolgen, was beinhaltet, daß nicht jeder einzelne stets das Optimum seiner Vorstellungen verwirklichen kann. Trotzdem ist es berechtigt, bei der Mitbestimmung durch den Betriebsrat von Selbstbestimmung zu sprechen. Die Alternative wäre nämlich aufgrund der Situation im Arbeitsverhältnis, daß die Arbeitsbedingungen weitgehend vom Arbeitgeber einseitig diktiert werden. Gegenüber dieser Fremdbestimmung hat die Betriebsverfassung wenigstens den Vorzug, daß der Betriebsrat zwar nicht mitgliedschaftlich, aber doch zumindest durch eine Wahl legitimiert und im übrigen auf die Vertretung der Interessen der Arbeitnehmer verpflichtet ist.

---

[39] *Dietz/Richardi* § 87 Rz 292; *Thiele* GK-BetrVG Einl Rz 48; zum Meinungsstreit, ob bei einem Streit über die Lage des Urlaubs bei einem einzelnen Arbeitnehmer überhaupt ein Mitbestimmungsrecht besteht, vgl. *Dietz/Richardi* § 87 Rz 313 ff.; *Fitting/Auffarth/Kaiser/Heither* § 87 Rz 61; *Wiese* GK-BetrVG § 87 Rz 331 ff., der annimmt, daß ein Mitbestimmungsrecht nur bestehe, soweit die zeitliche Lage des Urlaubs mehrerer Arbeitnehmer aufeinander abgestimmt werden müsse.

[40] So *Kreutz*, Grenzen der Betriebsautonomie, S.164; *Belling*, Haftung des Betriebsrats, S.149 f. bezeichnet dies als Selbstbestimmung durch Fremdbestimmung.

[41] Nach h.M. hat der Betriebsrat insoweit gem. § 87 Abs. 1 Nr.10 BetrVG ein Mitbestimmungsrecht; *Dietz/Richardi* § 87 Rz 545; *Fitting/Auffarth/Kaiser/Heither* § 87 Rz 138; *Galperin/Löwisch* § 87 Rz 226 ff.; *Wiese* GK-BetrVG § 87 Rz 640 ff.; zur Gesamtproblematik jetzt auch Beschluß des GS vom 3.12.1991, NZA 1992, 749 = AP Nr.49 zu § 87 BetrVG 1972 Lohngestaltung.

B. Die Rechtsstellung des Betriebsrats

Besteht über diese Grundsätze im wesentlichen Konsens, so ist andererseits die konstruktive Einordnung von Belegschaft und Betriebsrat noch nicht abschließend geklärt. So ist zunächst streitig, ob und inwieweit der Belegschaft als der Gesamtheit der Arbeitnehmer eine Rechts- bzw. Teilrechtsfähigkeit zukommt[42]. Eng damit verknüpft ist die Frage nach der Stellung des Betriebsrats, der - je nach Ansatzpunkt - als gesetzlicher Vertreter, Partei kraft Amtes oder Organ der Belegschaft angesehen wird[43]. Das BAG spricht häufig von Betriebsrat und Arbeitgeber als den "Organen" der Betriebsverfassung, ohne allerdings hieraus konkrete rechtliche Konsequenzen herzuleiten[44]. Naturgemäß ist die Tendenz, ihn als Vetreter oder Organ anzusehen, um so stärker, je mehr die Eigenständigkeit der Belegschaft als rechtlich erhebliche Einheit im Rahmen der Betriebsverfassung betont wird. Teilweise werden die Begriffe allerdings auch nebeneinander verwandt[45]. Insbesondere Thiele[46] vertritt die Ansicht, daß eine eindeutige Zuordnung nicht möglich sei, da die Rechtsstellung des Betriebsrats mit keiner der genannten Formen völlig deckungsgleich sei, weshalb man nach einer typologischen Methode verfahren müsse und nur einzelne Berührungspunkte feststellen könne.

Es ist bereits fraglich, ob diesen konstruktiven Überlegungen überhaupt eine praktische Relevanz für die sich aus dem BetrVG ergebende Rechtsstellung des Betriebsrats zukommen kann[47]. Zumindest für die Qualifizierung der Rechts- und Pflichtenbeziehung zwischen Arbeitgeber und Betriebsrat, soweit diese hier zum Gegenstand gemacht wird, ist diese Frage ohne Bedeutung[48]. Zum einen hat die rechtliche Qualifikation der Stellung des Betriebsrats im wesentlichen Bedeutung für das Verhältnis zur Belegschaft bzw. zu den einzelnen Arbeitnehmern[49]. Zum anderen besteht im Ergebnis nämlich weitgehende Einig-

---

[42] Vgl. hierzu *Dietz/Richardi* § 1 Rz 6 ff.; *Thiele* GK-BetrVG Einl Rz 70 ff.

[43] Vgl. zum Meinungsstand *Dietz/Richardi* § 1 Rz 15 ff.; *Thiele* GK-BetrVG Einl Rz 76 ff.; *Zöllner/Loritz*, ArbR, § 45 III, S.462 f.

[44] Vgl. nur BAG, AP Nr.26 zu § 80 BetrVG 1972 unter III 2-4; Beschl. vom 14.11.1989, NZA 1990, 357, 358 = AP Nr.76 zu § 99 BetrVG 1972 unter B II 1; Beschl. vom 27.11.1990, NZA 1991, 382, 384 = AP Nr.41 zu § 87 BetrVG 1972 Arbeitszeit unter B II 3.

[45] *Fitting/Auffarth/Kaiser/Heither* § 1 Rz 88, 90, 92; *Galperin/Löwisch* vor § 1 Rz 19.

[46] GK-BetrVG Einl Rz 77.

[47] Drastisch *Zöllner/Loritz*, ArbR, § 45 III, S.463: "praktisch nur ein Streit um Worte"; zust. *Kraft* GK-BetrVG § 1 Rz 42.

[48] Vgl. aber auch *Heinze*, ZfA 1988, 61.

[49] Hierzu nunmehr eingehend *Belling*, Haftung des Betriebsrats, S.41 ff., 108 ff.

keit darüber, daß es sich bei den Rechten des Betriebsrats weder um individuelle Rechte des einzelnen Arbeitnehmers, noch um originäre Rechte des Betriebsrats selbst handelt. Träger der Mitbestimmungsrechte sind vielmehr die Arbeitnehmer in ihrer Verbundenheit im Rahmen der Belegschaft. Die Befugnisse des Betriebsrats sind daher Rechte der Belegschaft, die dem Betriebsrat lediglich zur Wahrnehmung vom Gesetz übertragen sind (sog. Wahrnehmungszuständigkeit)[50]. Nach der hier vertretenen Konzeption folgt dies bereits daraus, daß der Zweck der Betriebsverfassung in dem Ausgleich des Funktionsdefizites der Privatautonomie im Rahmen des Arbeitsverhältnisses besteht, also die Privatautonomie und somit die Selbstbestimmung der Arbeitnehmer auf kollektiver Ebene wiederherstellen soll[51]. Demgegenüber ist es zumindest im vorliegenden Zusammenhang ohne sachliche Bedeutung, ob man die Mitbestimmungsrechte den einzelnen Arbeitnehmern, allerdings nur zur gemeinsamen Ausübung, zuordnet[52] oder ob man aufgrund dieser Interessengemeinschaft die Belegschaft selbst, wenn auch nur als tatsächliche, nicht als rechtsfähige überindividuelle Einheit, als Träger der Mitbestimmungsrechte ansieht[53]. Der Unterschied ist insoweit lediglich ein terminologischer[54]. Die Zuordnung der Mitbestimmungsrechte zur Belegschaft ändert nichts daran, daß die Mitwirkungsrechte durch das BetrVG ausschließlich dem Betriebsrat zugewiesen sind und von ihm im eigenen Namen ausgeübt werden[55], macht jedoch deutlich, daß der Betriebsrat, soweit er Träger von Rechten und Pflichten ist, diese im kollektiven Interesse der Belegschaft ausübt und folglich fremde Interessen wahrnimmt[56].

---

[50] *Belling*, Haftung des Betriebsrats, S. 115 ff., 119; *Dietz/Richardi* § 1 Rz 10; *Heinze*, ZfA 1988, 62; *Hueck/Nipperdey/Säcker*, ArbR II/2, S.1084 ff.; *Konzen*, FS E.Wolf, S.279, 295; *Thiele* GK-BetrVG Einl Rz 67 f.; *Zöllner/Loritz*, ArbR, § 45 II, S.462; a.A. *Kreutz*, Grenzen der Betriebsautonomie, S.22 ff.

[51] Ebenso *Belling*, Haftung des Betriebsrats, S.115 ff.; *Thiele* GK-BetrVG Einl Rz 35 ff.

[52] So *Hueck/Nipperdey/Säcker*, ArbR II/2, S.1088; *Belling*, Haftung des Betriebsrats, S.119.

[53] So *Dietz/Richardi* § 1 Rz 9 ff.; *Fabricius*, Relativität der Rechtsfähigkeit, S.222 ff.; *Thiele* GK-BetrVG Einl Rz 52, 70.

[54] Ebenso wohl *Konzen*, FS E.Wolf, S.279, 295

[55] *Dietz/Richardi* § 1 Rz 16; *Kraft* GK-BetrVG § 1 Rz 39 f.; vgl. aber auch *Thiele* GK-BetrVG Einl Rz 79, der meint, daß der Betriebsrat, wenn er als solcher auftrete, zu erkennen gebe, daß er in fremdem Namen handele.

[56] Vgl. *Heinze*, ZfA 1988, 58 ff., der aus diesem Grund im "Innenverhältnis" zwischen Betriebsrat und Belegschaft ein gesetzliches Auftragsverhältnis annimmt.

C. Das Verhältnis zwischen Arbeitgeber und Betriebsrat - ein interorganähnliches gesetzliches Schuldverhältnis

Mit dieser Analyse von Aufgabe und Stellung des Betriebsrats ist naturgemäß die Frage nach dem Verhältnis zwischen Arbeitgeber und Betriebsrat noch nicht beantwortet, vielmehr die Antwort allenfalls vorbereitet. Dieses Verhältnis war bisher nur vereinzelt Gegenstand der wissenschaftlichen Diskussion und die Problematik ist deswegen wohl auch erst ansatzweise ins Bewußtsein gedrungen[57]. Es kann nicht Aufgabe dieser Arbeit sein, das Thema erschöpfend aufzuarbeiten. Doch soll zumindest versucht werden, das Verhältnis zwischen Arbeitgeber und Betriebsrat insoweit zu analysieren, als es im Zusammenhang mit der Frage der Beachtung der Beteiligungsrechte des Betriebsrats von Bedeutung ist.

I. Das Verhältnis zwischen Arbeitgeber und Betriebsrat - ein dem Schuldverhältnis ähnliches Rechts- und Pflichtengefüge

Zwischen Betriebsrat und Arbeitgeber bestehen eine Fülle von Rechten und Pflichten. Der Betriebsrat hat darüber hinaus die rechtliche und faktische Möglichkeit, auf den dem Arbeitgeber vorbehaltenen Entscheidungsspielraum im unternehmerischen Bereich einzuwirken. So ist beispielsweise unbestritten, daß der Arbeitgeber zur Durchführung einer Betriebsänderung i.S. des § 111 Abs. 1 BetrVG nicht der Zustimmung des Betriebsrats bedarf, sondern diese selbständig vornehmen kann[58]. Andererseits kann der Betriebsrat gem. § 112 Abs. 4 BetrVG die Aufstellung eines Sozialplanes erzwingen. Die Kosten dieses Sozialplanes werden aber die unternehmerische Entscheidung nicht unwesentlich beeinflussen. So ist es z.B. insbesondere bei einer geplanten Verlegung eines Betriebsteils gem. § 111 Satz 2 Nr.2 BetrVG durchaus vorstellbar, daß diese bei Berücksichtigung der durch den Sozialplan enstehenden Kosten betriebswirtschaftlich sinnlos und der Plan deshalb vom Arbeitgeber fallengelassen wird. Die Mitbestimmung des Betriebsrats setzt also Rahmenbedingungen für

---

[57] Vgl. aus neuerer Zeit die Arbeiten von *Belling*, Haftung des Betriebsrats, S.304 ff.; *Heinze*, Betr 1983, Beil. 9, S. 2 ff., insbes. S.6; *ders.*, ZfA 1988, 53; *v.Hoyningen-Huene*, NZA 1989, 121 ff.; *Konzen*, FS E.Wolf, S.279 ff.

[58] Vgl. nur *Dietz/Richardi* § 112 Rz 5; *Fitting/Auffarth/Kaiser/Heither* § 112 Rz 2.

die unternehmerische Entscheidung und nimmt auf diesem Wege auf sie Einfluß[59].

Eine weitere Einflußmöglichkeit ergibt sich daraus, daß Arbeitgeber und Betriebsrat aufgrund der Tatsache, daß sie auf ein kooperatives Zusammenwirken angewiesen sind und ihre Betätigung denselben Gegenstand, nämlich die Regelung und Gestaltung der Arbeitsbedingungen im Betrieb hat, notwendigerweise ihren Wirkungsbereich der faktischen Einflußmöglichkeit des jeweils anderen öffnen[60]. Die gleiche Situation findet sich auch bei vertraglichen Schuldverhältnissen. Bereits durch die Anbahnung des geschäftlichen Kontaktes setzen die potentiellen Vertragspartner ihre Rechtsgütersphären dem Einfluß des anderen aus. Hieraus wurde beispielsweise die vorvertragliche Pflicht hergeleitet, die Geschäftsräume in einem Zustand zu erhalten, der eine Schädigung des Vertragspartners an Körper und Gesundheit ausschließt[61]. Dies setzt sich bei der Vertragserfüllung fort. So ist etwa der Werkunternehmer verpflichtet, bei der Ausführung seiner Arbeiten in der Wohnung des Bestellers darauf zu achten, daß die Einrichtungsgegenstände, also das Eigentum des Bestellers, nicht beschädigt werden. Es handelt sich um (vor)vertragliche Nebenpflichten, die den Schutz des sog.Integritätsinteresses des Vertragspartners bezwecken. Sie werden daher auch als Schutzpflichten bezeichnet[62]. Geht es aber im vertraglichen Schuldverhältnis um die Gefährdung der individuellen Rechtsgüter, so bezieht sich die Einwirkungsmöglichkeit im betriebsverfassungsrechtlichen Schuldverhältnis auf den Eingriff in den Betätigungsbereich oder Wirkungskreis des anderen Betriebspartners, sei es in Form von Eingriffen in den Kompetenzbereich, sei es durch sonstige Beeinflussung des Bereiches, der der eigenständigen Wahrnehmung durch einen der Partner unterliegt[63].

Aus dieser Möglichkeit der wechselseitigen Einflußnahme ergibt sich umgekehrt eine gesteigerte Pflicht zur Rücksichtnahme auf die Belange des anderen, wie sie insbesondere in § 2 Abs. 1 BetrVG im Grundsatz der vertrauensvollen Zusammenarbeit ihren Niederschlag gefunden hat, der auch als "Magna Charta

---

59 Dies betont das BAG bei seinen Entscheidungen zur Mitbestimmung des Betriebsrats bei Festlegung der Kaufhausöffnungszeiten, AP Nr.8 zu § 87 BetrVG 1972 Arbeitszeit unter B III 2c sowie zum Initiativrecht des Betriebsrats bzgl. der Anordnung von Kurzarbeit, AP Nr.3 zu § 87 BetrVG 1972 Kurzarbeit unter B II 3 f aa im Ausgangspunkt zu Recht; zur Kritik an dieser Rspr. vgl. *Wiese* GK-BetrVG § 87 Rz 219, 254 f. m.w.N.

60 Ebenso *Belling*, Haftung des Betriebsrats, S.314 ff.

61 BGH, NJW 1962, 31.

62 *Jauernig/Vollkommer* § 242, II 3e; *Larenz*, SchR I, § 10 II e, S.138; *MünchKomm/Roth* § 242 Rz 121 ff.; *Palandt/Heinrichs* § 242 Rz 35, 3 Bc; *Soergel/Teichmann* § 242 Rz 178 ff.; *Staudinger/J.Schmidt* § 242 Rz 1252 ff.

63 Zu den verschiedenen Wirkungskreisen des Betriebsrats vgl. unten 2.Teil B I.

der Betriebsverfassung" bezeichnet wird[64]. Es handelt sich mithin bei dem Verhältnis zwischen Arbeitgeber und Betriebsrat um ein komplexes Gefüge, einen Organismus, der einem Schuldverhältnis durchaus ähnlich ist. Es wird daher häufig als gesetzliches Schuldverhältnis eingestuft[65].

In neuerer Zeit hat insbesondere Belling in Übereinstimmung mit der hier vertretenen Konzeption dargelegt, daß es sich bei dem Verhältnis von Arbeitgeber und Betriebsrat um eine schuldrechtsähnliche Sonderbeziehung und nicht um eine "Jedermannbeziehung" handele[66]. Ergänzend zu der hier angeführten verstärkten Einwirkungsmöglichkeit beider Seiten auf den Rechtskreis des jeweils anderen stützt er seine Auffassung aber darauf, daß sich der Pflichtenkreis des Betriebsrats lediglich als Fortsetzung der individualrechtlichen Treuepflicht des einzelnen Arbeitnehmers darstelle. Ausgehend von der These, daß die Einschaltung des Betriebsrats das Funktionsdefizit der Privatautonomie im Arbeitsverhältnis ausgleiche, der Betriebsrat also auf der kollektiven Ebene quasi an die Stelle des einzelnen Arbeitnehmers als Verhandlungspartner des Arbeitgebers trete, zieht er die Schlußfolgerung, daß diese Verlagerung der Interessenwahrnehmung nicht zu einer Abschwächung der hierdurch entstehenden Pflichten führen könne[67].

Dieser Ansatz erscheint nicht geeignet, die Sonderbeziehung zwischen Arbeitgeber und Betriebsrat zu begründen, sondern verwischt in gefährlicher Weise die Unterschiede zu dem Individualarbeitsverhältnis und damit zugleich die Besonderheiten der betriebsverfassungsrechtlichen Rechtsbeziehung. Bei dem Arbeitsvertrag als dem Unterfall des bürgerlich-rechtlichen Dienstvertrages handelt es sich um eine auf den Austausch von Leistungen gerichtete Sonderbeziehung. In diesem Verhältnis ist aber auch der Inhalt der Nebenpflichten als der zweiten Ebene des Schuldverhältnisses akzessorisch zu diesen primären Leistungspflichten. Das Gebot zur gegenseitigen Rücksichtnahme, wie es in § 242 BGB seinen Ausdruck gefunden hat, läßt Schutz- und Loyalitätspflichten im wesentlichen insoweit entstehen, als dies die Interessen der Vertragsparteien im Rahmen der Erfüllung der wechselseitigen Leistungspflichten erfordern[68].

---

64 *Hueck/Nipperdey/Säcker*, ArbR II/2, S.1335; *Neumann-Duesberg*, Betriebsverfassungsrecht, S.126; *Thiele* GK-BetrVG Einl Rz 60.

65 *Belling*, Haftung des Betriebsrats, S.316 f.; *Heinze* ZfA, 1988, 71 f. m.w.N.; *ders.*, Betr 1983, Beil. 9, S.6 f.; *v.Hoyningen-Huene*, NZA 1989,121.

66 *Belling*, Haftung des Betriebsrats, S.307 ff.

67 *Belling*, Haftung des Betriebsrats, S.317 f.

68 *Larenz*, SchR I § 2 I, S.9, wonach die Pflichten je nach Intensität der besonderen Art des Schuldverhältnisses in Maß und Umfang differieren.

Für die sog. leistungssichernden Nebenpflichten[69] bedarf dies keiner näheren Darlegung. Gleiches gilt aber für die sog. Schutzpflichten, die das Integritätsinteresse des Vertragspartners sichern. Diese beruhen nämlich auf dem Gedanken, daß der Gläubiger dem Schuldner seinen Rechtskreis gerade deshalb öffnen muß, damit der Leistungsaustausch erfolgen kann. Dann trifft den Schuldner entsprechend eine gesteigerte Pflicht zur Rücksichtnahme auf die Rechtsgüter des Gläubigers, mit denen er zum Zwecke der Erfüllung in Berührung kommt. Der Gläubiger soll also in seiner Erwartung geschützt werden, daß der Schuldner die gesteigerte Einwirkungsmöglichkeit bei seinem Verhalten in Rechnung stellt und eine Schädigung der Rechtsgüter des Gläubigers vermeidet[70]. Besonders deutlich wird diese ratio der Schutzpflichten bei der Frage der Einstandspflicht für Erfüllungsgehilfen gem. § 278 BGB. Der Schuldner haftet für ein schuldhaftes, schadenbegründendes Verhalten eines Dritten, dessen er sich zur Erfüllung bedient, nur dann im Rahmen der Sonderbeziehung, wenn die Handlung des Dritten Bestandteil der geschuldeten Leistungshandlung ist oder mit dieser zumindest in einem sachlichen Zusammenhang steht, nicht dagegen, wenn der Dritte den Schaden lediglich "bei Gelegenheit" der Vertragserfüllung verursacht[71]. Im letzteren Fall besteht eine Verantwortlichkeit des Schuldners allenfalls nach Maßgabe des § 831 BGB, also wie in einer "Jedermannbeziehung".

Bei dem Verhältnis zwischen Arbeitgeber und Betriebsrat handelt es sich nicht um ein Leistungsaustausch-, sondern um ein Partizipationsverhältnis. Gegenstand ist die Einschränkung der Alleinentscheidungsbefugnis des Arbeitgebers. Durch die gesetzliche Einrichtung der Betriebsverfassung erhält der Betriebsrat die Möglichkeit, auf den Rechtskreis des Arbeitgebers und Unternehmers gestaltend einzuwirken, um auf diesem Wege den Arbeitnehmern Einfluß auf die Gestaltung der Arbeitsverhältnisse zu verschaffen und eine selbstbestimmte Ordnung innerhalb des Betriebes zu etablieren. Dieses Verhältnis läßt sich mit der Terminologie der schuldrechtlichen Leistungsbeziehung nicht adäquat erfassen. Es ist im übrigen auch von dem Individualarbeitsverhältnis losgelöst und unabhängig. Dies zeigt sich beispielsweise, soweit die Betriebspartner im Wege der Betriebsvereinbarung gem. § 77 Abs. 4 BetrVG den Inhalt der Arbeitsverhältnisse gestalten. Die Betriebsvereinbarung wird damit nicht Inhalt der arbeitsvertraglichen Regelung, sondern sie wirkt von außen, eben normativ auf die Arbeitsverhältnisse ein, indem sie diese überlagert, aber nicht verdrängt,

---

69 Hierzu *Erman/Sirp* § 242 Rz 59 f.; *Jauernig/Vollkommer* § 242, II 3f; *MünchKomm/Roth* § 242 Rz 142 ff; *Palandt/Heinrichs* § 242 Rz 27 ff., 3 B; *Soergel/Teichmann* § 242 Rz 132 ff.

70 *MünchKomm/Roth* § 242 Rz 172 f.; *Soergel/Teichmann* § 242 Rz 178.

71 RGZ 63, 341, 343; BGHZ 31, 358, 366; *Jauernig/Vollkommer* § 278, 2 b cc; *MünchKomm/Hanau* § 278 Rz 31 ff.; *Palandt/Heinrichs* § 278, 4c; *Soergel/Wolf* § 278 Rz 37 f.; *Staudinger/Löwisch* § 278 Rz 24.

mit der Folge, daß nach Auslaufen der Betriebsvereinbarung (etwa infolge Kündigung) wieder allein die einzelvertragliche Regelung gilt[72]. Ebensowenig lassen sich dann aber die zwischen Arbeitgeber und Betriebsrat bestehenden Rechte und Pflichten als Fortsetzung des Individualarbeitsverhältnisses verstehen.

Daß das betriebsverfassungsrechtliche Rechtsverhältnis als Organisationsrechtsverhältnis eine eigene Qualität besitzt, zeigt sich nicht zuletzt an der von Belling beispielhaft genannten Geheimhaltungspflicht gem. § 79 Abs. 1 BetrVG. Nach seiner Auffassung korrespondiert diese Pflicht mit der Pflicht des Arbeitnehmers, den Betrieb nicht durch Verbreitung von Betriebsgeheimnissen zu schädigen[73]. Von diesem Ansatz aus ist unverständlich, warum andere Organisationsregelungen nahezu identische Geheimhaltungspflichten vorsehen. Dies gilt z.B. für die Schweigepflicht der Aufsichtsratsmitglieder in der AG gem. §§ 116, 93 Abs. 1 Satz 2 AktG. Für diese Pflicht ist es nicht erforderlich, daß die Aufsichtsratsmitglieder überhaupt neben der Mitgliedschaft im Aufsichtsrat in einer rechtlichen Beziehung zu der AG stehen. Ebensowenig wird man sagen können, daß sich bei den Aufsichtsratsmitgliedern die Pflichtenbindung der Aktionäre fortsetze. Vielmehr offenbart die Parallele, daß der Rechtsgrund für die Pflicht zur Verschwiegenheit des Arbeitnehmers einer- und der Mitglieder von Gremien andererseits verschieden ist. Die Pflicht des einzelnen Arbeitnehmers beruht darauf, daß er in Zusammenhang mit der Erbringung der von ihm geschuldeten Leistung von Umständen Kenntnis erlangen kann, an deren Geheimhaltung der Arbeitgeber ein elementares Interesse hat. Der verstärkten Öffnung des Rechtskreises des Arbeitgebers zum Zwecke der Leistungserbringung korrespondiert eine gesteigerte Loyalitätspflicht in Form der Pflicht zur Verschwiegenheit.

Bei Betriebsrat und Aufsichtsrat ist dagegen die Kenntnisnahme von Betriebs- und Geschäftsgeheimnissen notwendiger Bestandteil ihrer Tätigkeit im Rahmen der organisationsrechtlichen Struktur. Nur bei entsprechender Tatsachenkenntnis können diese Gremien ihre Befugnisse adäquat ausüben, weswegen der Informationsfluß durch Unterrichtungsrechte bzw. -pflichten gesetzlich abgesichert ist (vgl.§§ 90 AktG, 80 Abs. 2, 92, 111 BetrVG). Wenn das Gesetz aus Gründen der organisatorischen Struktur solche Befugnisse verleiht und damit zugleich das Geheimhaltungsinteresse einschränkt, muß es aber auch gleichzeitig Regelungen zum Schutz des Geheimhaltungsinteresses schaffen, die sicherstellen, daß die Informationen nur zu dem Zweck verwendet werden, zu dem sie erteilt wurden, ein Mißbrauch also abgewehrt bzw. sanktioniert werden kann. Allein hieraus erklären sich die §§ 79 Abs. 1 BetrVG, 116, 93

---

[72] BAG, AP Nr.43 zu § 77 BetrVG Bl 5-7 unter IV m. insow. zust. Anm. *Löwisch*.

[73] *Belling*, Haftung des Betriebsrats, S.319, 331.

Abs. 1 Satz 2 AktG, nicht dagegen aus einer individualrechtlichen Sonderbeziehung wie dem Arbeitsverhältnis.

Schließlich ist es irreführend, die Pflichten der Betriebsratsmitglieder aus ihrer gleichzeitigen Stellung als Arbeitnehmer herzuleiten[74]. Wie die Parallele im Aktienrecht zeigt, ist es völlig unerheblich, ob das Aufsichtsratsmitglied ansonsten in einer rechtlichen Beziehung zur AG steht. Die Pflichtenbindung besteht allein aufgrund der Mitgliedschaft in dem Organ der Gesellschaft. Entsprechendes gilt für den Betriebsrat. Dessen Mitglieder müßte auch dann eine Schweigepflicht treffen, wenn das Gesetz die Wahl von Personen erlauben würde, die nicht Arbeitnehmer des Betriebes sind.

Läßt sich somit das Verhältnis zwischen Betriebsrat und Arbeitgeber zwar als rechtliche Sonderbeziehung in Form eines Partizipationsverhältnisses und somit als gesetzliches Schuldverhältnis oder zumindest einem Schuldverhältnis ähnliches Rechtsverhältnis beschreiben[75], so bestehen doch grundsätzliche Bedenken, ob allein die Bezeichnung als Schuldverhältnis, wenn auch "eigener Art", dem theoretischen Ansatz der Betriebsverfassung hinreichend gerecht wird. Insbesondere fragt sich, was die Besonderheit, die "Eigenart" dieses Schuldverhältnisses ausmacht.

II. Die Besonderheit des betriebsverfassungsrechtlichen Schuldverhältnisses

Kennzeichen eines Schuldverhältnisses ist es, daß sämtliche Pflichten letztendlich der Verwirklichung der individuellen Zwecksetzung der Parteien des Schuldverhältnisses dienen. Wie oben[76] dargestellt wurde, nimmt dagegen der Betriebsrat die kollektiven Interessen der Belegschaft wahr, wird also nicht im eigenen, sondern ausschließlich im fremden Interesse tätig. Auch die Auswirkungen seines Handelns treffen nicht ihn selbst, sondern die von ihm repräsentierten Arbeitnehmer. Zwar braucht auch die Zwecksetzung innerhalb eines Schuldverhältnisses nicht stets eigennützig zu sein und können dessen Rechtswirkungen auch Dritte erfassen, wie der Vertrag zu Rechten Dritter gem. § 328 BGB zeigt. Doch ist die Fremdnützigkeit dann von der individuellen Zweckbe-

---

[74] So wohl *Belling*, Haftung des Betriebsrats, S.318:"Der Arbeitnehmer kann nicht seine Loyalitätspflicht gegenüber dem Arbeitgeber ablegen, wenn er das Betriebsratsamt übernimmt".

[75] *V.Hoyningen-Huene* bezeichnet das Verhältnis zwischen Arbeitgeber und Betriebsrat als "Betriebsverhältnis" und definiert es als ein "gesetzliches, unabhängig vom Arbeitgeber begründetes, unkündbares, zweiseitiges, kollektivrechtliches Dauerschuldverhältnis eigener Art mit gesteigerten Verhaltenspflichten", NZA 1989, 121, 122.

[76] Unter B.

stimmung durch die Vertragspartner abhängig. Im Rahmen der Betriebsverfassung ist aber die Fremdheit der Zwecksetzung der Tätigkeit des Betriebsrats immanent und gesetzlich vorgegeben.

1. Der "Zweck" des betriebsverfassungsrechtlichen Schuldverhältnisses

Aufgrund der Fremdheit der Zwecksetzung fragt sich, was man als Zweck der schuldrechtlichen Sonderbeziehung zwischen Arbeitgeber und Betriebsrat ansehen kann. Dabei muß sich naturgemäß auswirken, daß es sich um eine organisationsrechtliche Beziehung handelt, also nicht um ein schuldrechtliches Austauschverhältnis i.S. der schuldrechtlichen Vertragstypen.

Der Zweck des betriebsverfassungsrechtlichen Schuldverhältnisses ist von Belling darin erblickt worden, daß wie bei jedem anderen Schuldverhältnis die "Befriedigung eines Gläubigerinteresses durch ein Opfer des Schuldners" angestrebt werde, wobei Arbeitgeber und Betriebsrat gleichzeitig Gläubiger und Schuldner seien. Das Gläubigerinteresse des Arbeitgebers liege darin, daß nicht nur das Wohl der Arbeitnehmer, sondern auch das des Betriebes gefördert werde, während das "Opfer" des Betriebsrats darin bestehe, daß er die Interessen des Arbeitgebers berücksichtigen müsse[77]. Das Wohl der Arbeitnehmer und des Betriebs bildeten folglich das (primäre) Obligationsziel[78]. Entsprechend müßte im Sinne dieser Terminologie das "Opfer" des Arbeitgebers darin gesehen werden, zum Wohl der Arbeitnehmer Abstriche an der Verfolgung seiner unternehmerischen Interessen bzw. zumindest an der freien Entscheidung hierüber hinzunehmen.

Als Beispiel für die Auswirkungen dieser Zwecksetzung auf das betriebsverfassungsrechtliche Schuldverhältnis führt Belling die Ausübung der Mitbestimmungsrechte durch den Betriebsrat an. Da der Zweck der Rechts- und Pflichtenbeziehung auch in der Förderung des Wohls des Betriebes bestehe, ergebe sich hieraus als Nebenpflicht im Rahmen des Schuldverhältnisses, daß der Betriebsrat bei der Ausübung der Mitbestimmungsrechte seine notwendige Zustimmung - etwa bei der Mitbestimmung in sozialen Angelegenheiten gem. § 87 BetrVG - nicht von sachfremden Erwägungen abhängig machen, sondern nur die Überlegungen anstellen dürfe, die im Zusammenhang mit dem konkreten Mitbestimmungstatbestand von Interesse sein könnten[79]. Ein Ver-

---

[77] *Belling*, Haftung des Betriebsrats, S.319.

[78] *Belling*, Haftung des Betriebsrats, S.325.

[79] *Belling*, Haftung des Betriebsrats, S.325.

stoß gegen diese Pflicht stelle einen Mißbrauch des Mitbestimmungsrechtes dar, der dazu führen könne, daß das Mitbestimmungsrecht entfalle[80].

Die Aussage zu der Einschränkung des Mitbestimmungsrechtes ist zunächst im wesentlichen zutreffend. So ist insbesondere das Mißbrauchsverbot ein Rechtsinstitut, das einen allgemeinen Grundsatz der Rechtsordnung verkörpert und daher unabhängig von dem Bestehen einer schuldrechtlichen Sonderverbindung jeden treffen kann, der in irgendeiner Weise Rechte ausübt[81]. Es ist deshalb kein Grund ersichtlich, weswegen dieses Rechtsprinzip für die Ausübung der Mitbestimmungsrechte durch den Betriebsrat ohne Bedeutung sein sollte.

Andererseits darf aber, wie stets, die Übertragung allgemeiner Grundsätze nicht dazu führen, daß die spezifischen betriebsverfassungsrechtlichen Wertungen überspielt werden[82]. So mag im allgemeinen Zivilrecht und insbesondere im Schuldrecht die rechtsmißbräuchliche Ausübung eines Rechtes dazu führen können, daß dieses Recht entfällt[83]. Eine ähnliche Folge für die Ausübung der Mitbestimmungsrechte begegnet jedoch erheblichen Bedenken. Dies soll anhand der Mitbestimmung in sozialen Angelegenheiten gem. § 87 BetrVG dargelegt werden.

Das BAG hat in mehreren Entscheidungen angedeutet, daß der Betriebsrat sein Initiativrecht im Rahmen des § 87 Abs. 1 Nr.10 BetrVG bei der Verteilung der Leistungen aus der betrieblichen Altersversorgung mißbrauche, wenn er ohne Rücksicht auf den mitbestimmungsfreien Dotierungsrahmen und ohne nähere Begründung beliebige Änderungsvorschläge mache[84]. Später hat das BAG zur Mitbestimmung bei der Einführung von Kurzarbeit in mittelbar von Arbeitskämpfen betroffenen Betrieben ausgeführt, daß der Betriebsrat sein Mitbestimmungsrecht mißbrauche und rechtswidrig handele, wenn er gegen die Einführung der Kurzarbeit sein Veto einlege oder diese aus sachfremden Gründen verzögere[85]. Unterschiedliche Auffassungen bestehen zwischen den Instanzgerichten. So hat das LAG Köln die Ansicht vertreten, daß der Betriebsrat

---

[80] *Belling*, Haftung des Betriebsrats, S.333 f.

[81] *Soergel/Teichmann* § 242 Rz 11 ff., 65.

[82] *Konzen*, FS E.Wolf, S.279, 297 f.; *ders.*, JZ 1989, 756 f.; vgl. a. *Soergel/Teichmann* § 242 Rz 113 ff.

[83] *Jauernig/Vollkommer* § 242, III 1e; *Larenz*, AT, § 13 IV b, S.236 f.; *MünchKomm/Roth* § 242 Rz 236 f.; *Soergel/Teichmann* § 242 Rz 28.

[84] BAG, AP Nr.1 zu § 87 BetrVG 1972 Altersversorgung Bl.6 unter II B 8a; identische Ausführungen in den Entscheidungen vom gleichen Tag, AP Nr.2, 3 zu § 87 BetrVG 1972 Altersversorgung.

[85] BAG, AP Nr.70 zu Art.9 GG Arbeitskampf Bl.9 unter C II 3b.

nicht berechtigt sei, seine Zustimmung zur Einführung von Kurzarbeit davon abhängig zu machen, daß der Arbeitgeber sich verpflichtet, bei Ablehnung des Antrages auf Gewährung von Kurzarbeitergeld durch die Bundesanstalt für Arbeit den Arbeitnehmern den Entgeltausfall zu erstatten[86]. Demgegenüber ist das LAG Nürnberg der Auffassung, daß die Verweigerung der Zustimmung zur Kurzarbeit nicht rechtsmißbräuchlich sei, wenn der Betriebsrat diese von der Zahlung einer Lärmzulage abhängig gemacht habe[87].

Sicher ist, daß dem Betriebsrat die Mitbestimmungsrechte nicht als Selbstzweck, sondern zur Ausübung zum Schutz der Arbeitnehmer übertragen sind. Dem Betriebsrat sind durch diese Zielsetzung sowie durch das Gebot der vertrauensvollen Zusammenarbeit gem. § 2 Abs. 1 BetrVG Grenzen bei der Ausübung gesetzt. Außerdem ist bei der Ausübung der Mitbestimmungsrechte naturgemäß der Sinn und Zweck des jeweiligen Beteiligungsrechtes zu beachten.

Andererseits muß in einer Ordnung, in der in Form der kollektiven Interessenvertretung der Arbeitnehmer durch den Betriebsrat die Selbstbestimmung der Arbeitnehmer realisiert werden soll, es zunächst der autonomen Entscheidung des Betriebsrats vorbehalten bleiben, auf welche Weise er innerhalb der gesetzlichen Grenzen die Interessen der Arbeitnehmer verfolgt und wie er deren Interessen definiert[88]. Was Sinn und Zweck des konkreten Beteiligungsrechtes anlangt, so können sich hieraus Grenzen für das Mitbestimmungsrecht selbst ergeben[89]. So widerspricht es etwa dem Zweck des § 87 Abs. 1 Nr.6 BetrVG, die Arbeitnehmer vor Eingriffen in ihr Persönlichkeitsrecht durch Kontrolleinrichtungen zu schützen, wenn der Betriebsrat der Abschaffung einer solchen Kontrolleinrichtung widersprechen bzw. deren Einführung im Wege des Initiativrechts erzwingen könnte[90]. Insoweit ist daher eine teleologische Reduktion des Mitbestimmungstatbestandes geboten.

Die These vom Mißbrauch des Mitbestimmungsrechtes hat aber einen anderen Ansatzpunkt. Sie soll nämlich in Fällen, in denen unzweifelhaft ein Mitbestimmungsrecht des Betriebsrats besteht, dieses aufgrund der Art und Weise seiner Ausübung entfallen lassen. Sie läuft also auf eine Inhaltskontrolle der Ausübung des Mitbestimmungsrechtes durch den Betriebsrat hinaus. Bedenken ergeben sich insoweit zum einen daraus, daß das Gesetz eine Ermessensprü-

---

[86] LAG Köln, Beschl. vom 14.6.1989, NZA 1989, 939; diese Entscheidung wird von *Belling*, Haftung des Betriebsrats, S.325 fälschlich als Entscheidung des BAG ausgewiesen.

[87] LAG Nürnberg, Beschl. vom 6.11.1990, NZA 1991, 281.

[88] Ähnlich *v.Hoyningen-Huene*, Betr 1987, 1426, 1427.

[89] *Wiese*, Initiativrecht, S.32.

[90] BAG, AP Nr.4 zu § 87 BetrVG 1972 Initiativrecht; *Dietz/Richardi* § 87 Rz 335; *Hess/Schlochauer/Glaubitz* § 87 Rz 255; *Wiese* GK-BetrVG § 87 Rz 402 f.

fung in § 76 Abs. 5 Satz 4 BetrVG sogar ausdrücklich vorsieht, allerdings erst für den Spruch der Einigungsstelle. Eine Vorverlagerung in Form einer Kontrolle der Ermessensbetätigung durch den Betriebsrat bei der Ausübung des Mitbestimmungsrechtes wäre hiermit nur schwer in Einklang zu bringen. In erster Linie ist also der Arbeitgeber darauf zu verweisen, im Wege des Einigungsstellenverfahrens eine sachgerechte Regelung herbeizuführen[91]. Zum anderen darf der besondere Charakter des Mitbestimmungsrechtes gem. § 87 BetrVG nicht verändert werden, indem dieses generell zu einem Zustimmungsrecht analog dem Mitbestimmungsrecht bei personellen Einzelmaßnahmen gem. § 99 BetrVG teleologisch reduziert wird. Im Bereich der personellen Angelegenheiten kann der Betriebsrat nämlich nur aus einem der in § 99 Abs. 2 BetrVG genannten Gründe die Zustimmung verweigern. Gibt er für die Weigerung keine oder eine Begründung, die es schlechterdings als ausgeschlossen erscheinen läßt, daß damit ein Zustimmungsverweigerungsgrund i.S. eines der dort genannten Tatbestände geltend gemacht wird, so ist die Verweigerung unbeachtlich und die Zustimmung gilt gem. § 99 Abs. 3 Satz 2 BetrVG als erteilt[92]. Dagegen hat der Betriebsrat im Rahmen der sozialen Angelegenheiten ein umfassendes Mitbestimmungsrecht in Form eines Mitgestaltungsrechts. Es soll den Arbeitnehmern eine gleichberechtigte Teilhabe an den sie betreffenden Entscheidungen sichern[93]. Der Betriebsrat ist grundsätzlich nicht an bestimmte inhaltliche Vorgaben bei der Ausübung des Mitbestimmungsrechtes gebunden. Deswegen ist es nicht unbedenklich, wenn die Befugnis zur Zustimmungsverweigerung daran geknüpft wird, daß das Verlangen des Betriebsrats sich als Annexregelung zu der zu entscheidenden Angelegenheit verstehen läßt[94].

Schließlich würde eine Auffassung, die eine "mißbräuchliche" Zustimmungsverweigerung durch den Betriebsrat als unbeachtlich ansieht mit der Folge, daß die Zustimmungsbedürftigkeit entfällt, dem besonderen Charakter des Mitbestimmungsrechts aus § 87 BetrVG insofern widersprechen, als im Rahmen der sozialen Angelegenheiten Arbeitgeber und Betriebsrat gerade die gleichen Einflußmöglichkeiten haben sollen. Genauso wie ein Mißbrauch des Vetorechts durch den Betriebsrat ist aber auch ein mißbräuchliches Verhalten des Arbeitgebers denkbar, etwa wenn dieser eine Initiative des Betriebsrats zur Neuregelung der Verteilung der betrieblichen Arbeitszeit ohne Begründung ablehnt oder seine Zustimmung von Zugeständnissen auf Gebieten abhängig

---

91 *Hanau*, NZA 1985, Beil. 2, S.9; *Wiese*, Initiativrecht, S.32.

92 BAG, AP Nr.11, 50 zu § 99 BetrVG 1972 m.w.N. zur früheren Rspr.

93 BAG, AP Nr.2 zu § 87 BetrVG 1972 Arbeitssicherheit; Beschl. vom 16.7.1991, NZA 1992, 70, 71 unter II 1 a aa; *Siebert*, RdA 1958, 161, 162 spricht vom Grundsatz der "Parität"; der Teilhabegedanke wird betont von *Wiese* GK-BetrVG § 87 Rz 73.

94 So *Hanau*, NZA 1985, Beil. 2, S.7 ff.

macht, die in keinem sachlichen Zusammenhang mit der angestrebten Regelung stehen, z.B. von der Zustimmung zur Kündigung eines bestimmten Betriebsratsmitglieds[95]. In diesem Fall könnte der Betriebsrat die von ihm angestrebte Regelung nicht wegen "Unbeachtlichkeit" der Weigerung des Arbeitgebers durchsetzen, da ihm gem. § 77 Abs. 1 Satz 2 BetrVG einseitige Eingriffe in die Leitung des Betriebs untersagt sind. Der Betriebsrat müßte also in jedem Fall die Einigungsstelle anrufen, um sein Anliegen zu verwirklichen. Dann muß aber aus Gründen der Gleichgewichtigkeit auch der Arbeitgeber grundsätzlich auf das Einigungsstellenverfahren verwiesen werden.

Allerdings ist - wie bereits festgestellt - unbestreitbar, daß dem Betriebsrat insbesondere durch § 2 Abs. 1 BetrVG Grenzen für die Ausübung seines Mitbestimmungsrechtes gesetzt sind[96]. So wäre es sicherlich ein Verstoß gegen den Grundsatz der vertrauensvollen Zusammenarbeit, wenn der Betriebsrat das Mitbestimmungsrecht zur Verfolgung koalitions- oder arbeitskampfpolitischer Ziele einsetzen würde, indem er etwa in mittelbar vom Arbeitskampf betroffenen Betrieben die Mitwirkung bei der Ausgestaltung von Kurzarbeit mit der Begründung ablehnt,daß er sich mit den streikenden Arbeitnehmern solidarisch erkläre[97]. Die Frage ist allerdings, welche Rechtsfolgen ein solcher Verstoß hätte. Zum einen kann darin ein Grund für die Einleitung eines Amtsenthebungsverfahrens nach § 23 Abs. 1 BetrVG liegen[98]. Dagegen läßt der Verstoß nicht per se das Mitbestimmungsrecht entfallen mit der Folge, daß der Arbeitgeber nunmehr allein über die Durchführung der Maßnahme befinden kann. Eine solche Konsequenz würde nämlich übersehen, daß Schutzadressat des Mitbestimmungsrechtes nicht der Betriebsrat, sondern die betroffenen Arbeitnehmer sind. Diese sollen davor geschützt werden, daß der Arbeitgeber qua Direktionsrecht für sie ungünstige Arbeitsbedingungen einseitig festlegt, ohne ihre Interessen angemessen zu berücksichtigen[99]. Auf derselben Ebene liegt es, daß der Betriebsrat nicht befugt ist, über seine Beteiligungsrechte zu disponieren, insbesondere diese aufzuheben, einzuschränken oder auf sie zu verzichten[100]. Aus diesem Grunde ist auch eine Absprache unzulässig und nicht als

---

95 Vgl. a. *Hanau*, NZA 1985, Beil. 2, S.9.

96 *Hueck/Nipperdey/Säcker*, ArbR II/2, S.1263; vgl. a. *v.Hoyningen-Huene*, Betr 1987, 1426, 1427..

97 BAG, AP Nr.70 zu Art.9 GG Arbeitskampf; *Belling*, Haftung des Betriebsrats, S.334; *Hanau*, NZA 1985, Beil. 2, S.7.

98 *Wiese*, Initiativrecht, S.31.

99 Dies sieht auch *Belling*, Haftung des Betriebsrats, S.333 f.

100 Ausf. *Wiese*, RdA 1968, 455 ff.; vgl. a. *dens*. GK-BetrVG § 87 Rz 5 f.; *Dietz/Richardi* vor § 87 Rz 8; BAG, AP Nr.9 zu § 56 BetrVG Wohlfahrtseinrichtungen Bl.2 äußert "sehr erhebliche rechtliche Bedenken" gegen einen Verzicht.

Ausübung des Mitbestimmungsrechtes aus § 87 BetrVG zu werten, die dem Arbeitgeber das Alleinentscheidungsrecht einräumt. Zwar können die Betriebspartner das Mitbestimmungsrecht in der Weise ausüben, daß sie eine Rahmenregelung treffen und dem Arbeitgeber bei der Ausfüllung dieses Rahmens eine gewisse Gestaltungsfreiheit einräumen. Dies darf aber nicht dazu führen, daß das Mitbestimmungsrecht in der Substanz ausgehöhlt wird[101].

Die vorstehenden Überlegungen zeigen, daß die Beteiligungsrechte für den Betriebsrat nicht nur Berechtigungslagen schaffen, sondern daß sie zugleich Pflichten zur Wahrnehmung der Interessen der Arbeitnehmer sind. Es handelt sich somit nicht um subjektive Rechte i.S. von Individualansprüchen, sondern um Kompetenzen. Deshalb ist auch die Darstellung, daß das Wohl der Arbeitnehmer auf Seiten des Betriebsrats und das des Betriebes auf Seiten des Arbeitgebers die wechselseitigen Zwecke des betriebsverfassungsrechtlichen Schuldverhältnisses seien, nicht überzeugend, wenn insoweit die Parallele zum schuldrechtlichen Austauschverhältnis gezogen wird. Zum einen handelt es sich bei der Tätigkeit des Betriebsrats nicht um eine Zweckverfolgung in diesem Sinne, die eine Dispositionsbefugnis über das "Ob" der Zweckverfolgung implizieren würde, sondern um eine Amtspflicht aufgrund der gesetzlichen Ausgestaltung der Betriebsverfassung und der Wahl durch die Arbeitnehmer. Ebensowenig läßt sich die Verpflichtung zur Berücksichtigung der Interessen des Betriebes als Opfer des Betriebsrats darstellen. Vielmehr ist sie genauso Bestandteil seiner Pflichtenbindung wie die Verpflichtung auf den Schutz der Arbeitnehmer. Die Grenzen der Ausübung der Beteiligungsrechte resultieren daher, daß der Betriebsrat als gesetzlich geschaffenes "Organ" nur im Rahmen seiner Amtsbefugnisse tätig werden darf und dieser Rahmen durch das Gesetz vorgegeben ist. Von einem Gegenseitigkeitsverhältnis i.S. des "do ut des"-Prinzips kann daher keine Rede sein. Es handelt sich vielmehr um ein gesetzliches Partizipationsverhältnis, dessen Ausgestaltung auf spezifisch betriebsverfassungsrechtlichen Wertungen beruht[102]. Diese würden überspielt, wenn man im Sinne der Auffassung von Belling einfach die Maßstäbe des schuldrechtlichen Austauschverhältnisses auf das Verhältnis von Arbeitgeber und Betriebsrat übertragen würde.

Begreift man die Institution des Betriebsrats als gesetzlich ausgestaltetes Amt, so läßt sich vor dem Hintergrund dieses Verständnisses auch erklären, warum in bestimmten Konstellationen doch eine mitbestimmungsfreie Ent-

---

101 BAG, AP Nr.15 zu § 87 BetrVG 1972 Tarifvorrang Bl.4 unter B I 2c; *Dietz/Richardi* § 87 Rz 62; *Galperin/Löwisch* § 87 Rz 15; *Wiese* GK-BetrVG § 87 Rz 6; wohl zu weitgehend BAG AP Nr.20 zu § 87 BetrVG 1972 Arbeitszeit Bl.2 unter B 2, wo selbst eine Regelung als zulässig angesehen wird, die einem mitbestimmungsfreien Zustand nahekommt.

102 *Konzen*, FS E.Wolf, S.279, 291 ff.

scheidung des Arbeitgebers möglich sein muß, obwohl ein Mitbestimmungstatbestand vorliegt. So wird von der ganz h.M. angenommen, daß in Notfällen, also in Fällen, in denen infolge plötzlicher, nicht vorhersehbarer Ereignisse sofort gehandelt werden muß, um von dem Betrieb oder den Arbeitnehmern Schaden abzuwenden und in denen der Betriebsrat willkürlich seine Zustimmung zu der Maßnahme versagt, der Arbeitgeber ein Alleinentscheidungsrecht haben müsse[103]. Teilweise wird dies ausdrücklich damit begründet, daß der Betriebsrat, wenn er die Zustimmung willkürlich verweigere, sich so behandeln lassen müsse, als ob er sein Einverständnis erklärt habe[104]. Dabei handelt es sich letztlich um eine Ausprägung des verfassungsrechtlichen Übermaßverbots[105]. Die Einführung der Betriebsverfassung und die Etablierung von Mitbestimmungsrechten des Betriebsrats stellt sich für den Arbeitgeber als eine Einschränkung seines unternehmerischen Entscheidungsspielraumes und damit als gesetzlicher Eingriff in eine durch Art.12, 14 GG grundrechtlich geschützte Rechtsposition dar. Zwar hat er die hiermit verbundenen Belastungen grundsätzlich hinzunehmen. Andererseits muß die gesetzliche Eingriffsnorm das verfassungsrechtliche Verhältnismäßigkeitsprinzip beachten, das somit als "Schranken-Schranke" seinerseits dem Inhalt der gesetzlichen Regelung Grenzen setzt. Der Arbeitgeber muß daher nur die Einschränkungen hinnehmen, die zur Verwirklichung des gesetzlichen Regelungszweckes geeignet und erforderlich sind und deren Nutzen für die Arbeitnehmer in einem angemessenen Verhältnis zu den dem Arbeitgeber auferlegten Belastungen stehen.

Nun mag es grundsätzlich zur Verwirklichung der Partizipation der Arbeitnehmer geeignet und erforderlich sein, den Arbeitgeber im Falle von Meinungsverschiedenheiten mit dem Betriebsrat auf das Verfahren vor der Einigungsstelle zu verweisen. Droht dem Arbeitgeber aber ein erheblicher und irreparabler Schaden und ist er aufgrund der fehlenden Vorhersehbarkeit des Schadensereignisses gehindert, entsprechend Vorsorge durch Einholung der Vorabzustimmung des Betriebsrats zu treffen, so stünde der hierdurch zu erleidende Nachteil zumindest dann in keinem Verhältnis mehr zu dem Nutzen für die Arbeitnehmer, wenn der Betriebsrat evident willkürlich seine Zustimmung verweigert. In einer solchen Situation ist es dem Arbeitgeber nicht mehr zuzumuten, einen Schaden zu tragen, der nur deshalb verursacht wird, weil der Betriebsrat die Mitbestimmungsrechte funktionswidrig ausübt und ein rechtzeitiger anderweitiger Rechtsschutz nicht zur Verfügung steht. Die Einschränkung

---

103 Vgl. *Dietz/Richardi* § 87 Rz 43; *Fitting/Auffarth/Kaiser/Heither* § 87 Rz 22; *Galperin/ Löwisch* § 87 Rz 25; *Wiese* GK-BetrVG § 87 Rz 117 m.w.N.

104 *Wiese* GK-BetrVG § 87 Rz 118; *Witt*, Kooperationsmaxime, S.169 ff.

105 *Witt*, Kooperationsmaxime, S.170 f. leitet dies aus einer auf § 2 Abs. 1 BetrVG gestützten Unzumutbarkeit für den Arbeitgeber her.

des Mitbestimmungsrechts stellt sich somit als Grenze der gesetzlichen Partizipation durch den Betriebsrat dar.

Hieraus wird zugleich deutlich, was als Zweck der betriebsverfassungsrechtlichen Sonderbeziehung angesehen werden muß. Zweck der Rechte und Pflichten des Betriebsrats ist nicht eine Regelung, die inhaltlich oder materiell definiert wäre, etwa durch das Wohl der Arbeitnehmer oder des Betriebes. Zweck ist vielmehr das "formale" Ziel der Herstellung eines Kräftegleichgewichts zwischen Arbeitgeber und Betriebsrat, soweit dieses erforderlich ist, um einen nach der Vorstellung des Gesetzgebers angemessenen Interessenausgleich zwischen Arbeitgeber und Arbeitnehmern zu schaffen. Ist dieses Gleichgewicht hergestellt, so ist es in erster Linie Sache der Betriebspartner, inhaltlich zu bestimmen, was zum Wohl des Betriebes und der Arbeitnehmer erforderlich ist. Diese Ausgestaltung ist Gegenstand des Spiels der Kräfte innerhalb der betriebsverfassungsrechtlichen Ordnung.

2. Die Vergleichbarkeit mit sonstigen Interorganbeziehungen

Die Besonderheit des Verhältnisses zwischen Arbeitgeber und Betriebsrat hängt mit dieser Zwecksetzung untrennbar zusammen. Die Betriebsverfassung sollte wie dargestellt das Schutzdefizit auf der individualvertraglichen Ebene ausgleichen und quasi die Privatautonomie auf kollektiver Ebene wiederherstellen. Autonome und gleichberechtigte Gestaltung setzt aber ein Gleichgewicht der jeweiligen Partner voraus, weil die getroffene Regelung nur dann die sog. Richtigkeitsgewähr besitzt, also eine Vermutung dafür spricht, daß es sich um einen gerechten Ausgleich der widerstreitenden Interessen und nicht um ein einseitiges Diktat einer der beiden Parteien handelt[106]. Während aber das Kräfteverhältnis in Individualbeziehungen zumindest auch von der Gestaltung der Rechtsbeziehungen durch die beteiligten Personen abhängt, kann sich eine entsprechende "Mächtigkeit" des Betriebsrats auf der kollektiven Ebene nur aus dem Gesetz ergeben. Der Betriebsrat besteht allein aufgrund der gesetzlichen Einrichtung der Betriebsverfassung im BetrVG und ist deshalb auch nur im Rahmen seiner gesetzlichen Aufgabe Zuordnungssubjekt von Rechten und Pflichten. Hierin unterscheidet sich der Betriebsrat zugleich etwa von den Gewerkschaften, die als (nicht rechtsfähige) Vereine auch außerhalb ihrer koalitionsmäßigen Betätigung am Rechtsverkehr teilnehmen können.

---

106 Vgl. zu der vergleichbaren Problematik der Parität im Tarif- und Arbeitskampfrecht BAG AP Nr.64 zu Art.9 GG Arbeitskampf unter A I 1 c; GS AP Nr.43 zu Art.9 GG Arbeitskampf unter Teil III B 1; BVerfG Beschl. vom 26.6.1991, NZA 1991, 809 unter C I 3 b aa; die Idee der Richtigkeitsgewähr wurde ursprünglich von *Schmidt-Rimpler*, AcP 147 (1941), 130, 155 ff. in bezug auf die Funktion der Vertragsfreiheit entwickelt; zust. *Biedenkopf*, Vertragliche Wettbewerbsbeschränkungen, S.106 ff.; vgl. hierzu auch oben A I 1.

Ein Gleichgewicht kann sich daher im Rahmen der Betriebsverfassung nur ergeben, wenn das Verhältnis der zwischen Arbeitgeber und Betriebsrat bestehenden Rechte und Pflichten durch ein System der "checks and balances" in bestimmter Weise austariert ist. Das Gefüge von Rechten und Pflichten, der "schuldrechtsähnliche Organismus", erhält seinen Sinn gerade aus dieser Überlegung. Der Gesetzgeber ging offenbar davon aus, mit der Regelung der Mitbestimmung im BetrVG das Kräfteverhältnis zwischen Arbeitgeber und Arbeitnehmer so verschoben zu haben, daß nunmehr keine einseitige Bestimmung der Arbeitsbedingungen durch den Arbeitgeber mehr erfolgen kann, sondern ein angemessener Interessenausgleich gewährleistet ist. Dies bedeutet aber gleichzeitig, daß jede Verschiebung innerhalb dieses Verhältnisses die gesetzgeberische Zielsetzung gefährdet, sei es zu Lasten des Arbeitgebers, wenn der Betriebsrat unbefugt in die dem Arbeitgeber obliegende Leitung des Betriebes eingreift, sei es daß der Betriebsrat an der Wahrnehmung seiner Kompetenzen gehindert wird, was dann zwangsläufig die Gefahr in sich birgt, daß das Funktionsdefizit des Arbeitsvertrages, das durch die Einrichtung einer kollektiven Interessenvertretung in der Betriebsverfassung ausgeglichen werden sollte, wieder durchschlägt und zu einem Verlust an Selbstbestimmung auf der Arbeitnehmerseite führt. Im Rahmen dieses Verhältnisses ist auch der Arbeitgeber nur "Funktionsträger" der Betriebsverfassung. Die Pflichten, die gegenüber dem Betriebsrat bestehen, etwa die Informations- und Beratungspflichten gem. §§ 80 Abs. 2, 90, 92, 111 Abs. 1 BetrVG dienen genauso der Verwirklichung des gesetzlich intendierten Interessenausgleichs mit den Arbeitnehmern wie umgekehrt die zu diesem Zweck dem Betriebsrat auferlegten Pflichten gegenüber dem Arbeitgeber wie das Verbot von Arbeitskampfmaßnahmen gem. § 74 Abs. 2 BetrVG oder etwa die Pflichten im Zusammenhang mit der Einberufung der Betriebsversammlung gem. § 43 Abs. 2 und 3 BetrVG.

Betrachtet man sich diese Charakterisierung des Verhältnisses zwischen Betriebsrat und Arbeitgeber, so fällt auf, daß Parallelen zu anderen Rechtsgebieten bestehen. So war im öffentlichen Recht, insbesondere im Rahmen des Kommunalverfassungsrechts, lange Zeit streitig, ob und inwieweit es Rechtsstreitigkeiten zwischen Organen ein und desselben Rechtsträgers, z.B. der Gemeinde (sog. Interorganstreitigkeit), oder sogar zwischen einzelnen Mitgliedern dieses Organs und dem Organ selbst bzw. von Mitgliedern des Organs untereinander (sog. Intraorganstreitigkeit) geben kann[107], obwohl es sich um Streitigkeiten innerhalb einer juristischen Person handelt. Heute ist anerkannt, daß auch Organen bzw. Organteilen klagbare subjektiv-öffentliche Rechte zustehen können, soweit es sich um "Kontrastorgane" handelt, denen im Gesamtinteresse gerade Aufgaben zur eigenständigen Wahrnehmung auch gegenüber den ande-

107 Vgl. den Überblick bei *Bethge*, Handbuch der kommunalen Wissenschaft und Praxis, § 29 I 1.

ren Organen bzw. Organteilen zugewiesen sind, die also zueinander im Verhältnis von Gewicht und Gegengewicht stehen, um ein System von "checks and balances" zu stabilisieren[108].

Nun ist das Verhältnis von Arbeitgeber und Betriebsrat mit dem zwischen Organen einer juristischen Person nur bedingt vergleichbar. Auch wenn der Arbeitgeber nach dem Gesagten im Rahmen der ihm obliegenden Pflichten in die Zwecksetzung der Betriebsverfassung eingebunden, also "Funktionsträger" der Betriebsverfassung ist, läßt sich nicht eine "Betriebsgemeinschaft" unter Einbeziehung der Arbeitnehmer und des Arbeitgebers konstruieren, deren "Organe" Arbeitgeber und Betriebsrat wären[109].

Die Gegenansicht läßt sich mit den Strukturen des geltenden Betriebsverfassungsrechts nicht in Einklang bringen. So ist Galperin zwar zuzugeben, daß das Bestehen von Interessengegensätzen allein einen Zusammenschluß zu einem Verband nicht ausschließt, solange "der Widerstreit...in der Überhöhung durch eine gemeinsame Aufgabe seine Auflösung findet"[110]. Doch setzt andererseits dieses Aufgehen der Einzelinteressen in einem übergeordneten Ganzen voraus, daß diese übergeordnete Ebene durch die Rechtsordnung als eigenständige Institution losgelöst von ihren Mitgliedern anerkannt ist. Dies ist beim "Betriebsverband" gerade nicht der Fall. So werden die Rechtswirkungen innerhalb des Betriebes etwa bei einer Betriebsvereinbarung gem. § 77 Abs. 4 BetrVG dadurch herbeigeführt, daß diese unmittelbar und zwingend auf den Inhalt des Arbeitsvertrages einwirkt. Parteien des Arbeitsvertrages sind aber die Arbeitnehmer und der Arbeitgeber als Einzelpersonen. Die individualrechtlichen Rechtsbeziehungen gehen somit nicht in den Regelungen des "Betriebsverbandes" auf, sondern die individualrechtliche Ebene besteht selbständig neben der kollektivrechtlichen. Es besteht folglich ein untrennbarer Zusammenhang zwischen den Ansichten über das Bestehen eines "Betriebsverbandes" und der Konzeption von der Rechtsnatur der Betriebsvereinbarung. So schließt sich Galperin konsequent der von Herschel[111] geprägten These an, daß es sich bei der Betriebsvereinbarung um einen körperschaftlichen

---

108 Grdl. *Kisker*, Insichprozeß und Einheit der Verwaltung, S.38 ff.; heute ganz h.M. vgl. *Bethge*, Handbuch für die kommunale Wissenschaft und Praxis, § 29 I 2; *Schmitt-Glaeser*, Verwaltungsprozeßrecht, Rz 127; *Stober*, Kommunalrecht, § 5 IX 2.

109 So aber insbes. *Galperin*, RdA 1959, 321, 324 ff.; ders., JArbR Bd.1 (1963), 75, 85 ff.; hiergegen *Dietz/Richardi* § 1 Rz 20; *Hueck/Nipperdey/Säcker*, ArbR II/2, S.1094; *Neumann-Duesberg*, Betriebsverfassungsrecht, S.182; *Richardi*, Kollektivgewalt und Individualwille, S.309 f.; *Thiele* GK-BetrVG Einl Rz 83.

110 *Galperin*, JArbR Bd.1 (1963), 75, 86.

111 RdA 1956, 161, 168.

Rechtssetzungsakt, eine Art Satzung handele[112]. Demgegenüber sieht die heute wohl einhellige Auffassung die Betriebsvereinbarung als privatrechtlichen Normenvertrag an[113].

Daß die These vom "Betriebsverband" und der Betriebsvereinbarung als körperschaftlicher Rechtssetzungsakt nicht zutrifft, zeigt sich schließlich besonders deutlich an einem weiteren Aspekt. Kennzeichnend für die Verbandsstruktur ist nämlich, daß die Rechtsbeziehungen zwischen dem Verband und den Mitgliedern letztlich in dem Rechtsverhältnis zwischen den Mitgliedern selbst wurzeln, die sich zu einem Verband zusammengeschlossen haben. So hat im (Personen)Gesellschaftsrecht nicht etwa nur die Gesellschaft einen Anspruch auf Erfüllung der Pflichten aus dem Gesellschaftsvertrag. Vielmehr handelt es sich letztlich um Rechte der übrigen Gesellschafter, die nur aufgrund des verbandsmäßigen Zusammenschlusses auf die Gesellschaft übergehen und von deren Organen geltend gemacht werden[114]. Allerdings zeigt sich die Verbindung wieder, wenn die Gesellschaft bzw. ihre Organe diese Rechte nicht geltend machen, nämlich in Form der actio pro socio[115], sowie bei der Entstehung von Treuepflichten zwischen den einzelnen Gesellschaftern[116].

Dagegen bestehen im Betriebsverband (Sonder)Rechtsbeziehungen nur zwischen Arbeitgeber und Arbeitnehmer in Form des Arbeitsvertrages. Demgegenüber sind die zwischen den Arbeitnehmern untereinander bestehenden Rechtspflichten, soweit es nicht nur um den Schutz der absoluten Rechtsgüter wie gegenüber jeder anderen Person geht, zum einen Reflexwirkungen des Arbeitsverhältnisses, weil die Arbeitnehmer in bezug auf die Schutzpflichten des Arbeitgebers gegenüber den übrigen Arbeitnehmern zugleich "Erfüllungsgehilfen" des Arbeitgebers sind[117]. Für die Eigenschaft als Erfüllungsgehilfe genügt nämlich die tatsächliche Möglichkeit der Einwirkung auf die Rechte des Gläubigers, ohne daß eine Einbeziehung in das Rechtsverhältnis erforderlich

112 *Galperin*, JArbR Bd.1 (1963), 75, 90.

113 Vgl. *Dietz/Richardi* § 77 Rz 21 ff.; *Fitting/Auffarth/Kaiser/Heither* § 77 Rz 17; *Galperin/Löwisch* § 77 Rz 6; *Kreutz* GK-BetrVG § 77 Rz 31 ff. m.w.N.

114 Das Verhältnis von Rechten der Gesellschaft und der Gesellschafter untereinander, gekennzeichnet durch die Begriffe Individual- und Sozialansprüche, ist streitig; vgl. hierzu m.umf.N. *Soergel/Hadding*, 11.Aufl., § 705 Rz 48 ff.; unstreitig ist allerdings, daß überhaupt durch den Gesellschaftsvertrag ein Rechtsverhältnis auch zwischen den Gesellschaftern entsteht; vgl. *Soergel/ Hadding* a.a.O. Rz 54; deutlich auch *MünchKomm/P.Ulmer* § 705 Rz 177.

115 In diesem Fall, wenn also die gesellschaftsrechtliche Kompetenzordnung versagt, gewähren auch diejenigen ein Klagerecht, die ansonsten Individualansprüche der Gesellschaft auf Erfüllung der Sozialverpflichtungen ablehnen; vgl. *Soergel/Hadding*, 11.Aufl., § 705 Rz 50; *MünchKomm/P.Ulmer* § 705 Rz 169 ff., beide m.w.N.

116 *Wiedemann*, Gesellschaftsrecht § 2 I 1b, S.95; *Lutter* in Kölner Kommentar vor § 53a Rz 6.

117 Vgl. *Soergel/Wolf* § 278 Rz 32, 45.

ist[118]. Zum anderen beruhen die Pflichten auf den Notwendigkeiten, die sich durch das tatsächliche Zusammenleben und -wirken der Arbeitnehmer im Betrieb ergeben, also aus dem sozialen Kontakt, etwa soweit bestimmte Verhaltensweisen in einer Betriebsordnung vorgeschrieben sind. Insoweit stehen die Arbeitnehmer aber nicht anders als die Mieter eines Hauses, die ebenfalls verpflichtet sind, die jeweilige Hausordnung zu respektieren. Daß es sich dabei aber nicht um Pflichten handelt, die einer eigenen Sonderbeziehung zwischen den Arbeitnehmern entspringen, zeigt sich darin, daß eine Verletzung der Betriebsordnung allenfalls Konsequenzen im Arbeitsverhältnis zwischen Arbeitgeber und Arbeitnehmer haben, z.B. zur Verhängung einer Betriebsbuße oder zu Abmahnung bzw. Kündigung führen kann. Dagegen kann ein Arbeitnehmer einen anderen Arbeitnehmer nicht zur Einhaltung der Verhaltensvorschriften zwingen, wenn der Arbeitgeber untätig bleibt. Hinzu kommt, daß der Betriebsgemeinschaft zudem im Außenverhältnis keine rechtliche Bedeutung zukommt, sie also außenrechtlich nicht als rechtsfähige Einheit anerkannt ist[119]. Doch selbst wenn man diesen Einwand außer Betracht läßt, kann man sie ebensowenig als Innenverband verstehen[120], weil (Sonder)Rechtsbeziehungen zwischen der Mehrzahl ihrer Mitglieder, nämlich zwischen den Arbeitnehmern untereinander, nicht begründet werden.

Dies wiederum verdeutlicht, daß Arbeitgeber und Arbeitnehmer auch in der Betriebsverfassung keinen einheitlichen Gesamtzweck verfolgen. Vielmehr werden allein die Arbeitnehmer zusammengefaßt und ihre Interessenvertretung dem Betriebsrat übertragen. Der Betriebsrat wiederum steht dem Arbeitgeber ebenso gegenüber wie der einzelne Arbeitnehmer im Arbeitsverhältnis. Während die Organe einer juristischen Person im Grundsatz ein einheitliches Interesse, nämlich das der juristischen Person selbst, verfolgen, die Gegensätze sich also auf den Prozeß der internen Willensbildung beziehen, setzt sich im Betriebsverfassungsrecht der Interessengegensatz zwischen Arbeitnehmern und Arbeitgeber auf der kollektiven Ebene fort, weshalb man von einer "Bipolarität" der Betriebsverfassung sprechen muß[121]. Die gemeinsame Verpflichtung zur Zusammenarbeit zum Wohl der Arbeitnehmer und des Betriebes gem. § 2 Abs. 1 BetrVG hebt diesen Interessengegensatz nicht auf, sondern regelt allein die Art und Weise der Interessenwahrnehmung und markiert damit

---

118 BGH, NJW-RR 1989, 1183, 1184; 1990, 308, 309.

119 Vgl. zu diesem Einwand *Hueck/Nipperdey/Säcker*, ArbR II/2, S.1094; *Neumann-Duesberg*, Betriebsverfassungsrecht, S 186.

120 So *Galperin*, JArbR Bd.1 (1963), 75, 92.

121 Zutr. *Belling*, Haftung des Betriebsrats, S.306 f; *Dietz/Richardi* § 1 Rz 20; *Thiele* GK-BetrVG Einl Rz 83.

eine Grenze für die einseitige Verfolgung dieser Interessen[122]. Die Norm offenbart damit aber zugleich das grundsätzliche Fortbestehen des Gegensatzes. Folglich kann sich auch die Problematik des Insichprozesses im Verhältnis zwischen Arbeitgeber und Betriebsrat nicht stellen, da zwischen ihnen keine Innenbeziehungen, sondern nur Außenbeziehungen selbständiger Interessenträger bestehen[123].

Gemeinsam ist beiden Konstellationen dagegen, daß die Regelung der Lebensverhältnisse von Personen nicht mehr von den Individuen selbst vorgenommen, sondern "Stellen" im weitesten Sinne zugewiesen wird, die nur aufgrund gesetzlicher Anordnung bestehen und als solche die Aufgabe haben, einen Ausgleich der divergierenden Interessen herbeizuführen. Wegen dieser Abstrahierung der Regelungsbefugnis von den betroffenen Rechtssubjekten muß das Gesetz gleichzeitig Normen schaffen, nach denen sich der Interessenausgleich vollziehen soll, und die damit die Wertung beinhalten, daß bei Einhaltung dieses Verfahrens der vom Gesetz intendierte Ausgleich am ehesten erreicht wird. Hierzu werden den Stellen dann Aufgaben und Kompetenzen zugewiesen, die sie gerade auch gegenüber den übrigen Beteiligten zu wahren und zu verteidigen haben[124]. Bedarf es insoweit bei den Organen einer juristischen Person noch einer Begründung mit Hilfe des Begriffes des "Kontrastorgans", so ergibt sich die eigenständige Wahrnehmung in der Betriebsverfassung bereits aus der Bipolarität der Interessenlage. Betriebsrat und Arbeitgeber verfolgen niemals das (zumindest idealiter) einheitliche Interesse eines übergeordneten Verbandes, sondern stets eigene subjektive Interessen einerseits bzw. die Interessen der vertretenen Arbeitnehmer andererseits. Dennoch dient in beiden Fällen das gesetzliche Rechte- und Pflichtenverhältnis einem gemeinsamen, von den Interessen der Beteiligten losgelösten Ziel, nämlich einem angemessenen Ausgleich dieser divergierenden Interessen. Demgegenüber tritt die Tatsache zurück, daß der Ausgleich bei der juristischen Person im Rahmen eines internen Willensbildungsprozesses, im Betriebsverfassungsrecht dagegen im Rahmen von Außenbeziehungen stattfindet.

---

122 *Thiele* GK-BetrVG Einl Rz 83; *Heinze*, ZfA 1988, 74 ff. sieht dagegen in der wechselseitigen Verpflichtung auf das Wohl des Betriebes und der Arbeitnehmer die Begründung eines Treuhandverhältnisses zwischen Arbeitgeber und Betriebsrat, denen die Wahrnehmung der bipolaren Interessen gemeinsam übertragen sei; sie seien also "gemeinsame Sachwalter fremder Interessen" vgl. ZfA 1988, 75 bei Fn 92; mit Recht abl. *Belling*, Haftung des Betriebsrats, S.306.

123 *Thiele* GK-BetrVG Einl Rz 83; teilweise wird das Verhältnis zwischen Betriebsrat und Belegschaft als Innenverhältnis und das Verhältnis zwischen Betriebsrat und Arbeitgeber als Außenverhältnis bezeichnet; so *Belling*, Haftung des Betriebsrats, S.305; Heinze ZfA 1988, 53, 61.

124 Vgl. auch zur Lage in der Aktiengesellschaft *Lewerenz*, Leistungsklagen, S.88 sowie ausf. unten 3.Teil B II.

3. Ergebnis

Somit erscheint der Begriff der Betriebs"verfassung" in einem neuen Licht. Ursprünglich war damit das "Verfaßtsein" der Arbeitnehmerschaft, ihre Zusammenfassung in Form der kollektiven Interessenvertretung durch den Betriebsrat gemeint. Diese Bedeutung ist von daher zweifelhaft, weil dieses "Verfaßtsein" und die damit notwendig verbundene "Organschaft" des Betriebsrats grundsätzlich die Rechts- bzw. zumindest die Teilrechtsfähigkeit der Belegschaft als solche voraussetzt[125]. Ebensowenig erscheint ein Verständnis der Betriebsverfassung i.S. der Organisation der aus Arbeitgeber und Arbeitnehmern bestehenden Betriebsgemeinschaft denkbar. Dennoch ist das Verhältnis zwischen Arbeitgeber und Betriebsrat strukturell dem zwischen Organen einer juristischen Person durchaus vergleichbar. Von daher erscheint es gerechtfertigt, es als gesetzliches, interorganähnliches Schuldverhältnis zu bezeichnen. Damit werden die drei wesentlichen Komponenten erfaßt:

(1) Es handelt sich um ein komplexes Gefüge von Rechten und Pflichten, einen Organismus, der einem Schuldverhältnis ähnlich und dem Privatrecht zuzuordnen ist.

(2) Dieses Gefüge besteht nicht aufgrund einer irgendwie gearteten Vereinbarung, sondern allein aufgrund gesetzlicher Anordnung.

(3) Das Gesetz verfolgt mit dieser Einrichtung einen bestimmten Zweck, der nur dann erreicht werden kann, wenn das durch dieses Gefüge hergestellte austarierte System nicht durch Eingriffe der einen oder anderen Seite aus dem Gleichgewicht gebracht wird. Insoweit gestaltet sich das Verhältnis wie das zwischen Organen einer juristischen Person.

Der spezifische Zweck des Rechtsverhältnisses zwischen Arbeitgeber und Betriebsrat besteht in dem Ausgleich des Schutz- und Funktionsdefizits des individualrechtlichen Arbeitsvertrages. Durch die Beteiligungsrechte des Betriebsrats soll ein Kräftegleichgewicht mit dem Arbeitgeber hergestellt werden, das einen angemessenen Ausgleich der divergierenden Interessen gewährleistet um auf diesem Wege eine selbstbestimmte Ordnung zu verwirklichen.

---

125 Vgl. hierzu oben B.

2. Teil

§ 23 Abs. 3 BetrVG im System der betriebsverfassungsrechtlichen Pflichten

A. Die Entwicklung der Diskussion in Rechtsprechung und Literatur

Von Anbeginn an kam der Vorschrift des § 23 Abs. 3 BetrVG eine besondere Bedeutung im Rahmen der Auseinandersetzung um das Bestehen oder Nichtbestehen (ungeschriebener) Unterlassungsansprüche des Betriebsrats bei kompetenzverletzenden Maßnahmen zu. Nachdem die Norm innerhalb der gesetzlichen Regelung zunächst eher ein Schattendasein geführt hatte und ihre Bedeutung weithin als gering veranschlagt worden war, rückte sie im Jahre 1983 zunächst durch einen Beitrag von Heinze[1] und dann durch eine fast zeitgleiche Entscheidung des 1.Senats des BAG[2], die offenbar wesentlich von den Ideen Heinzes beeinflußt war, plötzlich in den Mittelpunkt der juristischen Diskussion um einen negatorischen Rechtsschutz des Betriebsrats. Heinze und ihm folgend das BAG sahen in § 23 Abs. 3 BetrVG die zentrale Schutznorm betriebsverfassungsrechtlicher Kompetenzen des Betriebsrats, deren Existenz die Herleitung ungeschriebener Unterlassungsansprüche bei kompetenzverletzenden Maßnahmen ausschließe. Es ist in diesem Zusammenhang treffend von einer "Entdeckung" des § 23 Abs. 3 BetrVG gesprochen worden[3]. Die Entscheidung des 1.Senats sowie die weitere Entwicklung in Rechtsprechung und Literatur sollen im Folgenden kurz skizziert werden.

---

[1] Betr 1983, Beil. 9.

[2] Beschl. vom 22.2.1983, AP Nr.2 zu § 23 BetrVG 1972.

[3] *Konzen*, Leistungspflichten, S.3 ff.

I. Die Entwicklung in der Rechtsprechung

1. Die Auffassung des 1.Senats des BAG

In seinem Beschluß vom 22.2.1983[4] hat der 1.Senat des BAG erstmals ausführlich zur Frage eines allgemeinen Unterlassungsanspruches des Betriebsrats bei Verletzung seiner Beteiligungsrechte sowie zur systematischen Stellung des § 23 Abs. 3 BetrVG Stellung genommen. In früheren Entscheidungen war die Problematik allenfalls am Rande erörtert worden, ohne daß es für die Entscheidung des Rechtsstreits maßgeblich gewesen wäre[5]. Insbesondere in der Entscheidung des BAG vom 22.12.1980[6], in der das BAG die Arbeitskampfrisikolehre entwickelt hatte und in der das Mitbestimmungsrecht des Betriebsrats bei der Einführung von Kurzarbeit in mittelbar kampfbetroffenen Betrieben auf die Mitbestimmung über das "Wie" der Gestaltung der Kurzarbeit beschränkt worden war, sofern die Gefahr der Beeinflussung des Kampfgleichgewichts bestand, hatte das BAG als Mittel gegen die unberechtigte Einführung von Kurzarbeit den Betriebsrat darauf verwiesen, daß er dies im Wege der einstweiligen Verfügung unterbinden könne.

Gegenstand der genannten Entscheidung des 1. Senats war ein Antrag des Betriebsrats, dem Arbeitgeber aufzugeben, in Zukunft die Anordnung von Veränderungen der betrieblichen Arbeitszeit ohne vorheriges Mitbestimmungsverfahren gem. § 87 BetrVG zu unterlassen und ihm für jeden Fall der Zuwiderhandlung ein Ordnungsgeld anzudrohen. Nachdem der Senat einen Anspruch aus § 23 Abs. 3 BetrVG abgelehnt hatte, weil es wegen der zum maßgeblichen Zeitpunkt noch unklaren Rechtslage an einem groben Verstoß fehlte, lehnte er auch einen allgemeinen Anspruch auf Unterlassung der Maßnahme ab. Der Senat vertrat die Ansicht, daß für einen allgemeinen Unterlassungsanspruch des Inhalts, daß der Arbeitgeber sämtliche Maßnahmen zu unterlassen habe, die geeignet seien, die Beteiligungsrechte des Betriebsrats zu schmälern, neben § 23 Abs. 3 BetrVG kein Raum sei. Die Mitwirkungstatbestände räumten dem Betriebsrat eine bestimmte Berechtigung zur Mitwirkung ein. Diesen Berechtigungen stünden andererseits entsprechende Verpflichtungen des Arbeitgebers gegenüber. Doch lasse sich aus solchen Berechtigungen allein noch kein Anspruch herleiten. Vielmehr bedürfe es hierfür einer Anspruchsgrundlage. Müsse diese auch nicht stets ausdrücklich normiert sein, so könne sie allein aus der

---

[4] AP Nr.2 zu § 23 BetrVG 1972 = EzA § 23 BetrVG 1972 Nr.9.

[5] Die frühere Rspr. wird vom 1.Senat referiert in AP Nr.2 zu § 23 BetrVG 1972 unter B II 6; vgl. a. *Konzen*, Leistungspflichten, S.9.

[6] BAG, AP Nr.70 zu Art.9 GG Arbeitskampf.

Berechtigung zumindest dann nicht hergeleitet werden, wenn sie zu einem ausdrücklich normierten Anspruch in Widerspruch stünde. Dies sei hier der Fall.[7]

§ 23 Abs. 3 BetrVG normiere nämlich ausdrücklich einen Unterlassungsanspruch des Betriebsrats. Gäbe es daneben noch einen allgemeinen Unterlassungsanspruch, so würde diese Vorschrift weitgehend obsolet. Zwar ließe sich auch dann noch ein genügender Anwendungsbereich aufrechterhalten, wenn man den Regelungsgehalt im wesentlichen darin sehe, daß § 23 Abs. 3 BetrVG dem Betriebsrat und der Gewerkschaft Ansprüche in den Fällen verleihe, in denen der Arbeitgeber gegen Pflichten verstoße, die nicht ihnen selbst gegenüber bestünden (etwa wenn der Betriebsrat die Verletzung der den einzelnen Arbeitnehmer schützenden Pflichten der §§ 81-84 BetrVG oder die Gewerkschaft die Verletzung eines Beteiligungsrechtes des Betriebsrats geltend macht). Dieses Verständnis als Regelung einer Prozeßstandschaft entspreche aber weder dem Wortlaut, noch der Stellung der Vorschrift im Gesetz, noch der Absicht des Gesetzgebers. Vielmehr zeige der nicht auf diese Spezialfälle beschränkte Wortlaut, die systematische Stellung in Zusammenhang mit § 23 Abs. 1 BetrVG sowie die Absicht des Gesetzgebers, damit eine Gleichgewichtigkeit zwischen Betriebsrat und Arbeitgeber herzustellen, daß eine umfassende Regelung geschaffen werden sollte[8].

Ein Widerspruch zu § 23 Abs. 3 BetrVG ergebe sich bei Anerkennung eines allgemeinen Unterlassungsanspruches auch insoweit, als bei Vollstreckung eines solchen Anspruches gem. § 85 ArbGG i.V.m. § 890 ZPO ein Ordnungsgeld bis zu 500 000,-- DM festgesetzt werden, im Falle des § 23 Abs. 3 BetrVG das Ordnungsgeld aber höchstens 20.000,-- DM betragen könne[9]. Schließlich sehe das BetrVG ein differenziertes System von Rechtsfolgen bei Verstößen des Arbeitgebers gegen Beteiligungsrechte des Betriebsrats vor. Speziell im Bereich der sozialen Angelegenheiten könne der Betriebsrat die Einigungsstelle anrufen und deren Errichtung im Wege des § 98 ArbGG erzwingen. Eine ohne Zustimmung des Betriebsrats durchgeführte Maßnahme sei im übrigen unwirksam. Angesichts dieser detaillierten Regelung sei es gerechtfertigt, wenn der Betriebsrat ein konkretes Verhalten des Arbeitgebers erst bei einem groben Verstoß verlangen könne. Zwar seien diese Folgeregelungen nicht stets ausreichend, um die Beachtung der Mitbestimmungsrechte effektiv zu sichern. Doch

---

7 BAG, AP Nr.2 zu § 23 BetrVG 1972 unter B II 2.

8 BAG, AP Nr.2 zu § 23 BetrVG 1972 unter B II 3.

9 BAG, AP Nr.2 zu § 23 BetrVG 1972 unter B II 1; zust. *Rüthers/Henssler*, Anm. EzA § 23 BetrVG 1972 Nr.9 unter III b; *Joost*, SAE 1985, 59, 60.

könne dieses Defizit allein nicht rechtfertigen, sich zu der gesetzlichen Regelung des § 23 Abs. 3 BetrVG in Widerspruch zu setzen[10].

In seinem Beschluß vom 17.05.1983[11] sah sich der 1. Senat zu einer Einschränkung gegenüber der Entscheidung vom 22.02.1983 gezwungen. Gegenstand war ein auf § 80 Abs. 2 BetrVG gestützter Anspruch des Betriebsrats auf Unterrichtung und Beratung, der im Wege des Antrags auf zukünftige Leistung gem. § 259 ZPO geltend gemacht wurde. Der Senat sah zunächst § 80 Abs. 2 BetrVG als betriebsverfassungsrechtlichen Anspruch an. Zugleich erkannte er, daß das in der Entscheidung vom 22.02.1983 geäußerte Verständnis des § 23 Abs. 3 BetrVG auch Auswirkungen auf solche Ansprüche haben mußte. Diese Vorschrift stellt nämlich Tun, Dulden und Unterlassen des Arbeitgebers gleich. Gewährt man nun dem Betriebsrat einen Unterrichtungsanspruch aus § 80 Abs. 2 BetrVG ohne das Erfordernis eines groben Verstoßes, so würde § 23 Abs. 3 BetrVG für den Bereich der Handlungspflichten in ähnlicher Weise obsolet, wie dies bei den Unterlassungspflichten in bezug auf den allgemeinen Unterlassungsanspruch angenommen wurde und dort gerade zu einer Ablehnung eines solchen Anspruches führte.

Demgegenüber schränkte der Senat seine Auffassung nunmehr dahingehend ein, daß § 23 Abs. 3 BetrVG nicht die alleinige Grundlage für Ansprüche des Betriebsrats gegen den Arbeitgeber sei, Ansprüche also nicht nur dann denkbar seien, wenn der Arbeitgeber grob gegen seine Pflichten verstoße. § 23 Abs. 3 BetrVG bedürfe insoweit einer Einschränkung seines dem Wortlaut nach umfassenden Anwendungsbereiches. Ohne daß der Senat abschließend dazu Stellung nahm, welche Ansprüche des Betriebsrats neben § 23 Abs. 3 BetrVG bestehen könnten, seien zumindest Ansprüche auf ein Tun des Arbeitgebers, die die Leistung von Geld oder Sachen, die Vorlage von Unterlagen oder die Unterrichtung des Betriebsrats zum Gegenstand hätten, nicht ausgeschlossen. Mit diesem Recht sei nämlich noch keine unmittelbare Beteiligung des Betriebsrats an der Maßnahme des Arbeitgebers verbunden, so daß auch ein Eingriff in die (dem Arbeitgeber gem. § 77 Abs. 1 Satz 2 BetrVG vorbehaltene) Betriebsführung ausscheide.

---

[10] BAG, AP Nr.2 zu § 23 BetrVG 1972 unter B II 5.

[11] BAG, AP Nr.19 zu § 80 BetrVG 1972.

2. Die Auffassung des 6.Senats des BAG

Weiter belebt wurde die Entwicklung in der Rechtsprechung durch den Beschluß des 6.Senats des BAG vom 18.04.1985[12], in dem der Senat ebenfalls über einen Unterlassungsantrag bezüglich der Anordnung von Überstunden durch den Arbeitgeber zu befinden hatte. Obwohl er dem Antrag letztlich aufgrund des § 23 Abs. 3 BetrVG stattgab, nahm der Senat in einem obiter dictum zu der Rechtsprechung des 1.Senats Stellung, weil die Vorinstanz diese ihrer Entscheidung zugrunde gelegt hatte[13]. Nach Auffassung des 6.Senats enthält § 23 Abs. 3 BetrVG einen eigenständigen Unterlassungsanspruch neben anderen Unterlassungsansprüchen im Betriebsverfassungsrecht. Zwar enthalte die Vorschrift als Merkmal auch die Verletzung von Mitbestimmungsrechten, doch werde sie dadurch nicht zur (abschließenden) "Vollzugsregelung" für den Verstoß gegen Beteiligungsrechte des Betriebsrats. Zumindest im Bereich der sozialen Angelegenheiten gem. § 87 Abs. 1 BetrVG sei vielmehr eine differenzierte Sichtweise angezeigt. Soweit hier die Regelungsmacht der Betriebspartner reiche, ergebe sich zugleich eine wechselseitige Verpflichtung, diejenigen Handlungen zu unterlassen, die geeignet seien, die gemeinsam auszuübenden Normsetzungsbefugnisse inhaltlich auszuschließen oder ihre Wahrnehmung unmöglich zu machen. Einer positiven gesetzlichen Regelung könne daher allenfalls deklaratorische Bedeutung zukommen. Demgegenüber enthalte § 23 Abs. 3 BetrVG eine abweichende Regelung. Die Vorschrift gebe dem Betriebsrat einerseits den Unterlassungsanspruch nur unter der engen Voraussetzung eines "groben Verstoßes" des Arbeitgebers gegen betriebsverfassungsrechtliche Pflichten. Andererseits seien die zu unterlassenden Handlungen losgelöst von einer konkreten betrieblichen Regelung und damit in geringerem Maße konkretisierbar. Ein Antrag nach § 23 Abs. 3 BetrVG komme nämlich nur in Betracht, wenn bereits durch Handlungen des Arbeitgebers Verletzungen der Beteiligungsrechte des Betriebsrats eingetreten seien. Sofern der Betriebsrat vom Arbeitgeber bei einer Regelung übergangen worden sei und dies einen groben Verstoß des Arbeitgebers gegen seine betriebsverfassungsrechtlichen Pflichten darstelle, könne der Betriebsrat den Arbeitgeber zur künftigen Beachtung der Mitbestimmungsrechte im Wege des Verfahrens nach § 23 Abs. 3 BetrVG anhalten. Die Vorschrift stelle somit gleichsam ein "kollektives Abmahnungsrecht" dar[14].

---

12 BAG, AP Nr.5 zu § 23 BetrVG 1972 = EzA § 23 BetrVG 1972 Nr.10.

13 Vgl. hierzu sowie zum Folgenden BAG, AP Nr.5 zu § 23 BetrVG 1972 zu II 1 a, b.

14 BAG, AP Nr.5 zu § 23 BetrVG 1972 unter I 5 b.

3. Die weitere Entwicklung in der Rechtsprechung

Es ist angenommen worden, daß das obiter dictum des 6. Senats im wesentlichen dem Zweck dienen sollte, die Anrufung des Großen Senats des BAG aufgrund einer Divergenzvorlage gem. § 45 Abs. 2 Satz 2 ArbGG zu erzwingen[15]. Wenn dies zutrifft, so hätte die Entscheidung (zumindest bisher) ihr Ziel verfehlt. In der Folgezeit ist nämlich die Auseinandersetzung mit dem Problemkreis wenigstens in der höchstrichterlichen Rechtsprechung zur Ruhe gekommen, so daß man eine erneute inhaltliche Stellungnahme vergeblich sucht. In einem Beschluß vom 12.01.1988[16] hat der 1. Senat die Frage des Bestehens eines von den Voraussetzungen des § 23 Abs. 3 BetrVG unabhängigen Unterlassungsanspruches bei einseitiger Anordnung von Mehrarbeit durch den Arbeitgeber ausdrücklich offengelassen und einen solchen Anspruch zumindest dann verneint, wenn der Betriebsrat zwischenzeitlich ordnungsgemäß beteiligt und damit seinem Mitbestimmungsrecht Genüge getan worden sei[17].

Die Instanzgerichte sind im Anschluß an die Entscheidung des 1. Senats diesem teilweise gefolgt[18], teilweise haben sie dezidiert eine andere Ansicht vertreten[19]. Auch in der Zeit nach 1985 hat sich bei den Instanzgerichten keine der unterschiedlichen Auffassungen durchsetzen können. Der Schwerpunkt der Entscheidungen verlagerte sich allerdings wieder stärker auf das Verfahren des einstweiligen Rechtsschutzes[20].

II. Der Meinungsstand in der Literatur

Bis zur Entscheidung des 1.Senats vom 22.2.1983 gingen die Stimmen in der Literatur einhellig davon aus, daß § 23 Abs. 3 BetrVG nur insoweit eine ei-

---

[15] *Konzen*, Anm. EzA § 23 BetrVG 1972 Nr.10 vor I.

[16] BAG, AP Nr.8 zu § 81 ArbGG 1979.

[17] BAG, AP Nr.8 zu § 81 ArbGG 1979 unter II 2 a.

[18] Vgl. u.a. LAG Berlin, BB 1984, 1551.

[19] U.a. LAG Düsseldorf, BB 1983, 2052; LAG Köln, BB 1985, 1332; umf.Nachw. zur Rspr. der Instanzgerichte bei *Kümpel*, AuR 1985, 79 ff.

[20] Dem 1.Senat folgend LAG Baden-Württemberg, Beschl. vom 28.8.1985, LAGE § 23 BetrVG 1972 Nr.16; LAG Niedersachsen, Beschl. vom 5.6.1987, LAGE § 23 BetrVG 1972 Nr.11; dem 6.Senat folgend LAG Bremen, Beschl. vom 25.7.1986, LAGE § 23 BetrVG 1972 Nr.7; LAG Hamburg, Beschl. vom 9.5.1989, LAGE § 23 BetrVG 1972 Nr.26; gegen den 1.Senat auch LAG Frankfurt a. M., Beschl. vom 19.4.1988, LAGE § 99 BetrVG 1972 Nr.17;.aus neuester Zeit LAG Düsseldorf, NZA 1991, 29 m.w.N.

genständige Bedeutung zukomme, als dem Betriebsrat bzw. der Gewerkschaft die Befugnis verliehen werde, auch in Fällen, in denen sie durch die Pflichtverletzung nicht selbst in eigenen Rechten betroffen waren, ein Verfahren nach § 23 Abs. 3 BetrVG zur Erzwingung des rechtmäßigen Verhaltens des Arbeitgebers einleiten zu können. Da Betriebsrat und Gewerkschaft insoweit zum Zwecke der Durchsetzung fremder Rechte tätig werden, entsprach dieses Verständnis dem der Regelung einer gesetzlichen Prozeßstandschaft. Demgegenüber ließ nach dieser Auffassung § 23 Abs. 3 BetrVG die Rechtsverfolgung bei Verletzung eigener Rechte des Betriebsrats bzw. der Gewerkschaft nach den allgemeinen Vollstreckungsregeln unberührt, weswegen der Vorschrift auch nur geringe Bedeutung beigemessen wurde[21].

In der dem Beschluß des 1.Senats folgenden Diskussion haben sich neben Heinze[22], auf den die Begründung des 1.Senats erkennbar zurückgeht, noch weitere Stimmen dieser Auffassung angeschlossen[23]. Dagegen hat der überwiegende Teil der Literatur dem BAG zumindest insoweit die Gefolgschaft verweigert, als § 23 Abs. 3 BetrVG nicht die Bedeutung einer abschließenden Regelung beigemessen wird[24].

Diese Gegenauffassung sieht in § 23 Abs. 3 BetrVG, soweit sie nicht an der Einordnung als reine Prozeßstandschaftsnorm festhält[25], daneben vor allem einen Auffangtatbestand für Pflichtverletzungen, denen kein Anspruch des Be-

---

21 *Dietz/Richardi* § 23 Rz 5, 62 f.; *Dütz*, AuR 1973, 353, 356; *Fitting/Auffarth/Kaiser* § 23 Rz 60; *Galperin/Löwisch* § 23 Rz 49 f., 62; *Kammann/Hess/Schlochauer* § 23 Rz 76; *K.Weber*, Erzwingungsverfahren, S.87 f.; *Weiss* § 23 Anm. 5d.

22 Betr 1983, Beil. 9, S.6 ff., 13.

23 *Belling*, Haftung des Betriebsrats, S.347 ff., zumindest in den Fällen, in denen ein Einigungsstellenverfahren vorgesehen ist; *Hess/Schlochauer/Glaubitz* § 23 Rz 83; *v.Hoyningen-Huene*, Anm. AP Nr.2 zu § 23 BetrVG 1972; *ders.*, BetrVR, § 4 V 4 c, S.71 f.; *Joost*, SAE 1985, 59 ff.; *Rüthers/-Henssler*, Anm. EzA § 23 BetrVG 1972 Nr.9; *Stege/Weinspach* § 23 Rz 17a ff.; im Hinblick auf den Ausschluß sonstiger Unterlassungsansprüche zustimmend *Zöllner/Loritz*, ArbR, § 46 III 6, S.489 f.

24 Krit. zur Auffassung des 1.Senats namentlich *Blanke* in DKKS § 23 Rz 68 ff.; *Bobke*, Die Mitbestimmung 1983, 458; *Derleder*, AuR 1983, 289 ff.; *ders.*, AuR 1985, 65 ff.; *Dütz*, Unterlassungsansprüche, S.37 ff.; ders., Betr 1984, 115 ff.; *Fitting/Auffarth/Kaiser/Heither* § 23 Rz 77 ff.; *Hanau*, NZA 1985, Beil. 2, S.12; *ders.*, JuS 1985, 360, 362; *Kehrmann*, Die Quelle 1983, 232, 234; *Konzen*, Leistungspflichten, S.39 ff., 47 ff.; *Kümpel*, AuR 1985, 78, 81 ff.; *Leisten*, BB 1992, 266, 271 ff.; *Neumann*, BB 1984, 676; *Sacher*, Unterlassungsanspruch, S.10 ff.; *Schneider*, Die Quelle 1983, 491, 553; *Trittin*, BB 1984, 1169; *Wiese* GK-BetrVG § 23 Rz 112 ff.; verfassungsrechtliche Bedenken äußert *Coen*, Betr 1984, 2459, 2460f.; hiergegen *Konzen/Rupp*, Betr 1984, 2695, 2698 f.; w.N. bei *Wiese* a.a.O. Rz 111.

25 So *Dütz*, Unterlassungsansprüche, S.35 f.

triebsrats korrespondiert[26]. Soweit im Rahmen der Mitbestimmung in sozialen Angelegenheiten ein Unterlassungsanspruch bei mitbestimmungswidrigen Maßnahmen bejaht wird, wird dieser auf § 78 Satz 1 BetrVG sowohl allein als auch als Schutzgesetz i.V. mit § 823 Abs. 2 BGB[27], eine analoge Anwendung des § 1004 BGB[28] oder der §§ 98 Abs. 5, 101 BetrVG[29], einen verfahrenssichernden Anspruch i.S. einer schuldrechtlichen Nebenpflicht[30] bzw. auf eine allgemeine, aus dem gesetzlichen Schuldverhältnis zwischen Betriebsrat und Arbeitgeber entstehende Pflicht zur Unterlassung betriebsverfassungswidrigen Verhaltens[31] gestützt. Teilweise wird auch nur eine rein verfahrensmäßige Absicherung des Mitbestimmungsrechtes erwogen[32].

---

[26] *Derleder*, AuR 1985, 65, 74; *Wiese* GK-BetrVG § 23 Rz 127, die allerdings der Vorschrift insoweit nur verfahrensrechtliche Bedeutung beimessen; für einen Auffangtatbestand i.S. einer materiell-rechtlichen Anspruchsnorm dagegen *Konzen*, Leistungspflichten, S.45 ff.; wohl auch *Fitting/Auffarth/Kaiser/Heither* § 23 Rz 81 f.; *Eich* Betr 1983, 657, 661.

[27] *Dütz*, Unterlassungsansprüche, S.2 ff., 30 ff.

[28] *Denck*, RdA 1982, 279, 284; *Sacher*, Unterlassungsanspruch, S.75 ff.; *Salje*, Betr 1988, 909, 911 ff.; nicht ganz klar *Kümpel*, AuR 1985, 78, 92.

[29] *Konzen*, Leistungspflichten, S.96 ff., 99 für den Mitbestimmungstatbestand des § 87 Abs. 1 Nr.6 BetrVG.

[30] *Derleder*, AuR 1983, 289, 299 ff.

[31] *Wiese* GK-BetrVG § 23 Rz 118.

[32] *Buchner*, SAE 1984, 187, 191; *Neumann*, BB 1984, 676; *Olderog*, NZA 1985, 753, 759 f.

B. Die Bedeutung des § 23 Abs. 3 BetrVG

Im folgenden soll die Bedeutung des § 23 Abs. 3 BetrVG untersucht werden. Um den Stellenwert dieser Vorschrift zu erkennen, muß man sich die Argumentationslinie des 1.Senats des BAG vor Augen halten. Der Senat lehnt einen "allgemeinen Unterlassungsanspruch" des Betriebsrats bei mitbestimmungswidrigen Maßnahmen des Arbeitgebers zum einen deshalb ab, weil sich hierfür keine Anspruchsgrundlage finden lasse. Das BetrVG normiere zwar in den Mitwirkungstatbeständen bestimmte Berechtigungslagen des Betriebsrats, denen entsprechende Pflichten des Arbeitgebers korrespondierten. Aus diesen Berechtigungslagen allein lasse sich aber kein Anspruch herleiten[1]. Der Frage nach der Grundlage für einen Unterlassungsanspruch bei Verletzung von Mitbestimmungsrechten des Betriebsrats soll im dritten Teil dieser Arbeit nachgegangen werden[2].

Letztlich läßt der Senat die Problematik der Anspruchsgrundlage dahinstehen, weil er § 23 Abs. 3 BetrVG als umfassende und abschließende Regelung von Ansprüchen des Betriebsrats gegen den Arbeitgeber bei Verstößen gegen Beteiligungsrechte ansieht[3]. Methodisch bedeutet diese Aussage, daß § 23 Abs. 3 BetrVG einer Herleitung von Unterlassungsansprüchen aus den einzelnen Beteiligungsrechten selbst bzw. aus dem Rechtsverhältnis zwischen Arbeitgeber und Betriebsrat entgegensteht, weil die gesetzliche Regelung nicht lückenhaft ist[4]. Die Frage nach der Gesetzeslücke wird ebenfalls ausführlich im dritten Teil behandelt werden[5]. Aufgrund der Komplexität der Problematik, die sich im Zusammenhang mit der rechtlichen Einordnung des § 23 Abs. 3 BetrVG stellt, und weil die Vorschrift quasi den Schlüssel darstellt, der erst den Zugang zu der Beschäftigung mit der Frage nach der Grundlage von Unterlassungsansprüchen eröffnet, soll deren Bedeutung jedoch vorab in einem eigenen Abschnitt dargestellt werden.

---

[1] BAG, AP Nr.2 zu § 23 BetrVG 1972 Bl.3 R unter B II 2; vgl. auch *Heinze*, Betr 1983, Beil. 9, S.3 f., 14 ff.

[2] Vgl. insbes. unten 3.Teil B III.

[3] Deutlich BAG, AP Nr.2 zu § 23 BetrVG 1972 Bl.3 unter B II, Bl.4 R unter B II 5; hierzu *Heinze*, Betr 1983, Beil. 9, S.22.

[4] Vgl. dazu unten B II 4.

[5] Vgl. unten 3.Teil B III 3d sowie C II.

I. Die Pflichten des Arbeitgebers im Betriebsverfassungsrecht

Bevor konkret auf die Bedeutung des § 23 Abs. 3 BetrVG im System der betriebsverfassungsrechtlichen Pflichten eingegangen wird, erscheint es sinnvoll, nach der Analyse des Verhältnisses zwischen Arbeitgeber und Betriebsrat zunächst die verschiedenen Verhaltenspflichten des Arbeitgebers nach ihrer Qualität zu beschreiben und einzuordnen. Insoweit bietet sich dieselbe Systematik an, wie sie in § 23 Abs. 3 BetrVG selbst angelegt ist, nämlich die Aufteilung in Handlungs-, Duldungs- und Unterlassungspflichten. Da es vorliegend um den Rechtsschutz des Betriebsrats gegen Eingriffe des Arbeitgebers in seinen Zuständigkeitsbereich geht, ist insbesondere die Bedeutung dieser Pflichten für den Wirkungskreis des Betriebsrats zu berücksichtigen. Insoweit ist zunächst der Bereich zu nennen, der allein die interne Arbeit des Betriebsrats betrifft. Dieser soll hier als interner Wirkungskreis bezeichnet werden. Hierzu zählen z.B. sämtliche Maßnahmen der Geschäftsführung, die Abhaltung von Betriebsratssitzungen und Sprechstunden sowie Absprachen mit Gewerkschaften und Jugend- und Auszubildendenvertretung (vgl. § 70 Abs. 2 BetrVG). Den zweiten Bereich bilden die Befugnisse und Aufgaben, die dem Betriebsrat ein Mitwirkungsrecht in Form einer Teilhabe an den Entscheidungen des Arbeitgebers im Rahmen der Leitung des Betriebs geben. Dieser soll als externer Wirkungskreis bezeichnet werden. Hierzu zählen insbesondere sämtliche Mitbestimmungsrechte, etwa in sozialen Angelegenheiten gem. § 87 Abs. 1 BetrVG oder bei personellen Einzelmaßnahmen gem. § 99 Abs. 1 BetrVG.

1. Handlungspflichten

Handlungspflichten bestehen für den Arbeitgeber in erster Linie in Form von Unterrichtungs- und Beratungspflichten. So hat der Arbeitgeber beispielsweise den Betriebsrat über Maßnahmen der Personalplanung oder über geplante Betriebsänderungen gem. §§ 92, 111 BetrVG zu unterrichten und etwaige Auswirkungen sowie erforderliche Maßnahmen zu beraten[6]. Teilweise geht mit der Unterrichtungspflicht die Pflicht zur Herausgabe von Unterlagen bzw. ein Einsichtsrecht des Betriebsrats in solche Unterlagen einher (§§ 80 Abs. 2, 99 Abs. 1 BetrVG).

Kennzeichnend für diese Handlungspflichten ist es, daß sie einerseits dem Betriebsrat (oder der Belegschaft § 43 Abs. 2 Satz 3 BetrVG) erst die tatsächlichen Kenntnisse verschaffen, die dieser benötigt, um im Rahmen der ihm zu-

---

[6] Zum Verhältnis zwischen Unterrichtungs- und Beratungsanspruch gem. § 92 BetrVG vgl. BAG, Beschl.v.6.11.1990, NZA 1991, 358 = AP Nr.4 zu § 92 BetrVG 1972.

gewiesenen Beteiligungsrechte gestaltend mitzuwirken[7]. Andererseits sollen namentlich die Beratungspflichten gewährleisten, daß möglichst schon im Vorfeld von bestimmten Maßnahmen ein Einvernehmen zwischen Arbeitgeber und Betriebsrat hergestellt und möglicherweise entstehende Nachteile für die ArbN vermieden oder gemildert werden[8]. Die Handlungspflichten beinhalten demnach kein Verbot, in den Wirkungskreis des Betriebsrats einzugreifen, sondern ein Gebot, positiv auf die Bedingungen der Tätigkeit des Betriebsrats Einfluß zu nehmen.

2. *Duldungspflichten*

Duldungspflichten sind häufig nicht ausdrücklich normiert. Vielmehr ergeben sie sich meist aus entsprechenden Befugnissen oder Berechtigungen des Betriebsrats. Daß es sich dabei um Duldungspflichten handelt, erklärt sich aus der Tatsache, daß der Arbeitgeber auch im Rahmen der Betriebsverfassung nie ausschließlich Funktionsträger, sondern stets zugleich Unternehmer und Arbeitgeber der Einzelarbeitsverträge ist. Soweit der Betriebsrat befugt ist, Handlungen vorzunehmen, die die Betätigung des Arbeitgebers einengen, hat dieser sie hinzunehmen. In diesem Umfang wird also sein eigener Wirkungskreis zugunsten des Kreises des Betriebsrats eingeengt. Zwei Beispiele seien hierfür genannt.

Zumindest soweit der Betriebsrat geltend machen kann, daß es konkrete Anhaltspunkte für einen Verstoß gegen geltende Gesetze gibt, ist er befugt, im Rahmen seiner allgemeinen Überwachungsaufgabe gem. § 80 Abs. 1 Nr.1 BetrVG den ArbN auch außerhalb der Sprechstunden an dessen Arbeitsplatz aufzusuchen[9]. Der Arbeitgeber muß also in Kauf nehmen, daß hierdurch u.U. der Arbeitsablauf beeinträchtigt wird. Ebenso gibt § 2 Abs. 2 BetrVG den Gewerkschaften im Rahmen ihrer Aufgaben nach dem BetrVG ein grundsätzliches Zugangsrecht zum Betrieb nach Maßgabe der dort genannten Voraussetzungen. So darf der Arbeitgeber Beauftragten der Gewerkschaft, wenn diese etwa gem. § 31 BetrVG an Sitzungen des Betriebsrats teilnehmen, nicht das Betreten des Betriebsgeländes verwehren. Obwohl § 2 Abs. 2 BetrVG davon spricht, daß der Zugang zu "gewähren" ist, wird damit keine Handlungspflicht normiert, sondern es wird damit nur ausgedrückt, daß der Arbeitgeber insoweit

---

[7] Besonders deutlich § 80 Abs. 2 Satz 1 BetrVG "zur Durchführung seiner Aufgaben".

[8] Vgl. zu § 92 BetrVG *Kraft* GK-BetrVG § 92 Rz 8.

[9] BAG, AP Nr. 1 zu § 70 BetrVG 1972; AP Nr.36 zu § 80 BetrVG 1972; *Fitting/Auffarth/ Kaiser/Heither* § 80 Rz 5, § 70 Rz 13; *Wiese* GK-BetrVG § 39 Rz 25; zur Frage, ob ein solcher "konkreter Anlaß" dargelegt werden muß vgl. *Kraft*, SAE 1988, 111 f.

eine Einschränkung seines Hausrechtes hinzunehmen hat. Es ist also nicht erforderlich, daß der Arbeitgeber in jedem Einzelfall seine Zustimmung erteilt. Allerdings ist er jeweils rechtzeitig vor dem Besuch zu unterrichten und kann, soweit die Voraussetzungen für das Zugangsrecht gem. § 2 Abs. 2 2.Halbsatz BetrVG nicht vorliegen, den Zutritt verweigern[10]. Mithin wird dadurch eine Duldungspflicht begründet. Dies zeigt, daß der gesamte Wirkungskreis des Betriebsrats, auch soweit es nicht um die Teilhabe an Entscheidungen geht, für den Arbeitgeber eine Grenze seiner Betätigung darstellen kann.

3. Unterlassungspflichten

Unterlassungspflichten wiederum, um im Bild der Wirkungskreise zu bleiben, untersagen dem Arbeitgeber Handlungen, die in den den anderen Beteiligten der Betriebsverfassung zugewiesenen Kreis eindringen, damit den eigenen Betätigungskreis zu deren Lasten ausdehnen und auf diesem Wege das systemimmanente Gleichgewicht gefährden. Ein ausdrückliches Unterlassungsgebot findet sich etwa in § 74 Abs. 2 BetrVG in Gestalt des Verbotes parteipolitischer Betätigung und von Arbeitskampfmaßnahmen im Betrieb.

Insbesondere bei der Abgrenzung von Duldungs- und Unterlassungspflichten gibt es durchaus fließende Übergänge. So kann die Verletzung einer Duldungspflicht eine Unterlassungspflicht nach sich ziehen, etwa wenn der Arbeitgeber das Betriebsratsmitglied, das an einer Sitzung des Betriebsrats teilnehmen will und hierfür gem. § 37 Abs. 2 BetrVG freigestellt ist, abmahnt und ihm mit sonstigen vertraglichen Konsequenzen, etwa der Lohnkürzung droht. Aus der Tatsache, daß der Arbeitgeber die Nachteile, die sich durch das Fehlen des Mitglieds ergeben, hinzunehmen hat, folgt andererseits, daß er Maßnahmen zu unterlassen hat, die geeignet sind, die entsprechenden Befugnisse zumindest faktisch in Frage zu stellen[11].

In eine ähnliche Richtung geht die Beeinträchtigung des Mitbestimmungsrechts des Betriebsrats durch den Arbeitgeber bei der Anordnung von Über-

---

[10] So die wohl h.M. *Dietz/Richardi* § 2 Rz 104; *Galperin/Löwisch* § 2 Rz 84; *Hess/Schlochauer/Glaubitz* § 2 Rz 103; *v.Hoyningen-Huene*, BetrVR, S.77 f.; a.A. *Kraft* GK-BetrVG § 2 Rz 51, der annimmt, daß der Arbeitgeber stets seine Zustimmung erklären müsse, die reine Unterrichtung somit nicht ausreiche. Der Unterschied zeigt sich in den Fällen, in denen der Arbeitgeber nach der Unterrichtung schweigt. Soweit eine Zustimmung gefordert wird, müßte man das Zugangsrecht verneinen, es sei denn daß man das Schweigen als konkludente "Gewährung" des Zuganges wertet.

[11] Vgl. aus neuerer Zeit BAG, Beschl. vom 27.6.1990, NZA 1991, 430 = AP Nr.78 zu § 37 BetrVG 1972, wonach der Arbeitgeber bereits bei der Arbeitszuweisung darauf Rücksicht zu nehmen hat, daß das Betriebsratsmitglied ausreichend Zeit zur tatsächlichen Wahrnehmung seiner Aufgaben hat.

stunden gem. § 87 Abs. 1 Nr.3 BetrVG, wie sie eingangs skizziert worden ist. Auch hier ist der Arbeitgeber in erster Linie zur Duldung insofern verpflichtet, als er hinzunehmen hat, daß er die Maßnahme infolge der Weigerung des Betriebsrats nicht durchführen darf. Auch dies stellt eine Einengung seines Betätigungskreises dar. Setzt sich der Arbeitgeber über diese Duldungspflicht hinweg, indem er die Maßnahme ohne Beteiligung oder trotz der Weigerung des Betriebsrats durchführt, so greift er ebenfalls in den Wirkungskreis des Betriebsrats ein, da zumindest faktisch die Beteiligung des Betriebsrats vereitelt wird, obwohl er hinsichtlich der Wahrnehmung seiner übrigen Befugnisse nicht behindert wird, da er nach wie vor z.B. die Einigungsstelle anrufen kann. Der Arbeitgeber verstößt damit gegen eine Unterlassungspflicht, die sich konsequenterweise aus der Duldungspflicht ergibt, nämlich gegen die Pflicht, die Anordnung mitbestimmungswidriger Maßnahmen zu unterlassen. Damit ist noch keine Aussage darüber getroffen, ob dem Betriebsrat in diesen Fällen stets ein dieser Pflicht korrespondierender Unterlassungsanspruch gegen den Arbeitgeber zusteht. Daß der Arbeitgeber aber eine Unterlassungspflicht verletzt, zeigt sich eindeutig daran, daß unstreitig zumindest bei grober Verletzung der Betriebsrat gem. § 23 Abs. 3 BetrVG gegen den Arbeitgeber vorgehen kann[12].

Die beiden genannten Fälle machen zugleich nochmals die unterschiedlichen Wirkungskreise des Betriebsrats deutlich. Berührt die erstgenannte Maßnahme allein den sog. internen Wirkungskreis des Betriebsrats, so wird im zweiten Fall der Wirkungskreis im Bereich der Kompetenzen berührt, die dem Betriebsrat ein Mitgestaltungsrecht bei Maßnahmen des Arbeitgebers geben, also der sog. externe Wirkungskreis.

Das Verhältnis von Duldungs- und Unterlassungspflichten läßt sich daher wie folgt zusammenfassen. Grundsätzlich hat der Arbeitgeber nur die Pflicht, die Betätigung des Betriebsrats im Rahmen seines (internen oder externen) Wirkungskreises zu dulden. Nur in bezug auf Eingriffe in diesen Wirkungskreis ergeben sich korrespondierende Unterlassungspflichten.

II. § 23 Abs. 3 BetrVG als umfassende und abschließende Anspruchsgrundlage im Betriebsverfassungsrecht ?

Nach dieser Analyse der Arten von Verhaltenspflichten des Arbeitgebers stellt sich nun die Frage, welche Bedeutung § 23 Abs. 3 BetrVG im Rahmen

---

12 Davon geht auch der 1.Senat des BAG aus, vgl. nur Beschl. vom 8.8.1989, NZA 1990, 320; Beschl. vom 27.11.1990, NZA 1991, 382 = AP Nr.41 zu § 87 BetrVG 1972 Arbeitszeit.

dieses Systems zukommt. Die Vorschrift unterscheidet selbst nach Handlungs-, Duldungs- und Unterlassungspflichten. Damit ist aber noch nicht gesagt, daß eine Handlungspflicht des Arbeitgebers stets auch im Verfahren gem. § 23 Abs. 3 BetrVG im Falle der groben Verletzung nur mit einem Antrag durchgesetzt werden könnte, dem Arbeitgeber die Vornahme der Handlung aufzugeben. Das Gesetz gibt auf die Frage nach dem Verhältnis der verschiedenen Pflichten zueinander keine Antwort. Nur wenn der Verletzung von Handlungs-, Duldungs- und Unterlassungspflichten im Verfahren gem. § 23 Abs. 3 BetrVG Anträge auf ein Tun, Dulden oder Unterlassen korrespondieren, also eine Handlungspflicht im Verfahren gem. § 23 Abs. 3 BetrVG nicht durch einen Unterlassungsantrag durchgesetzt werden könnte, ließe sich aber die Funktion des § 23 Abs. 3 BetrVG auf eine rein prozessuale Regelung beschränken. Der Frage, ob die Norm einen materiell-rechtlichen oder lediglich prozessualen Charakter hat, soll im folgenden nachgegangen werden.

1. § 23 Abs. 3 BetrVG als Anspruchsgrundlage

Die materiell-rechtliche Bedeutung des § 23 Abs. 3 BetrVG als eigene Anspruchsgrundlage wird teilweise mit der Gegenthese bestritten, daß die Vorschrift nur einen Fall der gesetzlichen Prozeßstandschaft regele, so daß Betriebsrat und Gewerkschaft Pflichtverletzungen des Arbeitgebers auch dann im Wege des § 23 Abs. 3 BetrVG verfolgen könnten, wenn sie selbst nicht unmittelbar hiervon betroffen seien[13]. Hierfür könnte zum einen der Wortlaut herangezogen werden. Abs. 3 Satz 2 und 3 enthalten eindeutig Vollstreckungsregelungen ohne materiell-rechtlichen Inhalt, die den §§ 887 ff. ZPO in ihrem Anwendungsbereich vorgehen. Demgegenüber kann dies für Abs. 3 Satz 1 nicht in dieser Eindeutigkeit festgestellt werden[14]. So mag auf den ersten Blick die Formulierung "kann beantragen, dem Arbeitgeber aufzugeben" statt "kann vom Arbeitgeber verlangen", wie dies bei der klassischen Formulierung der Anspruchsgrundlage der Fall ist (vgl.§ 194 BGB), für eine verfahrensrechtliche Regelung sprechen[15]. Doch muß man sich verdeutlichen, daß der prozessuale Antrag nichts anderes ist als die Konkretisierung des prozessualen Anspruchs,

---

[13] Vgl. etwa *Dietz/Richardi* § 23 Rz 63; *Dütz*, AuR 1973, 353, 356; s.a. die Nachweise oben A II.

[14] Ebenso *Heinze*, Betr 1983, Beil. 9, S.13; *v.Hoyningen-Huene*, Anm. AP Nr.2 zu § 23 BetrVG 1972 unter 3a.

[15] So *Derleder*, AuR 1983, 289, 293; *Trittin*, BB 1984, 1169, 1170; ebenso ArbG Düsseldorf, zit. bei *Kümpel*, AuR 1985, 78, 82 Fn 47.

gleichgültig welcher Theorie vom Streitgegenstand man folgt[16]. Der prozessuale Anspruch wiederum deckt sich mit dem materiell-rechtlichen Begehren, auch wenn sich dies auf mehrere Anspruchsgrundlagen stützen kann, also eine Anspruchskonkurrenz oder besser eine Anspruchsnormenkonkurrenz besteht[17]. Die Formulierung spricht somit zumindest nicht zwingend gegen die Einstufung als eigenen Anspruch.

Aus der Entstehungsgeschichte und der Teleologie der Regelung ergibt sich allerdings, daß sich ihre Bedeutung nicht in einer rein prozessualen Funktion erschöpft[18]. Unter der Geltung des BetrVG 1952 waren insbesondere Verstöße des Arbeitgebers gegen die Friedenspflicht gem. § 49 Abs. 2 BetrVG 1952 sowie gegen das Verbot der parteipolitischen Betätigung gem. § 51 Satz 2 BetrVG 1952 nicht sanktioniert, während der Betriebsrat auch schon früher bei groben Pflichtverletzungen des Amtes enthoben werden konnte[19]. Die globale Strafvorschrift des § 78 BetrVG 1952 konnte allenfalls einzelne Verstöße gegen die Friedenspflicht, nicht dagegen Verstöße des Arbeitgebers gegen das Verbot der parteipolitischen Betätigung erfassen. Einem zivilrechtlichen Rechtsschutz waren wiederum dadurch Grenzen gesetzt, daß die Beteiligtenfähigkeit des Betriebsrats gem. § 10 ArbGG 1953 auf die in § 2 Abs. 1 Nr.4 ArbGG 1953 enumerativ aufgezählten Fälle beschränkt war. Diese Vorschrift, die mit § 82 Abs. 1 BetrVG 1952 wörtlich übereinstimmte, eröffnete aber das Beschlußverfahren gem. § 2 Abs. 1 Nr.4 i ArbGG 1953 nur für Streitigkeiten über die Zuständigkeit, die Geschäftsführung und die Tätigkeit des Betriebsrats[20]. Verstöße gegen die Friedenspflicht und das Verbot der parteipolitischen Betätigung wurden hiervon nicht erfaßt.

§ 23 Abs. 3 BetrVG sollte insoweit erstmals dem Betriebsrat die Möglichkeit geben, die Fortsetzung des pflichtwidrigen Verhaltens des Arbeitgebers zu unterbinden[21]. Sollte also durch die Einführung der Vorschrift erstmals eine

---

16 Zum Begriff des Streitgegenstandes vgl. *Stein/Jonas/Schumann* Einl Rz 267 ff; *Zöller/ Vollkommer* Einl Rz 60 ff.

17 Hierzu *Larenz*, AT, § 14 IV, S.264 f.; zur Aufgabe der Unterscheidung zwischen Anspruch und actio vgl. *Windscheid/Kipp* § 43.

18 Insoweit zutr. BAG, AP Nr.2 zu § 23 BetrVG 1972 Bl.4 unter B II 3; a.A. *Sacher*, Unterlassungsanspruch, S.16 ff. mit der nicht ganz nachvollziehbaren These, daß der Schwerpunkt der Neuregelung auf der Einführung eines Antragsrechts der Gewerkschaften gelegen habe.

19 Vgl. BegrRegE, BT-Drucks. VI/1786, S.39; *Konzen*, Leistungspflichten, S.41 ff.; *Radke*, BB 1957, 1112, 1114; *Rüthers*, BB 1958, 778 f.; s.a. unten B III 2b.

20 Vgl. auch *Konzen*, Leistungspflichten, S.41; *Radke*, BB 1957, 1112, 1114.

Sanktionsmöglichkeit geschaffen werden, so bedeutet dies zugleich, daß ohne sie eine solche Sanktion nicht bestand bzw. nicht besteht, mithin auch kein durchsetzbarer Anspruch des Betriebsrats. Würde man § 23 Abs. 3 BetrVG allein als eine Prozeßstandschaftsnorm auffassen, würde es daher wiederum an einer materiell-rechtlichen Grundlage für die Durchsetzung der Friedenspflicht bzw. des Verbots der parteipolitischen Betätigung fehlen[22]. Die gesetzgeberische Zwecksetzung setzt folglich voraus, daß dem Betriebsrat aufgrund des § 23 Abs. 3 BetrVG ein durchsetzbarer materiell-rechtlicher Anspruch gegen den Arbeitgeber zusteht.

2. Das Problem der umfassenden und abschließenden Bedeutung des § 23 Abs. 3 BetrVG - die These Heinzes

Geht man von der Prämisse aus, daß es sich bei der Regelung des § 23 Abs. 3 BetrVG um eine materiell-rechtliche Anspruchsgrundlage handelt, so stellt sich die Frage, ob es sich dabei um eine abschließende Regelung der betriebsverfassungsrechtlichen Ansprüche handelt, sofern sie nicht durch Sonderregelungen verdrängt wird, ob sie also die umfassende Anspruchsgrundlage des betriebsverfassungsrechtlichen Schuldverhältnisses darstellt[23]. Wäre diese Frage zu bejahen, so stünde § 23 Abs. 3 BetrVG jedem negatorischen Rechtsschutz entgegen, der sich nicht auf ausdrücklich im BetrVG geregelte Sondervorschriften stützt, sondern aus der schlichten Verletzung einzelner Mitwirkungsrechte hergeleitet wird[24].

Deshalb ist zu untersuchen, ob neben § 23 Abs. 3 BetrVG selbständige Anspruchsgrundlagen im Betriebsverfassungsrecht existieren. Nach ganz h.M. geben insbesondere die Informations- und Beratungspflichten des Arbeitgebers

---

[21] Vgl. BegrRegE, BT-Drucks. VI/1786, S.39: "Während nach geltendem Recht alle groben Pflichtverletzungen von Betriebsratsmitgliedern zum Ausschluß aus dem Betriebsrat oder zur Auflösung des Betriebsrats führen können, sind Verstöße des Arbeitgebers gegen seine Pflichten aus dem Betriebsverfassungsgesetz, abgesehen von den Ordnungsstrafverfahren des § 64 und den Strafvorschriften des § 78, nicht ausdrücklich mit Sanktionen verbunden. Dies gilt insbesondere für Verstöße des Arbeitgebers gegen die Friedenspflicht. Der neu angefügte Absatz 3 gibt nunmehr unmittelbar im Entwurf dem Betriebsrat und einer im Betrieb vertretenen Gewerkschaft die Möglichkeit, beim Arbeitsgericht die Verhängung einer Geldstrafe zu beantragen, wenn der Arbeitgeber ein ihm durch rechtskräftige gerichtliche Entscheidung untersagtes Verhalten pflichtwidrig fortsetzt."

[22] Hierzu ausf. unten B III 2b.

[23] So der 1.Senat des BAG, AP Nr.2 zu § 23 BetrVG 1972 im Anschluß an *Heinze*, Betr 1983, Beil. 9, S.22.

[24] So die Auffassung des 1.Senats des BAG in AP Nr.2 zu § 23 BetrVG.

als Kehrseite dem Betriebsrat entsprechende Ansprüche[25]. Der rechtlichen Verpflichtung korrespondiert also ein Anspruch der Stelle, zu deren Gunsten diese Pflicht statuiert worden ist.

Entsprechend seinem theoretischen Ausgangspunkt verneint Heinze dagegen in bezug auf die Informations- und Beratungspflichten das Bestehen von durchsetzbaren Ansprüchen des Betriebsrats[26]. Nach seiner Ansicht normieren die Beteiligungsrechte lediglich Berechtigungslagen, denen nur dann durchsetzbare Ansprüche korrespondierten, wenn sich eine als Bestimmungsnorm zu verstehende ausdrücklich geregelte Anspruchsgrundlage im Gesetz auffinden lasse. Soweit eine solche spezielle gesetzliche Anspruchsgrundlage nicht existiere, sei § 23 Abs. 3 BetrVG die alleinige und abschließende Anspruchsgrundlage im Betriebsverfassungsrecht. Die Folge sei, daß der Betriebsrat in diesen Fällen seine Beteiligungsrechte nur bei einer groben Verletzung dieser Rechte durch den Arbeitgeber durchsetzen könne[27]. Ließe sich andererseits nachweisen, daß sich aus "bloßen Berechtigungslagen" des Betriebsrats durchsetzbare Ansprüche herleiten lassen, so stünde dies einer Qualifizierung des § 23 Abs. 3 BetrVG als umfassende und abschließende Anspruchsgrundlage entgegen. Dann könnten aber ebensowenig Unterlassungsansprüche bei der Verletzung von Mitbestimmungsrechten mit dem bloßen Hinweis auf § 23 Abs. 3 BetrVG verneint werden. Beispielhaft sei die Frage anhand der Unterrichtungs- und Vorlagepflicht des § 80 Abs. 2 BetrVG erläutert.

3. Die Kennzeichen einer Anspruchsnorm

a) Der Aufbau der Anspruchsnorm nach Heinze

Insbesondere Heinze hat sich in neuerer Zeit bemüht, die Struktur eines Anspruchs, also eines Rechtes, von einem anderen ein Tun oder Unterlassen verlangen zu können (§ 194 BGB), herauszuarbeiten[28]. Danach sei zu unterscheiden zwischen dem Anspruch als einer Bestimmungsnorm und den sog. Bewertungsnormen. Die Bewertungsnormen legten allein bestimmte Berechtigungs-

---

[25] *Dietz/Richardi* § 90 Rz 33; *Fitting/Auffarth/Kaiser/Heither* § 80 Rz 62; § 90 Rz 18 f.; § 111 Rz 41; *Galperin/Löwisch* § 80 Rz 45; § 91 Rz 13; § 111 Rz 44; *Konzen*, Leistungspflichten, S.55 ff.; *Kraft* GK-BetrVG § 80 Rz 110; *Wiese* GK-BetrVG § 90 Rz 20.

[26] *Heinze*, Betr 1983, Beil. 9, S.16 f. für §§ 80 Abs. 2, 89, 90, 92 BetrVG.

[27] *Heinze*, Betr 1983, Beil. 9, S.6 ff., zusammenfassend S.22; zust. *Stege/Weinspach* § 23 Rz 17a ff.

[28] *Heinze*, Betr 1983, Beil. 9, S.3 ff.

und Verpflichtungslagen fest. Durch sie weise die Rechtsordnung dem einzelnen bestimmte Rechtspositionen als "Gut" zu. So bestimme beispielsweise § 903 BGB, daß der Eigentümer einer Sache mit ihr nach Belieben verfahren und andere hierdurch von der Nutzung ausschließen könne. Es werde ihm also in bezug auf die Sache eine bestimmte Position zuerkannt, so daß deren Ausübung in Einklang mit der Rechtsordnung stehe, mithin rechtmäßig sei, während eine Beeinträchtigung dieser Position rechtswidrig wäre. Zusammengefaßt: "Bewertungsnormen verleihen zwar 'Berechtigungen' als Rechtsstellungen im Recht, aber keine Rechte im Sinne von Ansprüchen"[29].

Die Zuwiderhandlung gegen eine solche Bewertungsnorm hat somit zunächst nur die Folge, daß dieser Zustand eine Negation der rechtlichen Güterzuordnung darstellt, mithin rechtswidrig ist. Dagegen stellt diese Bewertungsnorm noch keine Inpflichtnahme der Normadressaten in dem Sinne dar, daß diese zur Befolgung der Ge- und Verbotsnormen gezwungen werden könnten, von ihnen also ein Tun oder Unterlassen verlangt werden könnte. Vielmehr bedarf es hierzu einer eigenen Anspruchsnorm als Bestimmungsnorm. Als Beispiel sei das Benachteiligungsverbot des § 611 a Abs. 1 BGB genannt. Ein Verstoß hiergegen führt per se nur dazu, daß das Verhalten des Arbeitgebers rechtswidrig ist. Das Recht, von dem Arbeitgeber ein bestimmtes Tun, nämlich den Ersatz des Vertrauensschadens, verlangen zu können, erlangt der Arbeitnehmer erst durch § 611 a Abs. 2 BGB[30]. § 611 a Abs. 1 BGB ist mithin keine eigene Anspruchsgrundlage[31].

Nach Aufassung von Heinze setzen sich die Anspruchsgrundlagen als Bestimmungsnormen stets aus dem Tatbestand, bestehend aus Haftungsgrund und Zurechnungsprinzip, sowie einer Rechtsfolgenanordnung zusammen. Die Tatbestandsseite knüpfe an die durch die Bewertungsnormen geschaffenen Berechtigungslagen an. Die Verletzung dieser Güterzuordnung bilde auf der Tatbestandsseite den Haftungsgrund. So stelle etwa im Rahmen des § 823 Abs. 1 BGB das Eigentumsrecht gem. § 903 BGB die sog. Innenberechtigung oder Berechtigungslage dar, deren Beeinträchtigung (etwa durch Entzug des Besitzes oder durch Zerstörung der Sachsubstanz) den Haftungsgrund, die Eigentumsverletzung, bilde. Das Zurechnungsprinzip (z.B. Verschulden, Risikoprinzip bei der Gefährdungshaftung) wiederum besage, welche Person für die Stö-

---

[29] *Heinze*, Betr 1983, Beil. 9, S.3.

[30] Nach neuerer Rspr. des BAG kann der Arbeitnehmer darüber hinaus gem. § 823 Abs. 1 i.V.m. § 847 BGB auch Ersatz des immateriellen Schadens als Schmerzensgeld aus dem Gesichtspunkt der Persönlichtsrechtsverletzung verlangen, vgl. BAG, AP Nr.5, 6 zu § 611 a BGB; zur Frage, ob dies zur Erfüllung der EG-Richtlinie genügt vgl. EuGH, Urt. vom 8.11.1990, NZA 1991, 171.

[31] Vgl. ausf. *Heinze*, Betr 1983, Beil. 9, S.4 f.

rung der Rechtsgüterordnung durch den Berechtigten in Anspruch genommen werden kann. Im Rahmen des § 823 Abs. 1 BGB ist dies also derjenige, der rechtswidrig und schuldhaft in das fremde Rechtsgut Eigentum eingegriffen hat. Schließlich regele die Rechtsfolgenseite die daran anknüpfende Zuständigkeit des Berechtigten, den Verpflichteten auf ein bestimmtes Tun oder Unterlassen in Anspruch zu nehmen, konkret also von ihm den Ersatz des entstandenen Schadens zu verlangen[32].

b) § 80 Abs. 2 BetrVG als Anspruchsnorm außerhalb des § 23 Abs. 3 BetrVG - Kritik der These Heinzes

Ausgehend von dieser Struktur des Anspruchsaufbaues ist nunmehr § 80 Abs. 2 BetrVG auf seine Anspruchsqualität zu untersuchen. Entgegen der ganz h.M. in Rechtsprechung und Literatur[33] verneint Heinze einen eigenständigen Unterrichtungsanspruch des Betriebsrats aus § 80 Abs. 2 BetrVG[34]. Gleiches gilt für die vergleichbaren Regelungen in §§ 90 Abs. 1, 92 Abs. 1, 96, 97, 111 BetrVG[35]. Er begründet seine Auffassung im wesentlichen einheitlich damit, daß die entsprechenden Vorschriften bloße Berechtigungslagen normierten, es dagegen in allen Fällen sowohl an einem Zurechnungsprinzip als auch an einer hinreichenden Rechtsfolgenanordnung fehle, so daß die genannten Voraussetzungen einer Anspruchsnorm nicht vorlägen. Ein Anspruch stehe dem Betriebsrat daher allenfalls im Rahmen des § 23 Abs. 3 BetrVG zu.

Heinze erliegt damit aber seinem eigenen Dogma von der Ausschließlichkeit seines Anspruchsaufbaus, der nach seiner Auffassung offenbar allein geeignet ist, eine Rechtsnorm als Anspruchsgrundlage zu qualifizieren. Er läßt dabei aber ebenso eine systematisch-teleologische Analyse der Norm vermissen[36], wie sich seine Beschreibung des Anspruchsaufbaues als unvollständig erweist. Bereits ein Blick auf die praktischen Konsequenzen dieser Auffassung zeigt, daß die Negierung der Anspruchsqualität der Informations- und Beratungspflichten nicht mit der Teleologie des Gesetzes in Einklang zu bringen ist. Soll etwa ein Gericht im Rahmen eines Beschlußverfahrens den Antrag des Betriebsrats auf Unterrichtung durch den Arbeitgeber mit der Begründung zu-

---

32 *Heinze*, Betr 1983, Beil. 9, S.4 f.

33 BAG, AP Nr.19 zu § 80 BetrVG; *Kraft* GK-BetrVG § 80 Rz 50 m.w.N.

34 *Heinze*, Betr 1983, Beil. 9, S.16.

35 Vgl. *Heinze*, Betr 1983, Beil. 9, S.17, 18, 20 f.; a.A. dagegen *Konzen*, Leistungspflichten, S.54 ff. m.w.N.

36 Krit. insoweit bereits *Konzen*, Leistungspflichten, S.7, 11 f.

rückweisen können, daß der Betriebsrat zwar ein solches Recht auf Unterrichtung habe, der Arbeitgeber aber deshalb nicht zur Herausgabe der Information gezwungen werden könne, weil er mit - angesichts der Ungewißheit der Rechtslage - vertretbarer Begründung die Unterrichtung abgelehnt habe, ein grober Verstoß i.S. des § 23 Abs. 3 BetrVG[37] demnach nicht vorliege? Eine solche Sicht würde bedeuten, die unbedingt normierten Unterrichtungs- und Beratungsrechte zu relativieren und unter den Vorbehalt des groben Verstoßes durch den Arbeitgeber zu stellen. Dies widerspräche in eklatanter Weise dem Zweck dieser Unterrichtungs- und Beratungsrechte, dem Betriebsrat eine möglichst gleichberechtigte Mitgestaltung zu ermöglichen, die ohne Kenntnis der entsprechenden Fakten unmöglich ist, da man dem Betriebsrat von vornherein ein gewisses Maß an Information vorenthält, nämlich soweit die Versagung der Information noch keine grobe Verletzung der Informationspflicht darstellt. Bereits eine Einbeziehung des Normzweckes zwingt also dazu, in den genannten Vorschriften nicht nur Unterrichtungs- und Beratungspflichten des Arbeitgebers, sondern zugleich die Grundlage für korrespondierende Ansprüche des Betriebsrats zu sehen.

Dies gilt insbesondere auch im Hinblick auf ein weiteres Merkmal der Informationsansprüche. Charakteristisch für sie ist nämlich, daß der Arbeitgeber durch ihre zwangsweise Durchsetzung in seiner unternehmerischen Betätigung allenfalls geringfügig beeinträchtigt wird, indem er Zeit zur Information und Beratung aufwenden muß. Dagegen wird er durch eine zwangsweise Durchsetzung dieser Pflichten in keiner Weise daran gehindert, die geplante Maßnahme zu vollziehen[38]. Dies unterscheidet den Informationsanspruch, der auf ein positives Tun gerichtet ist, von einem aus der Nichtbeachtung eines Mitwirkungsrechtes folgenden Unterlassungsanspruch. So kann der Betriebsrat gem. §§ 111, 112 Abs. 4 BetrVG die Betriebsänderung als eine unternehmerische Maßnahme nicht verhindern. Würde man nun einen Anspruch auf Unterlassung der Betriebsänderung für den Fall anerkennen, daß der Arbeitgeber seinen Unterrichtungs- und Beratungspflichten im Zusammenhang mit der Betriebsänderung nicht nachkommt, würde man dem Betriebsrat Gestaltungsmöglichkeiten einräumen, die über die vom Gesetz genannten Befugnisse hinausgehen, da der Betriebsrat die Maßnahme dann doch blockieren könnte, ob-

---

[37] Hierzu sowie insgesamt zu den Voraussetzungen des "groben Verstoßes" BAG, AP Nr.2 zu § 23 BetrVG 1972 unter B I 2; AP Nr.76 zu § 99 BetrVG 1972 unter B II 2; *Dietz/Richardi* § 23 Rz 71 ff.; *Fitting/Auffarth/Kaiser/Heither* § 23 Rz 45 ff.; *K.Weber*, Erzwingungsverfahren, S.116 ff.; *Wiese* GK-BetrVG § 23 Rz 133 ff.

[38] BAG, AP Nr.19 zu § 80 BetrVG 1972

wohl die Mitgestaltung bei der Durchführung über den Interessenausgleich nur mittelbar durch den § 113 Abs. 3 BetrVG abgesichert ist[39].

Mißt man nun diese Informationsansprüche an dem von Heinze vorgegebenen strukturellen Aufbau der Anspruchsnormen, so zeigt sich, daß dieser eine bestimmte Art von Anspruchsgrundlagen von vornherein nicht erfassen kann. Die Gliederung in den Tatbestand - bestehend aus dem Widerspruch zu einer Bewertungsnorm als Haftungsgrund und dem Zurechnungsprinzip als der Inpflichtnahme einer bestimmten Person - und die Rechtsfolgenseite gilt nämlich nur für Ansprüche, die einen Eingriff in die Rechtssphäre eines anderen sanktionieren. Stets wird nämlich vorausgesetzt, daß ein Zustand geschaffen wird, der zu einer durch eine Bewertungsnorm geschaffenen Berechtigungslage in Widerspruch steht, also die durch die Bewertungsnorm geschaffene "Innenberechtigung" schmälert. Nur dann benötigt man aber auch ein Zurechnungsprinzip und die Rechtsfolgenseite, die besagen, ob und wenn ja welche Person für diese Beeinträchtigung "in Anspruch genommen" werden, welches Tun oder Unterlassen also der Berechtigte von dieser Person verlangen kann. Diese Kategorien von Anspruchsgrundlagen stellen somit die Reaktion auf eine Beeinträchtigung vorgegebener Berechtigungslagen dar. Bezeichnend sind daher auch die von Heinze[40] zitierten Beispiele der §§ 985, 1004, 823 Abs. 1 BGB.

Dagegen gibt es eine Reihe von Normen, die durch die Anordnung von bestimmten Verhaltenspflichten erst Berechtigungslagen schaffen. Hierzu zählen sämtliche Erfüllungsansprüche der schuldrechtlichen Vertragstypen. So ist z.B. gem. § 433 Abs. 1 Satz 1 BGB der Verkäufer einer Sache verpflichtet, dem Käufer das Eigentum hieran zu verschaffen. Daß dieser Pflicht ein entsprechender Anspruch des Käufers korrespondiert, bedarf keiner näheren Darlegung. Bei einer solchen Norm scheitert das von Heinze vorgegebene System[41]. Der Anspruch entspringt hier nicht der Beeinträchtigung einer durch eine Bewertungsnorm vorgegebenen "Innenberechtigung", die eine Partei schützen und berechtigen könnte[42]. Vielmehr erschöpft sich die Berechtigung darin, dem Käufer das Recht zu geben, von dem Verkäufer ein bestimmtes Tun zu verlangen. Der Anspruch knüpft also nicht an eine bestimmte Güterzuweisung an, sondern "das Gut" besteht gerade in der Inpflichtnahme des Anspruchsgegners. Der Anspruch selbst als Forderungsrecht ist somit die "Innenberechtigung", die

---

39 *Konzen*, Leistungspflichten, S.58; inwieweit dieser Umstand allgemein von Bedeutung für die Anerkennung eines negatorischen Rechtsschutzes ist, wird unten 3.Teil C III 2 zu untersuchen sein.

40 *Heinze*, Betr 1983, Beil. 9, S.5.

41 Ebenso andeutungsweise bereits *Konzen*, Leistungspflichten, S.7.

42 So *Heinze*, Betr 1983, Beil. 9, S.5 oben.

nun allerdings ihrerseits wieder verletzt werden kann (etwa durch Nicht- oder Schlechterfüllung).

Überträgt man das von Heinze vorgegebene Schema auf die oben[43] vorgenommene Einteilung der Arbeitgeberpflichten im Betriebsverfassungsrecht, so ist festzustellen, daß damit nur die Unterlassungspflichten erfaßt werden können. Wie dargelegt wurde, ist für diese Unterlassungspflichten kennzeichnend, daß sie dem Arbeitgeber Handlungen untersagen, die in den dem Betriebsrat vorbehaltenen Wirkungskreis eindringen und auf diesem Wege das systemimmanente Gleichgewicht zwischen Arbeitgeber und Betriebsrat gefährden. Insoweit finden wir also in Gestalt des dem Betriebsrat vorbehaltenen Wirkungskreises eine "Innenberechtigung", deren Beeinträchtigung zu einem Anspruch führen kann. Dagegen lassen sich die Handlungspflichten nicht in dieses System integrieren, da sie dem Betriebsrat erst eine Berechtigung verschaffen.

c) Die Problematik eines einheitlichen Anspruchsbegriffes

Die hier an der Konzeption von Heinze geäußerte Kritik zeigt ein Problem auf, das bereits vor mehr als hundert Jahren Gegenstand wissenschaftlicher Erörterung war. Die hier beanstandete Unvollständigkeit des Anspruchsschemas stellt im Grunde eine Wiederholung der Kritik des von Windscheid[44] begründeten Anspruchsbegriffes mit umgekehrten Vorzeichen dar[45]. Windscheid sah in Abgrenzung zu der Aktionenlehre Savignys das wesentliche Merkmal des Anspruchs gerade darin, daß dieser keine Rechtsverletzung voraussetze, vielmehr die Berechtigung in sich trage[46]. Damit stellte sich aber die umgekehrte Problematik, daß durch diese Charakterisierung zwar die schuldrechtlichen, nicht aber die dinglichen Ansprüche adäquat erfaßt werden konnten. So entsteht ein bestimmbarer Anspruch wegen der Verletzung des Eigentums in Form der Besitzentziehung erst mit der Verletzungshandlung selbst. Erst zu diesem Zeitpunkt steht auch fest, wer als Anspruchsgegner auf Beseitigung des der rechtlichen Güterzuordnung widersprechenden Zustandes bzw. auf künftige Unterlassung in Anspruch genommen werden kann. Verzichtet man aber auf die Verletzung(shandlung) als Voraussetzung für den dinglichen Anspruch, so bleibt nur die Konsequenz, den Anspruch aus der Eigentumsstörung mit der Entstehung des Eigentums als dinglichem Recht selbst in Form eines Anspruchs gegen jedermann entstehen zu lassen, der im Falle der Klage durch die

---

43 B I.

44 Die Actio des römischen Zivilrechts vom Standpunkt des heutigen Rechts, 1856.

45 Vgl. zusf. die Darstellung bei *Henckel*, AcP 174 (1974), S.97, 139 ff.

46 *Windscheid*, Die Actio, S.2.

Bezeichnung des Beklagten zu konkretisieren ist, wobei diese Konkretisierung dann nur prozessuale Bedeutung hat[47].

Daß ein solcher "Anspruch gegen jedermann" einen Fremdkörper in der geltenden Rechtsordnung darstellt, ist offensichtlich[48]. So besteht der Inhalt eines Anspruches als eines Forderungsrechtes doch gerade darin, von dem Schuldner als einer individuell bestimmten Person eine bestimmte Leistung in Form eines Tuns, Duldens oder Unterlassens verlangen zu können[49]. Die Einheitlichkeit des Anspruchsbegriffes ließe sich nun dadurch herstellen, daß man auch bei den schuldrechtlichen Ansprüchen zwischen der dem Forderungsrecht zugrunde liegenden subjektiven Berechtigung einer- und deren Verletzung andererseits differenziert. Der Anspruch wäre damit ein bloßes Schutzmittel gegen Beeinträchtigungen einer außerhalb seiner selbst liegenden, schuldrechtlich begründeten Rechtsposition, entstünde somit auch erst mit deren Beeinträchtigung[50]. Übertragen auf den Primäranspruch aus dem Kaufvertrag gem. § 433 Abs. 1 Satz 1 BGB bedeutete dies, daß das subjektive Recht in dem Recht auf Übertragung des Eigentums bestünde. Ein Anspruch gegenüber dem jeweiligen Schuldner des Vertrages entstünde erst, wenn dieser die Eigentumsübertragung nicht zum vereinbarten Zeitpunkt vornimmt, also die Leistung nicht bewirkt, und damit in die dem Gläubiger eingeräumte Rechtsposition eingreift.

Eine solche Sicht würde aber die rechtlichen Verhältnisse im Rahmen eines Schuldverhältnisses nicht zutreffend erfassen. Zwar lassen sich die dinglichen Rechte durch die Beziehung des Rechtsinhabers zu einer bestimmten Sache bzw. einem sonstigen Vermögensgegenstand kennzeichnen, an dem sie ihm eine bestimmte Rechtsposition verleihen. Im Gegensatz hierzu läßt sich die schuldrechtlich eingeräumte Rechtsposition nicht von der Person des Inanspruchgenommenen trennen, besteht ihr Wesen doch gerade darin, daß dem Berechtigten dadurch ein (wirtschaftlicher oder ideeller) Wert zufließt, daß ihm der andere zu einem bestimmten Verhalten verpflichtet ist. Den drastischsten Ausdruck für diese Tatsache bildet das Wort "obligatio" selbst, das dem römischen Obligationenrecht seinen Namen gab, das wiederum das Schuldrecht des BGB wesentlich geprägt hat. Es bedeutet nämlich nichts anderes, als daß der jeweils Verpflichtete "gebunden" ist. Dies hatte zumindest in den Anfängen die Konsequenz, daß der Schuldner in erster Linie oder gar ausschließlich mit seiner Person (also nicht seinem persönlichen Vermögen) haftete und aus dieser

---

47 *Kipp* in: Windscheid/Kipp § 43, S.184 Fn 3; vgl. a. *Windscheid*, Die actio, S. 5 a.E.; *Henckel*, AcP 174 (1974), S.97, 140 f.

48 Vgl. a. *Siber*, Grundriß des Deutschen Bürgerlichen Rechts, Bd.2 Schuldrecht, S.470.

49 *Kipp* in: Windscheid/Kipp a.a.O.; *Larenz*, SchR I, § 2 II, S.18.

50 *Henckel*, AcP 174 (1974), S.97, 142.

"Bindung" auch durch Dritte nicht herausgelöst, "entbunden" (solvere, vgl. die causa solvendi) werden konnte[51]. Wenn sich auch unser heutiges Verständnis hiervon wesentlich unterscheidet, so hieße es doch den Charakter des Obligationenrechts völlig zu verändern, wollte man die Berechtigung aus dem Schuldverhältnis von der Inpflichtnahme des Schuldners trennen. Die Forderung selbst muß somit als das Vermögensrecht angesehen werden, das ohne Bezug auf einen konkreten Schuldner jeglichen Sinn verliert[52].

Die Friktionen zwischen dem schuldrechtlichen und dem dinglichen Anspruch im Detail zu analysieren und u.U. in einer Synthese doch einem einheitlichen Anspruchsbegriff zuzuführen, wäre die Aufgabe einer eigenständigen Monographie und kann daher im vorliegenden Zusammenhang nicht geleistet werden. Es erscheint jedoch gerechtfertigt, zumindest für den schuldrechtlichen Anspruch aus einem vertraglichen Schuldverhältnis basierend auf der Windscheidschen Lehre an der Identität von Anspruch und Forderungsrecht festzuhalten[53]. Dann muß aber anerkannt werden, daß der Anspruchsbegriff für die dinglichen Ansprüche nur begrenzt verwertbar ist, da diese eine vom Anspruch losgelöste Rechtsposition schützen, sie ohne deren Verletzung und die damit verbundene Konkretisierung auf einen Verpflichteten und auf einen bestimmten Inhalt der Leistungshandlung nicht gedacht werden können[54]. Der rein negative Anspruch gegen jedermann aus einem absoluten Recht ist also kein Anspruch i.S. des Zivilrechts, vielmehr setzt der Anspruch insoweit stets zusätzlich die Verletzung der geschützten Rechtsposition voraus[55].

Als Fazit bleibt danach festzuhalten, daß der Anspruchsbegriff Heinzes im Gegensatz zu dem Ansatz Windscheids die Verletzung der Rechtsposition zur notwendigen Voraussetzung des Anspruches erhebt, damit zwar Ansprüche erfassen kann, die ähnlich den dinglichen Ansprüchen die Beeinträchtigung einer hiervon getrennten Rechtsposition sanktionieren sollen, andererseits aber versagt, soweit es sich auch im Betriebsverfassungsrecht um schuldrechtsähnliche Ansprüche zwischen Betriebsrat und Arbeitgeber handelt.

---

[51] Vgl. *Honsell/Mayer-Maly/Selb*, Römisches Recht, §§ 87, 88 m.w.N.

[52] *Kipp* in: Windscheid/Kipp § 43, S.189; *Larenz*, SchR I, § 33 III, S.573; vgl. a. die Aufteilung in selbständige und unselbständige Ansprüche bei *Larenz*, AT, § 14 I, S.246 f.

[53] So wohl auch die h.L. vgl. *Henckel*, AcP 174 (1974), S.141.

[54] Zutr. *Henckel*, AcP 174 (1974), S.141.

[55] *Kipp* in: Windscheid/Kipp § 43, S.189.

d) Ergebnis

Überträgt man diese Erkenntnis auf das Unterrichtungsrecht des Betriebsrats nach § 80 Abs. 2 BetrVG, so kann auch im Hinblick auf die Normstruktur, also selbst wenn man die genannten teleologischen Aspekte außer Acht läßt, kein Zweifel daran bestehen, daß es sich dabei um einen selbständig durchsetzbaren Informationsanspruch des Betriebsrats handelt. Die Vorschrift knüpft zwar nicht an eine gegebene Berechtigungslage, in diesem Falle eine Befugnis des Betriebsrats an. Sie stärkt die Position des Betriebsrats bei der Ausübung seiner Beteiligungsrechte aber dadurch, daß ihm eine originäre Berechtigung zugestanden wird, die gerade in der Inpflichtnahme des Arbeitgebers besteht. § 80 Abs. 2 BetrVG legt mithin fest, zu wessen Gunsten der Anspruch besteht, wer ihn zu erfüllen hat und welchen Inhalt er hat, und erfüllt damit sämtliche Voraussetzungen der Legaldefinition des Anspruches in § 194 BGB. Deshalb bedarf es hier ebensowenig eines Zurechnungsprinzips und einer gesonderten Rechtsfolgenanordnung wie für die vertraglichen Erfüllungsansprüche der §§ 433, 535, 631 BGB. Das Gleiche gilt natürlich entsprechend für die übrigen Informations- und Beratungsrechte des Betriebsrats, wie sie in den §§ 91, 92, 111 BetrVG geregelt sind. Auch diese normieren durchsetzbare Ansprüche.

4. Die mögliche Bedeutung des § 23 Abs. 3 BetrVG als eine abschließende Regelung

Steht somit fest, daß es zumindest im Rahmen der Informations- und Beratungsrechte innerhalb des BetrVG gerichtlich durchsetzbare und gem. § 85 ArbGG vollstreckbare Ansprüche gegen den Arbeitgeber auf ein bestimmtes Tun neben § 23 Abs. 3 BetrVG gibt, so stellt sich nunmehr die Frage, welche Auswirkungen diese Erkenntnis auf die These hat, daß es sich bei § 23 Abs. 3 BetrVG um eine abschließende Regelung betriebsverfasssungsrechtlicher Ansprüche handele.

Die Einstufung als abschließende Regelung kann zum einen bedeuten, daß § 23 Abs. 3 BetrVG die alleinige und ausschließliche Grundlage für Ansprüche des Betriebsrats gegen den Arbeitgeber darstellt. Daß eine solche Deutung nicht haltbar ist, wurde soeben anhand der Tatsache gezeigt, daß das BetrVG daneben eigenständige Verpflichtungen des Arbeitgebers normiert, denen korrespondierende durchsetzbare (Primär)Ansprüche des Betriebsrats gegenüberstehen. Die Auffassung, daß neben § 23 Abs. 3 BetrVG überhaupt keine anderen Ansprüche des Betriebsrats existieren, wird auch vom 1.Senat des BAG nicht vertreten. Bereits in seinem ersten Beschluß vom 22.2.1983[56] räumte der

Senat ein, daß es eigenständige Ansprüche des Betriebsrats außerhalb des § 23 Abs. 3 BetrVG gebe und nannte dabei ausdrücklich § 80 Abs. 2 BetrVG[57]. Im Beschluß vom 17.5.1983[58] führte er ausdrücklich aus, daß § 23 Abs. 3 BetrVG nicht entnommen werden könne, daß er jeden aus einer Vorschrift des BetrVG sich ergebenden Anspruch ausschließe, solange nicht die Nichterfüllung sich als grober Verstoß gegen die entsprechende Verpflichtung des Arbeitgebers darstelle. § 23 Abs. 3 BetrVG ist also nicht die alleinige Anspruchsgrundlage zur Durchsetzung betriebsverfassungsrechtlicher Pflichten.

Mit der Feststellung, daß es neben § 23 Abs. 3 BetrVG noch andere Ansprüche gibt, ist aber noch nicht die Ansicht widerlegt, die der Vorschrift eine abschließende Bedeutung in dem Sinne beimißt, daß sie eine Sperre für eine Erweiterung der Ansprüche des Betriebsrats praeter legem, etwa durch eine analoge Anwendung allgemeiner Vorschriften, bildet. Von diesem Standpunkt aus ließe sich argumentieren, daß es aufgrund der Existenz des § 23 Abs. 3 BetrVG an einer Regelungslücke fehle, so daß die Entwicklung selbständiger Unterlassungsansprüche bei Verletzung der Mitbestimmungsrechte im Wege der gesetzesimmanenten Rechtsfortbildung ausgeschlossen sei. Das Fehlen solcher ausdrücklich geregelter Ansprüche bei einzelnen Mitbestimmungstatbeständen müßte mithin als "beredtes Schweigen" angesehen werden, mit dem zum Ausdruck gebracht werden sollte, daß es bei einem Eingriff in die Kompetenzen des Betriebsrats bei der Sanktion des § 23 Abs. 3 BetrVG bewenden solle[59].

In diesem Sinne sind die Ausführungen des 1.Senats des BAG zu verstehen[60]. Dagegen läßt sich, soweit man die Möglichkeit der Herleitung von eigenen Ansprüchen aus einzelnen Beteiligungsrechten neben § 23 Abs. 3 BetrVG bejaht, die Vorschrift nicht als lex specialis gegenüber solchen Ansprüchen begreifen[61]. Die Annahme einer Spezialität im Verhältnis ranggleicher Normen

---

56 AP Nr. 2 zu § 23 BetrVG 1972.

57 BAG, AP Nr.2 zu § 23 BetrVG 1972 unter B II 2.

58 BAG, AP Nr.19 zu § 80 BetrVG 1972.

59 Zur Lückenfeststellung als Voraussetzung der Rechtsfortbildung vgl. *Canaris*, Die Feststellung von Lücken im Gesetz, S.31 ff.; *Engisch*, Einführung in das juristische Denken, S.141 ff.; *Larenz*, Methodenlehre, S.370 ff.

60 Vgl. BAG AP, Nr.2 zu § 23 BetrVG 1972 Bl.3 unter B II, Bl.4 R unter B II 5; a.A. *Rüthers/Henssler*, Anm. EzA § 23 BetrVG 1972 Nr.9 unter II, die monieren, daß nicht erkennbar werde, ob der Senat sonstige Anspruchsgrundlagen überhaupt ausschließe oder ob solche zwar bestünden, aber von § 23 BetrVG als lex specialis verdrängt würden; *Fitting/Auffarth/Kaiser/Heither* § 23 Rz 82 unterstellen offenbar, daß der Senat ein Spezialitätsverhältnis bejaht.

61 So aber *v.Hoyningen-Huene*, Betr 1987, 1426, 1434; *Zöllner/Loritz*, ArbR, § 46 III 6, S.489 f.

setzt voraus, daß der Anwendungsbereich der spezielleren Norm völlig in dem der allgemeineren aufgeht, sie also einen engeren Anwendungsbereich hat, der sich gleichsam als Teil der allgemeineren Norm darstellt[62]. Davon kann im Verhältnis von § 23 Abs. 3 BetrVG zu Ansprüchen, die aus einzelnen Beteiligungsrechten hergeleitet werden, keine Rede sein. Solche Ansprüche setzen nämlich die Verletzung des einzelnen, konkreten Beteiligungsrechtes voraus. Dagegen ist § 23 Abs. 3 BetrVG bei jeder groben Verletzung betriebsverfassungsrechtlicher Pflichten anwendbar. Würde man einen Unterlassungsanspruch des Betriebsrats im Rahmen des § 87 BetrVG bejahen, so läge zwar bei Verletzung dieses Mitbestimmungsrechts stets zugleich eine Pflichtverletzung i.S. des § 23 Abs. 3 BetrVG vor. Dagegen läßt sich das Verhältnis nicht umkehren, denn es stellt nicht jede Pflichtverletzung i.S. des § 23 BetrVG zugleich eine Verletzung des Mitbestimmungsrechtes in sozialen Angelegenheiten dar. Vielmehr genügt insoweit jeder Pflichtenverstoß, also auch eine Verletzung sonstiger Beteiligungsrechte. Folglich könnte allenfalls ein Spezialitätsverhältnis dergestalt konstruiert werden, daß die aus einzelnen Beteiligungsrechten hergeleiteten Ansprüche gegenüber § 23 Abs. 3 BetrVG leges speciales sind, da sie lediglich einen Ausschnitt aus der Menge potentieller Pflichtverletzungen erfassen.

§ 23 Abs. 3 BetrVG ist nur insofern "spezieller", als er nicht jeden Pflichtverstoß genügen läßt, sondern eine "grobe Verletzung" betriebsverfassungsrechtlicher Pflichten verlangt. Dieses zusätzliche Tatbestandsmerkmal führt aber nicht zu einem engeren Anwendungsbereich und damit zur Spezialität. Dies zeigt sich nicht zuletzt an der Überlegung, daß eine logische Fortführung einer solchen Annahme dazu führen müßte, daß die Vorschrift auch die ausdrücklich geregelten Ansprüche des Betriebsrats verdrängen müßte, die jede Pflichtverletzung genügen lassen, also nicht den qualifizierten "groben Verstoß" fordern. So dürfte etwa § 101 BetrVG, der dem Betriebsrat ein dem § 23 Abs. 3 BetrVG vergleichbares Instrument zur Durchsetzung des Beteiligungsrechtes zur Verfügung stellt, nicht anwendbar sein, weil der Anspruch des Betriebsrats bei jeder mitbestimmungswidrigen Maßnahme besteht. Zu Recht steht dagegen die h.M. auf dem Standpunkt, daß umgekehrt § 101 BetrVG gegenüber § 23 Abs. 3 BetrVG zumindest insoweit eine Sonderregelung enthält, als es um die Aufhebung einer konkreten personellen Einzelmaßnahme, also um die Beseitigung des bereits eingetretenen mitbestimmungswidrigen Zustandes geht[63]. Demnach ist § 23 Abs. 3 BetrVG die allgemeine Anspruchsgrund-

---

62 *Dietz*, Anspruchskonkurrenz bei Vertragsverletzung und Delikt, S.23 f.; *Larenz*, Methodenlehre, S.267 f.

lage bei Verletzung betreibsverfassungsrechtlicher Pflichten, der die Funktion eines Auffangtatbestandes zukommt, soweit speziellere Sanktionen nicht existieren.

Folglich könnte § 23 Abs. 3 BetrVG ergänzende Ansprüche nur ausschließen, wenn ihr neben der Auffangfunktion eine Ausschlußfunktion gegenüber der Herleitung gesetzlich nicht ausdrücklich geregelter Ansprüche zukäme. Ob der Vorschrift eine solche Sperrwirkung beigemessen werden kann, ist im folgenden zu untersuchen. Die Antwort auf diese Frage hängt davon ab, ob der Vorschrift die Funktion der ausschließlichen Sanktionierung mitbestimmungswidrigen Verhaltens zukommt oder ob sie eine eigenständige Bedeutung neben den aus allgemeinen Grundsätzen sich ergebenden Sanktionen hat.

III. Die Bedeutung des § 23 Abs. 3 BetrVG als eigenständige Anspruchsgrundlage neben anderen Ansprüchen im Betriebsverfassungsrecht

1. Die Funktion des § 23 Abs. 3 BetrVG als zusätzliche Sanktion bei Verletzung betriebsverfassungsrechtlicher Pflichten

a) Wortlaut

Der Wortlaut gibt für die Frage, ob § 23 Abs. 3 BetrVG die abschließende Anspruchsgrundlage oder nur eine zusätzliche Sanktion neben anderen Ansprüchen darstellt, wenig her. Zwar fehlt in dem gesetzlichen Tatbestand das Wort "nur"[64]. Doch lassen sich hieraus keine eindeutigen Schlüsse ziehen. Würde die Vorschrift den Zusatz enthalten, daß der Betriebsrat Pflichtverletzungen "nur nach Maßgabe dieser Vorschrift" geltend machen könne, so wäre dies ein eindeutiger Hinweis auf eine abschließende Regelung. Andererseits kann aus dem Fehlen einer solchen Formulierung nicht zwingend der Umkehrschluß gezogen werden, daß § 23 Abs. 3 BetrVG keine abschließende Wirkung im oben genannten Sinne zukommen solle. Der Wortlaut stellt daher wie häufig zunächst

---

[63] BAG, AP Nr.7 zu § 23 BetrVG 1972 m.zust.Anm. *v.Hoyningen-Huene*; *Dietz/Richardi* § 23 Rz 65; *Fitting/Auffarth/Kaiser/Heither* § 101 Rz 5a; *Galperin/Löwisch* § 101 Rz 1a; *Heinze*, Betr 1983, Beil. 9, S.19; *v.Hoyningen-Huene*, BetrVR, § 14 III 8, S.288; *Kraft* GK-BetrVG § 101 Rz 15; *Wiese* § 23 Rz 122 ff.; vgl. a. Ausschußbericht, BT-Drucks. VI/2729, S.21.

[64] *Blanke* in DKKS § 23 Rz 70; *Coen*, Betr 1984, 2459, 2460 f.; *Fitting/Auffarth/Kaiser/Heither* § 23 Rz 83; *Kümpel*, AuR 1985, 78, 81; *Sacher*, Unterlassungsanspruch, S.13 f.;*Trittin*, BB 1984, 1169, 1170.

nur einen ersten Hinweis, einen Rahmen für die weitere Auslegung dar[65]. Es läßt sich aber die Feststellung treffen, daß § 23 Abs. 3 BetrVG nach seinem Wortlaut sonstige Ansprüche des Betriebsrats zumindest nicht eindeutig ausschließt.

b) Entstehungsgeschichte und systematischer Zusammenhang

Wesentlich weiter führt dagegen die Betrachtung des historischen sowie des systematischen Zusammenhanges mit § 23 Abs. 1 BetrVG. So ergibt sich bereits aus der Gesetzesbegründung, daß § 23 Abs. 3 BetrVG eine zusätzliche Sanktion darstellen sollte, die insbesondere in Zukunft eine Fortsetzung des betriebsverfassungswidrigen Verhaltens des Arbeitgebers wirksam unterbindet, um auf diesem Wege eine Gleichgewichtigkeit gegenüber der in § 23 Abs. 1 BetrVG geregelten Sanktion der Amtsenthebung des Betriebsrats herzustellen[66]. Die Vorschrift sollte eine bestehende Lücke ausfüllen, da Verstöße des Arbeitgebers gegen die Friedenspflicht bzw. das Verbot parteipolitischer Betätigung im Grunde nicht sanktioniert waren, während entsprechende Verstöße des Betriebsrats zur Amtsenthebung führen konnten[67]. Sollte die Einführung des § 23 Abs. 3 BetrVG aber bestehende Defizite beseitigen, so kann es nicht der Sinn der Vorschrift sein, Ansprüche des Betriebsrats, die ohne die Vorschrift unzweifelhaft gegeben wären, nunmehr mit dem Argument der Ausschließlichkeit zu beschneiden und den Betriebsrat auf die Ansprüche nach § 23 Abs. 3 BetrVG zu beschränken[68].

Wie sich aus dieser Entstehungsgeschichte ergibt, steht § 23 Abs. 3 BetrVG nicht nur textlich im unmittelbaren Zusammenhang mit § 23 Abs. 1 BetrVG, sondern zwischen beiden besteht auch ein systematischer Zusammenhang. § 23 Abs. 1 BetrVG ist aber eindeutig eine Sanktion, die das Betriebsratsmitglied bzw. den Betriebsrat insgesamt in seiner Stellung als Funktionsträger der Betriebsverfassung, die hier einmal als Organstellung bezeichnet werden soll[69], trifft. Davon unberührt bleiben Ansprüche des Arbeitgebers, mit denen er die

---

65 *Engisch*, Einführung in das juristische Denken, S.73; *Larenz*, Methodenlehre, S.320 ff., 324.

66 BegrEntw, BT-Drucks VI/1786, S.39; Ausschußbericht, BT-Drucks VI/2729, S.21; ausf. zur Entstehungsgeschichte *K.Weber*, Erzwingungsverfahren, S.57 f.

67 Vgl. hierzu oben B II 1.

68 Ebenso *Blanke* in DKKS § 23 Rz 71 f.; *Derleder*, AuR 1983, 289, 295; *ders.*, AuR 1985, 65, 68; *Konzen/Rupp*, Betr 1984, 2695, 2697; *Leisten*, BB 1992, 266, 271; *Schneider*, Die Quelle 1983, 553, 554 f.; *Trittin*, BB 1984, 1169, 1170; *Wiese* GK-BetrVG § 23 Rz 114.

69 Zur Diskussion um die dogmatische Einordnung der Stellung des Betriebsrats vgl. oben 1. Teil B.

Handlungspflichten, deren Verletzung den Verstoß begründen, durchsetzen bzw. aufgrund derer er Schadensersatz verlangen kann, soweit eine Erfüllung nicht mehr möglich ist. § 23 Abs. 1 BetrVG stellt also eine zusätzliche Reaktionsmöglichkeit auf grobe Pflichtverletzungen des Betriebsrats dar[70]. Insoweit besteht ein untrennbarer Zusammenhang mit der Haftung der Betriebsratsmitglieder, die nach der herrschenden Simultantheorie[71] neben der Möglichkeit des § 23 Abs. 1 BetrVG auch individualrechtlich zur Verantwortung gezogen werden können[72]. So dürfte beispielsweise für den Fall, daß ein Betriebsratsmitglied den Arbeitgeber unter Behauptung von wissentlich falschen Tatsachen öffentlich strafbarer Handlungen bezichtigt und dadurch seine Pflichten aus dem BetrVG grob verletzt[73], kein Zweifel daran bestehen, daß der Arbeitgeber nicht nur das Ausschlußverfahren nach § 23 Abs. 1 BetrVG durchführen, sondern das Betriebsratsmitglied außerdem auf Widerruf dieser Behauptungen gem. §§ 1004, 823 Abs. 1 BGB verklagen sowie u.U. eine außerordentliche Kündigung aussprechen kann. Der historische und systematische Zusammenhang spricht also dafür, daß auch § 23 Abs. 3 BetrVG eine zusätzliche Sanktion in Form einer eigenen Anspruchsgrundlage ist, die zu den allgemeinen Ansprüchen hinzutritt und diese ergänzt[74].

Dies wird durch die Tatsache unterstützt, daß neben § 23 Abs. 3 BetrVG auch nach Auffassung des 1.Senats selbständige Ansprüche des Betriebsrats auf Unterrichtung und Beratung, z.B. gem. § 80 Abs. 2 BetrVG, also Ansprüche auf ein Tun, bestehen. Diese Ansprüche werden demnach durch die Sanktionsregelung des § 23 Abs. 3 BetrVG nicht ausgeschlossen. Dasselbe muß dann naturgemäß nicht nur für Ansprüche auf ein Tun, sondern auch für solche auf ein Dulden oder Unterlassen gelten[75]. Wie das BAG selbst zutreffend erkennt[76], differenziert § 23 Abs. 3 BetrVG nämlich nicht zwischen den Ansprüchen auf ein Tun, Dulden oder Unterlassen, sondern behandelt diese gleich.

---

[70] *K.Weber*, Erzwingungsverfahren, S.56.

[71] *Dietz/Richardi* § 23 Rz 15; *Fitting/Auffarth/Kaiser/Heither* § 23 Rz 17 f.; *Galperin/Löwisch* § 23 Rz 7; *Hueck/Nipperdey/Säcker*, ArbR II/2, S.1168 f.; *Wiese* GK-BetrVG § 23 Rz 19 ff.

[72] So andeutungsweise bereits *Konzen*, Leistungspflichten, S.14.

[73] Vgl. zu Fallgruppen des "groben Verstoßes" *Blanke* in DKKS § 23 Rz 38; *Fitting/Auffarth/Kaiser/Heither* § 23 Rz 50; *Wiese* GK-BetrVG § 23 Rz 40.

[74] Ebenso *Sacher*, Unterlassungsanspruch, S.22 ff., der allerdings annimmt, daß Abs. 1 und 3 "funktionell verschiedene" Instrumentarien seien (S.24), dabei jedoch verkennt, daß allenfalls die rechtstechnische Ausgestaltung (Aufhebung der Organstellung einerseits - materiell-rechtlicher Anspruch andererseits) unterschiedlich, die Funktion als zusätzliche Sanktion neben den allgemeinen Ansprüchen aber identisch ist.

[75] Ebenso *Wiese* GK-BetrVG § 23 Rz 113; krit. zur Differenzierung des BAG auch *Dütz*, Unterlassungsansprüche, S.40 f.

[76] BAG, AP Nr.19 zu § 80 BetrVG 1972 Bl.3 R unter III 2c.

Von daher ist es auch wenig überzeugend, wenn der Senat dieses Nebeneinander von § 23 Abs. 3 BetrVG mit anderen Ansprüchen wieder auf Vorschriften beschränkt, die eine Verpflichtung des Arbeitgebers zur Leistung von Geld oder Sachen, zur Vorlage von Unterlagen und zur Unterrichtung des Betriebsrats normieren, und diese Eingrenzung damit begründet, daß die Durchsetzung dieser Ansprüche den Arbeitgeber nicht in der gem. § 77 Abs. 1 BetrVG allein ihm obliegenden Führung des Betriebes beeinträchtige[77]. Allerdings wurde auf diesen Gesichtspunkt auch hier im Zusammenhang mit der Begründung der Anspruchsqualität des § 80 Abs. 2 BetrVG hingewiesen[78]. Dieser Zusammenhang macht aber zugleich den Denkfehler deutlich, dem der 1.Senat erlegen ist. Der mögliche Eingriff des Betriebsrats in die Betriebsführung mag durchaus Bedeutung dafür erlangen, ob sich aus bestimmten Kompetenzen und Berechtigungslagen durchsetzbare Ansprüche des Betriebsrats, also das Recht, ein konkretes Tun, Dulden oder Unterlassen verlangen zu können, ergeben[79]. Dabei handelt es sich aber um eine Frage des konkreten Beteiligungsrechtes. Im Zusammenhang mit dem konkreten Mitbestimmungstatbestand ist unter Heranziehung des Normzweckes zu analysieren, welche Befugnisse dieser dem Betriebsrat einräumt und ob gegebenenfalls die Gewährung eines durchsetzbaren Anspruchs über das Schutzziel des Mitbestimmungsrechtes hinausschießen würde. Soweit der Zweck des Mitbestimmungsrechtes aber solche Ansprüche stützt, können sie nicht mit der Begründung negiert werden, daß § 23 Abs. 3 BetrVG in bezug auf Ansprüche, die einen Eingriff in die Betriebsführung darstellten, eine abschließende Regelung treffe. § 23 Abs. 3 BetrVG läßt sich keine Aussage des Inhalts entnehmen, daß er eine abschließende Regelung bezüglich bestimmter Arten von Ansprüchen, nämlich solcher, die dem Betriebsrat einen Eingriff in die grundsätzlich dem Unternehmer vorbehaltene Betriebsführung gestatten, enthalte, bezüglich sonstiger Ansprüche aber nicht[80]. Für eine solche Differenzierung fehlen jegliche Anhaltspunkte.

Aus diesem Grunde läßt sich ebensowenig das Argument aufrecht erhalten, daß § 23 Abs. 3 BetrVG deshalb sonstige Unterlassungsansprüche wegen der Verletzung von Mitbestimmungsrechten ausschließe, weil sich ansonsten ein Wertungswiderspruch insofern ergebe, als bei einem groben Verstoß gem. § 23 Abs. 3 BetrVG höchstens ein Ordnungsgeld in Höhe von 20.000,-- DM festgesetzt werden könne, während dies bei bei einem nach den allgemeinen Vorschriften gem. § 85 Abs. 1 ArbGG zu vollstreckenden Anspruch gem. § 890

---

77 BAG, AP Nr.19 zu § 80 BetrVG 1972 Bl.4 unter III 2 c; krit. hierzu auch *Wiese* GK-BetrVG § 23 Rz 112 f.

78 Vgl. oben B II 1b.

79 Dies wird unten 3.Teil B III 3b näher zu erörtern sein.

80 Ebenso *Konzen*, Leistungspflichten, S.39 ff., 47 f.; *Wiese* GK-BetrVG § 23 Rz 115.

ZPO bis zu 500.000,-- DM betragen könne[81]. Existieren nämlich neben § 23 Abs. 3 BetrVG Ansprüche auf Vornahme einer Handlung aus ausdrücklich geregelten Pflichten des Arbeitgebers, so ergeben sich insoweit dieselben Friktionen. Werden diese Ansprüche gem. §§ 85 Abs. 1 ArbGG, 888 ZPO vollstreckt, so kann gem. § 888 Abs. 1 Satz 2 ZPO bereits das einzelne Zwangsgeld 50.000,-- DM betragen[82]. Die besondere Grenze der Vollstreckungsregelung in § 23 Abs. 3 BetrVG kann also nicht mit einer Deutung der Vorschrift als abschließende Regelung der Unterlassungsansprüche erklärt werden. Vielmehr läßt sich die Argumentation des 1.Senats auch umkehren. Wenn nämlich neben § 23 Abs. 3 BetrVG Ansprüche bestehen, die nach den allgemeinen Vollstrekkungsregeln durchgesetzt werden, andererseits aber § 23 Abs. 3 BetrVG eine eigene Vollstreckungsregelung trifft, so deutet dies darauf hin, daß die Ansprüche aus § 23 Abs. 3 BetrVG in ihrer Funktion gerade nicht mit sonst bestehenden Ansprüchen identisch sind, sondern einen eigenständigen Zweck erfüllen, für den neben diesen Ansprüchen Raum und eine eigenständige Vollstrekkungsregelung zu treffen ist. Die eigenständige Vollstreckungsregelung in § 23 Abs. 3 BetrVG trägt mithin offenbar dem besonderen Charakter der Vorschrift als einer zusätzlichen Sanktionsmöglichkeit Rechnung[83]. Darauf deutet insbesondere die Parallele zu § 121 Abs. 2 BetrVG hin, der dieselbe Betragsgrenze vorsieht. § 23 Abs. 3 BetrVG kann insoweit ein gewisser disziplinarischer Charakter nicht abgesprochen werden[84], selbst wenn man hierin nicht den alleinigen oder auch nur den Hauptzweck zu erblicken vermag.

c) Der Zweck der Vorschrift - teleologische Auslegung

Sieht man in § 23 Abs. 3 BetrVG eine zusätzliche Sanktion in Form eines eigenständigen Anspruches, so wäre zugleich der Einwand des 1.Senats des BAG entkräftet, der für seine Auslegung der Vorschrift darauf hinweist, daß bei Anerkennung von Unterlassungsansprüchen neben § 23 Abs. 3 BetrVG für diesen nur ein schmaler Anwendungsbereich als Prozeßstandschaftsnorm verbliebe, der der Bedeutung der Vorschrift nicht gerecht werden würde[85]. Es

---

[81] So aber BAG, AP Nr.2 zu § 23 BetrVG 1972 unter B II 1; zust. *Joost*, SAE 1985, 59, 60; *Rüthers/Henssler*, Anm. EzA § 23 BetrVG 1972 Nr.9 unter III b.

[82] Vgl. a. LAG Hamburg, LAGE § 23 BetrVG 1972 Nr.26, S.8.

[83] Ebenso *Blanke* in DKKS § 23 Rz 73; *Derleder*, AuR 1983, 289, 293 ff., 296; *Kümpel*, AuR 1985, 78, 83; *Sacher*, Unterlassungsanspruch, S.26, die allerdings teilweise die besondere Funktion allein in der Regelung einer Prozeßstandschaft sehen; zur Frage, welcher Art diese zusätzliche Sanktion ist, sogleich unter B III 1 c und 3.

[84] *Dütz*, Unterlassungsansprüche, S.38 ff.

[85] BAG, AP Nr.2 zu § 23 BetrVG 1972 Bl.4 unter B II 3.

fragt sich allerdings nun, welchen Inhalt ein solcher Anspruch haben könnte, wenn er eine zusätzliche Sanktion darstellen und somit der Amtsenthebung des Betriebsrats gleichstehen soll. Dies ist dewegen problematisch, weil der Arbeitgeber keine ausgesprochenen "Organrechte" besitzt. Seine Befugnisse beruhen im wesentlichen nicht auf einer Verleihung durch das BetrVG in Gestalt einer Kompetenzzuweisung, wie dies beim Betriebsrat der Fall ist, sondern auf seiner Stellung als Vertragspartner der Arbeitnehmer und als Unternehmer. Er übt somit keine Kompetenzen im strengen Sinne aus, sondern subjektive Rechte. Aus demselben Grund kann es für ihn auch keine Amtsenthebung i.S. des § 23 Abs. 1 BetrVG geben, da das betriebsverfassungsrechtliche Amt untrennbar mit seiner subjektiven Rechtsposition verknüpft ist[86]. Folglich kann eine zusätzliche Sanktion ihn wiederum nur in seinem unternehmerischen Bereich treffen, indem seine Betätigungsfreiheit oder - um auf das Bild des Wirkungskreises zurückzukommen[87] - sein Wirkungskreis zugunsten des Betriebsrats eingeengt und damit gleichzeitig die Einwirkungsmöglichkeit des Betriebsrats erweitert wird.

In diesem Rahmen hat § 23 Abs. 3 BetrVG auch neben selbständigen Ansprüchen aus dem BetrVG eine eigenständige Funktion. Die Vorschrift ordnet nicht selbst eine bestimmte Rechtsfolge an. So ist es z.B. nicht zwingend, daß in dem Fall, daß der Arbeitgeber gegen eine Handlungspflicht verstoßen hat, der Antrag nach § 23 Abs. 3 BetrVG ebenfalls dahin gehen muß, ihm aufzugeben, diese geschuldete Handlung vorzunehmen. Vielmehr ist es denkbar, daß bei einer groben Pflichtverletzung die Anordnung nach § 23 Abs. 3 BetrVG über das Ziel des primären Anspruches hinausgeht. Bereits Konzen hat angedeutet, daß etwa bei Verletzung der Pflicht zur Unterrichtung des Betriebsrats vor Durchführung einer Maßnahme § 23 Abs. 3 BetrVG im Falle eines groben Verstoßes dem Betriebsrat einen Anspruch auf Unterlassung der Maßnahme bis zur Nachholung der Unterrichtung geben kann, der damit über den Informationsanspruch inhaltlich hinausgeht[88]. Hierbei ist insbesondere die Wertung des Gesetzgebers zu berücksichtigen, wonach dem Betriebsrat im Falle eines groben Verstoßes des Arbeitgebers gegen seine betriebsverfassungsrechtlichen Pflichten eine Wiederholung, aber auch eine Fortdauer des rechtswidrigen Zustandes keinesfalls zuzumuten ist und er die Möglichkeit haben muß, dem entgegenzuwirken. So erschiene es beispielsweise bei einer Betriebsänderung i.S. des § 111 BetrVG, bei der der Arbeitgeber, obwohl die gesetzlichen Voraussetzungen offensichtlich vorliegen, dem Betriebsrat jegliche Informationen verweigert, angebracht, daß der Betriebsrat dem Arbeitgeber die Durchführung der

86 *K.Weber*, Erzwingungsverfahren, S.71 ff.

87 Oben B I.

88 *Konzen*, Leistungspflichten, S.60 f.

Betriebsänderung im Wege des § 23 Abs. 3 BetrVG untersagen lassen kann, bis dieser die notwendigen Informationen erteilt, obwohl der Betriebsrat ansonsten die Betriebsänderung nicht durch sein Beteiligungsrecht blockieren kann[89].

Ein solches Verständnis der Norm ist ohne weiteres möglich und im Hinblick auf ihre Teleologie naheliegend. Der Wortlaut schreibt keine bestimmte Anordnung vor, vielmehr kann dem Arbeitgeber bei jeder groben Pflichtverletzung gleich welcher Art sowohl ein Tun, als auch ein Dulden oder Unterlassen aufgegeben werden. Andererseits ist der Anspruch aus § 23 Abs. 3 BetrVG eine dem § 23 Abs. 1 BetrVG gleichwertige zusätzliche Sanktion. Ist eine solche Sanktion auf Seiten des Betriebsrats durch den Ausschluß bzw. die Auflösung möglich, so bietet der hier beschriebene Unterlassungsanspruch bei Verletzung der Informationspflicht ein wirksames Instrument zur Durchsetzung des Informationsanspruches selbst. Macht der Betriebsrat im Beschlußverfahren nur seinen Informationsanspruch geltend, so kann der Arbeitgeber zwar zur Herausgabe der Information verpflichtet werden. Ein nennenswerter Nachteil entsteht ihm aber erst, wenn er nach Rechtskraft der Entscheidung im Vollstreckungsverfahren gem. § 85 ArbGG immer noch zuwartet, bis gegen ihn gem. §§ 85 ArbGG, 888 ZPO ein Zwangsgeld festgesetzt und vollstreckt ist, da der Schuldner die Vollstreckung jederzeit durch Vornahme der Handlung abwenden kann[90]. Wird dem Arbeitgeber aber untersagt, die Maßnahme weiter durchzuführen, so riskiert er bereits dann ein Ordnungsgeld, wenn er die Unterrichtung des Betriebsrats bis zur Einleitung des Zwangsgeldverfahrens hinauszuzögern versucht. Dies sollte ihn veranlassen, die Unterrichtung unverzüglich nachzuholen. Gleichzeitig wird damit deutlich, daß § 23 Abs. 3 BetrVG in diesem Fall dem Betriebsrat das Recht gibt, ein Unterlassen zu verlangen, also einen Anspruch, der sich nicht bereits aus dem besonderen Informationsanspruch herleiten läßt. Hieraus folgt, daß § 23 Abs. 3 BetrVG nicht nur prozessuale Bedeutung hat, sondern eine eigenständige, über den Primäranspruch hinausgehende Anspruchsgrundlage darstellt[91]. Noch entscheidender ist, daß ein solcher Anspruch eine Grundlage für eine einstweilige Verfügung darstellen kann[92].

---

[89] Ebenso *Wiese* GK-BetrVG § 23 Rz 126; *Konzen*, Leistungspflichten, S.60 f.

[90] *Zöller/Stöber* § 888 Rz 14.

[91] Vgl. hierzu auch oben B II 1.

[92] *Wiese* GK-BetrVG § 23 Rz 126; ob im Rahmen des § 23 Abs. 3 BetrVG eine einstweilige Verfügung zulässig ist, ist im Hinblick darauf umstritten, daß die Vorschrift gem. Abs. 3 Satz 2 und 3 eine Vollstreckung nur aus rechtskräftigen Beschlüssen vorsieht. Die Problematik des vorläufigen Rechtsschutzes kann hier nicht vertieft werden, vgl. zu dem Problem *Konzen*, Leistungspflichten, S.75; *Pahle*, NZA 1990, 51, 53 ff.; *K.Weber*, Erzwingungsverfahren, S.152 ff.; *Wiese* GK-BetrVG § 23 Rz 149.

Zusammenfassend läßt sich also festhalten, daß § 23 Abs. 3 BetrVG als konkurrierende Vorschrift neben selbständigen Ansprüchen des Betriebsrats einen eigenen Anspruch als zusätzliche Sanktion normiert. So gibt die Vorschrift bei Ansprüchen auf Vornahme einer Handlung - beispielsweise bei Unterrichtungs- und Beratungsansprüchen - dem Betriebsrat im Falle einer groben Verletzung dieser Pflichten das Recht, von dem Arbeitgeber die Unterlassung der geplanten Maßnahme bis zur Nachholung der geschuldeten Handlung zu verlangen. Dieses Begehren geht somit inhaltlich über das verletzte Beteiligungsrecht hinaus. Auch soweit selbständige Ansprüche bestehen, hat § 23 Abs. 3 BetrVG daher eine eigenständige Bedeutung als eigene Anspruchsgrundlage. Die Norm läßt sich in ihrer Bedeutung folglich nicht auf die Regelung einer gesetzlichen Prozeßstandschaft reduzieren.

Im Folgenden soll nunmehr untersucht werden, ob sich noch weitere Anwendungsbereiche für § 23 Abs. 3 BetrVG als eigenständige Anspruchsgrundlage ergeben.

2. § 23 Abs. 3 BetrVG als Auffangtatbestand für Verhaltenspflichten ohne korrespondierende Primäransprüche

Die Auffassung, wonach § 23 Abs. 3 BetrVG keine materiell-rechtliche, sondern allein prozessuale Bedeutung habe, stützte sich wesentlich auf die These, daß die Vorschrift ansonsten obsolet sei, weil es im Betriebsverfassungsrecht bereits diese Ansprüche gebe. Die Prämisse dieser These ist aber die mehr oder weniger unreflektierte Annahme, daß sämtlichen Pflichten des Arbeitgebers entsprechende Ansprüche des Betriebsrats oder der anderen Beteiligten des BetrVG korrespondieren, die eine Durchsetzung dieser Pflichten ermöglichen[93]. Bezeichnend ist allerdings, daß es bis zur Entscheidung des BAG vom 22.2.1983[94] an Untersuchungen fehlt, die tatsächlich anhand der einzelnen Beteiligungsrechte die Anspruchsgrundlagen des Betriebsrats darlegen. Insofern ist der im Rahmen der historischen Auslegung gemachte Hinweis, daß z.Zt. des Erlasses des BetrVG 1972 die Existenz eigener Unterlassungsansprüche nicht umstritten gewesen sei[95], zwar für die Aussage relevant, daß § 23 BetrVG solche Ansprüche nicht ausschließt. Man wird also nicht annehmen können, daß mit der Einführung des § 23 Abs. 3 BetrVG die ohnehin schon be-

---

93 *Konzen*, Leistungspflichten, S.16, 43.

94 AP Nr.2 zu § 23 BetrVG 1972.

95 LAG Hamburg, LAGE § 23 BetrVG 1972 Nr.26, S.9; *Kehrmann*, Die Quelle 1983, 232, 234; *Trittin*, BB 1984, 1169, 1170 f.; *Wiese* GK-BetrVG § 23 Rz 109; vgl. a. die Nachweise bei *K.Weber*, Erzwingungsverfahren, S.58.

stehenden Asprüche des Betriebsrats nur noch unter den zusätzlichen Voraussetzungen dieser Vorschrift geltend gemacht werden könnten[96]. Dies entbindet aber nicht von der Argumentationslast, die Existenz solcher Ansprüche im Einzelfall nachzuweisen. Allein aus dem im Gesetzgebungsverfahren bestehenden Konsens läßt sich nicht zwingend ableiten, daß solche Ansprüche, die die effektive Verwirklichung von Beteiligungsrechten bzw. die Erfüllung von Pflichten des Arbeitgebers sichern, in jedem Einzelfall tatsächlich bestehen müßten. Ob es betriebsverfassungsrechtliche Verhaltenspflichten des Arbeitgebers ohne korrespondierende Primäransprüche des Betriebsrats gibt, soll beispielhaft anhand des Behinderungsverbotes des § 78 Satz 1 BetrVG sowie der Friedenspflicht und des Verbots der parteipolitischen Betätigung gem. § 74 Abs. 2 und 3 BetrVG untersucht werden.

a) Das Behinderungsverbot des § 78 Satz 1 BetrVG

Gem. § 78 Satz 1 BetrVG dürfen u.a. die Mitglieder des Betriebsrats in der Ausübung ihrer Tätigkeit nicht gestört oder behindert werden. Normiert wird hiermit eine Verhaltenspflicht, die dem Arbeitgeber das beeinträchtigende Eindringen in den Wirkungskreis des Betriebsrats untersagt. Die Vorschrift verbietet also die Verletzung von Rechtspositionen, die von der Rechtsordnung aufgrund anderer Vorschriften einer Person als "Gut" zugewiesen sind, hat also einen den oben[97] genannten dinglichen Ansprüchen vergleichbaren Aufbau. Diese "Eingriffsnormen" werden aber durch das Heinzesche Anspruchsschema zutreffend erfaßt, so daß die Erfüllung der dort genannten Voraussetzungen zumindest ein starkes Indiz dafür wäre, daß es sich um einen eigenständigen Anspruch handelt. So bejaht auch die ganz h.M. bei einem Verstoß gegen das Behinderungsverbot einen Unterlassungsanspruch des Betriebsrats[98].

§ 78 Satz 1 BetrVG normiert eine Berechtigungslage akzessorisch zu den in anderen Vorschriften geregelten Befugnissen des Betriebsrats, die dem Betriebsrat eine ungestörte Ausübung dieser Befugnisse garantiert. Die Beeinträchtigung der Betätigung des Betriebsrats bildet somit den Haftungsgrund, die Störung der rechtlichen Güterzuordnung i.S. der Anspruchsdefinition. Unschädlich ist, daß der Normadressat nicht von vornherein individualisiert ist.

---

96 Insoweit zutr. *Dütz*, Unterlassungsansprüche, S.34.

97 B II 3 b, c.

98 *Dietz/Richardi* § 78 Rz 15; *Galperin/Löwisch* § 78 Rz 10; *Kreutz* GK-BetrVG § 78 Rz 31 m.w.N.; a.A. *Heinze*, Betr 1983, Beil. 9, S.15 f.; *Konzen*, Leistungspflichten, S.61 ff.; abl. wohl auch *v.Hoyningen-Huene*, BetrVR, § 10 V 1, S.165, der nur auf §§ 23 Abs. 3, 119 BetrVG verweist; zur Anspruchsqualität des § 78 Satz 1 BetrVG auch *Dütz*, Unterlassungsansprüche, S.31 ff.

Das Verbot richtet sich gegen jedermann[99]. Adressat kann daher nicht nur der Arbeitgeber sein, sondern auch öffentliche Stellen oder sogar andere Mitglieder des Betriebsrats. Die Individualisierung erfolgt im konkreten Fall dadurch, daß derjenige von dem Normbereich erfaßt wird, von dem die Störung oder Behinderung ausgeht. Insoweit läßt sich durchaus eine Parallele zu § 1004 BGB ziehen, so daß es eines eigenen Zurechnungsprinzips, etwa in Form eines Verschuldens, nicht bedarf. Im Gegensatz zu § 1004 Abs. 1 Satz 1 BGB enthält § 78 Satz 1 BetrVG aber keinerlei Rechtsfolgenanordnung, die zum einen den Träger des Anspruches benennen, zum anderen festlegen würde, welches Tun oder Unterlassen der Berechtigte von dem Verpflichteten verlangen können sollte. Schikaniert beispielsweise ein Mitglied des Betriebsrats ein anderes Mitglied, etwa wegen persönlicher Animositäten oder weil sie zu rivalisierenden Gruppierungen gehören, wäre fraglich, wer nun einen etwaigen Unterlassungsanspruch geltend machen sollte. Genannt ist in § 78 Satz 1 BetrVG einerseits das einzelne Mitglied. Der Zweck der Vorschrift ist aber andererseits auf den Schutz der Tätigkeit des Betriebsrats insgesamt gerichtet, wie auch der Vorläufer der Regelung, § 53 Abs. 1 BetrVG 1952, in seinem Text eindeutig zum Ausdruck brachte[100]. Doch sieht das BetrVG nicht einmal bei einem groben Verstoß gem. § 23 Abs. 1 BetrVG vor, daß der Betriebsrat selbst gegen ein eigenes Mitglied vorgehen müßte oder könnte. Es erscheint daher unwahrscheinlich, daß gerade § 78 Satz 1 BetrVG dem Betriebsrat ein solches Recht einräumen und damit das Tor zu einem internen Streit öffnen wollte. Folglich läßt sich die Person des Anspruchsberechtigten nicht eindeutig ermitteln.

Man kann diesem Problem auch nicht mit dem Einwand begegnen, daß zumindest bei einer Störung durch den Arbeitgeber die Parteien eindeutig feststünden, da dieser in den Wirkungskreis des Betriebsrats eingreife und deshalb der Betriebsrat anspruchsberechtigt sei. Die Frage nach der Einstufung des § 78 Satz 1 BetrVG als eigene Anspruchsgrundlage läßt sich nicht auf einzelne Konstellationen eingrenzen. Um die Vorschrift als Anspruchsgrundlage ansehen zu können, muß sie für alle Verstöße gegen das Benachteiligungsverbot die Voraussetzungen erfüllen, die für eine Anspruchsnorm zu fordern sind.

§ 78 Satz 1 BetrVG sieht darüberhinaus im Gegensatz zu § 1004 BGB keine Rechtsfolge vor, die von dem Verpflichteten ein bestimmtes Tun, Dulden oder Unterlassen verlangt. Zwar könnte man annehmen, daß dieser auch, soweit möglich, die Beseitigung der Beeinträchtigung bzw. die Unterlassung zukünftiger Störungen schuldet. Doch würde dabei übersehen, daß, wie oben am Beispiel des § 611 a BGB gezeigt, der Eingriff in fremde Rechtsgütersphären nicht

---

99 *Dietz/Richardi* § 78 Rz 11; *Fitting/Auffarth/Kaiser/Heither* § 78 Rz 2; *Galperin/Löwisch* § 78 Rz 5; *Kreutz* GK-BetrVG § 78 Rz 17.

100 *Dütz*, Unterlassungsansprüche, S.5.

stets eine Pflicht zur (Wieder)Herstellung rechtmäßiger Zustände i.S. einer Naturalrestitution beinhaltet, vielmehr die Sanktion auch in einer sonstigen Mißbilligung des der Rechtsordnung widersprechenden Zustandes, etwa in Form der Nichtigkeitsanordnung gem. §§ 134, 138 BGB bestehen kann. Die Beeinträchtigung einer "Innenberechtigung" gibt eben noch nicht per se ein Recht, den jeweiligen Störer auf deren Beseitigung in Anspruch zu nehmen.

Schließlich ist es nicht angängig, einen Unterlassungsanspruch dadurch zu konstruieren, daß man § 78 Satz 1 BetrVG als Schutzgesetz ansieht und über § 823 Abs. 2 BGB einen negatorischen Schutz bejaht[101]. Allerdings läßt sich nicht bereits aus der Entstehungsgeschichte bzw. dem Meinungsstand zu der Vorgängervorschrift des § 53 BetrVG 1952, die in Abs. 1 das Verbot der Störung oder Behinderung der Tätigkeit und in Abs. 2 das Verbot der Benachteiligung oder Begünstigung der Mitglieder des Betriebsrats vorsah, die Schutzgesetzeigenschaft verneinen[102]. Unter der Geltung des BetrVG 1952 wurde nämlich § 53 allgemein als Schutzgesetz angesehen[103]. Zwar findet sich bei Dietz[104] die Einschränkung, daß § 53 Abs. 1 und 2 Schutzgesetze darstellten, "soweit sie eine Benachteiligung verbieten", was darauf hindeuten könnte, daß nur das Benachteiligungs-, nicht dagegen das Behinderungsverbot erfaßt werden sollte. Ansonsten erfolgt eine Differenzierung aber nicht[105]. Da auch Dietz die Unterscheidung nicht weiter problematisiert, dürfte es wohl eine Überinterpretation darstellen, wenn man unterstellt, daß die Schutzgesetzeigenschaft auf das Benachteiligungsverbot beschränkt sein sollte, zumal Dietz ausdrücklich Abs. 1 und Abs. 2 des § 53 BetrVG 1952 nennt[106]. Allerdings ließe sich eine Einstufung als Schutzgesetz nicht in Einklang bringen mit den neueren Erkenntnissen über die Funktion der Schutzgesetze. Diese erschöpft sich nämlich nicht in der Bewahrung von Individualrechtsgütern, sondern ist wesentlich dadurch geprägt, daß das Deliktsrecht insgesamt dem Ersatz möglicher Schäden dienen soll, wenn dies auch, wie ein Hinweis auf § 847 BGB zeigt, nicht stets Vermögensschäden sein müssen[107]. Es geht also, wie Konzen[108] zutreffend

---

101 So *Dütz*, Betr 1984, 115, 118 ff; *ders.*, Unterlassungsansprüche, S.3 ff; ebenso *Salje*, Betr 1988, 909, 913.

102 So aber *Konzen*, Leistungspflichten, S.61 f.

103 *Dietz* § 53 Rz 20; *Fitting/Kraegeloh/Auffarth* § 53 Rz 17; *Galperin/Siebert* § 53 Rz 15; *Hueck/Nipperdey/Säcker*, ArbR II/2, S.1166 f.

104 BetrVG § 53 Rz 20.

105 Vgl. *Fitting/Kraegeloh/Auffarth* § 53 Rz 17; *Galperin/Siebert* § 53 Rz 15; *Hueck/ Nipperdey/Säcker*, ArbR II/2, S.1166 f.

106 Anders *Konzen*, Leistungspflichten, S.62 Fn 344.

107 Auch *Dietz* § 53 Rz 20 spricht ausdrücklich von der Verpflichtung zum Schadensersatz bei Verletzung des Behinderungs- und Benachteiligungsverbotes.

feststellt, "um die deliktische Haftung für entstandene Schäden, nicht um die (bloße) Verletzung von Rechtspositionen". Allein letzteres ist aber bei einer Beeinträchtigung der Tätigkeit des Betriebsrats der Fall. Die Entstehung eines durch Naturalrestitution kompensierbaren Schadens ist angesichts der Vermögenslosigkeit des Betriebsrats schlechthin nicht vorstellbar[109]. Der quasi-negatorische Schutz des § 823 Abs. 2 BGB dient aber demselben Zweck, nur auf einer vorgelagerten, präventiven Stufe, indem er die Entstehung des Schadens von vornherein verhindern soll. Da dieser zu verhindernde Schaden nicht in der bloßen Rechtsverletzung bestehen kann, sondern eine darüber hinausgehende, durch die Verletzung der Rechtsordnung verursachte Schädigung des Betroffenen voraussetzt, eine solche im Falle des § 78 Satz 1 BetrVG aber nicht denkbar ist, scheidet ein quasi-negatorischer Schutz im Wege des vorbeugenden Unterlassungsanspruches gem. § 823 Abs. 2 BGB zumindest insoweit aus, als es um eine Beeinträchtigung der Tätigkeit des Betriebsrats als Funktionsträger der Betriebsverfassung geht. Dagegen sind deliktische Ansprüche denkbar, soweit ein einzelnes Mitglied des Betriebsrats durch eine Benachteiligung einen Vermögensschaden erleidet oder zu erleiden droht.

b) Die Verletzung der Friedenspflicht und das Verbot der parteipolitischen Betätigung gem. § 74 Abs. 2 BetrVG

Die Situation bei dem Verbot der parteipolitischen Betätigung bzw. der Friedenspflicht gem. § 74 Abs. 2 BetrVG stellt sich insofern anders dar, als die ganz h.M. aus diesen Vorschriften eigenständige Unterlassungsansprüche des Arbeitgebers und des Betriebsrats ableitet[110]. Der Wortlaut deutet zunächst auch auf einen solchen Anspruch hin ("haben zu unterlassen"). Der Haftungsgrund i.S. des Anspruchsschemas bestünde in der Störung des Arbeitsablaufes oder des Betriebsfriedens. Die Zurechnung sowie die Anordnung der Rechtsfolge wird dadurch bewirkt, daß ausdrücklich eine Inpflichtnahme desjenigen vorgesehen ist, der gegen die entsprechende Pflicht verstoßen hat, indem von ihm ein bestimmtes Verhalten, nämlich das Unterlassen der rechtswidrigen Handlung verlangt werden kann. Problematisch ist dagegen wiederum die Frage, wer der Berechtigte ist, der den anderen auf Unterlassung in Anspruch

---

108 *Konzen*, Leistungspflichten, S.63.

109 Ebenso *Kreutz* GK-BetrVG § 78 Rz 21.

110 BAG AP Nr.3 zu § 74 BetrVG 1972; *Dietz/Richardi* § 74 Rz 49; *Galperin/Löwisch* § 74 Rz 18; *Heinze*, Betr 1983, Beil. 9, S.15; *v.Hoyningen-Huene*, BetrVR, § 4 V 2, S.65; *Kreutz* GK-BetrVG § 74 Rz 111, 122 m.w.N.; a.A. nur *Konzen*, Leistungspflichten, S.67; nicht ganz klar *Berg* in DKKS § 74 Rz 59 ff., der zwar nur von Unterlassungsansprüchen bei groben Verstößen spricht, aber nicht explizit zu der Streitfrage Stellung nimmt.

nehmen kann. Die h.M. begnügt sich mit dem Hinweis darauf, daß der Unterlassungspflicht ein Unterlassungsanspruch der jeweils anderen Seite korrespondiere[111]. Dieser Ansatz ist aber deshalb wenig hilfreich, weil es in § 74 Abs. 2 Satz 2 und 3 BetrVG an einer spezifischen Innenberechtigung, die einem Organ der Betriebsverfassung zuzuordnen wäre, gerade fehlt. Dies sei am Beispiel der Störung des Betriebsfriedens erläutert.

Das gesetzliche Verbot beruht insoweit auf der Überlegung, daß eine gedeihliche Zusammenarbeit nur gelingen kann, wenn eine einigermaßen entspannte und kooperative Atmosphäre herrscht, und daß allein unter diesen Bedingungen ein Ausgleich der divergierenden Interessen auf dem Wege der Verständigung und des Kompromisses möglich erscheint. In solchen kooperativen Strukturen sah der Gesetzgeber am ehesten die Gewähr für einen optimalen Interessenausgleich, weswegen das Kooperationsmodell zugleich ein grundlegendes Strukturprinzip der Betriebsverfassung darstellt, das nicht zuletzt in §§ 2 Abs. 1, 74 Abs. 2 BetrVG seinen Niederschlag gefunden hat. Im Gegensatz zu anderen Verhaltenspflichten im BetrVG dient aber die Friedenspflicht nicht unmittelbar dem Schutz der eigenverantwortlichen Tätigkeit bestimmter Betriebsverfassungsorgane, geht entsprechend eine Verletzung der Friedenspflicht nicht mit einem Eingriff in den Kompetenzbereich und damit den Wirkungskreis des jeweils anderen Organs einher. So mögen zwar, soweit der Betriebsfrieden durch eine Tätigkeit des Betriebsrats beeinträchtigt ist, in jedem Fall auch mittelbar die Interessen des Arbeitgebers berührt sein, da dieser allein im Hinblick auf einen effektiven Arbeitsablauf ein Interesse an möglichst geringen Reibungsverlusten durch zwischenmenschliche Konflikte haben muß. Doch läßt sich diese Interessenlage nicht einfach umkehren. Geht etwa die Störung vom Arbeitgeber aus, indem er einzelne ArbN oder einzelne Gruppen von ArbN rechtswidrig unter Druck setzt, so sind nicht notwendig die Interessen des Betriebsrats berührt. Es ist ohne weiteres vorstellbar, daß der Betriebsrat insoweit sogar dieselben Interessen verfolgt wie der Arbeitgeber selbst, ja sogar daß die Pression u.U. vom Betriebsrat ausgeht. Man denke insoweit nur an den Fall, daß der Betriebsrat gem. § 104 BetrVG die Versetzung eines mißliebigen Arbeitnehmers verlangt, obwohl die gesetzlichen Voraussetzungen eindeutig nicht vorliegen.

Gleiches gilt für das Verbot der parteipolitischen Betätigung. Zwar wird es nicht unbedingt der Regelfall sein, daß der Arbeitgeber bzw. dessen Vetreter und der Betriebsrat parteipolitisch auf einer Linie liegen, doch ist es keinesfalls ausgeschlossen. Verwiesen sei in diesem Zusammenhang nur auf ein besonders evidentes Beispiel, nämlich auf Betriebe eines einer bestimmten Partei nahe-

---

111 *Dietz/Richardi* § 74 Rz 49; *Fitting/Auffarth/Kaiser/Heither* § 74 Rz 18; *Galperin/Löwisch* § 74 Rz 7b, 18; *Kreutz* GK-BetrVG § 74 Rz 122.

stehenden Unternehmens, etwa demjenigen, in dem parteieigene Publikationen hergestellt werden. Auch das Verbot der parteipolitischen Betätigung beruht auf der Befürchtung, daß durch das Hineintragen der parteipolitischen Auseinandersetzung in die Betriebe ein Klima der Konfrontation geschaffen würde, das einer wirklich kooperativen Problemlösung abträglich wäre. Eine parteipolitische Betätigung des Arbeitgebers wird aber bei der genannten Konstellation nicht den Betriebsrat, sondern die im Betrieb beschäftigten Arbeitnehmer mit anderer parteipolitischer Ausrichtung tangieren.

Vollends versagt der Hinweis auf "die andere Seite" dann, wenn der Betriebsfrieden dadurch beeintächtigt wird, daß sich einzelne Gruppen oder Fraktionen innerhalb des Betriebsrats gegenseitig mit unzulässigen Mitteln befehden. In einem solchen Fall ist völlig unklar, wer nun den jeweiligen "Störer" auf Unterlassung soll in Anspruch nehmen können. Zu denken wäre einmal an den Arbeitgeber, weil durch die Konfrontation erhebliche Unruhe in den Betrieb getragen und damit der Arbeitsablauf beeinträchtigt wird, an die bekämpfte Gruppe oder Fraktion, weil sie unmittelbar betroffen ist, oder an den Betriebsrat als Gremium, weil durch die Auseinandersetzung seine eigene Arbeit lahmgelegt wird. § 74 Abs. 2 Satz 2 und 3 BetrVG gibt insoweit anders als § 23 Abs. 1 und 3 BetrVG keine Antwort. Dies kann auch nicht anders sein, weil, wie oben dargelegt, die Vorschrift nicht den Rechts- oder Kompetenzbereich einer individualisierbaren Person oder eines bestimmten Organs zu schützen beabsichtigt, sondern allein eine Anweisung für ein bestimmtes Verhalten gibt, das als unabdingbar zur Verwirklichung der Ziele der Betriebsverfassung angesehen wird. Geht es somit nicht in erster Linie um individuellen Rechtsschutz, so ist das geeignete Instrument ein objektives Beanstandungsverfahren. Ein solches stellt aber § 23 Abs. 1 und 3 BetrVG zur Verfügung, der die Antragsberechtigung jeweils nicht davon abhängig macht, daß der Antragsteller in eigenen Rechten betroffen ist.

Für eine ausschließliche Anwendung des § 23 Abs. 3 BetrVG bei Verstößen des Arbeitgebers gegen die Friedenspflicht bzw. das Verbot der parteipolitischen Betätigung spricht zudem die Entstehungsgeschichte der Norm. Bereits Konzen[112] hat unter Bezugnahme auf einen Streit zwischen Radke[113] und Rüthers[114] darauf hingewiesen, daß es unter dem BetrVG 1952 bei Verstößen gegen das Verbot der parteipolitischen Betätigung eine wirkliche Sanktion nur gegen den Betriebsrat in Form der Amtsenthebung gem. § 23 BetrVG 1952 gab. Eine Ahndung des Verstoßes durch den Arbeitgeber etwa durch einen

---

[112] *Konzen*, Leistungspflichten, S.39 ff.

[113] BB 1957, 1112.

[114] BB 1958, 778.

Unterlassungsanspruch scheiterte bereits daran, daß die Zuständigkeit des Arbeitsgerichts für einen solchen Anspruch nicht begründet war[115]. Diese Ungleichbehandlung sollte durch die Einführung des § 23 Abs. 3 BetrVG 1972 beseitigt werden, was besonders deutlich in der häufig zitierten Begründung zum Regierungsentwurf zum Ausdruck kommt[116]. Insoweit sollte eine "Gleichgewichtigkeit" hergestellt werden[117]. Der Gesetzgeber ging davon aus, daß eine Sanktionsmöglichkeit bei Verletzung der Friedenspflicht durch den Arbeitgeber erst durch die Einführung des § 23 Abs. 3 BetrVG geschaffen worden sei, ein hiervon unabhängiger Anspruch also nicht existiere[118]. Bereits dies spricht dafür, daß § 74 Abs. 2 BetrVG keinen eigenständigen Unterlassungsanspruch neben dem aus § 23 Abs. 3 BetrVG gewährt, obwohl ein solcher im Gegensatz zur früheren Rechtslage aufgrund der umfassenden Zuständigkeitsanordnung in § 2 a Abs. 1 Nr.1 ArbGG und der entsprechend erweiterten Beteiligtenfähigkeit des Betriebsrats gem. § 10 ArbGG nunmehr prozessual durchsetzbar wäre[119]. Außerdem würde durch eine solche Kumulation ein Ungleichgewicht zu Lasten des Arbeitgebers geschaffen, gegen den ein Unterlassungsanspruch ohne weiteres vollstreckbar wäre, während die Vollstreckung des Unterlassungsanspruches gegen den Betriebsrat praktisch an dessen Vermögenslosigkeit scheitern müßte[120].

Schließlich gibt es noch einen entscheidenden Einwand gegen die Anspruchsqualität des § 74 Abs. 2 Satz 2 und 3 BetrVG, der in gleicher Weise das Behinderungsverbot des § 78 Satz 1 betrifft. Wie oben im Zusammenhang mit dem Aufbau einer Anspruchsnorm ausgeführt, bedarf es bei Ansprüchen, die den Eingriff in eine fremde Rechtsgütersphäre voraussetzen, eines Zurechnungsprinzips, welches besagt, welche Person in welchen Fällen wegen der Verletzung der Rechtsgüterordnung auf ein Tun, Dulden oder Unterlassen in Anspruch genommen werden kann. Würde man Ansprüche aus §§ 78 Satz 1, 74 Abs. 2 Satz 2 und 3 BetrVG bejahen, so würden sie jeden Verstoß gegen die dort geregelten Pflichen sanktionieren. Es erscheint fraglich, ob dies mit dem Sinn und Zweck der Regelung, insbesondere mit dem Modell des BetrVG, das auf ein möglichst konfliktarmes Miteinander der Betriebspartner angelegt ist,

---

115 Hierzu ausf. oben B II 1.

116 BegrRegE, BT-Drucks VI/1786, S.39.

117 Ausschußbericht, BT-Drucks VI/2729, S.21.

118 Ebenso *Rüthers/Henssler*, Anm. EzA § 23 BetrVG 1972 Nr.9, die dies allerdings nur auf einen Unterlassungsanspruch aus § 78 Satz 1 BetrVG beziehen und hieraus schließen, daß zuvor nach Auffassung des Gesetzgebers überhaupt keine Unterlassungsansprüche bestanden; hiergegen *Derleder*, AuR 1985, 67 f.; *Sacher*, Unterlassungsanspruch, S.20.

119 Hierzu *Konzen*, Leistungspflichten, S.43.

120 BAG, AP Nr.3 zu § 74 BetrVG; *Konzen*, Leistungspflichten, S.44.

ohne weiteres in Einklang gebracht werden kann. Wie bereits ausgeführt wurde, kann das Verhältnis zwischen Arbeitgeber und Betriebsrat als Schuldverhältnis charakterisiert werden. Kennzeichen jedes Schuldverhältnisses ist es aber, daß die Partner ihre Gütersphäre dem jeweils anderen öffnen und ihm damit Einwirkungsmöglichkeiten verschaffen. Im betriebsverfassungsrechtlichen Schuldverhältnis ist dies in besonderer Weise der Fall. Vor allem im Bereich der echten Mitbestimmungsrechte ist eine Regelung nur im Zusammenwirken zwischen Arbeitgeber und Betriebsrat möglich, gleichgültig wie intensiv der Betriebsrat bei diesem Zusammenwirken im Einzelfall beteiligt sein mag (vgl. insoweit die Unterschiede bei §§ 87, 99, 102, 111 BetrVG). Aber auch im Bereich der Unterrichtungs- und Beratungsrechte zeigt sich, daß ein effektives Arbeiten im Interesse des Betriebes nur bei einem kooperativen Miteinander möglich ist, wobei der Arbeitgeber durchaus auch Empfänger von Informationen sein kann (vgl.§ 43 Abs. 2 Satz 1 BetrVG).

Angesichts dieser Mannigfaltigkeit und Intensität der Berührungspunkte ist naturgemäß auch die Gefahr, daß eine Seite in den Wirkungskreis der anderen eingreift und diesen beeinträchtigt, besonders groß. Es erscheint zweifelhaft, ob jeder noch so geringe Verstoß die Sanktion des Unterlassungsanspruchs nach sich ziehen soll, zumindest wenn wie in §§ 78 Satz 1, 74 Abs. 2 BetrVG nicht in konkrete, dem einen oder anderen allein vorbehaltene Kompetenzen eingegriffen wird. Dies wäre insbesondere deshalb problematisch, weil gerade der Unterlassungsanspruch das Verhältnis der Betriebspartner auch für die Zukunft insofern belastet, als der Inanspruchgenommene bei einer Wiederholung gem. §§ 85 Abs. 2 ArbGG, 890 ZPO unmittelbar die Verhängung eines Ordnungsgeldes riskiert. Soll etwa jede parteipolitische Agitation eines Arbeitgebers, sei es auch in einem heftigen Streit, dazu führen, daß ihm dieses Verhalten bei Androhung eines Ordnungsgeldes untersagt werden kann? Soll umgekehrt der Arbeitgeber ein Verhalten des Betriebsrats bereits dann im Wege des Beschlußverfahrens untersagen lassen können, wenn dieser Informationsschreiben an die Belegschaft am Arbeitsplatz statt nach Arbeitsende austeilt und dadurch der Arbeitsablauf geringfügig beeinträchtigt wird? Mit solchen Unterlassungsansprüchen und deren Vollstreckung würde die Kooperations- und Friedensordnung, die § 74 BetrVG etablieren will[121], in vielen Fällen geradezu konterkariert[122]. Vielmehr spricht der Gesetzeszweck eher dafür, daß es zur Begründung eines Anspruches in diesem Fall eines besonderen Zurechnungsprinzips bedarf, wie dies in vielen Schuldverhältnissen der Fall ist. So trägt etwa § 712 BGB in ähnlicher Weise der besonderen Beziehung unter den Gesellschaftern dadurch Rechnung, daß er für die Entziehung der Geschäfts-

---

121 *Kreutz* GK-BetrVG § 74 Rz 29 ff.

122 Zutr. *Heinze*, Betr 1983, Beil. 9, S.11.

führungsbefugnis eine grobe Pflichtverletzung verlangt[123]. Ähnliches gilt für die Gewährleistungsregelungen in §§ 459, Satz 2, 634 Abs. 3 BGB, die eine Wandelung bei nur unerheblicher Minderung des Wertes ausschließen und damit zu erkennen geben, daß Ansprüche des jeweiligen Gläubigers nur bei Rechtsverstößen von einigem Gewicht bestehen sollen. Hieran wird deutlich, daß die Rechtsordnung nicht an jede Beeinträchtigung von Rechtspositionen Ansprüche gegen den jeweiligen Störer der Rechtsgüterordnung knüpft, diese vielmehr vielfach zusätzlich von weiteren Voraussetzungen abhängig macht, etwa von der Schwere des Verstoßes oder von einem Verschulden. Diese Tatsache ist das von Heinze sog. Zurechnungsprinzip.

Es ist bereits dargelegt worden, daß das betriebsverfassungsrechtliche Schuldverhältnis aufgrund der Nähe der Betriebspartner ebenfalls eine Vielzahl auch faktischer Einflußmöglichkeiten eröffnet, durch die in den Wirkungskreis des jeweils anderen eingegriffen wird[124]. Es spricht daher viel dafür, daß das BetrVG nicht jeden beliebigen Eingriff sanktionieren und damit quasi das "Risikoprinzip" zum Zurechnungsprinzip erheben wollte. Vielmehr dürfte es der Zielsetzung des kooperativen Verhältnisses eher entsprechen, wenn die Verletzung der aus §§ 74 Abs. 2, 78 Satz 1 BetrVG resultierenden Pflichten nur nach Maßgabe des § 23 Abs. 3 BetrVG geltend gemacht werden kann, ein Unterlassungsanspruch also nur bei einer groben Verletzung besteht. Dies erscheint umso eher gerechtfertigt, weil damit noch keine Aussage darüber getroffen ist, welche Ansprüche dem Betriebsrat bei der Beeinträchtigung konkreter Beteiligungsrechte zustehen, da durch §§ 74 Abs. 2, 78 Satz 1 BetrVG nur der Verstoß gegen allgemeine Verhaltenspflichten erfaßt wird.

Geben somit weder § 78 Satz 1 BetrVG noch § 74 Abs. 2 Satz 2 und 3 BetrVG dem Betriebsrat einen konkreten Anspruch auf Unterlassung, so steht fest, daß es im BetrVG Verpflichtungslagen des Arbeitgebers gibt, denen keine Ansprüche des Betriebsrats zur Durchsetzung dieser Verhaltenspflichten korrespondieren. § 23 Abs. 3 BetrVG schließt daher insoweit eine Regelungslücke und gibt in Gestalt eines Auffangtatbestandes einen ergänzenden Schutz in Form eines Anspruches auf Unterlassung, Duldung oder Vornahme einer Handlung in den Fällen, in denen das Gesetz eine Verhaltenspflicht des Arbeitgebers ohne primären Anspruch des Betriebsrats normiert[125]. Deshalb war auch die Annahme der früher h.M. verfehlt, wonach § 23 Abs. 3 BetrVG keine Bedeutung habe, weil jeder Pflichtverstoß gleichzeitig einen allgemeinen,

---

123 Vgl. *Heinze*, Betr 1983, Beil. 9, S.10 f.

124 Vgl. oben 1. Teil C I.

125 *Konzen*, Leistungspflichten, S.39 ff., 47; zust. *Sacher*, Unterlassungsanspruch, S.30.

gem. § 85 Abs. 1 ArbGG vollstreckbaren Unterlassungsanspruch begründe[126]. Es ist somit das Verdienst des 1.Senats, der Erkenntnis des eigenen Bedeutungsgehaltes der Vorschrift zum Durchbruch verholfen zu haben[127]. Dagegen schließt die Vorschrift, wie bereits oben gezeigt[128], andere Ansprüche des Betriebsrats, gleichgültig ob sie aus einem Mitwirkungsrecht im Wege der Auslegung oder ob sie im Wege der Lückenfüllung hergeleitet werden, nicht aus.

3. § 23 Abs. 3 BetrVG als Grundlage eines in die Zukunft gerichteten Vollstreckungstitels

Nachdem nun festgestellt worden ist, daß § 23 Abs. 3 BetrVG auch in Konkurrenz zu selbständigen Ansprüchen des Betriebsrats eine eigene materiellrechtliche Bedeutung als zusätzliche Sanktion sowie als Auffangtatbestand besitzt, ist noch auf einen dritten Aspekt einzugehen, der durch zwei Entscheidungen des BAG in den Blickpunkt des Interesses gerückt ist. Er steht in besonders engem Zusammenhang mit der Absicht des Gesetzgebers, durch die Einführung der Vorschrift nach einer groben Pflichtverletzung wenigstens für die Zukunft rechtmäßige Zustände sicherzustellen[129].

a) § 23 Abs. 3 BetrVG als ein auf ein zukünftiges Verhalten gerichteter Anspruch

In einer Entscheidung aus neuerer Zeit hat der 1.Senat des BAG seine Rechtsprechung zum Verhältnis von § 101 BetrVG und § 23 Abs. 3 BetrVG korrigiert bzw. präzisiert[130]. Führt der Arbeitgeber eine personelle Einzelmaßnahme, z.B. eine Einstellung, ohne die Zustimmung des Betriebsrats gem. § 99 Abs. 1 BetrVG durch, so kann gem. § 101 BetrVG der Betriebsrat beim Arbeitsgericht beantragen, dem Arbeitgeber aufzugeben, die personelle Maßnahme aufzuheben. § 101 BetrVG gibt somit dem Betriebsrat das Recht, von dem Arbeitgeber ein bestimmtes Tun, nämlich die Aufhebung der Maßnahme zu verlangen. Denselben Anspruch könnte der Betriebsrat jedoch auch im Wege des § 23 Abs. 3 BetrVG durchsetzen, soweit in der Nichtbeachtung des Mitbestimmungsrechts eine grobe Verletzung der Pflichten des Arbeitgebers

---

126 Vgl. die Nachw. oben A II Fn 21.

127 Ebenso *Wiese* GK-BetrVG § 23 Rz 112.

128 B II 3.

129 BegrRegE, BT-Drucks VI/1786, S.39.

130 BAG, AP Nr.7 zu § 23 BetrVG 1972.

gesehen werden kann. Würde sich die Bedeutung des § 23 Abs. 3 BetrVG hierin erschöpfen, so ginge § 101 BetrVG insoweit als lex specialis vor. Dies war auch die Auffassung des 6.Senates in einer Entscheidung aus dem Jahre 1978[131], der folglich für eine Anwendung des § 23 Abs. 3 BetrVG bei der Durchführung einer personellen Einzelmaßnahme ohne Zustimmung des Betriebsrats keinen Raum sah.

Zutreffend stellte nunmehr der 1.Senat demgegenüber fest, daß § 101 BetrVG die Vorschrift des § 23 Abs. 3 BetrVG schon deshalb nicht verdrängen könne, weil beide ein unterschiedliches Rechtsschutzziel verfolgten. Während § 101 BetrVG eine Sonderregelung für die Verletzung von Mitbestimmungsrechten bei der Vornahme einer konkreten personellen Maßnahme darstelle, solle § 23 Abs. 3 BetrVG gerade einer zukünftigen Wiederholung der Verletzung des Mitbestimmungsrechts entgegenwirken. Folglich stelle § 101 BetrVG nur insoweit eine den § 23 Abs. 3 BetrVG verdrängende Sonderregelung dar, als es um die Beseitigung eines bereits eingetretenen mitbestimmungswidrigen Zustandes in einem konkreten Einzelfall gehe. Dagegen sei für einen aus § 23 Abs. 3 BetrVG abgeleiteten Anspruch auf künftige Beachtung des Mitbestimmungsrechts weiterhin Raum[132].

In ähnlicher Weise hatte sich zuvor bereits der 6.Senat in einem anderen Zusammenhang geäußert[133]. Im Rahmen der Prüfung der Bestimmtheit eines Antrages nach § 23 Abs. 3 BetrVG führte der Senat in Auseinandersetzung mit einer Entscheidung des 1.Senats[134], die für einen Unterlassungsantrag die Bezeichnung einzelner, tatbestandlich umschriebener, konkreter Handlungen als Verfahrensgegenstand velangt hatte, aus, daß diese Anforderungen nicht ohne weiteres auf einen Antrag nach § 23 Abs. 3 BetrVG übertragbar seien. In dem anderen Verfahren sei es um einen auf § 87 Abs. 1 BetrVG gestützten Unterlassungsanspruch gegangen. Dieser sei aber dadurch gekennzeichnet, daß sich die Beteiligten in einem konkreten Einzelfall mit einem feststehenden Regelungsziel gegenüberstünden und deshalb auch die Handlungen konkret bezeichnen könnten, deren Unterlassen begehrt werde. Dagegen sei der Anspruch aus § 23 Abs. 3 BetrVG auf die Verhinderung künftigen Fehlverhaltens des Arbeitgebers gerichtet, das mithin nicht in allen Einzelheiten vorhersehbar sei. Aus diesem Grunde scheide eine auf einzelne tatbestandlich umschriebene, konkrete Handlungen bezogene Antragstellung aus.

---

131 BAG, AP Nr.4 zu § 101 BetrVG 1972; vgl. a. Ausschußbericht, BT-Drucks VI/2729, S.21.

132 BAG, AP Nr.7 zu § 23 BetrVG 1972; so bereits zuvor *Heinze*, Betr 1983, Beil. 9, S.19.

133 BAG, AP Nr.5 zu § 23 BetrVG 1972.

134 BAG, AP Nr.11 zu § 87 BetrVG 1972 Arbeitszeit.

Unabhängig davon, ob den angesprochenen Entscheidungen in ihren einzelnen Aussagen zu folgen ist, treffen sie doch in ihrer Kernthese zu, daß § 23 Abs. 3 BetrVG wesentlich gerade das zukünftige Verhalten des Arbeitgebers im Auge hat. Dies läßt sich anhand der Entstehungsgeschichte belegen. In der Gesetzesbegründung heißt es:

"Während nach geltendem Recht alle groben Pflichtverletzungen von Betriebsratsmitgliedern zum Ausschluß aus dem Betriebsrat oder zur Auflösung des Betriebsrats führen können, sind Verstöße des Arbeitgebers gegen seine Pflichten aus dem Betriebsverfassungsgesetz, abgesehen von den Ordnungsstrafverfahren des § 64 und den Strafvorschriften des § 78, nicht ausdrücklich mit Sanktionen verbunden. Dies gilt insbesondere für Verstöße des Arbeitgebers gegen die Friedenspflicht. Der neu angefügte Absatz 3 gibt nunmehr unmittelbar im Entwurf dem Betriebsrat und einer im Betrieb vertretenen Gewerkschaft die Möglichkeit, beim Arbeitsgericht die Verhängung einer Geldstrafe zu beantragen, wenn der Arbeitgeber ein ihm durch rechtskräftige gerichtliche Entscheidung untersagtes Verhalten pflichtwidrig fortsetzt."[135].

Der Regelung liegt also offensichtlich die Überlegung zugrunde, daß der Betriebsrat zwar wegen der Regelung in § 85 Abs. 2 ArbGG, die eine Vollstreckung nur aus rechtskräftigen Beschlüssen vorsieht, bzw. wegen der Existenz von Verhaltenspflichten des Arbeitgebers ohne korrespondierende Ansprüche des Betriebsrats u.U. einer Verletzung der Pflichten durch den Arbeitgeber nicht wirksam entgegentreten kann, daß ihm dann aber zumindest ein effizientes Mittel zur Verfügung gestellt werden muß, um nach Feststellung des Pflichtenverstoßes eine Wiederholung bzw. Fortsetzung zu unterbinden[136]. Auch in diesem Zusammenhang ist von Interesse, daß § 23 Abs. 3 BetrVG eine "gleichwertige" Sanktion bei Pflichtverletzungen des Arbeitgebers wie des Betriebsrats zur Verfügung stellen wollte. Einer Wiederholung der Pflichtverletzung durch den Betriebsrat wird durch die Amtsenthebung in besonders effizienter Weise entgegengewirkt. Da aber der Arbeitgeber nicht amtsenthoben werden kann[137], steht dem Betriebsrat bzw. der Gewerkschaft als Pendant nach einem auf § 23 Abs. 3 BetrVG gestützten Verfahren der auf ein zukünftiges Verhalten gerichtete Vollstreckungstitel zur Verfügung, der ohne weiteres gerichtliches Erkenntnisverfahren die Durchsetzung der Verhaltenspflicht mit den Mitteln der Zwangsvollstreckung zuläßt, also quasi einen "Vollstreckungstitel auf Vorrat"[138] schafft[139].

---

135 BegrRegE, BT Drucks VI/1786, S.39.

136 Ähnlich BAG, AP Nr.5 zu § 23 BetrVG 1972 unter B II 4 b der Gründe.

137 Vgl. oben B III 1 c sowie *K.Weber*, Erzwingungsverfahren, S.71 ff.; *Wiese* GK-BetrVG § 23 Rz 107 f., 139.

138 So die treffende Bezeichnung bei *Konzen*, Anm. EzA § 23 BetrVG 1972 Nr.10, der diese Auffassung jedoch ablehnt.

Die Sanktionen des § 23 Abs. 1 und 3 BetrVG stimmen folglich in ihrer Zielsetzung überein. Zweck ist nicht in erster Linie die repressive Ahndung des begangenen Pflichtenverstoßes. Vielmehr soll eine zukunftsgerichtete, präventive Wirkung erzielt und somit eine Wiederholung der Pflichtverletzung verhindert werden[140]. Aus dieser Teleologie ist es auch zu erklären, daß nach ganz h.M. das Merkmal des "groben Verstoßes" nicht voraussetzt, daß dem Arbeitgeber sein Verhalten subjektiv vorwerfbar sein muß. Ein Verschulden ist mithin nicht erforderlich[141]. Geht es der Vorschrift nämlich darum, dem Betriebsrat ein Instrument in die Hand zu geben, um für die Zukunft die Wahrung der betriebsverfassungsrechtlichen Kompetenzordnung sicherzustellen, so kann es nicht darauf ankommen, ob der Verstoß für den Arbeitgeber subjektiv erkennbar oder vermeidbar war. Vielmehr muß die Frage, ob es sich um einen "groben Verstoß" gehandelt hat, wesentlich aus der Perspektive desjenigen beurteilt werden, dessen Rechts- oder Wirkungskreis von dem pflichtwidrigen Verhalten betroffen ist. Ein grober Verstoß ist im Falle einer Pflichtverletzung durch den Arbeitgeber danach anzunehmen, wenn diese so erheblich ist, daß dem Betriebsrat im Interesse der Wahrung der betriebsverfassungsrechtlichen Ordnung eine Wiederholung keinesfalls zugemutet werden kann und ihm die Möglichkeit gegeben werden muß, mit Hilfe der Instrumente der Zwangsvollstreckung für die Zukunft rechtmäßige Zustände sicherzustellen[142].

Es muß sich demnach um einen objektiv schwerwiegenden Pflichtenverstoß handeln[143]. Allerdings können auch subjektive Momente auf Seiten des Ar-

---

139 In diese Richtung auch LAG Hamburg, LAGE § 23 BetrVG 1972 Nr.26, S.8; ArbG Düsseldorf, zit. bei *Kümpel*, AuR 1985, 78, 83 Fn 57.

140 Vgl. vor allem *Wiese* GK-BetrVG § 23 Rz 108; ähnlich *Dietz/Richardi* § 23 Rz 72: das arbeitsgerichtliche Verfahren nach § 23 Abs. 3 BetrVG sei in der ersten Stufe auf ein zukünftiges Verhalten des Arbeitgebers, nicht aber auf Sanktionen gegen ihn gerichtet; diese Formulierung wird nunmehr wörtlich vom BAG übernommen, vgl. BAG, AP Nr.76 zu § 99 BetrVG 1972 unter B II 1; AP Nr.15 zu § 87 BetrVG 1972 Ordnung des Betriebs unter B II; Beschl. vom 27.11.1990, NZA 1991, 382, 384 unter B II 3a.

141 BAG, AP Nr.5 zu § 23 BetrVG 1972; AP Nr.15 zu § 87 BetrVG 1972 Ordnung des Betriebs unter B II; AP Nr.76 zu § 99 BetrVG 1972 unter B II 1; Beschl. vom 27.11.1990, NZA 1991, 382, 384; Beschl. vom 23.4.1991, NZA 1991, 817, 820; Beschl. vom 16.7.1991, BB 1991, 2156, 2157; *Blanke* in DKKS § 23 Rz 54; *Dietz/Richardi* § 23 Rz 72; *Fitting/Auffarth/Kaiser/Heither* § 23 Rz 48; *v.Hoyningen-Huene*, Anm. AP Nr.5 zu § 23 BetrVG 1972 unter 4b; *ders.*, Betr 1987, 1426, 1431; *Konzen*, Leistungspflichten, S.72 f.; *Kraft*, Anm. EzA § 87 BetrVG 1972 Arbeitszeit Nr.40; *Stege/Weinspach* § 23 Rz 15a; *K.Weber*, Erzwingungsverfahren, S.116 ff., 120; *Wiese* GK-BetrVG § 23 Rz 136; a.A. *Galperin/Löwisch* § 23 Rz 54; *Hess/Schlochauer/Glaubitz* § 23 Rz 66.

142 Ähnlich *Dietz/Richardi* § 23 Rz 72: der Verstoß müsse objektiv so erheblich sein, daß unter Berücksichtigung des Gebots der vertrauensvollen Zusammenarbeit die Anrufung des Arbeitsgerichts durch den Betriebsrat gerechtfertigt erscheine; ebenso jetzt BAG, AP Nr.76 zu § 99 BetrVG 1972 unter B II 1; AP Nr.15 zu § 87 BetrVG 1972 Ordnung des Betriebs unter B II.

143 *Blanke* in DKKS § 23 Rz 52; *Dietz/Richardi* § 23 Rz 72; *Fitting/Auffarth/Kaiser/Heither* § 23 Rz 11, 45; *Galperin/Löwisch* § 23 Rz 53; *Wiese* GK-BetrVG § 23 Rz 133.

beitgebers für die Beurteilung der Zumutbarkeit eine Rolle spielen. So vertritt etwa das BAG die Ansicht, daß ein grober Verstoß nicht vorliege, wenn der Arbeitgeber in einer schwierigen und ungeklärten Rechtsfrage eine bestimmte Meinung vetrete[144]. Diese Ansicht fügt sich nahtlos in die Teleologie der Vorschrift ein. Beruht nämlich die Pflichtverletzung allein darauf, daß der Arbeitgeber eine vertretbare Rechtsposition eingenommen hat, so war sein Handeln subjektiv pflichtgemäß, sein Bemühen war eindeutig auf die Wahrung der betriebsverfassungsrechtlichen Ordnung ausgerichtet. Dann ist aber im Hinblick auf sein zukünftiges Verhalten davon auszugehen, daß eine Wiederholung des Pflichtverstoßes äußerst unwahrscheinlich ist, da der Arbeitgeber selbst um ein rechtmäßiges Verhalten bemüht, der für die Pflichtverletzung ursächliche Rechtsirrtum andererseits durch das gerichtliche Verfahren aufgeklärt ist. Dann ist der Pflichtverstoß aber nicht derart gravierend, daß der Betriebsrat in jedem Fall zur Herstellung rechtmäßiger Zustände in der Zukunft eines Vollstrekkungstitels bedarf.

b) Die Unterschiedlichkeit der Streitgegenstände (erläutert am Beispiel des Informationsanspruches aus § 90 Abs. 1 BetrVG)

Da somit der Anspruch aus § 23 Abs. 3 BetrVG, soweit er mit einem Anspruch zusammentrifft, der in einem konkreten Einzelfall aus der Verletzung eines Beteiligungsrechtes des Betriebsrats entsteht und der hier als Primäranspruch bezeichnet werden soll, nur ein erst in Zukunft gefordertes Verhalten des Arbeitgebers erfaßt, so betreffen der Primäranspruch, etwa der aus § 101 BetrVG, und der Anspruch aus § 23 Abs. 3 BetrVG, gleichgültig ob sie jeweils auf ein Tun, Dulden oder Unterlassen gerichtet sind, in jedem Fall zugleich zwei verschiedene Streitgegenstände[145]. Sie stellen also verschiedene Ansprüche sowohl im materiellen wie im prozessualen Sinne dar. Die Bedeutung der Unterscheidung soll anhand einer Handlungspflicht des Arbeitgebers verdeutlicht werden. Die Handlungspflichten stehen in der Diskussion um die Bedeutung des § 23 Abs. 3 BetrVG nicht im Mittelpunkt der Auseinandersetzung. Dennoch läßt sich hier in besonderer Weise die eigenständige Funktion des § 23 Abs. 3 BetrVG als auf ein zukünftiges Verhalten gerichteter Anspruch verdeutlichen.

---

[144] BAG, AP Nr. 76 zu § 99 BetrVG 1972 unter B II 2 m.w.N., st.Rspr., zuletzt Beschl. vom 23.4.1991, NZA 1991, 817, 820; ebenso die h.M. *Dietz/Richardi* § 23 Rz 71; *Fitting/Auffarth/ Kaiser/Heither* § 23 Rz 48; *Galperin/Löwisch* § 23 Rz 55; *Wiese* GK-BetrVG § 23 Rz 135; a.A. BAG (6.Senat), AP Nr.5 zu § 23 BetrVG 1972 unter II 2b; *Blanke* in DKKS § 23 Rz 56.

[145] Ähnlich BAG, Beschl. vom 5.2.1991, NZA 1991, 639 für das Verhältnis eines Feststellungsantrags über die Pflicht gem. § 106 BetrVG zu einem Antrag festzustellen, daß eine konkrete Maßnahme eine Betriebsänderung darstellt, unter IV 1b.

Gem. § 90 Abs. 1 Nr.1 BetrVG hat der Arbeitgeber den Betriebsrat bei Neu-, Um- und Erweiterungsbauten von Fabrikations-, Verwaltungs- und sonstigen betrieblichen Räumen über die Planung rechtzeitig unter Vorlage der erforderlichen Unterlagen zu unterrichten. Dabei sind die Bezeichnungen Fabrikations- und Verwaltungsgebäude nur als Erläuterungen des Oberbegriffes der betrieblichen Räume zu verstehen[146], so daß hiervon alle der betrieblichen Zwecksetzung dienende Räume erfaßt werden, die dazu bestimmt sind, von Arbeitnehmern betreten zu werden[147]. § 90 Abs. 1 Nr.1 BetrVG gibt mit der Normierung der Unterrichtungspflicht des Arbeitgebers dem Betriebsrat auch einen korrespondierenden Anspruch auf Unterrichtung und Herausgabe der Unterlagen[148]. Will der Inhaber eines Produktionsbetriebes zum Zwecke der Kapazitätsausweitung einen Anbau an die Werkshalle errichten, um dort eine weitere Produktionsstraße zu installieren, hat der Betriebsrat einen im Beschlußverfahren durchsetzbaren Anspruch darauf, daß ihm die konkreten Baupläne des Erweiterungsbaues vorgelegt werden einschließlich sämtlicher sonstiger relevanter Unterlagen wie etwa der Unterlagen des baurechtlichen Genehmigungsverfahrens, um sich selbst ein Bild von den Auswirkungen des Vorhabens auf die Arbeitsbedingungen der ArbN machen zu können.

Darüber hinaus kann der Betriebsrat, wenn der Arbeitgeber einem entsprechenden Verlangen nicht nachgekommen ist und dies einen groben Verstoß darstellt, beim Arbeitsgericht beantragen, dem Arbeitgeber aufzugeben, ihn zukünftig unter Meidung eines Zwangsgeldes von der Durchführung eines solchen Bauvorhabens unter Vorlage der Unterlagen zu unterrichten. Insoweit stellt also § 23 Abs. 3 BetrVG einen zusätzlichen Schutz nicht dadurch zur Verfügung, daß inhaltlich eine weitergehende Pflicht des Arbeitgebers begründet wird (also z.B. statt einer Handlungs- eine Unterlassungspflicht)[149], sondern dadurch, daß ein weiterer Anspruch für einen anderen Zeitraum besteht, dessen Inhalt allerdings mit dem Primäranspruch (hier also der Handlungspflicht) identisch ist.

Da der gegenwärtige und der zukünftige Anspruch sich aber auf unterschiedliche Lebenssachverhalte beziehen, handelt es sich um verschiedene Streitgegenstände. In beiden Fällen schuldet der Arbeitgeber die Unterrichtung über die Betriebsänderung, allerdings jeweils in bezug auf verschiedene Maßnahmen, die jede für sich eine Betriebsänderung darstellen. Daß vom Stand-

---

146 *Wiese* GK-BetrVG § 90 Rz 8.

147 *Wiese* GK-BetrVG § 90 Rz 8.

148 H.M. vgl. *Dietz/Richardi* § 90 Rz 31; *Fitting/Auffarth/Kaiser/Heither* § 90 Rz 6, 19; *Galperin/Löwisch* § 90 Rz 13; *Wiese* GK-BetrVG § 23 Rz 120, § 90 Rz 21; a.A. *Heinze*, Betr 1983, Beil. 9, S.11; *Stege/Weinspach* § 90 Rz 33; vgl. zur Problematik auch oben B II 3b.

149 Vgl. zu den Pflichten des Arbeitgebers oben B I.

punkt des zweigliedrigen Streitgegenstandsbegriffes insoweit verschiedene Streitgegenstände vorliegen, ist evident, da hier der Streitgegenstand wesentlich durch den Sachverhalt bestimmt wird[150]. Aber auch vom Standpunkt des eingliedrigen Streitgegenstandsbegriffes handelt es sich um verschiedene Streitgegenstände, da bereits aus dem Antrag hervorgeht, daß es einmal um einen gegenwärtigen, das andere Mal um einen zukünftigen Anspruch geht[151]. Schließlich zeigt sich die Unterschiedlichkeit noch daran, daß bei verschiedenen Maßnahmen naturgemäß auch der Inhalt der geschuldeten Information verschieden sein muß, so daß die neueren sog. materiell-rechtlichen Streitgegenstandstheorien ebenfalls zu der Annahme einer Mehrheit von Streitgegenständen gelangen, wenn sie etwa auf die Einheit des Verfügungsobjektes abstellen[152].

Allerdings hat das BAG angenommen, daß für eine solche Entscheidung, die den Arbeitgeber zur zukünftigen rechtzeitigen Unterrichtung des Betriebsrats verurteile, kein Rechtsschutzbedürfnis bestehe. Komme der Arbeitgeber nämlich seiner Unterrichtungspflicht vor Durchführung der Maßnahme nicht nach, so werde die Handlung unmöglich, so daß auch die Durchsetzung mit den Mitteln des Zwangsgeldes nicht erfolgen könne. Vielmehr sei das Rechtsschutzziel allein dadurch zu verwirklichen, daß der Betriebsrat beantrage, dem Arbeitgeber aufzugeben, die Durchführung der Maßnahme ohne Beteiligung des Betriebsrats zu unterlassen, da ein Verstoß hiergegen als Sanktion die Verhängung eines Ordnungsgeldes nach sich ziehe[153].

Diese Argumentation ist nicht recht verständlich. Es mag in vielen Fällen so sein, daß eine Durchsetzung der Pflicht zur rechtzeitigen Unterrichtung daran scheitert, daß der Betriebsrat erst infolge der Durchführung der Maßnahme hiervon erfährt. Dies nimmt aber einem auf Unterrichtung gerichteten Antrag nicht das Rechtsschutzinteresse. Zum einen ist es fraglich, ob in allen Fällen, in denen die Unterrichtung nicht mehr "rechtzeitig" erfolgen kann, bereits Unmöglichkeit eintritt. Soweit sich das BAG der Terminologie des Rechts der Leistungsstörungen bedient, muß es sich den Einwand gefallen lassen, daß in einem Schuldverhältnis die nicht rechtzeitige Leistung, also die Nichterfüllung zu dem vereinbarten Fälligkeitstermin, grundsätzlich lediglich zum Verzug führt. Eine Ausnahme besteht insoweit nur, wenn die Leistung entweder physisch oder nach Sinn und Zweck des Vertrages zu einem späteren Zeitpunkt

---

150 Vgl. hierzu *Stein/Jonas/Schumann* Einl Rz 270 ff.

151 Vgl. *Rosenberg/Schwab* § 96 III 3, S.567 f.; zum eingliedrigen Streitgegenstandsbegriff auch *Stein/Jonas/Schumann* Einl Rz 273.

152 So *Henckel*, Parteilehre und Streitgegenstand, S.270 ff.; zu den neueren Ansätzen *Stein/ Jonas/Schumann* Einl Rz 277 ff.; *Rosenberg/Schwab* § 96 III 4, S.568.

153 BAG, AP Nr.7 zu § 101 BetrVG unter B III 2.

überhaupt nicht mehr sinnvoll erbracht werden kann, also in den Fällen fehlender Nachholbarkeit bei Verträgen mit Fixschuldcharakter[154]. Die Unterrichtung des Betriebsrats wird jedoch weder objektiv unmöglich, noch läßt sich behaupten, daß die verspätete, also die nicht rechtzeitige Information für ihn stets ohne Interesse sei. Speziell im Falle des § 90 Abs. 1 BetrVG wird andererseits deutlich, daß der Betriebsrat bei langfristigen Vorhaben bereits vor dem Vollzug der Maßnahme die Möglichkeit haben kann, durch den innerbetrieblichen Informationsfluß Kenntnis von der Planung zu erhalten. Dann kann er aber sehr wohl ein Interesse daran haben, mit Hilfe des über § 23 Abs. 3 BetrVG erstrittenen Titels sofort die Vorlage der entsprechenden Unterlagen zu verlangen und diesen Anspruch im Wege des Zwangsgeldverfahrens durchzusetzen. Gerade wenn der Betriebsrat rechtzeitig von dem Vorhaben erfährt, zeigt sich, daß der Unterlassungsanspruch keineswegs der effektivere Weg zur Durchsetzung der Informationspflicht sein muß. Wird dem Arbeitgeber nämlich die Durchführung der Maßnahme ohne Beteiligung des Betriebsrats untersagt, so stellt sich im Vollstreckungsverfahren die Frage, wann das Stadium der "Durchführung" beginnt. U.U. könnte der Arbeitgeber insoweit die Planung noch bis zu einem Punkt betreiben, an dem längst die Unterrichtung des Betriebsrats hätte einsetzen müssen, ohne ein Ordnungsgeld zu riskieren, weil dieses Planungsstadium noch nicht zum Vollzug der Maßnahme gehört. Es ist also keineswes gesagt, daß ein auf die Vornahme der Handlung gerichteter Titel wegen der Unmöglichkeit der rechtzeitigen Nachholung stets ins Leere gehen müßte.

4. Prozessuale Auswirkungen der Unterschiedlichkeit der Streitgegenstände

a) Anforderungen an die Bestimmtheit des Antrags

Die soeben erörterte Frage leitet unmittelbar zum nächsten Problemkreis, nämlich zu den prozessualen Auswirkungen über, die sich daraus ergeben, daß für § 23 Abs. 3 BetrVG neben Primäransprüchen aus dem BetrVG noch Raum ist, weil die Streitgegenstände verschieden sind. Als erstes soll insoweit auf die Anforderungen an die Bestimmtheit des Antrags eingegangen werden.

Der 1.Senat des BAG hatte in einer Entscheidung vom 08.11.1983[155] für einen auf § 87 BetrVG gestützten Unterlassungsantrag ausgesprochen, daß des-

---

154 *MünchKomm/Walchshöfer* § 284 Rz 23 f.; *Soergel/Wiedemann* § 275 Rz 42 ff., vor § 284 Rz 12 f.; *Staudinger/Löwisch* vor §§ 284-297 Rz 2 f.

155 BAG, AP Nr.11 zu § 87 BetrVG 1972 Arbeitszeit.

sen Geltendmachung einer Beschreibung der einzelnen, tatbestandlich umschriebenen konkreten Handlungen bedürfe, die vom Arbeitgeber zu unterlassen seien. So sei für den Fall der Untersagung der Anordnung von Überstunden ohne vorherige Zustimmung des Betriebsrats die genaue Bezeichnung der betrieblichen Fallgestaltungen erforderlich, für die das Mitbestimmungsrecht in Anspruch genommen werde.

Der 6.Senat hatte sich dagegen in seiner Entscheidung vom 18.04.1985[156] auf den Standpunkt gestellt, daß diese Voraussetzungen auf den Unterlassungsanspruch gem. § 23 Abs. 3 BetrVG 1972 nicht übertragbar seien. Gehe es im Rahmen des § 87 Abs. 1 BetrVG darum, Handlungen zu unterbinden, die einem konkreten Regelungsverlangen zuwiderliefen, so sei § 23 Abs. 3 BetrVG auf ein zukünftiges betriebsverfassungswidriges Verhalten des Arbeitgebers gerichtet, das nicht im voraus in allen Einzelheiten vorhersehbar sei. Deshalb könne der Antrag nicht in gleicher Weise bestimmt sein und die Frage des Verstoßes gegen das Unterlassungsgebot erst im Vollstreckungsverfahren geklärt werden. § 23 Abs. 3 BetrVG stelle insoweit ein kollektivrechtliches "Abmahnungsrecht" des Betriebsrats dar.

Diese Entscheidung ist heftig kritisiert worden[157]. In der Tat erscheint die Konstruktion eines kollektivrechtlichen Abmahnungsrechts verfehlt. Kennzeichen der Abmahnung ist es, daß mit ihr die Geltendmachung von vertraglichen Gestaltungsrechten erst vorbereitet und somit die Durchsetzung von Verhaltenspflichten des Vertragspartners allenfalls mittelbar erreicht wird. Dagegen gibt § 23 Abs. 3 BetrVG dem Betriebsrat einen Vollstreckungstitel, der unmittelbar auf die Durchsetzung der Verhaltenspflicht zielt[158]. Selbst wenn man außer Betracht läßt, daß eine Kündigung oder sonstige Auflösung der rechtlichen Beziehungen im Verhältnis zwischen Arbeitgeber und Betriebsrat nicht möglich ist, sind die Konstellationen mithin nicht vergleichbar. Die ansonsten an den Ausführungen des 6.Senats zur Frage der Bestimmtheit des Antrags geäußerte Kritik ist dagegen im Kern nicht berechtigt.

Wesentlich für die Beurteilung der Bestimmtheit des Antrags ist die Erkenntnis, daß der Prozeßantrag allein den prozessualen Anspruch und somit den Streitgegenstand bestimmt. Mit ihm soll der Kläger bzw. Antragsteller zu erkennen geben, welchen Anspruch er verfolgt und woraus er diesen herleitet, damit das Urteil kein bloßes Rahmenurteil wird, weil ansonsten über den An-

---

156 BAG, AP Nr. 5 zu § 23 BetrVG 1972.

157 *V.Hoyningen-Huene*, Anm. AP Nr.5 zu § 23 BetrVG 1972; *Konzen*, Anm. EzA § 23 BetrVG 1972 Nr.10; abl. auch *Sacher*, Unterlassungsanspruch, S.26 ff.

158 Zutr. *Wiese* GK-BetrVG § 23 BetrVG Rz 114; *v.Hoyningen-Huene*, Anm. AP Nr.5 zu § 23 BetrVG 1972 unter 5 b.

spruch erst im Vollstreckungsverfahren und nicht im hierfür vorgesehenen Erkenntnisverfahren befunden würde[159]. Hierzu muß er bei einer Leistungsklage die Voraussetzungen des Anspruches darlegen, also die Merkmale des Anspruchsbegriffes, wie ihn § 194 BGB definiert. Zunächst muß die Person benannt werden, die in die Pflicht genommen werden soll. Weiterhin muß der Kläger/Antragsteller das Verhalten (Tun oder Unterlassen) bezeichnen, das von der in die Pflicht genommenen Person begehrt wird. Schließlich muß er den Lebenssachverhalt bezeichnen, aus dem er eine entsprechende Inpflichtnahme des Anspruchsgegners herleitet[160]. Insbesondere die letzten beiden Merkmale werfen vorliegend bei der Bestimmtheit des Antrages Probleme auf.

Diese Beschreibung von Sinn und Zweck des Prozeßantrags zeigt jedoch zugleich, daß die Bestimmtheit des Antrags sich nicht abstrakt bestimmen läßt, sondern daß es hierfür wesentlich auf die Art des Streitgegenstandes ankommt. Dies hat der 6.Senat, ohne es explizit auszuführen, zutreffend gesehen. Insbesondere ist die Beschreibung des Lebenssachverhaltes, aus dem sich der Anspruch herleitet, in ihrer Detailgenauigkeit abhängig von dem Verhalten, das von dem Inanspruchgenommenen begehrt wird. Dies läßt sich etwa am Beispiel der Mitbestimmung bei personellen Einzelmaßnahmen gem. § 99 BetrVG zeigen, die in neuerer Zeit mehrfach Gegenstand gerichtlicher Entscheidungen war. Der Betriebsrat hat gem. § 99 Abs. 1 BetrVG ein Mitbestimmungsrecht, wenn der Arbeitgeber einen zunächst befristet eingestellten ArbN in ein unbefristetes Beschäftigungsverhältnis übernimmt, da es sich dabei um eine Einstellung i.S. dieser Vorschrift handelt[161]. Dies gilt zumindest dann, wenn der Betriebsrat nicht bereits bei der erstmaligen Einstellung darauf hingewiesen wurde, daß die Befristung als Probezeit gilt und der ArbN im Falle der Bewährung in ein unbefristetes Arbeitsverhältnis übernommen werden soll[162]. Erfolgt nunmehr die Übernahme des ArbN in ein unbefristetes Arbeitsverhältnis ohne Beteiligung des Betriebsrats und begehrt dieser daraufhin gem. § 101 BetrVG die Aufhebung der Einstellung, so muß er natürlich unter namentlicher Nennung des ArbN im einzelnen darlegen, warum er in dem konkreten Einzelfall zu beteiligen gewesen wäre.

Die namentliche Bezeichnung des betroffenen ArbN ist aber nicht in jedem Fall erforderlich. Sieht der Betriebsrat in einer Vielzahl von gleichgelagerten Einzelfällen sein Mitbestimmungsrecht als verletzt an, etwa weil der Arbeitgeber mehrfach Einstellungen ohne Beteiligung des Betriebsrats vorgenommen

---

159 *Stein/Jonas/Schumann* § 253 Rz 46.

160 *Zöller/Stephan* § 253 Rz 18 ff.; *Thomas/Putzo* § 253, 2b-e.

161 BAG, AP Nr.9, 54 zu § 99 BetrVG 1972.

162 BAG, Beschl. vom 7.8.1990, NZA 1991, 150.

hat, so kann der Betriebsrat natürlich ebenfalls im Verfahren gem. § 101 BetrVG die Aufhebung jeder einzelnen Maßnahme unter Angabe der jeweils betroffenen Person verlangen. Der Antrag ist aber auch dann bestimmt genug, wenn der Betriebsrat die beanstandete Maßnahme generell, aber bestimmt umschreibt und deren Aufhebung verlangt. Ein solcher Antrag könnte z.B. lauten, dem Arbeitgeber die Beschäftigung sämtlicher Arbeitnehmer zu untersagen, die ohne Beteiligung des Betriebsrats von einem befristeten in ein unbefristetes Beschäftigungsverhältnis übernommen worden sind[163]. Vom BAG wird ein solcher Antrag als Globalantrag bezeichnet. Kennzeichnend für einen Globalantrag ist, daß er sich einschränkungslos auf alle denkbaren Fallgestaltungen erstreckt, in denen das behauptete Recht oder der geltend gemachte Anspruch gegeben sein soll[164].

Auch im Rahmen des § 23 Abs. 3 BetrVG lassen sich die Bestimmtheitsanforderungen nicht pauschal festlegen. Wie bereits oben gezeigt[165], lassen sich aus dieser Vorschrift ergänzend zu sonstigen Primäransprüchen des Betriebsrats Ansprüche herleiten, die inhaltlich über diese hinausgehen. So hat etwa bei einer Betriebsänderung i.S. des § 111 BetrVG der Betriebsrat einen durchsetzbaren Anspruch gegenüber dem Arbeitgeber aus § 111 Satz 1 BetrVG, daß dieser ihn vor Durchführung der Betriebsänderung unterrichtet und mit ihm die Maßnahme berät[166]. Führt der Arbeitgeber die Maßnahme ohne Information und Beratung durch und stellt dies einen groben Verstoß gem. § 23 Abs. 3 BetrVG dar, so kann aus § 23 Abs. 3 BetrVG ein Anspruch des Betriebsrats hergeleitet werden, die Fortführung der Betriebsänderung bis zur Nachholung der Information und der Beratung zu unterlassen[167]. Macht der Betriebsrat diesen Anspruch geltend, so muß er, da es sich um eine in einem konkreten Einzelfall bestehende Handlungspflicht handelt, auch die konkreten Umstände der Maßnahme, die ihre Einordnung als Betriebsänderung rechtfertigen, sowie die Tatsachen darlegen, die die Verletzung der Informations- und Beratungspflicht durch den Arbeitgeber begründen. Im Falle der Betriebsänderung durch Stillegung wesentlicher Betriebsteile gem. § 111 Satz 2 Nr.1 BetrVG muß der Betriebsrat folglich darlegen, daß beabsichtigt ist, einen Betriebsteil - also einen Ausschnitt aus dem Gesamtbetrieb, der diesem zwar organisatorisch eingegliedert ist und eine Teilfunktion bei der Erreichung des arbeitstechnischen Zwekkes ausübt, trotzdem aber eine relative Selbständigkeit durch einen eigenen

163 Vgl. BAG, AP Nr.68 zu § 99 BetrVG 1972.

164 BAG, Beschl. vom 18.9.1991, NZA 1992, 315 unter B III 1; Beschl. vom 11.12.1991, BB 1992, 1351; Beschl. vom 10.3.1992 - Az 1 ABR 31/91 -, teilweise veröffentlicht in BB 1992, 1489.

165 B III 1c.

166 *Konzen*, Leistungspflichten, S.57 bei Fn 322.

167 *Konzen*, Leistungspflichten, S.91 sowie oben B III 1c.

Stamm von ArbN, räumliche oder funktionale Abgrenzung vom übrigen Betrieb besitzt[168] - stillzulegen, also die Verfolgung des arbeitstechnischen Zwekkes in diesem Betriebsteil auf Dauer oder zumindest auf längere Zeit einzustellen[169]. Außerdem muß er angeben, woraus sich ergibt, daß es sich um einen für den Gesamtbetrieb wesentlichen Betriebsteil handelt. Schließlich ist erforderlich, daß der Betriebsrat die Tatsachen benennt, die ergeben, daß die Planungen im Hinblick auf die Stillegung bereits so weit konkretisiert sind, daß eine Informations- und Beratungspflicht seitens des Arbeitgebers besteht ("rechtzeitig"). Ein Antrag, "der auf einzelne, tatbestandlich umschriebene, konkrete Handlungen als Verfahrensgegenstand bezogen ist" und der "die genaue Bezeichnung der Fallgestaltungen enthält, für die das Mitbestimmungsrecht in Anspruch genommen wird", ist also auch bei dem Anspruch aus § 23 Abs. 3 BetrVG stets dann erforderlich, wenn ein Mitbestimmungsrecht in einem konkreten Einzelfall geltend gemacht wird.

Geht aber der Antrag gem. § 23 Abs. 3 BetrVG dahin, eine zukünftige erneute Verletzung der betriebsverfassungsrechtlichen Pflichten des Arbeitgebers, insbesondere eine Mißachtung der Beteiligungsrechte des Betriebsrats zu verhindern, so kann der Antrag nicht in gleicher Weise auf einzelne konkrete Fallgestaltungen bezogen sein. Zwar muß der Betriebsrat die zuvor genannten Tatsachen auch in diesem Verfahren vortragen, aber nur um den groben Verstoß in der Vergangenheit zu begründen, nicht dagegen für den in die Zukunft gerichteten Anspruch selbst. Dieser zukünftige Anspruch wäre nur dann in ähnlicher Weise konkretisierbar, wenn die zukünftige Konstellation, für die eine entsprechende Pflicht des Arbeitgebers behauptet wird, nur einmal vorkommen könnte und bereits jetzt in ihren Einzelheiten vorhersehbar wäre. Kennzeichnend für den Antrag nach § 23 Abs. 3 BetrVG ist aber gerade, daß eine solche Verhaltenspflicht in Zukunft in einer Vielzahl von Fällen entstehen kann und dem Betriebsrat in jedem Einzelfall ein durchsetzbarer Anspruch zur Verfügung stehen muß, damit tatsächlich einer Verletzung seines Mitbestimmungsrechtes möglichst effektiv entgegengewirkt wird. Der Ausspruch in dem Beschlußtenor erfüllt daher eine ähnliche Funktion wie eine Norm. Er soll nämlich Ansprüche für eine unbestimmte Vielzahl von Fällen titulieren. Entsprechend kann er die Fallgestaltungen nicht in ihren Einzelheiten, sondern nur nach abstrakt-generellen, vom Einzelfall losgelösten Merkmalen beschreiben.

Dies läßt sich am obigen Beispiel des Mitbestimmungsrechtes des Betriebsrats bei der Übernahme eines befristet eingestellten ArbN in ein unbefristetes Arbeitsverhältnis zeigen. Muß der Betriebsrat im Rahmen des § 101 BetrVG

---

168 Zum Begriff des Betriebsteils vgl. *Kraft* GK-BetrVG § 4 Rz 24.

169 Zum Begriff der Betriebsstillegung vgl. BAG, AP Nr.1 zu § 1 KSchG 1969 Konzern unter B I 1; AP Nr.43 (unter B III 2 a) und 53 (unter B III 1) zu § 613 a BGB.

die konkrete Maßnahme, also den Abschluß des unbefristeten Arbeitsvertrages mit dem namentlich benannten Arbeitnehmer bzw. dessen tatsächliche Beschäftigung[170], bezeichnen, so muß der Antrag gem. § 23 Abs. 3 lediglich lauten, dem Arbeitgeber aufzugeben, allgemein den Abschluß eines unbefristeten Arbeitsvertrages mit einem zunächst befristet eingestellten Arbeitnehmer ohne Beteiligung des Betriebsrats zu unterlassen[171].

Zugleich zeigt das geschilderte Beispiel, daß ein geringeres Maß an Konkretisierbarkeit des Antrags nicht gleichbedeutend ist mit einer Reduzierung der Anforderungen an die Bestimmtheit. Vielmehr ist der Antrag stets dann bestimmt genug, wenn der Antragsgegner, hier also der Arbeitgeber, in jedem Einzelfall ersehen kann, welches Verhalten von ihm verlangt wird, speziell ob die entsprechende Verhaltenspflicht besteht. Dagegen kann diese Bestimmung nicht dem Vollstreckungsverfahren überlassen bleiben[172], wie der 6.Senat des BAG[173] meint. § 23 Abs. 3 BetrVG verschafft dem Betriebsrat einen vollstreckbaren Titel auf Durchsetzung der entsprechenden Verhaltenspflicht. Dann muß aber der Beschlußtenor und mithin auch der Antrag des Betriebsrats diese Pflicht so genau bezeichnen, daß eine Vollstreckung ohne weiteres möglich ist. Für das auf § 23 Abs. 3 BetrVG beruhende Beschlußverfahren kann nichts anderes gelten als für die Klageerhebung im Urteilsverfahren gem. §§ 46 Abs. 2 ArbGG, 253 Abs. 2 Nr.2 ZPO[174]. Ist der Tenor der Entscheidung zu unbestimmt, so fehlt es an einer Vollstreckungsvoraussetzung[175]. Fehlt es an dieser Bestimmtheit des Antrags und damit des hierauf basierenden Urteilstenors, so bedarf es einer Klärung des Titelinhalts in einem eigenen Erkenntnisverfahren[176]. Es ist nämlich Aufgabe des Gerichts im Erkenntnisverfahren, die materielle Rechtslage und damit auch die Reichweite der begründeten Verhaltenspflichten festzulegen. Hieran ändert sich nichts dadurch, daß die Zwangsmaßnahmen gem. § 23 Abs. 3 BetrVG ebenfalls vom Arbeitsgericht ausgesprochen

---

170 Zur Frage, ob die Einstellung in dem Abschluß des Arbeitsvertrages oder der tatsächlichen Beschäftigung besteht vgl. BAG, AP Nr.2, 9, 21 zu § 99 BetrVG 1972; *Fitting/Auffarth/Kaiser/Heither* § 99 Rz 10; *Dietz/Richardi* § 99 Rz 23 ff.; *Kraft* GK-BetrVG § 99 Rz 18 ff.; *Kraft/Raab*, Anm. AP Nr.65 zu § 99 BetrVG 1972.

171 Vgl. BAG, NZA 1991, 150.

172 Ebenso jetzt auch der 1.Senat des BAG, Beschl. vom 27.11.1990, NZA 1991, 382, 383 unter B I 1 im Anschluß an *Konzen*, Anm. EzA § 23 BetrVG 1972 Nr.10 und *v.Hoyningen-Huene*, Anm. AP Nr.5 zu § 23 BetrVG 1972 unter 1a; vgl. a. *Sacher*, Unterlassungsanspruch, S.28 f.

173 AP Nr.5 zu § 23 BetrVG 1972 unter B I 5 b.

174 *Grunsky*, Anm. AP Nr.11 zu § 87 BetrVG 1972 Arbeitszeit; *Thomas/Putzo* § 253, 2e; *Zöller/Stephan* § 253 Rz 13 f.

175 *Stein/Jonas/Münzberg* vor § 704 Rz 26; *Zöller/Stöber* § 704 Rz 4.

176 RGZ 82, 164; BGHZ 36, 14; BGH, NJW 1972, 2268; *Stein/Jonas/Münzberg* vor § 704 Rz 31.

werden. Hier wird das Arbeitsgericht nämlich nicht als Prozeßgericht, sondern als Vollstreckungsorgan tätig. Als solches kann es aber allenfalls feststellen, ob eine Zuwiderhandlung des Arbeitgebers gegen die auferlegte Verhaltenspflicht im Einzelfall vorliegt, dagegen kann es nicht die maßgebliche Verhaltenspflicht selbst bestimmen. Die Tätigkeit als Vollstreckungsorgan hat insbesondere die Konsequenz, daß der Vorsitzende insoweit gem. §§ 80 Abs. 2, 53 Abs. 1 Satz 1 ArbGG allein entscheidet, sofern keine mündliche Verhandlung stattgefunden hat[177]. Die Verlagerung der Bestimmung der Reichweite der Verhaltenspflicht würde mithin außerdem Probleme im Hinblick auf das gem. Art.101 Abs. 1 Satz 2 GG garantierte Recht auf den gesetzlichen Richter aufwerfen. Darüber hinaus ist die Bestimmtheit des Beschlußtenors noch aus einem anderen Grunde verfassungsrechtlich unabdingbar. Voraussetzung für die Festsetzung des Zwangs- bzw. Ordnungsgeldes als staatlicher Zwangsmaßnahme ist nämlich, daß der Betroffene das von ihm geforderte Verhalten erkennen, sein Verhalten somit daran ausrichten kann. Das Gebot der Bestimmtheit des Antrags ist folglich ein Ausfluß des Gebotes der Vorhersehbarkeit staatlichen Handelns, das wiederum als Bestandteil des Rechtsstaatsprinzips Verfassungsrang hat[178].

Muß der Antrag also den herkömmlichen Bestimmtheitsanforderungen entsprechen, wenngleich er nicht in jedem Fall einzelne konkrete Handlungen als Verfahrensgegenstand beschreiben muß, so kann hieraus nicht gefolgert werden, daß daran das Verständnis der Vorschrift als in die Zukunft gerichteter "Vollstreckungstitel auf Vorrat" scheitere[179]. Insbesondere ist es verfehlt anzunehmen, daß es dem Antrag schon an der nötigen Bestimmtheit fehle, wenn er etwa bei der Untersagung mitbestimmungswidriger Handlungen so weit formuliert ist, daß er auch Fälle erfaßt, in denen ein Mitbestimmungsrecht nicht besteht[180]. Dies zeigt ein Vergleich mit einem entsprechenden Feststellungsantrag.

Nach st.Rspr. des BAG kann der Betriebsrat, wenn er die Verletzung eines Mitbestimmungsrechts in einem Einzelfall geltend macht und sich die Maßnahme vor Abschluß des Rechtsstreits erledigt, die Feststellung beantragen, daß

---

177 Vgl. a. *Dietz/Richardi* § 23 Rz 91; *Fitting/Auffarth/Kaiser/Heither* § 23 Rz 70, 75; *Galperin/Löwisch* § 23 Rz 67; *Wiese* GK-BetrVG § 23 Rz 166, 174.

178 Vgl. hierzu *Herzog* in Maunz/Dürig Art.20 VII Rz 57, 62; *Jarass/Pieroth*, GG, Art.20 Rz 38 f.; konkret zur Bestimmtheit des Antrags nach § 23 Abs. 3 BetrVG *v.Hoyningen-Huene*, Anm. AP Nr.5 zu § 23 BetrVG 1972; *Konzen*, Anm. EzA § 23 BetrVG 1972 Nr.10 unter II 1 a; jetzt auch der 1.Senat des BAG, Beschl. vom 27.11.1990, NZA 1991, 382, 383.

179 So aber *Konzen*, Anm. EzA § 23 BetrVG 1972 Nr.10 unter II 1 a.

180 BAG, AP Nr.11 zu § 87 BetrVG 1972 Arbeitszeit nimmt offenbar an, daß einem solchen Antrag das Feststellungsinteresse fehle.

ihm generell in solchen Fällen ein Beteiligungsrecht zusteht. Der Betriebsrat hat insoweit ein berechtigtes Interesse an der Feststellung über den konkreten Streitfall hinaus, wenn Beteiligungsrechte im Streit sind und auch für die Zukunft ein Klärungsbedarf hinsichtlich der Frage der Befugnisse des Betriebsrats, also zumindest die Möglichkeit besteht, daß die Streitfrage auch in Zukunft wieder auftreten wird[181]. Ähnlich wie bei dem zukunftsgerichteten Antrag nach § 23 Abs. 3 BetrVG dient auch der Feststellungsantrag dazu, die Rechtslage für eine Vielzahl von potentiellen Einzelfällen in bezug auf ein bestimmtes Beteiligungsrecht festzustellen. Entsprechend wird dieser Antrag ebenfalls häufig als sog. Globalantrag gestellt werden, der alle denkbaren Fallgestaltungen erfassen soll, für die das Beteiligungsrecht in Streit steht.

Die Begründetheit eines solchen (Global)Antrags setzt nun voraus, daß in allen vom Betriebsrat genannten Fallgestaltungen ein solches Beteiligungsrecht besteht. Ist auch nur ein Fall denkbar, in dem die Maßnahme mitbestimmungsfrei vorgenommen werden kann, so ist der Antrag unbegründet, aber nicht unzulässig[182]. Das gleiche muß dann aber für einen Unterlassungsantrag nach § 23 Abs. 3 BetrVG gelten. Auch hier führt eine Formulierung, die sich auf Fälle erstreckt, in denen kein Mitbestimmungsrecht besteht, dazu, daß der Antrag, dem Arbeitgeber aufzugeben, entsprechende Maßnahmen ohne Beteiligung bzw. Zustimmung des Betriebsrats zu unterlassen, als unbegründet abzuweisen ist[183]. Ebenso verhält es sich in dem bereits erwähnten Fall, daß der Betriebsrat zur Bestimmung des Streitgegenstandes in einem Verfahren gem. § 101 BetrVG, in dem es um eine Vielzahl gleichgelagerter personeller Einzelmaßnahmen geht, nicht die ArbN einzeln bezeichnet, sondern die Maßnahme selbst generell umschreibt und deren Aufhebung verlangt. Auch hier besteht der Unterschied allein darin, daß die Anträge, die unter Bezeichnung der einzelnen Maßnahme gestellt werden, ein unterschiedliches Schicksal haben je nach dem, ob die Maßnahme der Mitbestimmung unterliegt oder nicht. Dagegen kann dem generellen Antrag nur stattgegegben werden, wenn in allen Fällen ein Mitbestimmungsrecht des Betriebsrats besteht[184]. Es handelt sich folg-

---

[181] BAG, AP Nr.5 zu § 83 ArbGG 1979; AP Nr.3 zu § 81 ArbGG 1979; AP Nr.65 zu § 99 BetrVG m.Anm. *Kraft/Raab* unter II 1; NZA 1990, 357.

[182] BAG, AP Nr.56 zu § 99 BetrVG 1972 unter II 2; ebenso BAG, AP Nr.68 zu § 99 BetrVG 1972 für einen Antrag nach § 101 BetrVG; BAG, Beschl. vom 11.12.1991, BB 1992, 1351 unter B I 2; für einen Unterlassungsantrag jetzt auch BAG, Beschl. vom 10.3.1992, BB 1992, 1489 unter B II 1.

[183] BAG, AP Nr.55 zu § 99 BetrVG 1972 unter II 4.

[184] BAG, AP Nr.68 zu § 99 BetrVG 1972 Bl.2 R unter B I 2.

lich nicht um ein Problem der Bestimmtheit des Antrags, sondern des Bestehens des streitigen Anspruchs[185].

Aus diesem Grunde ist auch die an dem Beschluß des 6.Senats[186] geübte Kritik nicht gerechtfertigt[187]. Der Senat hatte den Antrag des Betriebsrats dahin ausgelegt, daß dem Arbeitgeber aufgegeben werden solle, die Anordnung einer vorübergehenden Verlängerung der Arbeitszeit auf Baustellen ohne vorheriges Mitbestimmungsverfahren zu unterlassen. Ein vergleichbarer Antrag lag dem Beschluß des 1.Senats vom 8.11.1983[188] zugrunde. Dort lautete der Antrag, "dem Arbeitgeber zu untersagen, in seinem Unternehmen Mehrarbeit ohne vorherige Zustimmung des Betriebsrats durchzuführen". Ein solcher Antrag entbehrt aber nicht der Bestimmtheit. Aus ihm geht vielmehr eindeutig hervor, daß dem Antragsgegner die Durchführung und Veranlassung von über die betriebliche Normalarbeitszeit hinausgehender Arbeit untersagt werden soll, und zwar ohne Rücksicht auf deren konkrete Ausgestaltung, Anlaß oder Zweck[189]. Zwar ist ein solcher Antrag insofern zu weitgehend, als er auch Konstellationen erfaßt, in denen ein Mitbestimmungsrecht nicht besteht. So bedarf es der Zustimmung des Betriebsrats etwa dann nicht, wenn die Maßnahme durch die individuellen Bedürfnisse einzelner Arbeitnehmer veranlaßt und inhaltlich bestimmt ist, da es insoweit an einer kollektiven Regelung fehlt[190]. Weiterhin ist denkbar, daß eine solche Anordnung eine tendenzbezogene Maßnahme darstellt und aus diesem Grunde mitbestimmungsfrei ist[191]. Dies kann aber allenfalls zur Unbegründetheit des Antrags führen[192]. Diesen Zusammenhang verkennt

---

[185] Vgl. a. *Grunsky* Anm. AP Nr.11 zu § 87 BetrVG 1972 Arbeitszeit; dies wird jetzt auch vom 1.Senat des BAG eingeräumt, vgl. Beschl. vom 18.9.1991, NZA 1992, 315 f. unter B III; Beschl. vom 10.3.1992, BB 1992, 1489 unter B II 1.

[186] BAG, AP Nr.5 zu § 23 BetrVG 1972.

[187] Auch der 1.Senat nimmt nunmehr für die Behandlung eines globalen Unterlassungsantrags auf die Entscheidung des 6.Senats Bezug, vgl. Beschl. vom 10.3.1992 - Az 1 ABR 31/91 - unter B I 1 (insoweit in BB 1992, 1489 nicht abgedruckt).

[188] BAG, AP Nr.11 zu § 87 BetrVG 1972 Arbeitszeit.

[189] BAG, AP Nr.11 zu § 87 BetrVG Arbeitszeit.

[190] BAG, AP Nr.3, 9 zu § 87 BetrVG 1972 Arbeitszeit; zum Erfordernis der kollektiven Regelung *Fitting/Auffarth/Kaiser/Heither* § 87 Rz 18; *Wiese* GK-BetrVG § 87 Rz 13 ff.; vgl. zu einem ähnlichen Fall, in dem der Antrag aufgrund einer Änderung zu weit geraten war, weil er nunmehr auch Individualmaßnahmen erfaßte, BAG, Beschl. vom 27.11.1990, EzA § 87 BetrVG 1972 Arbeitszeit Nr.40 m.Anm. *Kraft*.

[191] So lag der Entscheidung AP Nr.11 zu § 87 BetrVG 1972 der Streit in einem Zeitschriftenverlag zugrunde, der sich u.a. an der Anordnung von Überstunden wegen der Hereinnahme aktueller redaktioneller Beiträge in letzter Minute entzündet hatte (Fall "Stern").

[192] Ebenso BAG, Beschl. vom 26.3.1991, NZA 1991, 729 unter B I; AP Nr.18 zu § 87 BetrVG 1972 Lohngestaltung unter B I 2; *Kraft*, Anm. EzA § 87 BetrVG 1972 Arbeitszeit Nr.40.

Konzen[193], wenn er annimmt, daß der Antrag zu unbestimmt sei, weil er nach seinem Wortlaut nicht auf den Inhalt des § 87 Abs. 1 Nr.3 BetrVG begrenzt sei. Dagegen ist bei der Zulässigkeit zu fragen, ob der Antrag den Anspruch ausreichend bestimmt, wenn ihm stattgegeben wird, sofern man also seine Begründetheit unterstellt. Bestünde aber tatsächlich ein Mitbestimmungsrecht des Betriebsrats in allen Fällen der Anordnung von Mehrarbeit, so gäbe es wohl keinen Zweifel, daß der genannte Antrag bestimmt genug und ihm entsprechend stattzugeben wäre[194].

Gleiches gilt im übrigen für das Rechtsschutzinteresse. Auch hierbei ist von der Frage auszugehen, ob für den Antrag, sofern man seine Begründetheit unterstellt, ein berechtigtes Interesse besteht. Hat aber der Betriebsrat einen derart weitgehenden Unterlassungsanspruch, so muß er auch eine Möglichkeit haben, diesen gerichtlich durchzusetzen[195]. Der Antrag kann also nicht mit der Begründung wegen fehlenden Rechtsschutzinteresses als unzulässig abgewiesen werden, daß er nicht geeignet sei, eine Klärung des streitigen Beteiligungsrechtes herbeizuführen, weil ein solch globales Mitbestimmungsrecht nicht bestehe[196].

Insgesamt lassen sich die Anforderungen an die Bestimmtheit des Antrags in Anlehnung an eine Entscheidung des 1.Senats des BAG zu einem Feststellungsantrag wie folgt zusammenfassen[197]:

Macht der Betriebsrat einen Anspruch losgelöst von einem Einzelfall im Hinblick auf ein zukünftiges Verhalten des Arbeitgebers geltend, so muß er den betrieblichen Vorgang, für den er das Bestehen einer Verhaltenspflicht annimmt, so genau bezeichnen, daß mit der Entscheidung über den Antrag feststeht, für welche Vorgänge die Verhaltenspflicht bejaht oder verneint worden ist. Der Bestimmtheit des Antrags steht nicht entgegen, wenn er derart allgemein gefaßt ist, daß bei bestimmten Maßnahmen des Arbeitgebers (etwa Anordnung von Überstunden) stets eine solche Verhaltenspflicht vorausgesetzt wird. Besteht diese Pflicht aber nur in einem der unter den Antrag fallenden denkbaren Fälle nicht, so ist der Antrag unbegründet. Verwendet der Antrag dagegen unbestimmte Rechtsbegriffe, etwa indem er den Gesetzeswortlaut wiederholt, und ist daher bereits vom Tatsächlichen her unklar, welche Sach-

---

193 Anm. EzA § 23 BetrVG 1972 Nr.10 unter II 1 b.

194 Zutr. *Grunsky*, Anm. AP Nr.11 zu § 87 BetrVG 1972 Arbeitszeit unter 2.

195 *Grunsky*, Anm. AP Nr.11 zu § 87 BetrVG 1972 Arbeitszeit.

196 So aber BAG, AP Nr.11 zu § 87 BetrVG 1972 Arbeitszeit; anders für einen Feststellungsantrag BAG, Beschl. vom 19.2.1991, NZA 1991, 609, 610 unter B I 3.

197 BAG, AP Nr.56 zu § 99 BetrVG 1972; bestätigt durch BAG, AP Nr.76 zu § 99 BetrVG 1972.

verhalte durch ihn erfaßt werden sollen, so genügt er den Bestimmtheitsanforderungen nicht mehr und ist als unzulässig abzuweisen[198]. Dies gilt etwa für einen Antrag, mit dem die rechtzeitige Unterrichtung über "Informations- und Bildungsveranstaltungen" verlangt wird[199]. Besteht gerade Streit zwischen Arbeitgeber und Betriebsrat, ob eine bestimmte Art von Fortbildungsmaßnahmen eine solche Bildungsveranstaltung darstellt, kann ein Beschluß, der dem Antrag stattgibt, die notwendige Klärung zwischen Arbeitgeber und Betriebsrat nicht herbeiführen.

b) Erfordernis der Wiederholungsgefahr

Ein weiteres Problem stellt sich im Zusammenhang mit der Frage, ob ein Antrag nach § 23 Abs. 3 BetrVG, der dem Arbeitgeber ein zukünftiges Verhalten aufgeben oder untersagen soll, eine Gefahr der Wiederholung des groben Verstoßes gegen die betriebsverfassungsrechtlichen Pflichten voraussetzt. Vorausgeschickt sei dabei, daß eine Wiederholungsgefahr in den Fällen sicherlich nicht erforderlich ist, in denen der Betriebsrat ein gegenwärtiges fortgesetztes Verhalten des Arbeitgebers in einem konkreten Einzelfall im Wege des § 23 Abs. 3 BetrVG erzwingen will[200].

Der 6.Senat des BAG hat in seiner bereits mehrfach erwähnten Entscheidung vom 18.4.1985[201] die Ansicht vertreten, daß § 23 Abs. 3 BetrVG keine Wiederholungsgefahr voraussetze[202]. Er hat dies im wesentlichen mit dem Zweck der Vorschrift als "kollektives Abmahnungsrecht" sowie mit der Gleichgewichtigkeit der Sanktion mit dem Ausschluß des Betriebsratsmitglieds gem. § 23 Abs. 1 BetrVG begründet, für den ebenfalls die in der Vergangenheit erfolgte Pflichtverletzung genüge. Dagegen sieht die h.M. in der Literatur in der Wiederholungsgefahr nach wie vor eine unverzichtbare Voraussetzung für den Antrag nach § 23 Abs. 3 BetrVG[203].

---

198 BAG, AP Nr.5 zu § 95 BetrVG 1972, allerdings unter Verweisung auf AP Nr.11 zu § 87 BetrVG Arbeitszeit; AP Nr.19 zu § 80 BetrVG 1972.

199 BAG, AP Nr.19 zu § 80 BetrVG 1972.

200 Vgl. hierzu die oben B III 1c beschriebenen Fallgruppen.

201 BAG, AP Nr.5 zu § 23 BetrVG 1972.

202 Zust. *Fitting/Auffarth/Kaiser/Heither* § 23 Rz 49.

203 *Dietz/Richardi* § 23 Rz 74; *Galperin/Löwisch* § 23 Rz 53; *v.Hoyningen-Huene*, Anm. AP Nr.5 zu § 23 BetrVG 1972 unter 5a; *Konzen*, Leistungspflichten, S.73; *ders.*, Anm. EzA § 23 BetrVG 1972 Nr.10; *Wiese* GK-BetrVG § 23 Rz 139; ebenso unter Hinweis auf § 1 UWG *Sacher*, Unterlassungsanspruch, S.27 f.

aa) Die Funktion der Wiederholungsgefahr

Das Gesetz sieht bei einer Vielzahl von Unterlassungsansprüchen die Wiederholungsgefahr ausdrücklich als Tatbestandsvoraussetzung vor, so z.B. in §§ 12, 862 Abs. 1, 1004 Abs. 1 BGB. Auch wo dies nicht der Fall ist, geht die h.M. davon aus, daß es sich um ein ungeschriebenes Tatbestandsmerkmal des Unterlassungsanspruches handele[204]. Allein das Fehlen dieser Voraussetzung im Wortlaut des § 23 Abs. 3 BetrVG ist also für einen Verzicht auf dieses Merkmal nicht ausreichend[205]. Wesentlich ist dagegen, sich die Funktion der Wiederholungsgefahr im Rahmen der Geltendmachung von Unterlassungsansprüchen zu vergegenwärtigen. In Betracht kommen im wesentlichen zwei verschiedene Zwecke.

(1) Die Wiederholungsgefahr als Prozeßvoraussetzung

Zum einen können auf diese Weise Ansprüche ausgeschieden werden, die ein Verhalten untersagen, auf dessen Eintreten in der Zukunft nur eine ganz vage Aussicht besteht oder dessen Eintreten sogar mit Sicherheit ausgeschlossen ist. Das Merkmal der Wiederholungsgefahr dient insoweit im wesentlichen dazu, die Inpflichtnahme anderer und damit auch die Inanspruchnahme staatlichen Rechtsschutzes auf die Fälle zu beschränken, in denen der Berechtigte ein schützenswertes Interesse hieran hat. Ein solches besteht naturgemäß dann nicht, wenn der geltend gemachte Anspruch rein spekulativen oder gar hypothetischen Charakter hat. Wie die Verwendung des Begriffes "berechtigtes Interesse" bereits erkennen läßt, kann diese Überlegung allenfalls im Rahmen der prozessualen Durchsetzung des Anspruches, also bei der Frage der Zulässigkeit von Bedeutung sein. So wird auch teilweise vertreten, daß eine auf § 1004 Abs. 1 Satz 2 BGB gestützte Unterlassungsklage bei fehlender Wiederholungsgefahr als unzulässig abzuweisen sei[206].

(2) Die Wiederholungsgefahr als materielle Anspruchsvoraussetzung

Die zweite Funktion betrifft dagegen ein Merkmal des Anspruchsbegriffes selbst. Wie bereits zur Frage der Bestimmtheit des Antrags ausgeführt, setzt ein Anspruch begrifflich die Festlegung des Berechtigten, des Verpflichteten sowie

---

[204] Vgl. für § 1 UWG *Baumbach/Hefermehl*, Wettbewerbsrecht, Einl UWG Rz 260 ff.

[205] Dies sieht auch der 6.Senat BAG AP Nr.5 zu § 23 BetrVG 1972 unter II 4.

[206] Vgl. *Henckel*, Parteilehre und Streitgegenstand, S.85; AcP 174(1974), 97, 142 f.

des Inhalts der geschuldeten Handlung voraus. Ging es bei der Bestimmtheit des Antrags im Rahmen des § 23 Abs. 3 BetrVG im wesentlichen um den Inhalt der geschuldeten Handlung, so betrifft das Merkmal der Wiederholungsgefahr die Bestimmung des Verpflichteten. Speziell die genannten Vorschriften des BGB haben den Schutz von Rechtsgütern zum Gegenstand, die grundsätzlich von jedermann beeinträchtigt werden können und die deshalb absolut, also vor jeglichem Eingriff geschützt werden sollen (vgl.§ 12 BGB Namensrecht, § 862 BGB Besitz, § 1004 BGB Eigentum bzw. eigentumsähnliche Rechte, s.a. §§ 1027, 1065, 1090, 1227 BGB). Folglich ist jede natürliche Person Adressat des von diesen Vorschriften ausgehenden Verhaltensgebotes und entsprechend potentiell Schuldner eines etwaigen Unterlassungsanspruches. Da aber eine solche Häufung von Ansprüchen gegen jedermann offenkundig sinn- und zwecklos ist[207], bedarf es zur Geltendmachung des Unterlassungsanspruches einer Eingrenzung des Personenkreises auf diejenigen, von denen nicht nur eine potentielle, sondern eine reale Gefahr für das geschützte Rechtsgut ausgeht. Nur diese Personen sollen im Wege des Unterlassungsbegehrens in Anspruch genommen werden können mit der Folge der Androhung staatlicher Zwangsmaßnahmen in der Zwangsvollstreckung für den Fall der Zuwiderhandlung. Die Wiederholungsgefahr führt insoweit zu einer Individualisierung des durch den Anspruch Verpflichteten und ist daher Voraussetzung des materiellen Anspruches selbst. Zu Recht versteht deshalb die heute h.M. das Merkmal der Wiederholungsgefahr im Rahmen des § 1004 Abs. 1 BGB als materielle Anspruchsvoraussetzung und nicht als Voraussetzung für die prozessuale Zulässigkeit der Unterlassungsklage[208]. Eine Anspruchsnorm muß selbst erkennen lassen, wer aufgrund ihrer Rechtsfolgenanordnung in die Pflicht genommen werden kann. Ein "Rundumschlag" in Form eines Anspruches gegen "jedermann" steht erkennbar in Widerspruch zur Systematik des aus dem Aktionenrecht des römischen Rechts hervorgegangenen Anspruchssystems. Eine Verlagerung der Individualisierung des Verpflichteten auf die prozessuale Ebene würde dagegen die gerade in Abgrenzung zum römischen Aktionenrecht entwickelte Erkenntnis außer acht lassen, daß der materiell-rechtliche Anspruch von dessen prozessualer Durchsetzung zu trennen ist und daß dessen Bestehen gerade gegenüber dem Verpflichteten, also die Frage der sog. Passivlegitimation, ein Problem der Begründetheit und nicht der Zulässigkeit der Klage ist[209].

---

207 Zutr. *Henckel*, AcP 174 (1974), 97, 140 f.; s.a. oben B II 3c.

208 BGH, WM 1973, 118, 119; *MünchKomm/Medicus* § 1004 Rz 82; *Soergel/Mühl* § 1004 Rz 156, 166; *Staudinger/Gursky* § 1004 Rz 155.

209 Hierzu ausführlich oben B II 3c.

bb) Die mögliche Bedeutung der Wiederholungsgefahr im Rahmen des § 23 Abs. 3 BetrVG

Schlägt man nunmehr den Bogen zu § 23 Abs. 3 BetrVG, so ist festzustellen, daß eine Individualisierung des Verpflichteten überhaupt nicht erforderlich ist. Vielmehr ist der Arbeitgeber als der Verpflichtete in der Vorschrift ausdrücklich genannt. Dies erklärt sich zwanglos daraus, daß das Gesetz nicht an die Verletzung eines absolut gegenüber jedermann geschützten Rechtsgüterkreises, sondern an den Pflichtenkreis des Arbeitgebers bzw. an den Verstoß gegen die Verhaltenspflicht selbst anknüpft. Ist aber eine Individualisierung des Verpflichteten entbehrlich, so kann für die Erforderlichkeit der Wiederholungsgefahr nicht der Analogieschluß zu §§ 12, 862, 1004 BGB, 1 UWG gezogen werden[210]. Bei der Diskussion über das Erfordernis der Wiederholungsgefahr wird nämlich übersehen, daß es bei dem Unterlassungsanspruch aus § 23 Abs. 3 BetrVG nicht wie bei den in Bezug genommenen Ansprüchen um einen Anspruch in einer "Jedermannbeziehung", sondern innerhalb einer schuldrechtlichen Sonderbeziehung geht. Das Erfordernis der Wiederholungsgefahr ließe sich folglich allein damit begründen, daß die im § 23 Abs. 3 BetrVG vorgesehenen Zwangsmittel nur im Hinblick auf ein konkretes Verhalten des Arbeitgebers eingesetzt werden und nicht willkürlich das Verhältnis der Betriebspartner belasten sollten[211].

Bemerkenswert ist insoweit die neuere Rechtsprechung des BAG zu der Frage, ob es für die Annahme eines groben Verstoßes i.S. des § 23 Abs. 3 BetrVG eines Verschuldens des Arbeitgebers bedarf. Das BAG hat dies in mehreren Entscheidungen verneint[212]. Zur Begründung führt das Gericht aus, daß sich die Pflichten, gegen die verstoßen wurde, zwar auf ein Verhalten des Arbeitgebers beziehen müßten, das Gegenstand des Beschlußverfahrens sei. Dabei komme es aber weniger darauf an, ob dem Arbeitgeber subjektiv ein Vorwurf gemacht werden könne, als vielmehr darauf, ob der Verstoß so erheblich gewesen sei, daß unter Berücksichtigung des Gebotes der vertrauensvollen Zusammenarbeit die Anrufung des Arbeitsgerichts durch den Betriebsrat gerechtfertigt erscheine[213]. Diese Überlegungen decken sich im wesentlichen mit

---

210 Dies übersehen *v.Hoyningen-Huene*, Anm. AP Nr.5 zu § 23 BetrVG 1972 und *Konzen*, Anm. EzA § 23 BetrVG 1972 Nr.10; auch *Sacher*, Unterlassungsanspruch, S.27 f. verweist allein auf die Wertungsgleichheit mit anderen Unterlassungsansprüchen.

211 In diese Richtung etwa *Wiese* GK-BetrVG § 23 Rz 139.

212 BAG, AP Nr.15 zu § 87 BetrVG 1972 Ordnung des Betriebs; AP Nr.76 zu § 99 BetrVG 1972; bestätigt durch Beschl. v. 27.11.1990, NZA 1991, 382; vgl. hierzu bereits oben unter B III 3a.

213 BAG, AP Nr.15 zu § 87 BetrVG 1972 Ordnung des Betriebs unter B II; AP Nr. 76 zu § 99 BetrVG 1972 unter B II 1.

den Thesen Heinzes, der in dem groben Verstoß das Zurechnungsprinzip des § 23 Abs. 3 BetrVG i.S. seines Anspruchsaufbaues sieht[214]. Wie bereits zu der Anspruchsqualität der §§ 78 Satz 1, 74 Abs. 2 BetrVG ausgeführt[215], ist es angesichts der engen Beziehung zwischen Arbeitgeber und Betriebsrat und den dadurch zwangsläufig gegebenen Einflußmöglichkeiten auf die beiderseitigen Rechtsgütersphären gerechtfertigt, nicht jede Überschreitung des eigenen Rechts- und Pflichtenkreises mit dem Unterlassungsanspruch und den damit verbundenen Zwangsmitteln zu sanktionieren, sondern diese auf schwerwiegende Störungen des Rechts- und Pflichtengefüges zu beschränken[216]. Das gleiche muß für den von einem konkreten Einzelfall losgelösten, in die Zukunft gerichteten Unterlassungsanspruch gelten. Entsprechend dem Zweck des § 23 Abs. 3 BetrVG, ein zukünftiges pflichtwidriges Verhalten des Arbeitgebers in ähnlich effektiver Weise zu verhindern wie dies durch die Amtsenthebung des Betriebsrats gem. § 23 Abs. 1 BetrVG geschehen kann, muß der Anspruch auf die Fälle beschränkt bleiben, in denen eine Wiederholung der Pflichtverletzung für den Betriebsrat eine schlechthin unzumutbare Beeinträchtigung seines Aufgaben- und Kompetenzbereiches wäre und somit eine erhebliche Belastung des Verhältnisses zum Arbeitgeber, verbunden mit einer entsprechenden Erschwerung der vertrauensvollen Zusammenarbeit, darstellen würde. Konsequent stellt Heinze für die Feststellung des "groben Verstoßes" ebenfalls nur auf die objektive Erheblichkeit des Verstoßes ab[217].

Nun führt die Berücksichtigung der zukünftigen Belastung des Verhältnisses der Betriebspartner bei der Bestimmung des "groben Verstoßes" dazu, daß hier eine Prognose zu treffen und diese Prognose im Rahmen der materiellen Anspruchsvoraussetzungen zu prüfen ist. Das BAG erliegt allerdings einem systematischen Trugschluß, wenn es ausführt, daß dem Merkmal des groben Verstoßes für das Verfahren nach § 23 Abs. 3 BetrVG eine ähnliche Bedeutung zukomme wie bei den negatorischen Klagen der in den materiell-rechtlichen Vorschriften genannten Wiederholungsgefahr und wie bei einer Klage auf künftige Leistung der Besorgnis der nicht rechtzeitigen Erfüllung, und das Vorliegen eines groben Verstoßes dehalb als Rechtsschutzvoraussetzung ansieht[218]. Wäre dies richtig, so wäre für eine Wiedeholungsgefahr als zusätzliches ungeschriebenes Tatbestandsmerkmal bereits deshalb kein Raum, weil de-

---

214 *Heinze*, Betr 1983, Beil. 9, S.11 f.; zum Anspruchsaufbau vgl. oben B II 3.

215 Vgl. oben B III 2.

216 *Heinze*, Betr 1983, Beil. 9,, S.11.

217 *Heinze*, Betr 1983, Beil. 9, S.11 f.

218 BAG, AP Nr. 15 zu § 87 BetrVG 1972 Ordnung des Betriebs unter B II; AP Nr. 76 zu § 99 BetrVG 1972 unter B II 1; NZA 1991, 382, 384; so bereits zuvor *Dietz/Richardi* § 23 Rz 72.

ren Funktion von dem Merkmal des "groben Verstoßes" ausgefüllt würde[219]. Dieser Analogieschluß ist jedoch nicht begründbar, denn er ließe sich nur ziehen, wenn man die Funktion der Wiederholungsgefahr im Sinne der obigen 1. Alternative darin sehen würde, eine rechtsmißbräuchliche Inanspruchnahme staatlichen Rechtsschutzes zu verhindern. Nur dann würde sowohl die Wiederholungsgefahr als auch das Merkmal des groben Verstoßes gem. § 23 Abs. 3 BetrVG dazu dienen, die Abwehr von Eingriffen in fremde Rechtsgütersphären davon abhängig zu machen, ob ein schutzwürdiges rechtliches Interesse an der Unterbindung des rechtswidrigen Verhaltens besteht. Die Wiederholungsgefahr als ungeschriebenes Merkmal des Unterlassungsanspruches dient aber nach dem Gesagten nicht der Begründung des Rechtssschutzbedürfnisses, sondern der Individualisierung des Anspruchsgegners. Einer Individualisierung bedarf es aber bei dem Unterlassungsanspruch aus § 23 Abs. 3 BetrVG nicht, das Merkmal des "groben Verstoßes" ist in seiner Funktion mithin nicht mit dem der Wiederholungsgefahr identisch.

Daß die vom BAG angeführte Parallele nicht schlüssig ist, zeigt sich zum anderen bei der Gleichstellung der Wiederholungsgefahr mit der Besorgnis der nicht rechtzeitigen Erfüllung bei der Klage auf künftige Leistung gem. § 259 ZPO. Die Besorgnis der Nichterfüllung ist nämlich unzweifelhaft eine besondere Ausprägung des prozessualen Rechsschutzbedürfnisses, weswegen bei Fehlen dieser Voraussetzung die Klage als unzulässig abzuweisen ist[220]. Die Wiederholungsgefahr bei den Unterlassungsansprüchen ist dagegen grundsätzlich materiell-rechtliche Anspruchsvoraussetzung. Das gleiche gilt für das Merkmal des groben Verstoßes bei § 23 Abs. 3 BetrVG. Auch dieses ist ein materiell-rechtliches Tatbestandselement, keine bloße Prozeßvoraussetzung, so daß die Gleichstellung mit der Besorgnis der Nichterfüllung in § 259 ZPO nicht begründbar ist.

Selbst wenn man die Wiederholungsgefahr im Sinne der obigen 1. Alternative ebenso wie die Besorgnis der Nichterfüllung als Ausfluß des Rechtsschutzbedürfnisses verstehen würde, wäre zumindest die Gleichstellung mit dem Merkmal des groben Verstoßes bei § 23 Abs. 3 BetrVG nicht gerechtfertigt. Die Frage nach dem Vorliegen eines groben Verstoßes ist als materiell-rechtliche Anspruchsvoraussetzung unabhängig davon zu beantworten, ob tatsächlich eine Wiederholung des pflichtwidrigen Verhaltens des Arbeitgebers zu befürchten ist. Vielmehr ist alleiniger Maßstab, ob die Pflichtverletzung, sofern sie sich wiederholt, für den Betriebsrat eine schlechthin unzumutbare Beeinträchtigung darstellen würde. Die Wiederholung muß also unterstellt werden. Dagegen spielt die Wiederholungswahrscheinlichkeit für das Bestehen des

---

219 Ebenso *Kraft*, Anm. EzA § 87 BetrVG 1972 Arbeitszeit Nr.40.

220 *Stein/Jonas/Schumann* vor § 253 Rz 102, § 259 Rz 21.

materiell-rechtlichen Anspruches, der - wie das BAG richtig erkennt - allein an die in der Vergangenheit erfolgte Pflichtverletzung anknüpft, keine Rolle.

Folglich erfüllt das Merkmal des groben Verstoßes in § 23 Abs. 3 BetrVG nicht dieselbe Funktion wie die Wiederholungsgefahr bei den Unterlassungsansprüchen. Einer zusätzlichen Wiederholungsgefahr zum Zwecke der Individualisierung des Anspruchsgegners als ungeschriebene materielle Anspruchsvoraussetzung bedarf es dagegen nicht, weil mit dem Arbeitgeber der Schuldner des Anspruches bereits individualisiert ist. Andererseits könnte der Hinweis des BAG auf § 259 ZPO nicht völlig von der Hand zu weisen sein, wenn auch die Verbindungslinie - wie gezeigt - nicht zum Merkmal des groben Verstoßes besteht. Man könnte nämlich daran denken, das Bestehen der Wiederholungsgefahr im Rahmen des Antrags nach § 23 Abs. 3 BetrVG zwar nicht als materielle Anspruchsvoraussetzung wie bei § 1004 Abs. 1 BGB, wohl aber als prozessuales Element einfließen zu lassen. Möglicherweise ist dies auch vom BAG gemeint, wenn es im Anschluß an Richardi[221] davon spricht, daß die Wiederholungsgefahr "Rechtsschutzvoraussetzung" sei. Wie die Ausführungen gezeigt haben, berührt die Wahrscheinlichkeitsprognose bei in die Zukunft gerichteten Ansprüchen die Berechtigung zur Geltendmachung des Anspruchs. Eine negative Prognose kann daher auf der prozessualen Seite das Rechtsschutzinteresse wegen willkürlicher Rechtsverfolgung entfallen lassen[222]. Dabei handelt es sich um eine Entscheidung, die nur anhand der Umstände des Einzelfalles getroffen werden kann. So mag etwa die Geltendmachung eines Unterlassungsanspruches mißbräuchlich erscheinen, wenn feststeht, daß die Problematik des Mitbestimmungsrechtes, auf dessen Verletzung der Antrag gestützt wird, in Zukunft nie wieder auftauchen wird und deshalb eine Verletzung ausgeschlossen ist. Zu denken wäre etwa an einen Antrag des Betriebsrats, dem Arbeitgeber wegen einer groben Verletzung seiner Informationspflicht aus § 111 BetrVG zu untersagen, künftig Betriebsänderungen ohne vorherige Information des Betriebsrats durchzuführen. Soweit die Pflichtverletzung darauf beruht, daß der Arbeitgeber den Betriebsrat über die bevorstehende Betriebsstillegung nicht informiert hat, erscheint es ausgeschlossen, daß in Zukunft noch weitere Betriebsänderungen vorgenommen werden, über die der Betriebsrat zu unterrichten wäre. In einem solchen Fall könnte man daran denken, den Antrag des Betriebsrats wegen fehlenden Rechtsschutzinteresses als unzulässig anzusehen. An dem Bestehen des materiell-rechtlichen Unterlassungsanspruches aus § 23 Abs. 3 BetrVG würde dies freilich nichts ändern.

---

221 *Dietz/Richardi* § 23 Rz 72.

222 Zur rechtsmißbräuchlichen Inanspruchnahme gerichtlichen Rechtsschutzes als Fall des fehlenden Rechtsschutzinteresses vgl. *Rosenberg/Schwab* § 93 IV, S.548 f.; *Thomas/Putzo* vor § 253 III A 1m; auch *Stege/Weinspach* § 23 Rz 15a bejahen das Erfordernis der Wiederholungsgefahr mit der Begründung, daß ansonsten das Rechtsschutzinteresse fehle.

Eine solche Sicht, die die Wiederholungswahrscheinlichkeit nicht als materielle Anspruchsvoraussetzung wie etwa in § 1004 Abs. 1 Satz 2 BGB, sondern als eine besondere Ausprägung des Rechtsschutzinteresses im Hinblick auf die Zukunftsgerichtetheit des Anspruchs begreift, ließe sich dann auch durch eine Parallele zu § 259 ZPO rechtfertigen. Beiden Regelungen liegt nämlich die Überlegung zugrunde, daß erst in Zukunft durchzusetzende Ansprüche nur dann gerichtlich geltend gemacht werden sollen, wenn die Inanspruchnahme gerichtlicher Hilfe zur Realisierung dieser Ansprüche erforderlich sein wird. Ein Unterschied besteht allerdings insoweit, als bei einer Klage gem. § 259 ZPO der Kläger stets Umstände vortragen und beweisen muß, die konkret die Besorgnis der Nichterfüllung begründen[223]. Dagegen ist im Rahmen des § 23 Abs. 3 BetrVG zu beachten, daß zumindest in den Fällen, in denen der Anspruch in die Zukunft gerichtet ist, als materielle Anspruchsvoraussetzung bereits ein grober Verstoß vorausgegangen sein muß, der im Regelfall gleichzeitig eine Sicherung der betriebsverfassungsrechtlichen Ordnung durch einen Vollstreckungstitel erforderlich erscheinen läßt und somit eine Wiederholungsgefahr im obigen Sinne begründet. Sinn und Zweck des § 23 Abs. 3 BetrVG ist es ja gerade, in diesen Fällen die Wahrung der betriebsverfassungsrechtlichen Ordnung in ähnlich effizienter Weise wie durch die Amtsenthebung des Betriebsrats gem. § 23 Abs. 1 BetrVG zu gewährleisten, eine Wiederholung der Pflichtverletzung also zu verhindern. Nur in Ausnahmefällen kann daher nach vorangegangenem groben Verstoß die Wiederholungsgefahr und damit das Rechtsschutzinteresse verneint werden.

Fraglich ist, welche Anforderungen an das Entfallen der Wiederholungsgefahr zu stellen sind, wenn nicht wie im obigen Fall der Betriebsstillegung eine erneute Pflichtverletzung bereits aufgrund der tatsächlichen Gegebenheiten objektiv ausgeschlossen ist. Das BAG hat in einer jüngeren Entscheidung - allerdings in bezug auf einen allgemeinen Unterlassungsanspruch, nicht im Zusammenhang mit § 23 Abs. 3 BetrVG - die Wiederholungsgefahr verneint, weil der Prozeßvertreter des Arbeitgebers erklärt hatte, seine Mandantin werde die Beteiligungsrechte, so wie sie der Senat für gegeben halte, in Zukunft auch beachten[224]. Da der Betriebsrat neben dem Unterlassungsantrag hilfsweise einen Feststellungsantrag gestellt hatte, sah das Gericht die Interessen des Betriebsrats durch die Entscheidung über diesen Feststellungsantrag als ausreichend gewahrt an und hielt den Unterlassungsantrag für unzulässig. Zunächst ist festzustellen, daß das BAG offenbar ebenfalls hier die Wiederholungsgefahr nicht als materielle Anspruchsvoraussetzung, sondern als Rechtsschutz- oder Pro-

---

[223] *Stein/Jonas/Schumann* § 259 Rz 21; *Zöller/Stephan* § 259 Rz 3.

[224] BAG, Beschl. vom 23.4.1991, AP Nr.7 zu § 98 BetrVG 1972 = NZA 1991, 817, 820 unter B II 2 d.

zeßvoraussetzung ansieht. Hinsichtlich der Anforderungen an das Entfallen der Wiederholungsgefahr kann dem BAG jedoch nicht gefolgt werden. Seine Auffassung läuft im Ergebnis auf eine Subsidiarität der Leistungs- gegenüber der Feststellungsklage hinaus und verkehrt damit das ansonsten bestehende Verhältnis der beiden Klagearten in sein Gegenteil. Grundsätzlich ist nämlich die Feststellungsklage gegenüber der Leistungsklage subsidiär, also solange unzulässig, wie der streitgegenständliche Anspruch im Wege der Leistungsklage verfolgt werden kann[225]. Zwar wird teilweise dennoch ein Feststellungsinteresse trotz Möglichkeit der Leistungsklage bejaht, wenn die Feststellungsklage im Einzelfall zu einer prozeßwirtschaftlich sinnvollen Erledigung der aufgetretenen Streitpunkte führt, insbesondere weil der Beklagte erwarten läßt, daß er auf ein Feststellungsurteil hin leisten werde. Insbesondere im Bereich des öffentlichen Dienstes wurde eine solche Leistungsbereitschaft wegen der gem. Art.20 Abs. 3 GG bestehenden Bindung der Behörde an Gesetz und Recht angenommen[226].

Doch ist einmal die Annahme, die öffentliche Hand werde sich stets ohne staatlichen Zwang an gerichtliche Entscheidungen halten, die auf vom Gericht herangezogene allgemeine Erfahrungssätze gestützt wird, in ihrer Differenzierung zwischen privaten und öffentlichen Arbeitgebern durchaus zweifelhaft[227]. Zum anderen kann die Durchbrechung des Grundsatzes der Subsidiarität der Feststellungsklage in den genannten Entscheidungen allenfalls dazu führen, daß eine Feststellungsklage ausnahmsweise trotz der Möglichkeit der Leistungsklage zulässig ist, nicht dagegen zur Unzulässigkeit einer erhobenen Leistungsklage.

Auch wenn man von der Problematik des Verhältnisses des Unterlassungsantrags zu einer Feststellungsklage absieht, kann eine Erklärung des Arbeitgebers, er werde in Zukunft die vom Gericht festgestellten Beteiligungsrechte des Betriebsrats beachten, nicht zum Wegfall des Bedürfnisses nach einer Titulierung des Anspruches und damit der Wiederholungsgefahr führen. Abgesehen davon, daß bereits die Verläßlichkeit einer solchen Absichtserklärung, die unter dem Druck des anhängigen Verfahrens und ohne Kenntnis der Reichweite des Mitbestimmungsrechtes sowie der hieraus folgenden Einschränkungen abgege-

---

225 *Stein/Jonas/Schumann* § 256 Rz 87; *Thomas/Putzo* § 256, I 5 d; *Zöller/Stephan* § 256 Rz 7.

226 BGHZ 2, 250, 253 f.; BGH NJW 1984, 1118 f.; vgl. a. *Stein/Jonas/Schumann* § 256 Rz 89; *Thomas/Putzo* § 256, I 5 d; *Zöller/Stephan* § 256 Rz 8 a; für den Bereich des Arbeitsrechts BAG, AP Nr.2 zu Art.3 GG; AP Nr.83 zu § 611 BGB Urlaubsrecht; AP Nr.13 zu § 50 BAT; Urt. vom 28.8.1991, NZA 1992, 709; *Grunsky*, ArbGG, § 46 Rz 22 f.; *Germelmann* in *Germelmann/Matthes/Prütting*, ArbGG, § 46 Rz 65 ff.

227 Zu Recht kritisch *Germelmann* in *Germelmann/Matthes/Prütting*, ArbGG, § 46 Rz 67.

ben wird, durchaus nicht über jeden Zweifel erhaben ist[228], wiederholt sie doch nur die ohnehin bereits bestehende Verpflichtung. Die Funktion des Leistungstitels besteht aber neben dem sicher auch enthaltenen feststellenden Element gerade darin, im Streitfall ein Instrument zur Durchsetzung des Anspruches zur Verfügung zu stellen. Nur wenn auch die Durchsetzung durch den Berechtigten gesichert ist, mag man einen gerichtlichen Titel für entbehrlich halten. Gilt dies bereits für den allgemeinen Leistungsantrag, so in noch verstärktem Maße für das Verfahren gem. § 23 Abs. 3 BetrVG, das in einer der Amtsenthebung des Betriebsrats gem. § 23 Abs. 1 BetrVG vergleichbaren Weise rechtmäßige Zustände für die Zukunft sicherstellen soll. Wenn auch eine Wiederholung der Pflichtverletzung nach dem Gesagten mangels Amtsenthebung des Arbeitgebers nicht völlig ausgeschlossen werden kann, so gebietet dieser Zweck doch zumindest den Einsatz repressiver Instrumente und steht einer Beschränkung auf mehr oder weniger unverbindliche, sanktionslose Verpflichtungserklärungen des Arbeitgebers entgegen. Folglich kann die Wiederholungsgefahr und damit das Rechtsschutzinteresse nur dann entfallen, wenn der Arbeitgeber eine mit einer angemessenen Sanktion für den Fall der Zuwiderhandlung versehene Verpflichtungserklärung, etwa in Anlehnung an das wettbewerbsrechtliche Verfahren eine strafbewehrte Unterlassungserklärung zugunsten des Betriebsrats abgibt, die das zu unterlassende Verhalten genau bezeichnet[229]. Dann steht dem Betriebsrat nämlich ein dem staatlichen Vollstreckungszugriff vergleichbares Instrument zur Durchsetzung des Anspruches zur Verfügung.

Damit ist festzuhalten, daß der 6.Senat zutreffend davon ausgegangen ist, daß es der Darlegung einer Wiederholungsgefahr als materielle Anspruchsvoraussetzung im Rahmen des § 23 Abs. 3 BetrVG nicht bedarf. Die Norm regelt ausschließlich Pflichtverletzungen des Arbeitgebers und nennt diesen ausdrücklich als Anspruchsgegner, so daß eine Individualisierung des Anspruchsgegners überflüssig ist. Die Frage der Wiederholungsgefahr kann mithin nur dafür erheblich sein, ob der Antrag eine rechtsmißbräuchliche Inanspruchnahme der Gerichte darstellt, weil ausnahmsweise die Besorgnis künftiger Beeinträchtigung im konkreten Fall nicht besteht. Ist dies der Fall, so fehlt es an dem erforderlichen Rechtsschutzinteresse, weswegen der Antrag als unzulässig zurückzuweisen ist. Insoweit hat die Wiederholungsgefahr in der Tat dieselbe Funktion wie die Besorgnis der Nichterfüllung bei der Klage nach § 259 ZPO.

---

[228] Nach *Emmerich*, UWG, § 17 2 a bb, S.341 genügt etwa im Wettbewerbsrecht die bloße, im Prozeß abgegebene Erklärung, die fragliche Handlung nicht wiederholen zu wollen, grundsätzlich nicht zur Ausräumung der Wiederholungsgefahr.

[229] Zur Unterlassungserklärung im Wettbewerbsrecht BGH, GRUR 1982, 313 f. "Rezeptsammlung für Apotheker"; GRUR 1989, 758, 759 "Gruppenprofil"; *Baumbach/Hefermehl*, Einl UWG Rz 269 ff.; *Emmerich*, UWG, § 17, 2 a bb; zu den inhaltlichen Anforderungen an eine Unterlassungserklärung BGH, GRUR 1983, 186, 187 "Wiederholte Unterwerfung".

Das Merkmal der Wiederholungsgefahr enthält also auch in den Fällen, in denen es materielle Anspruchsvoraussetzung ist, neben dem Aspekt der Individualisierung des Anspruchsgegners stets zugleich das prozessuale Element der Begründung des Rechtsschutzinteresses. Dies zeigt sich zugleich daran, daß bei den materiellen Ansprüchen, die eine Wiederholungsgefahr voraussetzen, bei Bejahung der Wiederholungsgefahr i.d.R. zugleich die Prozeßvoraussetzungen des § 259 ZPO vorliegen[230]. Soweit es jedoch einer Individualisierung wie etwa bei dem Anspruch aus § 23 Abs. 3 BetrVG nicht bedarf, bleibt es allein bei der Funktion der Prozeßvoraussetzung.

IV. Ergebnis

Die gewonnenen Erkenntnisse lassen sich in der Feststellung zusammenfassen, daß § 23 Abs. 3 BetrVG nicht die umfassende und abschließende Grundlage für Ansprüche des Betriebsrats bei der Verletzung von Beteiligungsrechten aus dem BetrVG darstellt, sondern die Funktion einer zusätzlichen Sanktion bei Verletzung betriebsverfassungsrechtlicher Pflichten durch den Arbeitgeber hat. Dabei handelt es sich um eine eigenständige Anspruchsgrundlage und nicht lediglich um die Regelung einer gesetzlichen Prozeßstandschaft. Der Regelung kann aber keine umfassende und abschließende Wirkung beigemessen werden, insbesondere läßt sich dies nicht allein aus einer wie auch immer gearteten Struktur der Anspruchsnormen herleiten. Vielmehr kennt das BetrVG neben § 23 Abs. 3 zumindest im Bereich der Informations- und Beratungsrechte eigene Ansprüche des Betriebsrats, ohne daß diese ausdrücklich als solche gekennzeichnet sind. Besteht insoweit eine Anspruchskonkurrenz zwischen diesen auf Information und Beratung gerichteten Ansprüchen und dem Anspruch aus § 23 Abs. 3 BetrVG, so kann die Vorschrift nicht gerade gegenüber Unterlassungsansprüchen eine Ausschlußwirkung entfalten. § 23 Abs. 3 BetrVG behandelt Ansprüche auf ein Tun, Dulden oder Unterlassen gleich, für eine Differenzierung fehlen jegliche Anhaltspunkte.

§ 23 Abs. 3 BetrVG behält auch neben solchen, aus den einzelnen Beteiligungsrechten hergeleiteten Ansprüchen eine Bedeutung und wird nicht obsolet. So gewährt die Vorschrift teilweise bei einer konkreten Verletzung betriebsverfassungsrechtlicher Pflichten Ansprüche, die inhaltlich über die verletzte Pflicht hinausgehen. Weiterhin gibt sie in den Fällen durchsetzbare Ansprüche, in denen der Arbeitgeber Verhaltenspflichten verletzt, denen ansonsten kein

230 Vgl. zum Erfordernis gesonderter Prüfung der Wiederholungsgefahr sowie der Besorgnis künftiger Nichterfüllung bei der Klage nach § 259 ZPO *Baumbach/Hefermehl*, Wettbewerbsrecht, Einl UWG Rz 261.

Primäranspruch korrespondiert. Schließlich begründet § 23 Abs. 3 BetrVG einen Anspruch des Betriebsrats gegen den Arbeitgeber auf pflichtgemäßes Verhalten in der Zukunft und bildet damit die Grundlage für einen in die Zukunft gerichteten und unmittelbar vollstreckbaren Titel. Der hierauf gerichtete Antrag muß das geforderte Tun, Dulden oder Unterlassen so präzise beschreiben, daß der Arbeitgeber sein Verhalten darauf einrichten kann. Die Gefahr der Wiederholung der Pflichtverletzung ist keine materiell-rechtliche Voraussetzung des Anspruchs, das Fehlen einer solchen Gefahr kann aber das Rechtsschutzinteresse entfallen lassen.

Kommt § 23 Abs. 3 BetrVG somit eine eigenständige Funktion neben anderen Ansprüchen im Betriebsverfassungsrecht zu, so steht die Vorschrift der Herleitung solcher Ansprüche aus einzelnen Beteiligungsrechten nicht entgegen.

3. Teil

Vorbeugender Rechtsschutz des Betriebsrats im Rahmen der Mitbestimmung in sozialen Angelegenheiten außerhalb des § 23 Abs. 3 BetrVG

Vorbemerkung

Im 2.Teil der Untersuchung ist festgestellt worden, daß § 23 Abs. 3 BetrVG keine abschließende Regelung von Ansprüchen des Betriebsrats darstellt, die Vorschrift somit sonstigen, sich aus einzelnen Normen des BetrVG ergebenden Ansprüchen nicht entgegensteht. Folglich läßt sich auch die Frage, ob ein vorbeugender Rechtsschutz insbesondere in Form eines der actio negatoria des § 1004 Abs. 1 BGB vergleichbaren Unterlassungsanspruches besteht, nur anhand der gesetzlichen Ausgestaltung des einzelnen Beteiligungsrechtes unter Berücksichtigung von dessen Sinn und Zweck beantworten[1]. Im Folgenden soll daher untersucht werden, ob sich aus dem Mitbestimmungsrecht in sozialen Angelegenheiten gem. § 87 BetrVG ein solcher vorbeugender Rechtsschutz herleiten läßt.

§ 87 BetrVG gibt dem Betriebsrat ein echtes Mitbestimmungsrecht als stärkste Ausprägung der Beteiligungsrechte. Im Gegensatz zu anderen Vorschriften ist der Betriebsrat hier also nicht nur anzuhören (vgl.etwa § 102 Abs. 1 BetrVG), noch ist er darauf beschränkt, der Maßnahme zuzustimmen oder diese abzulehnen (wie in § 99 Abs. 1 und 2 BetrVG). Vielmehr hat er die Möglichkeit, in den genannten Bereichen inhaltlich gestaltend zu wirken und seine Vorstellungen einzubringen, sei es in Abänderung einer vom Arbeitgeber geplanten Maßnahme, sei es indem er von seinem Initiativrecht Gebrauch macht[2].

---

[1] *Konzen*, Leistungspflichten, S.39 ff., 47 ff.; *Wiese* GK-BetrVG § 23 Rz 115.

[2] Zu der Frage, ob das Initiativrecht in jedem Mitbestimmungstatbestand uneingeschränkt gegeben ist, vgl. BAG, AP Nr.8 zu § 87 BetrVG Arbeitszeit; AP Nr.3 zu § 87 BetrVG Kurzarbeit; *Dietz/Richardi* § 87 Rz 48 ff.; *Fitting/Auffarth/Kaiser/Heither* § 87 Rz 26; *Galperin/Löwisch* § 87 Rz 30 ff.; *Stege/Weinspach* § 87 Rz 20 f.; *Wiese* GK-BetrVG § 87 Rz 101 ff m.umf.N.

Arbeitgeber und Betriebsrat stehen sich dabei als Funktionsträger der Betriebsverfassung gegenüber. Wie oben[3] gezeigt wurde, besteht zwischen ihnen ein interorganähnliches Schuldverhältnis, ist also die Beziehung der zwischen Organen einer juristischen Person vergleichbar. Nun ist auch die Konfliktlage, die daraus entsteht, daß die Mitwirkungsrechte eines Organs durch ein anderes Organ verletzt werden, nicht auf die Betriebsverfassung beschränkt. Vielmehr stellt sich das Problem überall dort, wo Organe aufgrund ihrer faktischen oder ihrer im Außenverhältnis gegenüber Dritten bestehenden rechtlichen Möglichkeiten eine Maßnahme allein vollziehen können, bei der nach der internen Kompetenzordnung ein anderes Organ mitzubestimmen hätte. In allen diesen Fällen stellt sich die Frage, ob sich aus dem Beteiligungsrecht selbst oder aus dem zwischen den Organen bestehenden Kooperationsverhältnis eine rechtliche Befugnis für das Organ, dessen Beteiligungsrecht verletzt wird, ergibt, den einseitigen Vollzug der Maßnahme zu verhindern. Dies ist in dieser Schärfe bisher offenbar nicht gesehen worden. Deswegen fehlt es auch an Versuchen, mit Hilfe eines gesetzessystematischen Vergleichs zu ergründen, ob es u.U. ein in unserer Rechtsordnung verankertes Prinzip gibt, wonach vorbeugender Rechtsschutz in Form von Ansprüchen auf Unterlassung solcher die Beteiligungsrechte verletzender Maßnahmen dem Organverhältnis quasi immanent sind[4]. Zum anderen wäre, falls ein solches Prinzip existiert, zu fragen, wie diese Organrechte ausgestaltet sein müssen, damit deren drohende Verletzung einen Unterlassungsanspruch begründen kann. Insoweit soll hier besonders das Verhältnis zwischen Aufsichtsrat und Vorstand in der Aktiengesellschaft zum Vergleichsgegenstand gemacht werden.

---

[3] 1.Teil C.

[4] Eine Andeutung findet sich aber bei LAG Berlin, LAGE § 23 BetrVG 1972 Nr.8, S.30 f, das auf die Gesellschafterklage Bezug nimmt.

A. Die Behandlung der Organklage im Aktienrecht

I. Die Entwicklung des aktienrechtlichen Organstreits in der Rechtsprechung

1. Die Aktionärsklage

Die Problematik eines Rechtsstreits innerhalb der Aktiengesellschaft tauchte in der höchstrichterlichen Rechtsprechung[5] zuerst aus Anlaß einer Klage eines einzelnen Aktionärs in der sog. Holzmüller-Entscheidung[6] auf. Der Aktionär setzte sich in dem zugrunde liegenden Fall gegen die Ausgliederung eines wesentlichen Unternehmensteiles auf eine KGaA zur Wehr. Die KGaA war ein 100 %iges Tochterunternehmen der Aktiengesellschaft, da die Aktiengesellschaft sowohl das gesamte Stammkapital der Komplementär GmbH der KGaA als auch sämtliche Aktien hielt. Der Aktionär wandte sich insbesondere mit der Begründung gegen die Ausgliederung, daß diese dazu dienen solle, unter Umgehung der Hauptversammlung der Aktiengesellschaft eine Kapitalerhöhung durchzuführen und auf diesem Wege das Bezugsrecht der Aktionäre zu beschneiden. Der Aktionär hatte einmal die Feststellung der Nichtigkeit der Einbringung des Unternehmensteiles in die KGaA, zum anderen hilfsweise die Verurteilung der Aktiengesellschaft als Alleingesellschafterin der KGaA zur Rückübertragung des Unternehmensteiles beantragt.

Der BGH versagte der Klage in beiden Anträgen im Ergebnis den Erfolg. Das Gericht machte in dem Urteil aber grundsätzliche Ausführungen zur Aktionärsklage. Zum einen stellte der BGH fest, daß, soweit der Aktionär ein berechtigtes Interesse an der gerichtlichen Feststellung der Nichtigkeit einer Geschäftsführungsmaßnahme wegen der Beeinträchtigung seiner Mitgliedschaftsrechte geltend machen könne und ihm spezielle aktienrechtliche Instrumente nicht zur Verfügung stünden, die materiell begründete Rechtsverfolgung nicht daran scheitern dürfe, daß die dem Aktiengesetz eigenen Rechtsbehelfe tatsächlich versagten. Vielmehr müsse der in seinem Recht verletzte Aktionär dann auf die Mittel zurückgreifen können, die ihm die allgemeinen Gesetze zur

---

[5] Eine instanzgerichtliche Entscheidung existierte vom LG Mainz, AG 1978, 320; vgl. a. OLG Düsseldorf, Betr 1967, 2155 f.

[6] BGHZ 83, 122; hierzu auch die Vorentscheidungen des LG Hamburg, AG 1980, 199 sowie des OLG Hamburg, ZIP 1980, 1000.

Verfügung stellten, es sei denn der Sinn einer aktienrechtlichen Bestimmung bestehe gerade darin, diese Rechtsverfolgung zu unterbinden[7].

Auch ein Anspruch des Aktionärs auf Rückübertragung des Unternehmensteiles, also auf Beseitigung des rechtswidrigen und Wiederherstellung rechtmäßiger Zustände, könne nicht generell ausgeschlossen werden. Vielmehr habe jeder Aktionär einen verbandsrechtlichen Anspruch darauf, daß die Gesellschaft seine Mitgliedschaftsrechte achtet und alles unterläßt, was diese Rechte über das von Gesetz und Satzung gedeckte Maß hinaus beeinträchtige[8]. Dieser Anspruch werde verletzt, wenn der Vorstand die Hauptversammlung und damit auch die Aktionäre von Entscheidungen ausschließe, an denen sie zu beteiligen seien[9]. Die Klagebefugnis des Aktionärs beruhe also darauf, daß er geltend mache, in seiner eigenen Mitgliedsstellung betroffen zu sein[10]. In einer Aktionärsklage auf Unterlassung oder Wiederherstellung könne auch keine Störung der aktienrechtlichen Kompetenzordnung durch Eingriffe in die dem Vorstand vorbehaltene Geschäftsführung gesehen werden, da das Ziel der Klage gerade sei, die durch das Verhalten des Vorstandes verletzte Ordnung wiederherzustellen[11].

Bemerkenswert ist an dieser Entscheidung, daß der BGH ohne weiteres allein aus der aktienrechtlichen Zuständigkeitsordnung einen Unterlassungs- oder Beseitigungsanspruch des in seinem Mitwirkungsrecht beeinträchtigten Aktionärs wegen des Kompetenzeingriffes des Vorstandes herleitet, ohne daß es hierfür im Aktiengesetz eine ausdrücklich geregelte Anspruchsgrundlage gäbe. Andererseits kann man wohl aus der Behandlung der Aktionärsklage nicht ohne weiteres Schlußfolgerungen für die Behandlung einer Verletzung der Mitbestimmungsrechte des Betriebsrats durch den Arbeitgeber ziehen. Entscheidend ist insoweit, daß die Klagebefugnis des Aktionärs im wesentlichen auf das Mitgliedschaftsrecht gestützt wird. Das Mitgliedschaftsrecht ist aber eine individualrechtliche Position, die als "sonstiges Recht" i.S. des § 823 Abs. 1 BGB anerkannt ist[12] und der jedenfalls partiell ein gewisser Vermögenswert zukommt, soweit die hieraus folgenden Rechte vermögensrechtlicher Natur

---

[7] BGHZ 83, 122, 127.

[8] Ähnlich bereits zuvor *Knobbe-Keuk*, FS Ballerstedt, S.239, 251 ff.; hiergegen ausdrücklich LG Mainz, AG 1978, 320, 321.

[9] BGHZ 83, 122, 133.

[10] BGHZ 83, 122, 135.

[11] BGHZ 83, 122, 134.

[12] Vgl. BGHZ 110, 323; *Grunewald*, Gesellschafterklage, S.99; *Reuter*, FS Lange, S.707 ff. jeweils m.w.N.; a.A. neuerdings *Hadding*, FS Kellermann, S.91, 102 ff.

sind[13]. Der Aktionär handelt insoweit also nicht als Organ der Gesellschaft, sondern aus eigenem persönlichem Recht. Die durch das eigenmächtige Handeln des Vorstandes beeinträchtigten Befugnisse stehen hingegen der Hauptversammlung zu[14]. Dies gilt zumindest dann, wenn man wie der BGH die Klagebefugnis auf den Eingriff in das Mitgliedschaftsrecht beschränkt und dem Aktionär nicht die Befugnis zugesteht, im Wege einer organschaftlichen Klage sämtliche Verletzungen der Zuständigkeit der Hauptversammlung durch ein anderes Organ geltend zu machen[15]. Das Mitgliedschaftsrecht dient daher zugleich dem Schutz eines individuellen Vermögensinteresses[16].

Dies kommt nicht zuletzt darin zum Ausdruck, daß die Klage des Aktionärs gegen rechtswidrige Vorstandshandlungen teilweise auf einen Anspruch aus § 823 Abs. 1 BGB wegen Verletzung der Mitgliedschaft als "sonstiges Recht"[17] bzw. auf eine allgemeine mitgliedschaftliche actio negatoria[18] gestützt wird[19]. Der Betriebsrat selbst nimmt aber bei einer Abwehr von Kompetenzeingriffen kein Vermögensinteresse wahr. Eigene Vermögensinteressen des Betriebsrats sind nicht betroffen, wobei dahinstehen kann, ob und inwieweit der Betriebsrat überhaupt vermögensfähig ist[20]. Ebensowenig kann aber auf die Vermögensinteressen der Arbeitnehmer abgestellt werden. Hierbei ist nämlich zu berücksichtigen, daß der Betriebsrat nicht die Individualinteressen der einzelnen Arbeitnehmer, sondern das objektivierte Gesamtinteresse der Belegschaft verfolgt. Die Gesamtheit der Arbeitnehmer ist aber, selbst wenn man von

---

13 Insbesondere der Anspruch auf den Bilanzgewinn aus § 58 Abs. 4 AktG i.V.m. § 174 AktG; zur streitigen Frage, ob es sich bei dem Mitgliedschaftsrecht um ein subjektives Recht handelt vgl. *Hadding*, FS Reinhardt, S.249 ff.; *K.Schmidt*, Gesellschaftsrecht § 19 I 3a, S.444 f.; *Wiedemann*, Gesellschaftsrecht § 2 I 1 b, S.95; *Zöllner*, ZGR 1988, 392, 429.

14 Zutr. *Pflugradt*, Leistungsklagen, S.38 f.

15 Eine umfassende Klagebefugnis des Aktionärs bei Verletzungen der Zuständigkeit der Hauptversammlung befürwortet *Wiedemann*, Organverantwortung und Gesellschafterklagen, S.53 ff.; ebenso *K.Schmidt*, Gesellschaftsrecht § 21 V 3b, S.538 f.

16 Diesen Aspekt der Einheit von Parteistellung und Vermögensinteresse betont *Häsemeyer*, ZHR 144 (1980), 270.

17 *Mertens*, AG 1978, 309, 310; *ders.*, FS Robert Fischer, S.461, 468 ff.

18 *K.Schmidt*, Gesellschaftsrecht, § 21 V, S.534 ff.

19 Krit. zu diesen Ansätzen *Zöllner*, ZGR 1988, 392, 429 f.; *Teichmann*, FS Mühl, S.663, 677, die mit Recht einwenden, daß die Einstufung als absolutes Recht bzw. die Gleichbehandlung problematisch sei, weil Inhalt und Existenz des Mitgliedschaftsrechtes überhaupt erst durch den Gesellschaftsvertrag begründet würden, also nicht wie die absoluten Rechte unabhängig davon bestünden; zust. *Pflugradt*, Leistungsklagen, S.44.

20 Hierzu *Wiese* GK-BetrVG § 40 Rz 86 m.w.N.; *Kraft* GK-BetrVG § 1 Rz 64 ff.

einer irgendwie gearteten Teilrechtsfähigkeit der Belegschaft ausgeht[21], sicher nicht Träger eines einheitlichen Vermögensinteresses, weswegen die Belegschaft auch als Haftungssubjekt ausscheidet[22]. Ein Antrag des Betriebsrats auf Unterlassung mitbestimmungswidriger Maßnahmen ist also nicht mit der auf das Mitgliedschaftsrecht gestützten Klage des Gesellschafters auf Unterlassung einer Geschäftsführungsmaßnahme vergleichbar[23]. Folglich dürfte die betriebsverfassungsrechtliche Konstellation eher mit dem Fall vergleichbar sein, daß sich der Aufsichtsrat gegen Kompetenzübergriffe des Vorstandes zur Wehr setzt.

2. *Klagen des Aufsichtsrates gegen Kompetenzübergriffe des Vorstands*

Mit einem Innenrechtsstreit in einer Aktiengesellschaft, bei dem es um Verletzungen des Kompetenzbereichs des Aufsichtsrates in einer mitbestimmten AG ging, war zunächst das LG Köln[24] befaßt. Ein Arbeitnehmervertreter im Aufsichtsrat wollte mit seiner gegen die Gesellschaft erhobenen Klage die Zusammenarbeit des Vorstands mit einem sog. Aktivitätsausschuß untersagen lassen. Dieser Aktivitätsausschuß setzte sich ausschließlich aus Personen zusammen, die von den beiden Hauptaktionären dorthin entsandt wurden. Nach dem Vortrag des klagenden Aufsichtsratsmitglieds ließ sich der Aktivitätsausschuß vom Vorstand berichten, erteilte diesem Weisungen und faßte gemeinsam mit dem Vorstand Beschlüsse über die weitere Geschäftsführung. Der Kläger war deshalb der Auffassung, daß die Einräumung einer solch weitgehenden Einflußmöglichkeit einen Eingriff in die Kompetenzen des Aufsichtsrats darstelle und deshalb unzulässig sei, weil damit der Aktivitätsausschuß faktisch die Überwachung der Geschäftsführung, also die ureigenste Aufgabe des Aufsichtsrats, wahrnehme. Das LG Köln wies die Klage wegen fehlender Aktivlegitimation ab[25].

---

21 Vgl. hierzu *Dietz/Richardi* § 1 Rz 5 ff; *Fabricius*, Relativität der Rechtsfähigkeit, S.222 ff., 232 f.

22 Schon hieran und nicht erst an der der fehlenden Zurechenbarkeit des Verhaltens des Betriebsrats gem. §§ 31, 278, 831 BGB dürfte die Haftung der Arbeitnehmer scheitern vgl. aber *Hueck/Nipperdey/Säcker*, ArbR II/2, S.1104.; *Kraft* GK-BetrVG § 1 Rz 75 f.

23 Dies übersieht LAG Berlin, LAGE § 23 BetrVG 1972 Nr.8, S.30 f.

24 AG 1976, 329 m.Anm. *Hommelhoff/Timm* "Felten & Guilleaume".

25 Krit. *Hommelhoff/Timm*, AG 1976, 330, 332 f., die eine Einzelklagebefugnis bejahen, sofern das Aufsichtsratsmitglied in einer eigenen Funktion betroffen ist oder in Anlehnung an die actio pro societate Rechte des Gesamtorgans geltend macht, weil der Aufsichtsrat eine Durchsetzung verweigert.

Eine ähnliche Konstellation lag der sog. Opel-Entscheidung des BGH vom 28.11.1988[26] zugrunde. Hier hatten die Arbeitnehmervertreter im Aufsichtsrat der Opel AG gegen den Vorstand geklagt. Ursache des Rechtsstreits war, daß die Muttergesellschaft der Opel AG, General Motors in Detroit/USA, die gesamte elektronische Datenverarbeitung des Konzerns auf ein von ihr erworbenes Unternehmen (EDS) verlagern und hierdurch erhebliche Kosteneinsparungen erzielen wollte. Zu diesem Zweck wurde in Deutschland ein Tochterunternehmen der EDS gegründet, das entsprechend für die Opel-AG die gesamte Datenerfassung und -verarbeitung durchführen sollte und hierfür auch einen wesentlichen Teil der früher bei der Opel-AG mit diesen Aufgaben beschäftigten Belegschaft übernahm.

Nachdem die Arbeitnehmervertreter vergeblich versucht hatten, im Aufsichtsrat einen Beschluß herbeizuführen, der die Übertragung durch den Vorstand mißbilligte, erhoben sie Klage gegen den Vorstand u.a. mit dem Antrag, die Übertragung der Datenverarbeitung auf die EDS GmbH zu unterlassen. Zur Begründung beriefen sie sich im wesentlichen darauf, daß durch die Ausgliederung zum einen eine eigenverantwortliche Geschäftsführung des Vorstandes unmöglich werde, weil er in entscheidenden Bereichen der Planung, Organisation, Produktion und Finanzierung praktisch entmachtet werde, zum anderen der Vorstand außerstande gesetzt werde, seine Informations- und Berichterstattungspflichten gegenüber dem Aufsichtsrat ordnungsgemäß zu erfüllen, und deshalb die Ausübung der Kontrolle durch den Aufsichtsrat erheblich erschwert werde.

Nachdem das LG Darmstadt die Klage für zulässig, aber unbegründet gehalten hatte[27], wies das OLG Frankfurt die Klage insgesamt als unzulässig ab[28]. Die hiergegen eingelegte Revision der Aufsichtsratsmitglieder wies der BGH zurück.

Der BGH verneinte die Zulässigkeit der Klage wegen fehlender Prozeßführungsbefugnis. Nachdem er zunächst umfassend den Meinungsstand zur Organklage im Aktienrecht dargestellt hatte, lehnte er einen eigenen Anspruch der Aufsichtsratsmitglieder ab, da das nach dem eigenen Vortrag der Kläger beeinträchtigte Überwachungsrecht gem. § 111 Abs. 1 AktG nicht den einzelnen Mitgliedern, sondern nur dem Aufsichtsrat insgesamt als Kollegialorgan zustehe[29]. Ein aus § 245 Nr.5 AktG abgeleitetes Klagerecht verneinte der BGH

---

[26] BGHZ 106, 54.

[27] ZIP 1986, 1389.

[28] WM 1988, 330.

[29] BGHZ 106, 54, 63.

ebenfalls im Anschluß an Raiser[30] mit der Begründung, daß diese Vorschrift einer Zwangslage der Aufsichtsratsmitglieder Rechnung trage, somit auf den Fall des Kompetenzeingriffes nicht übertragbar sei. Da Aufsichtsrat und Vorstand grundsätzlich an die Beschlüsse der Hauptversammlung gebunden seien, müsse ihnen eine Möglichkeit zur Verfügung gestellt werden, diese Beschlüsse anzugreifen, wenn sie sich bei deren Durchführung strafbar oder schadensersatzpflichtig machen würden[31]. Eine Klagebefugnis könne auch nicht aus einer Fortentwicklung der Holzmüller-Entscheidung[32] hergeleitet werden, da die Rechtsstellung der Aufsichtsratsmitglieder durch die Maßnahme nicht beeinträchtigt werde[33]. Eine Befugnis, die Rechte des Aufsichtsrates nach den Regeln der actio pro socio geltend zu machen, sei zumindest so lange abzulehnen, wie der die Mißbilligung ablehnende Beschluß des Aufsichtsrates nicht im Klagewege angegriffen worden sei[34].

Die Opel-Entscheidung ist in ihren tragenden Gründen für die betriebsverfassungsrechtliche Rechtslage ebenfalls nicht verwertbar. Allerdings ist es rechtstatsächlich schon bemerkenswert, daß auch im Aktienrecht die Problematik der Organklage sich am Streit zwischen Vorstand und Arbeitnehmervertretern im Aufsichtsrat entzündete, man also eine ähnliche Polarisierung vorfindet wie bei der Auseinandersetzung zwischen Arbeitgeber und Betriebsrat. Mit dem Hinweis, daß hier dem Vorstand nicht der Aufsichtsrat als Organ, sondern lediglich die Arbeitnehmervertreter als Teil dieses Organs gegenüberstehen, ist aber zugleich die Erklärung geliefert, warum vergleichbare Konstellationen im Bereich der Betriebsverfassung kaum auftreten können. Da der Betriebsrat im Gegensatz zum Aufsichtsrat in der mitbestimmten Aktiengesellschaft durchweg mit Arbeitnehmern besetzt ist, die zudem wegen der Bestimmung des persönlichen Anwendungsbereiches in § 5 Abs. 3, 4 BetrVG keine leitenden Angestellten sein dürfen, dürfte es i.d.R. nicht dazu kommen, daß nur einzelne Betriebsratsmitglieder die Verletzung von dem gesamten Betriebsrat zustehenden Mitbestimmungsrechten geltend machen. Vielmehr tritt in einem solchen Verfahren grundsätzlich der Betriebsrat als Gremium aufgrund eines zuvor gefaßten Beschlusses (§ 33 BetrVG) auf. Die Frage, inwieweit einzelnen

---

30 ZGR 1989, 44, 54.

31 BGHZ 106, 54, 64.

32 BGHZ 83, 122.

33 BGHZ 106, 54, 64.

34 BGHZ 106, 54, 66 f. im Anschluß an *Hommelhoff*, ZHR 143 (1979), 288, 314 und *Raiser*, ZGR 1989, 44, 56, die allerdings lediglich gefordert hatten, daß der Aufsichtsrat als Gremium sich geweigert haben müsse, gegen den Vorstand vorzugehen; krit. zur Argumentation des BGH deshalb *Raiser*, AG 1989, 185, 190, der aber im Ergebnis ebenfalls die Klage gegen den Aufsichtsrat für vorrangig hält.

Mitgliedern eines Organs klagbare Ansprüche gegen das Organ selbst bzw. gegen andere Organe zustehen können[35], ist daher im vorliegenden Zusammenhang allenfalls von untergeordnetem Interesse. Entscheidend sind dagegen die Aussagen zu der Frage, ob dem Aufsichtsrat als Organ klagbare Ansprüche wegen Kompetenzverletzungen durch andere Organe der Aktiengesellschaft zustehen. Insoweit soll im Folgenden der Stand der Diskussion in der aktienrechtlichen Literatur analysiert werden.

II. Die Auffassungen zum aktienrechtlichen Organstreit in der Literatur

Im Aktienrecht wird eine besondere Problematik aufgeworfen, soweit es um einen Innenrechtsstreit innerhalb der Aktiengesellschaft geht. Aufsichtsrat und Vorstand sind nämlich Organe desselben Rechtsträgers. Damit stellt sich aber die grundsätzliche Frage, ob solche Rechtsstreitigkeiten innerhalb einer juristischen Person, die über die im Gesetz genannten Instrumente der gegenseitigen Kontrolle hinausgehen, überhaupt zulässig sind.

Die überwiegende Meinung bejaht ein Bedürfnis nach einer aktienrechtlichen Organklage zwischen Aufsichtsrat und Vorstand[36]. Zur Begründung wird ausgeführt, daß der Aufsichtsrat zwar über eine Vielzahl von Möglichkeiten verfüge, mit denen er auf ein gesetzes- oder satzungswidriges Verhalten des Vorstandes reagieren könne. Diese Palettte reiche von der Rüge gegenüber der Hauptversammlung (§ 171 Abs. 2 AktG) über die Schadensersatzklage (§§ 93 Abs. 2, 112 AktG) bis zur Abberufung des Vorstandes (§ 84 Abs. 3 AktG). Häufig seien diese Instrumente aber zu wenig auf das spezifische Problem zugeschnitten, den Kompetenzstreit zwischen den Organen zu klären, und deshalb entweder ineffektiv (wie z.B. die Anrufung der Hauptversammlung gem. § 111 Abs. 3 AktG, da die Hauptversammlung selbst wiederum nur auf Antrag des Vorstandes über Geschäftsführungsmaßnahmen beschließen kann) oder zu schneidig (wie die Abberufung des Vorstandes gem. § 84 Abs. 3 AktG), etwa weil beide Seiten zwar unterschiedliche, aber jeweils durchaus vertretbare Rechtsstandpunkte einnähmen und sich die Zusammenarbeit ansonsten positiv gestalte[37].

---

[35] Hierzu insbes. *Raiser*, ZGR 1989, 44; *ders.*, AG 1989, 189 f.; *Häsemeyer*, ZHR 144 (1980), 265, 284 f.; *Pflugradt*, Leistungsklagen, S.126 ff.

[36] Grds. abl. dagegen *Flume*, AT Bd.I/2, § 11 V, S.405: "grundsätzliche Verkehrung der inneren Ordnung der juristischen Person"; *Mertens*, ZHR 154 (1990), 24 ff.; *ders.* in Kölner Kommentar vor § 76 Rz 3 ff.

[37] *Bauer*, Organklagen, S.16 ff.; *Hommelhoff*, ZHR 143 (1979), 288, 289; *Lewerenz*, Leistungsklagen, S.121; *Pflugradt*, Leistungsklagen, S.53 ff.; *Steinbeck*, Überwachungspflicht, S.180 ff.; ebenso wohl *K.Schmidt*, ZZP 92 (1979), 212, 230.

Innerhalb der Befürworter des aktienrechtlichen Organstreits gehen allerdings die Auffassungen darüber, auf welche Weise der Aufsichtsrat die Verletzung der Kompetenzordnung durch den Vorstand geltend machen kann, insbesondere wer insoweit die Parteien des Rechtsstreits auf der Aktiv- bzw. der Passivseite sind, auseinander. Hier stellt sich nämlich ganz konkret die Problematik des Innenrechtsstreits innerhalb der juristischen Person.

1. Die Organklage als Klage der Gesellschaft

Die traditionelle Auffassung geht davon aus, daß der Aufsichtsrat allenfalls Rechte der Gesellschaft gegenüber dem Vorstand geltend machen kann. Kläger sei insoweit die Gesellschaft vertreten durch den Aufsichtsrat, Beklagte seien die einzelnen Vorstandsmitglieder[38]. Unklar bleibt dabei allerdings i.d.R., welche Ansprüche der Gesellschaft auf diesem Wege durchgesetzt werden sollen und auf welcher Rechtsgrundlage diese beruhen. In neuerer Zeit ist namentlich von Stodolkowitz[39] der Anstellungsvertrag mit den einzelnen Vorstandsmitgliedern als Grundlage insbesondere für Informationsansprüche des Aufsichtsrates ins Spiel gebracht worden[40].

Dieser Ansicht wird insbesondere entgegengehalten, daß die Bestimmung der Parteirollen im Hinblick auf das materielle Aktienrecht nicht stimmig sei. Zum einen sei nicht erklärbar, warum der Aufsichtsrat bei Wahrnehmung seiner Interessen als Organ der Gesellschaft gegenüber dem Vorstand, der ebenfalls ein Gesellschaftsorgan sei, als alleiniger Vertreter der Gesellschaft und damit quasi mit der Gesellschaft im Rücken auftreten könne[41]. Ebensowenig sei auf der Passivseite einsehbar, daß Verpflichtete die einzelnen Vorstandsmitglieder seien, wenn im Grunde die Klage auf eine Geschäftsführungsmaßnahme des Vorstandes abziele, die wiederum der Gesellschaft zugerechnet werde, also im Grunde ein konkretes Handeln der Gesellschaft selbst verlangt werde[42]. Insoweit werde der Pflichtenkreis des Organs mit dem der Organwalter, also der die Funktion ausfüllenden natürlichen Personen, vermengt.

---

38 *Baumbach/Hueck*, AktG, § 82 Rz 14; *Flume*, AT Bd.I/2, § 11 V, S.405 f.; *Hefermehl* in Geßler/Hefermehl § 82 Rz 36; *Lewerenz*, Leistungsklagen, S.108 f., 116 ff.; *Meyer-Landrut* GK-AktG § 82 Anm. 18; *Stodolkowitz*, ZHR 154 (1990), 1, 7 ff.; gänzlich abl. *Mertens* in Kölner Kommentar vor § 76 Rz 3 ff.

39 ZHR 154 (1990), 1, 7 ff.

40 Krit. hierzu *Bork*, ZIP 1991, 137, 138 ff.

41 *Pflugradt*, Leistungsklagen, S.26 f.; s.a. *Bork*, ZIP 1991, 137, 138.

42 *Häsemeyer*, ZHR 144 (1980), 265, 270; *Pflugradt*, Leistungsklagen, S.26; *Teichmann*, FS Mühl, S.663, 668.

Schließlich stellten sich Probleme bei der Vollstreckung, wenn Beklagte die einzelnen Vorstandsmitglieder seien, sich die personelle Zusammensetzung des Vorstandes aber ändere[43].

2. *Die Organklage als Klage des Organs aus eigenem Recht*

Eine neuerdings im Vordringen begriffene Ansicht befürwortet in enger Anlehnung an die im öffentlichen Recht entwickelten Grundsätze des Organstreitverfahrens eine echte Organklage, bei der die Organe selbst Partei des Rechtsstreites sind und insoweit eigene Rechte geltend machen. Ausgangspunkt ist hierbei die Erkenntnis, daß im Gegensatz zum früheren Impermeabilitätsdogma[44], wonach Rechtsvorschriften nur im interpersonalen Außenverhältnis existieren könnten, auch die Beziehungen innerhalb einer juristischen Person durch Rechtssätze geregelt sind, es sich also bei dem Verhältnis der Organe einer juristischen Person untereinander um Rechtsbeziehungen handelt[45]. Insbesondere Hommelhoff hat darüber hinaus dargelegt, daß das AktG genau zwischen Rechten der Organe und der Organmitglieder unterscheide (etwa in §§ 110 Abs. 2, 111 Abs. 2, 245 Nr.4, 5 AktG)[46]. Damit mache das Gesetz die Organe selbst zum Zuordnungssubjekt von Rechten und Pflichten. Insoweit komme den Organen also eine Teilrechtsfähigkeit zu. Unter Berufung auf Thoma[47] und Fabricius[48] führen namentlich Bauer[49] und Pflugradt[50] aus, daß die Rechtsfähigkeit einer Person stets nur in bezug auf bestimmte Rechtsbeziehungen bestehe. So seien selbst die natürlichen Personen, denen das BGB in § 1 mit Vollendung der Geburt uneingeschränkte Rechtsfähigkeit zuerkenne, hierdurch nur im privatrechtlichen Bereich in jeder Hinsicht rechtsfähig. Hingegen könnten natürliche Personen niemals Zuordnungssubjekt von Völkerrechtssätzen sein, so daß ihnen insoweit auch die Rechtsfähigkeit fehle. Für die Rechtsfähigkeit könne daher niemals eine umfassende Rechtsträgerschaft gefordert werden, sondern sie sei stets bereits zu bejahen, wenn eine Per-

---

43 *Bork*, ZIP 1991, 137, 140.

44 Hierzu *Wolff/Bachof*, Verwaltungsrecht II, § 73 IIIc, S.37; *Rupp*, Grundfragen der heutigen Verwaltungsrechtslehre, S.19 ff.

45 *Bauer*, Organklagen, S.27 ff.; *Lewerenz*, Leistungsklagen, S.62; *Pflugradt*, Leistungsklagen, S.27.

46 Vgl. *Hommelhoff*, ZHR 143 (1979), 288, 292.

47 In *Anschütz/Thoma*, Handbuch des Staatsrechts II (1930), S.611.

48 Relativität der Rechtsfähigkeit, S.23 ff.

49 Organklagen, S.32 ff.; im wesentlichen zust. *Steinbeck*, Überwachungspflicht, S.173 ff.

50 Leistungsklagen, S.28.

son oder Personengesamtheit überhaupt in irgendeiner Hinsicht als solche Träger von Rechten und Pflichten sein könne. Noch weitergehend nimmt Bork[51] an, daß es sich bei den im Aktienrecht genannten Kompetenzen um subjektive Rechte handele. Von diesem Ausgangspunkt ist klar, daß dann auch prozessual die Organe selbst Parteien des Rechtsstreits sein müssen[52]. Diese Konsequenz wird in dem prägnanten Satz zusammengefaßt, daß dort, wo das materielle Recht ein Recht gibt, das Prozeßrecht die Mittel zur Durchsetzung bereitstellen müsse, die prozessuale Behandlung also dem materiellen Recht zu folgen habe[53].

Häsemeyer[54] hat gegen die Konstruktion einer Klage des Organs aus eigenem Recht eingewandt, daß sie die in der prozessualen Parteilehre wurzelnde Verbindung von Rechtsträgerschaft, Verfügungsbefugnis und eigenem Rechtsschutzinteresse auflöse. Kennzeichen der Parteistellung sei, daß Kläger und Beklagtem das Recht bzw. die Verbindlichkeit, über die gestritten werde, zu eigennütziger und eigenverantwortlicher Rechtsmacht übertragen sei und sie daher auch mit ihrem eigenen Vermögen hafteten[55]. Im Organstreit streiten aber beide Parteien letztlich für das Gesellschaftsvermögen. Die Organe seien insoweit keine Rechts-, sondern allenfalls Funktionsträger, was qualitativ etwas anderes bedeute, da die entsprechende Funktion stets an die Gesellschaft gekoppelt sei und allein in deren Interesse ausgeübt werde[56]. Als weiterer Kritikpunkt wird angeführt, daß diese Lehre den Rückbezug des subjektiven Rechts auf den Schutz des Individuums, auf die Freiheit des Einzelnen nicht genügend beachte. So wird die Aussage Coings[57] zitiert, wonach das subjektive Recht letztlich der Aufrechterhaltung der Freiheit des einzelnen in der Gesellschaft diene. Organbefugnisse dienten aber weder den Organen selbst noch der freien Entfaltung ihrer Mitglieder, sondern ausschließlich der internen Entscheidungsfindung innerhalb der Gesellschaft[58]. Wenn andererseits die Vertreter dieser Auffassung teilweise die Rechte nicht als subjektive, sondern als Organrechte

---

51 ZGR 1989, 6 ff.

52 *Bauer*, Organklagen, S.67 ff.; *Bork*, ZGR 1989, 1, 22 ff.; *Hommelhoff*, ZHR 143 (1979), 288, 305 ff.; *Raiser*, AG 1989, 185, 188.

53 *Hommelhoff*, ZHR 143 (1979), 288, 305; *Raiser*, AG 1989, 185, 188; *K.Schmidt*, ZZP 92 (1979), 212, 220; *Steinbeck*, Überwachungspflicht, S. 179.

54 ZHR 144 (1980), 265 ff.

55 *Häsemeyer*, ZHR 144 (1980), 265, 268.

56 *Häsemeyer*, ZHR 144 (1980), 265, 269 ff.; vgl. a. *Lewerenz*, Leistungsklagen, S.61 f.; krit. zur Parteistellung der Organe selbst auch *Teichmann*, FS Mühl, S.663, 667 f.

57 Zur Geschichte des Privatrechtssystems, S.54.

58 *Pfugradt*, Leistungsklagen, S.29.

bezeichneten[59], so verschleiere dies letztlich nur, daß die Rechte doch dem Organ als Inhaber und damit als eigenem Rechtssubjekt zugewiesen würden, der Unterschied zum subjektiven Recht also nur ein terminologischer sei[60].

3. Die Organklage als Klage des Organs aus fremdem Recht (Prozeßstandschaft)

Eine dritte Strömung innerhalb der Literatur will eine eigene Klage des Aufsichtsrates allenfalls im Wege der Prozeßstandschaft zulassen. Dieser Ansatz ist zunächst von Häsemeyer[61] entwickelt worden. Kennzeichnend für die Prozeßstandschaft (von Häsemeyer als "Prozeßführungsbefugnis" bezeichnet) sei, daß die in der Zuordnung subjektiver Rechte zu einem Rechtssubjekt enthaltene Verbindung der Rechtsträgerschaft mit der Verfügungsbefugnis und dem Rechtsschutzinteresse durch Funktionszuweisungen an den Prozeßstandschafter aufgehoben werde, der deshalb im Hinblick auf diese Funktion das fremde Recht im eigenen Namen geltend machen könne[62]. Die zugewiesene Funktion bildet nach Auffassung Häsemeyers also den Rechtfertigungsgrund dafür, daß ein anderer als der Rechtsträger selbst das Recht geltend machen und damit über das Recht verfügen kann. Die Funktionszuweisung tritt mithin quasi an die Stelle der Rechtsträgerschaft. Den Organen der Aktiengesellschaft seien aber bestimmte Kompetenzen zur eigenen Wahrnehmung und damit ein gegenüber dem Interesse der Gesellschaft verselbständigtes Kompetenzschutzinteresse zugewiesen, aufgrund dessen die Organe Kompetenzeingriffe im eigenen Namen und im Interesse der Gesellschaft abwehren könnten[63]. Allerdings würde die Klage als Prozeßstandschafter voraussetzen, daß die Organe Rechte der Gesellschaft geltend machen können, insoweit also Rechte durchsetzen, die der Aktiengesellschaft gegenüber dem eigenen Organ zustehen. Welche Rechte dies sein sollen und auf welcher Grundlage diese beruhen, bleibt bei Häsemeyer ungeklärt[64]. Insbesondere wird nicht deutlich, ob es sich dabei um Rechte aus dem Anstellungsverhältnis handeln soll. Würde man dagegen darauf abstellen, daß die Organe die ihnen selbst zugewiesenen Kompetenzen geltend machen, würde es sich wiederum nicht mehr um Rechte der Gesell-

---

[59] So verneint z.B. *Hommelhoff*, ZHR 143, 288, 302 f. unter Berufung auf *Coing* die Einstufung als subjektives Recht, bejaht aber ein Organrecht als "funktionsbezogene Berechtigung".

[60] *Bork*, ZGR 1989, 1, 10; *Pflugradt*, Leistungsklagen, S.29.

[61] ZHR 144 (1980), 265; insoweit im wesentlichen zustimmend *Teichmann*, FS Mühl, S.663, 666 ff.

[62] *Häsemeyer*, ZHR 144 (1980), 265, 275 f.

[63] *Häsemeyer*, ZHR 144 (1980), 265, 276 ff.

[64] Zu Recht kritisch deshalb *Pflugradt*, Leistungsklagen, S.30.

schaft handeln, weswegen es an den Voraussetzungen einer Prozeßstandschaft fehlen würde.

Schließlich hat in neuerer Zeit Pflugradt[65] eine Konzeption der Prozeßstandschaft im Wege der gesetzesübersteigenden Rechtsfortbildung[66] in Anlehnung an die Grundgedanken des Anfechtungsverfahrens gem. §§ 243 ff. AktG entworfen. Er geht dabei im Anschluß an eine zu § 13 Abs. 2 UWG vertretene These[67] davon aus, daß es sich bei der aktienrechtlichen Anfechtungsklage um eine Gestaltungsklage aus objektivem Recht handele, mit der kein subjektiver Anspruch durchgesetzt, sondern die objektive Rechtswidrigkeit beanstandet werde[68]. Insofern stelle auch § 245 AktG nur die Regelung einer selbständigen Prozeßführungsbefugnis dar[69]. In gleicher Weise sei für die Leistungsklage zwischen Organen einer Aktiengesellschaft das objektive Recht die allein mögliche Rechtsgrundlage, wobei die Organe als Prozeßstandschafter aufträten. Dies mache es entbehrlich, im Rahmen der Prozeßstandschaft einen eigenen Anspruch der Gesellschaft zu konstruieren, der durch die Organe geltend gemacht werde[70].

Auch dieser Ansatz ist nicht frei von Widersprüchen. So erscheint insbesondere fraglich, ob die Organklage tatsächlich - selbst wenn man Pflugradts These hinsichtlich der aktienrechtlichen Anfechtungsklage folgt - eine solche aus objektivem Recht sein kann. Im Gegensatz zum Fall etwa der Anfechtungsklage des Vorstandes gem. § 245 Nr.4 AktG, bei der es sich in der Tat um eine Art objektives Beanstandungsverfahren handeln kann, machen die Beteiligten bei der Organklage geltend, daß die ihnen selbst zugewiesenen Kompetenzen beeinträchtigt werden. Diese Kompetenzen wiederum haben mit Sicherheit Rechtsqualität, selbst wenn man sie nicht als subjektive Rechte bezeichnet. Der Bruch in der Argumentation wird deutlich, wenn Pflugradt für die Bestimmung der Prozeßführungsbefugnis, also für die Berechtigung, eine bestimmte objektive Rechtsverletzung im Wege der Klage im eigenen Namen geltend machen zu können, doch wieder auf die aktienrechtliche Kompetenzordnung und damit darauf rekurrieren muß, ob durch die Rechtsverletzung Kompetenzen berührt werden, die gerade diesem Organ zur Ausübung zugewiesen sind[71].

---

65 Leistungsklagen zur Erzwingung rechtmäßigen Vorstandsverhaltens, 1990.

66 Vgl. *Pflugradt*, Leistungsklagen, S.49 ff.; zu diesem methodischen Ansatz *Larenz*, Methodenlehre, S.413 ff.

67 Vgl. *Hadding*, JZ 1970, 305, 309 f.; w.N. bei *Pflugradt*, S. 77 Fn 85, S.91.

68 *Pflugradt*, Leistungsklagen, S.63 ff.

69 *Pflugradt*, Leistungsklagen, S.91 ff.

70 *Pflugradt*, Leistungsklagen, S.103 ff.

B. Die Unterschiede und Verbindungslinien zwischen der aktienrechtlichen Organklage und den Abwehrrechten des Betriebsrats bei mitbestimmungswidrigen Maßnahmen des Arbeitgebers

I. Der Streit im Betriebsverfassungsrecht - kein Innen-, sondern ein Außenrechtsstreit

Nach diesem Überblick über den Stand von Rechtsprechung und Literatur zur aktienrechtlichen Organklage ist nunmehr zu fragen, ob und wenn ja welche Schlüsse sich hieraus im Hinblick auf einen negatorischen Rechtsschutz des Betriebsrats ziehen lassen. Faßt man die Überlegungen zur Zulässigkeit von Organstreitigkeiten im Aktienrecht zusammen, so muß man feststellen, daß sich ein einheitliches Konzept der Organklage im Aktienrecht noch nicht herausgebildet hat und keiner der vertretenen Ansätze völlig frei von Einwänden ist. Wollte man schlicht aus der Bejahung eines Rechtsschutzes innerhalb der Organbeziehung zwischen Aufsichtsrat und Vorstand durch die überwiegende aktienrechtliche Literatur auf einen vergleichbaren negatorischen Rechtsschutz des Betriebsrats schließen, so könnte man daran denken, daß die genannten konzeptionellen Einwände in gleicher Weise eine Parallelkonstruktion im BetrVG treffen würden. Doch stellt sich die Frage, ob die Problematik des Innenrechtsstreits nicht ein spezifisches Problem des Rechts der juristischen Person ist, und ob es sich bei dem Antrag des Betriebsrats im arbeitsgerichtlichen Beschlußverfahren überhaupt um eine Organklage in dem genannten Sinne handelt. Die Frage zu stellen heißt in diesem Fall, sie zu verneinen. Maßgeblich hierfür ist, daß Betriebsrat und Arbeitgeber, die sich als Partner der Betriebsverfassung gegenüberstehen, zwei völlig verschiedene (Vermögens)Interessen verfolgen. Wie bereits ausgeführt wurde[72], läßt sich der Betrieb nicht zu einer Gesamtgemeinschaft von Arbeitnehmern und Arbeitgeber zusammenfassen, deren "Organe" Betriebsrat und Arbeitgeber wären[73]. Vielmehr ist die Betriebsverfassung bipolar strukturiert, in ihr setzt sich der im Arbeitsverhältnis

---

71 *Pflugradt*, Leistungsklagen, S.110 ff.

72 Vgl. oben 1.Teil C II 2.

73 *Dietz/Richardi* § 1 Rz 20; *Konzen*, FS E. Wolf, S.279, 293.

bestehende Interessengegensatz zwischen Arbeitgeber und Arbeitnehmern fort. Lediglich die Arbeitnehmer werden zu einer Interessengemeinschaft zusammengefaßt und insoweit ihre Interessenvertretung dem Betriebsrat übertragen. Folglich besteht zwischen Arbeitgeber und Betriebsrat selbst idealiter keine Interessenidentität, während dies bei den Organen einer juristischen Person der Fall ist. Diese kann wegen ihrer "Individualität", ihrer Unteilbarkeit, nur einen Willen bilden und ein Interesse verfolgen. Die divergierenden Interessen innerhalb der juristischen Person sind daher nicht die Interessen der Gesellschaft selbst, sondern die der bei der Willensbildung beteiligten Personen[74].

Folglich ist im Betriebsverfassungsrecht auch völlig unbestritten, daß der Betriebsrat die Beteiligungsrechte im eigenen Namen ausübt. Selbst wenn man die Belegschaft als Träger der Beteiligungsrechte im Sinne einer tatsächlichen Gemeinschaft versteht[75], ist diese doch allein durch den Betriebsrat rechtlich existent. Deshalb zieht das ArbGG auch die allein mögliche Konsequenz, indem es dem Betriebsrat in § 10 ArbGG die Beteiligtenfähigkeit im Beschlußverfahren zuerkennt[76]. Erforderlich ist diese Regelung, weil es dem Betriebsrat an der allgemeinen, umfassenden Rechtsfähigkeit i.S. des § 1 BGB fehlt und er dementsprechend ohne besondere Regelung allein aufgrund der Verweisung auf die zivilprozessualen Vorschriften in §§ 80 Abs. 2, 46 Abs. 2 ArbGG gem. § 50 ZPO nicht parteifähig und damit auch nicht beteiligtenfähig wäre. Zwar ist die durch § 10 ArbGG gewährte Fähigkeit des Betriebsrats, Träger von Rechten und Pflichten sein zu können, auf den Bereich der Betriebsverfassung beschränkt und nicht so umfassend wie bei einer natürlichen oder juristischen Person. Doch ändert dies nichts daran, daß das Gesetz dem Betriebsrat in diesem Rahmen dieselbe Stellung und dieselben Befugnisse wie einer allgemein rechtsfähigen Person zuerkennt, weswegen es gerechtfertigt erscheint, von einer Teilrechtsfähigkeit des Betriebsrats zu sprechen[77]. Mithin stellt sich die im Aktienrecht aufgeworfene Frage im Betriebsverfassungsrecht nicht. Vielmehr steht fest, daß der Betriebsrat die ihm durch das BetrVG eingeräumten Rechte als eigene geltend machen kann.

---

[74] Zur Frage des Interessenmonismus oder -pluralismus in der AG vgl. *Lewerenz*, Leistungsklagen, S.69 ff.

[75] Vgl. hierzu *Konzen*, FS E.Wolf, S.295 m.w.N.; s.a. die Nachw. oben 1.Teil B.

[76] Zum Begriff der Beteiligtenfähigkeit *Matthes* in Germelmann/Matthes/Prütting, ArbGG § 10 Rz 15.

[77] *Dietz/Richardi* § 1 Rz 22; *Grunsky*, ArbGG, § 80 Rz 26; *Konzen*, FS E.Wolf, S. 279, 296; i.Erg.a. *Wiese* GK-BetrVG § 40 Rz 86, der dies allerdings als terminologische Frage ansieht.

II. Das gesetzliche Rechte- und Pflichtenverhältnis zwischen Arbeitgeber und Betriebsrat als Regelung zur Herstellung eines Machtgleichgewichts und die Parallele zum Interorganverhältnis

Trotz dieser unterschiedlichen Ausgangslage lassen sich dennoch aus der aktienrechtlichen Diskussion wesentliche Erkenntnisse für die Frage gewinnen, ob und wenn ja unter welchen Voraussetzungen dem Betriebsrat Abwehrrechte gegen mitbestimmungswidrige Maßnahmen des Arbeitgebers zustehen. In diesem Zusammenhang ist von Interesse, wie eine eigene Klagebefugnis des Organs der Aktiengesellschaft, soweit sie befürwortet wird, begründet wird. Bezeichnend ist dabei, daß sich die hierfür herangezogenen Kriterien unabhängig von der jeweiligen rechtlichen Konstruktion, also von der Frage, ob eine Klage der Gesellschaft vertreten durch das Organ, eine Prozeßstandschaft oder eine Klage des Organs aus eigenem Recht angenommen wird, im wesentlichen dekken. Dabei wird durchweg ein eigenes Klagerecht des Organs anerkannt, soweit dies zur Wahrung der gesellschaftsrechtlichen Kompetenzverteilung und zur (Wieder)Herstellung des internen Machtgleichgewichts erforderlich ist.

Dieser Ansatz ist zunächst von Lewerenz[78] in enger Anlehnung an die im öffentlichen Recht entwickelten Thesen zum Organstreit unter dem Begriff der gesellschaftsrechtlichen Gewaltenteilung in die Diskussion eingebracht worden[79]. In der inneren Verfassung der Körperschaft komme der Wille des Gesetzgebers (bzw. des satzungsgebenden Organs) zum Ausdruck, daß ein bestimmtes Ordnungsgefüge zwischen den Organen bestehen solle. Daher könne man das Interesse an der Erhaltung dieses Ordnungsgefüges auf die Institutionen beziehen, denen die Kompetenzen zum Zwecke der Gewaltenteilung zugewiesen seien[80]. Die Kompetenz könne folglich dann zum subjektiven Recht erstarken, wenn die Verfassung der Körperschaft mit der Zuständigkeitsverteilung die gegenseitige Mäßigung der Kompetenzträger zum Schutz der Gesamtkörperschaft bzw. ihrer Mitglieder oder sonstiger Betroffener bezwecke[81]. Eine Klagemöglichkeit des Aufsichtsrats wird im folgenden insbesondere dann befürwortet, wenn sie wie im Falle der Nichtbeachtung des Zustimmungsvorbehaltes gem. § 111 Abs. 4 Satz 2 AktG durch den Vorstand der von dem Gesetz bezweckten Kompetenzverteilung dient[82].

---

78 Leistungsklagen, S.81 ff.

79 Grds. zust. *K.Schmidt*, ZZP 92 (1979), 221 f., der allerdings bemängelt, daß *Lewerenz* bei den Folgerungen aus seiner Analyse auf halbem Wege stehen geblieben sei.

80 *Lewerenz*, Leistungsklagen, S.88.

81 *Lewerenz*, Leistungsklagen, S.90.

82 *Lewerenz*, Leistungsklagen, S.119.

Hommelhoff hat den Ansatz insoweit weitergeführt, als er zwar an der Übertragbarkeit des Gedankens der Gewaltenteilung vom öffentlichen Recht auf den privatrechtlichen Bereich Zweifel anmeldet, die dahinter steckende Idee aber auch im Aktienrecht als maßgebliches Kriterium erachtet und hierfür den Begriff der Funktionentrennung verwendet[83]. Trotz dieser terminologischen Differenz stellt aber auch Hommelhoff zur Begründung der Organklage beim Streit um Organkompetenzen darauf ab, daß das Organisationssystem der Aktiengesellschaft im Interesse seiner Funktionsfähigkeit darauf angewiesen sei, daß die den Gesellschaftsorganen zugewiesenen Kompetenzen gewahrt würden, und deshalb die Organe zur Abwehr von Kompetenzübergriffen anderer Organe in der Lage sein müßten[84]. Ähnlich argumentiert Teichmann[85], allerdings mit dem zusätzlichen Hinweis, daß der Gesetzgeber in der von ihm etablierten Funktionstrennung die Möglichkeit gesehen habe, die divergierenden Interessen innerhalb der Gesellschaft auszutarieren. Häsemeyer verfolgt für die Begründung der von ihm für ein eigenes Klagerecht des Organs für notwendig erachteten Prozeßführungsbefugnis einen vergleichbaren Ansatz. Zwar sei das dem Organ zugewiesene Kompetenzschutzinteresse[86] grundsätzlich fremdnützig, weil gesellschaftsbezogen. Doch könne dieses sich gegenüber anderen Organen verselbständigen, weil die Funktionsfähigkeit der Organe im Interesse der Gesellschaft gewährleistet werden müsse[87]. Ebenso stellt Bauer unter Berufung auf Stimmen in der öffentlich-rechtlichen Literatur fest, daß zwar die Zuständigkeit des Organs im Sinne einer Arbeitsteilung (oder Funktionsteilung) innerhalb der juristischen Person in erster Linie eine Wahrnehmungszuständigkeit und kein subjektives Recht sei. Doch handele es sich dennoch letztlich um Rechte des Organs, weil die Zuständigkeit dem Organ um seiner spezifischen innerorganisatorischen Stellung willen zugeordnet sei und ein insoweit selbständiges und eigenverantwortliches Handeln im innergesellschaftlichen Bereich erforderten[88]. Bork entnimmt der gesellschaftsrechtlichen Kompetenzordnung, daß den Organen ein abgeschotteter Entscheidungsbereich zugewiesen sei, dessen (drohende) Verletzung Abwehrrechte erzeuge, da in bezug auf den Kompetenzbereich des jeweils anderen Organs ein "innerorganisa-

---

[83] *Hommelhoff*, ZHR 143 (1979), 288, 307 f.; auch *Häsemeyer*, ZHR 144 (1980), 265, 279 Fn 91 meint, daß die Bedeutung des Gewaltenteilungsprinzips überschätzt werde.

[84] *Hommelhoff*, ZHR 143 (1979), 288, 307.

[85] FS Mühl, S.663, 671.

[86] Vgl. hierzu oben A II 3.

[87] *Häsemeyer*, ZHR 144 (1980), 265, 277.

[88] *Bauer*, Organklagen, S.35 unter Berufung auf *Wolff/Bachof*, Verwaltungsrecht II, § 74 I f.

torisches Störungsverbot" bestehe[89]. Schließlich stellt Pflugradt für die Frage, ob ein Organ im Wege der Prozeßführungsbefugnis die Verletzung des objektiven Aktienrechts geltend machen kann, wesentlich darauf ab, ob die aktienrechtliche Kompetenzordnung gerade zu Lasten dieses konkreten Organs beeinträchtigt worden ist[90].

Durchsetzbare Rechtspositionen ergeben sich danach im wesentlichen aus Pflichten, die dem Organ im Rahmen der innergesellschaftlichen Ordnung zugewiesen sind. Innerhalb dieser Pflichten wird weiterhin überwiegend zwischen primären und sekundären Organpflichten unterschieden[91]. Unter primären Organpflichten werden diejenigen Pflichten verstanden, die die Zuständigkeit des Organs, also den ihm zugewiesenen Bereich im Rahmen der gesellschaftsrechtlichen Kompetenzordnung in Abgrenzung zu den übrigen Organen, festlegen. Sie bilden quasi Pflichtrechte, die das Organ, dem die Pflichten übertragen sind, zugleich berechtigen, Eingriffe abzuwehren, die die Pflichterfüllung beeinträchtigen könnten. Als sekundäre Pflichten werden diejenigen bezeichnet, deren Erfüllung anderen Organen oder den Aktionären die Wahrnehmung ihrer Kompetenzen bzw. Interessen ermöglichen oder dabei helfen. Sie berechtigen also im Unterschied zu den primären Pflichten nicht das verpflichtete Organ, sondern vielmehr die Organe, in deren Interesse die Pflicht besteht. Diese Pflichten werden teilweise als Hilfsrechte[92], funktionale Hilfsbefugnisse[93] oder Kooperationsrechte[94] bezeichnet, was lediglich die Perspektive von der Seite des Verpflichteten auf die des Berechtigten verlagert, in der Sache aber keine Abweichung bedeutet. Als Hauptbeispiel für sekundäre Organpflichten werden stets die Berichtspflichten des Vorstands gem. § 90 AktG genannt. Hiernach hat der Vorstand gem. § 90 Abs. 1 AktG dem Aufsichtsrat unter anderem über die beabsichtigte Geschäftspolitik, grundsätzliche Fragen der Geschäftsführung sowie über den Gang der Geschäfte zu berichten. Gem. § 90 Abs. 3 AktG kann der Aufsichtsrat jederzeit Berichte über die Angelegenheiten der Gesellschaft verlangen. Unter Umständen steht auch einem einzelnen Mitglied des Aufsichtsrates dieses Recht zu (§ 90 Abs. 3 Satz 2 AktG). Daß es sich bei den Be-

---

89 *Bork*, ZGR 1989, 1, 19; zust. *Steinbeck*, Überwachungspflicht, S.192 f., die ebenfalls ein Abwehrrecht des Aufsichtsrats gegen Kompetenzübergriffe zur Aufrechterhaltung der Funktionentrennung bejaht.

90 *Pflugradt*, Leistungsklagen, S.110 ff., 114 f., 125; ähnl. *Grunewald*, Gesellschafterklage, S.82 ff., 99 f., die für die Zulässigkeit der Gesellschafterklage in der GmbH wesentlich darauf abstellt, ob hierdurch das Organisationsinnenrecht der Gesellschaft überspielt oder realisiert werde.

91 Grdl. *K.Schmidt*, ZZP 92 (1979), 212, 215; zust. *Pflugradt*, Leistungsklagen, S.111.

92 *Bork*, ZGR 1989, 1, 15.

93 *Bauer*, Organklagen, S.110.

94 *Hommelhoff*, ZHR 143 (1979), 288, 290 ff.

richtspflichten bzw. Auskunftsrechten um durchsetzbare Rechtspositionen handelt, ist heute unstreitig[95]. Unterschiedlich beurteilt wird allein die Frage, ob insoweit der Aufsichtsrat im Namen der Gesellschaft, aufgrund eigenen Organrechts oder im Wege der Prozeßstandschaft die Berichtspflichten gerichtlich geltend machen kann[96].

Aber auch bei der Behandlung der im vorliegenden Zusammenhang besonders interessierenden Verletzung der Kompetenzordnung, also des Bereiches der primären Organpflichten, treten kaum Divergenzen zwischen den unterschiedlichen Auffassungen auf. In diesen Bereich gehören alle Fälle, in denen ein Kompetenzübergriff vorliegt, in denen also ein Organ in den Zuständigkeitsbereich eines anderen Organs eingreift, sei es, indem es Handlungen vornimmt, die dem anderen Organ vorbehalten sind, sei es, daß es von ihm auszuführende Handlungen vornimmt, ohne eine hierzu erforderliche Zustimmung eines anderen Organes einzuholen bzw. es in sonstiger rechtlich vorgeschriebener Weise zu beteiligen. Insoweit besteht in der aktienrechtlichen Literatur Übereinstimmung darüber, daß zumindest das Organ, in dessen Zuständigkeitsbereich eingegriffen wird, die Möglichkeit haben muß, diesen Angriff abzuwehren[97]. In dem Verhältnis zwischen Aufsichtsrat und Vorstand wird häufig insbesondere der Fall genannt, daß sich der Vorstand über einen gem. § 111 Abs. 4 Satz 2 AktG durch die Satzung oder den Aufsichtsrat selbst bestimmten Zustimmungsvorbehalt hinwegsetzt[98]. Hier müsse der Aufsichtsrat die Möglichkeit haben, den Vorstand auf Unterlassung der Geschäftsführungsmaßnahme zumindest bis zur Einholung der Zustimmung durch den Aufsichtsrat zu verklagen[99].

Betrachtet man nach dieser Bestandsaufnahme der aktienrechtlichen Diskussion die Situation im Betriebsverfassungsrecht, so ist die Parallelität der Interessenlage sowie der gesetzlichen Wertungen geradezu evident. Wie oben aus-

---

[95] Grdl. *H. Westermann*, FS Bötticher, S.369 ff.; s.a. *Lewerenz*, Leistungsklagen, S.107 ff.; aus neuerer Zeit *Bork*, ZGR 1989, 1, 15; *Pflugradt*, Leistungsklagen, S.123 jew.m.w.N.

[96] Vgl. hierzu den oben A II dargestellten Meinungsstand.

[97] *Bauer*, Organklagen, S.93 f.; *Bork*, ZGR 1989, 1, 17 ff.; *Häsemeyer*, ZHR 144 (1980), 265, 282 ff.; *Hommelhoff*, ZHR 143 (1979), 288, 307 ff.; *Pflugradt*, Leistungsklagen, S.114 f., S.125; *K.Schmidt*, ZZP 92 (1979), 212, 219; *Steinbeck*, Überwachungspflicht, S.192 f.; *Teichmann*, FS Mühl, S.663, 671.

[98] *Bauer*, Organklagen, S.96 ff.; *Bork*, ZGR 1989, 1, 19; *Pflugradt*, Leistungsklagen, S.125 w.N. in Fn 76; *Raiser*, AG 1989, 185, 188; *ders.*, ZGR 1989, 44, 60 f.; *Steinbeck*, Überwachungspflicht, S.192; *Stodolkowitz*, ZHR 154 (1990), 1, 9.

[99] So ausdrücklich *Raiser*, ZGR 1989, 44, 60 f.; ebenso *Lewerenz*, Leistungsklagen, S.117 ff., 121.

geführt[100] hat der Gesetzgeber die Institution des Betriebsrats geschaffen, um das einseitige Bestimmungsrecht des Arbeitgebers einzuschränken und den Arbeitnehmern eine Mitgestaltungsmöglichkeit zu verschaffen. Das Gesetz hat dabei im Verhältnis zwischen Arbeitgeber und Betriebsrat bestimmte Rechte und Pflichten begründet, die die Machtbalance zwischen diesen beiden Polen so austarieren sollen, daß ein aus der Sicht des Gesetzgebers optimaler Interessenausgleich gewährleistet ist[101]. In der so ausgestalteten inneren "Verfassung" des Betriebes kommt also ebenfalls der Wille des Gesetzgebers zum Ausdruck, daß zwischen Arbeitgeber und Betriebsrat ein bestimmtes Ordungsgefüge[102], eine durch die Mitwirkungsrechte konkretisierte Aufteilung der Gestaltungsmacht bestehen solle. Dann bedeutet aber jede Störung der betriebsverfassungsrechtlichen Zuständigkeitsordnung ebenso eine Gefahr für die gesetzgeberische Zielsetzung, wie dies im Aktienrecht der Fall ist. Folglich müßte in analoger Anwendung der dort entwickelten Grundsätze bei Kompetenzübergriffen dem jeweils beeinträchtigten "Organ" der Betriebsverfassung ein Abwehranspruch zugestanden werden. Frappierend ist in diesem Zusammenhang auch, daß sich die Unterscheidung in Primär- und Sekundärpflichten bzw. -rechte im Betriebsverfassungsrecht in vergleichbarer Weise findet. So unterscheidet beispielsweise Konzen[103] Ansprüche zur Durchsetzung von Beteiligungsrechten von sonstigen Ansprüchen des Betriebsrats und rechnet hierzu insbesondere die Informations- und Einsichtsrechte. Diese Gruppe ist aber nichts anderes als die Gruppe der im Aktienrecht sog. Sekundärpflichten oder Hilfsrechte, da sie dem Betriebsrat erst die Grundlage für die Ausübung seiner Mitbestimmungsrechte schaffen. Insofern wird zugleich die oben[104] vertretene Auffassung, wonach es sich bei den Informations- und Beratungsrechten um echte Ansprüche handelt, durch den Blick auf den Meinungsstand zu § 90 AktG mittelbar bestätigt.

III. Die Frage nach der Anspruchsgrundlage bei der Abwehr von Kompetenzübergriffen

Jedoch führt die Wertungsgleichheit zwischen Aktien- und Betriebsverfassungsrecht allein noch nicht weiter. Insofern schlägt hier ein noch bestehendes Defizit der aktienrechtlichen Diskussion durch. Da diese sich im Hinblick auf

---

[100] 1.Teil A II.

[101] Vgl. insoweit den identischen Ansatz bei *Teichmann*, FS Mühl, S.663, 671.

[102] Vgl. *Lewerenz*, Leistungsklagen, S.88.

[103] *Konzen*, Leistungspflichten, S.50 ff.

[104] 2.Teil B II 3.

die Problematik des Innenrechtsstreits im wesentlichen darauf konzentriert hat, ein eigenes Klagerecht des Aufsichtsrats zu begründen, ist dort keine schlüssige Antwort auf die Frage zu gewinnen, warum sich allein aus der Kompetenzzuweisung ohne ausdrückliche gesetzliche Normierung ein (schuldrechtlicher) Anspruch ergeben soll. Zwar wird teilweise die Zulässigkeit der Organklage vehement mit der Argumentation befürwortet, daß dort, wo das materielle Recht ein Recht gebe, das Prozeßrecht die Mittel zu dessen Durchsetzung bereit stellen müsse[105]. Dabei wird jedoch übersehen, daß es nicht nur um die Gewährleistung der prozessualen Durchsetzung geht, sondern zunächst die Frage beantwortet werden muß, welcher Anspruch denn überhaupt im Prozeß durchgesetzt werden soll. Übergangen wird mithin die im Betriebsverfassungsrecht diskutierte Problematik, daß nicht zwangsläufig jeder Berechtigung zugleich das Recht immanent ist, von einem anderen die Beachtung dieses Rechts, also ein bestimmtes, mit den Mitteln des Vollstreckungsrechts durchsetzbares Tun, Dulden oder Unterlassen verlangen zu können. Doch deutet bereits die Tatsache, daß diese Frage in der aktienrechtlichen Literatur soweit erkennbar nirgends problematisiert wird[106], an, daß ein solcher Anspruch seine Herleitung aus tief verwurzelten allgemeinen Grundsätzen unserer (Privat)Rechtsordnung finden könnte.

1. Methodische Vorüberlegung

Bevor im einzelnen zu dem Bestehen eines Unterlassungsanspruches bei kompetenzverletzenden Maßnahmen Stellung genommen wird, sollen zunächst die methodischen Voraussetzungen für die Annahme eines solchen Anspruches dargelegt werden. Da ein solcher Anspruch weder im AktG noch im BetrVG eine ausdrückliche Regelung erfahren hat, ist seine Herleitung nur im Wege der Rechtsfortbildung möglich. Unter Rechtsfortbildung wird dabei jede Ausfüllung einer als lückenhaft erkannten Regelung verstanden, also sowohl diejenige, die die Lückenfüllung anhand der dem Gesetz immanenten Wertungen und Prinzipien vornimmt (sog. gesetzesimmanente Rechtsfortbildung), als auch diejenige, die über den Plan des Gesetzes hinaus im Hinblick auf ein unabweisbares Verkehrsbedürfnis, ein in seiner Bedeutung erst später erkanntes Rechtsprinzip oder ein Verfassungsprinzip neue Rechtsinstitute schafft (sog. gesetzesübersteigende Rechtsfortbildung)[107].

---

[105] *Hommelhoff*, ZHR 143 (1979), 288, 305; *Raiser*, AG 1989, 185, 188; *K.Schmidt*, ZZP 92 (1979), 212, 220; *Steinbeck*, Überwachungspflicht, S.179.

[106] Wobei man insoweit einer Begründung enthoben wird, wenn man wie *Pflugradt*, Leistungsklagen, S.103 ff. allein auf die objektive Rechtsverletzung abstellt.

[107] Vgl. zu dieser Unterscheidung *Larenz*, Methodenlehre, S.366, 413.

Im folgenden soll untersucht werden, ob sich ein solcher Anspruch in Anlehnung an die Lehre von der Erzwingbarkeit schuldrechtlicher Nebenpflichten zur Sicherung des Leistungszweckes herleiten läßt. Auch in der arbeitsrechtlichen Literatur ist bereits darauf hingewiesen worden, daß bei dem Schutz der Beteiligungsrechte des Betriebsrats die Schließung von Gesetzeslücken durch analoge Anwendung von Rechtssätzen des allgemeinen Privatrechts in Betracht gezogen werden könnte[108]. Es würde sich insoweit um eine Lückenausfüllung unter Rückgriff auf ein der geltenden Rechtsordnung immanentes Prinzip[109], mithin um eine gesetzesimmanente Rechtsfortbildung handeln. Eine solche Anwendung des Prinzips durch Übertragung der schuldrechtlichen Grundsätze wäre aber nur dann zulässig, wenn die Situation im Aktienrecht bzw. Betriebsverfassungsrecht gerade hinsichtlich der für die Begründung eines solchen Anspruches maßgeblichen Aspekte vergleichbar wäre, die Anwendung also der Forderung der Gerechtigkeit Rechnung trüge, Gleichartiges auch gleich zu behandeln[110]. Der Frage, ob und gegebenenfalls mit welchen Modifikationen eine solche Anwendung der schuldrechtlichen Grundsätze auf die Abwehr von Kompetenzeingriffen möglich ist, soll nunmehr nachgegangen werden.

2. Der Anspruch auf Unterlassung von Kompetenzeingriffen als Anspruch auf Unterlassung zweckgefährdenden Verhaltens

Wie bereits dargelegt handelt es sich bei dem Verhältnis zwischen Arbeitgeber und Betriebsrat um ein komplexes Gefüge von Rechten und Pflichten, das einem Schuldverhältnis ähnlich ist. Die darin vorgenommene Funktionenaufteilung dient im wesentlichen der Herstellung eines angemessenen Interessenausgleichs zwischen Arbeitgeber und Arbeitnehmern. Dieser Ausgleich der "bipolaren Interessen" kann also quasi als Zweck des betriebsverfassungsrechtlichen Schuldverhältnisses bezeichnet werden. Wird aber durch eine Verletzung der Zuständigkeitsordnung die Machtbalance gestört und damit der Interessenausgleich gefährdet, so kommt dies einer Gefährdung des Vertragszwekkes in einem schuldrechtlichen Austauschverhältnis gleich. Im allgemeinen Schuldrecht ist aber anerkannt, daß die Parteien aus dem Grundsatz von Treu und Glauben gem. § 242 BGB verpflichtet sind, alles zu unterlassen, was den Vertragszweck oder den Leistungserfolg beeinträchtigen oder gefährden

---

108 *Konzen*, FS E.Wolf, S.279, 298; vgl. a. *Reuter*, FS Hilger/Stumpf, S.590 ff.

109 *Larenz*, Methodenlehre, S.381.

110 *Larenz*, Methodenlehre, S.381.

könnte[111]. Es handelt sich dabei also um leistungssichernde Nebenpflichten im Rahmen der schuldrechtlichen Sonderbeziehung. Inhalt und Umfang der Pflichten lassen sich nicht pauschal festlegen, sondern sind naturgemäß ebenso vielfältig wie die Vertragszwecke selbst, deren Sicherung sie dienen sollen. Sie sind daher im Einzelfall mit Rücksicht auf die Funktion der Leistungsbeziehung und die abzuwägenden Interessen der Beteiligten zu bestimmen.

a) Das Bestehen eines Erfüllungsanspruches bei leistungssichernden Nebenpflichten

Umstritten ist allerdings, ob dem Gläubiger jeweils auch ein primärer Anspruch auf Unterlassung der beeinträchtigenden Handlungen zusteht oder ob er auf repressive Sanktionen, insbesondere Ansprüche auf Schadensersatz sowie auf die Möglichkeit des Rücktritts vom Vertrag beschränkt ist. Die traditionelle Lehre unterscheidet im Hinblick auf die Klagbarkeit vertraglicher Nebenpflichten zwischen selbständigen und unselbständigen Nebenpflichten[112]. Selbständig einklagbar von den der Verwirklichung des Leistungsinteresses dienenden Nebenpflichten seien diejenigen, die einem Zweck dienten, der eigenständig neben der Hauptleistung bestehe. Als Beispiele werden Auskunftspflichten sowie die Vornahme von Mitwirkungshandlungen bei genehmigungspflichtigen Geschäften (etwa das Einholen einer behördlichen Genehmigung) genannt[113]. Dagegen seien die sog. unselbständigen Nebenpflichten dadurch gekennzeichnet, daß sie lediglich der Vorbereitung und der sorgfältigen Ausführung der Hauptleistung dienten bzw. die entsprechenden Unterlassungspflichten im Grunde nur die Kehrseite der positiven Leistungspflicht darstellten[114].

Die von der wohl noch h.M.[115] vorgenommene Differenzierung ist aber in höchstem Maße fragwürdig. Zum einen läßt sich eine Differenzierung anhand der Frage, ob mit der Nebenpflicht ein eigenständiger Zweck verfolgt wird, nicht durchführen, da die Eigenständigkeit der genannten Zwecke zweifelhaft ist. Geschützt ist allein der Anspruch des Gläubigers auf die Hauptleistung, also die ihm durch das Entstehen des Schuldverhältnisses eingeräumte Rechtsposi-

---

111 BGH, NJW 1978, 260; 1983, 998; *Erman/Sirp* § 242 Rz 59; *Jauernig/Vollkommer* § 242, II 3f; *MünchKomm/Roth* § 242 Rz 142; *Palandt/Heinrichs* § 242 Rz 27, 3 B a; *Soergel/Teichmann* § 242 Rz 59, 163 f.

112 *Enneccerus/Lehmann* § 4 II 2; *Erman/Sirp* § 242 Rz 54; *MünchKomm/Roth* § 242 Rz 135 f.; *Palandt/Heinrichs* § 242 4 B; *Soergel/Siebert/Knopp*, 10.Aufl., § 242 Rz 109 ff.

113 *MünchKomm/Roth* § 242 Rz 135; *Soergel/Teichmann* § 242 Rz 173.

114 Vgl. a. *Siber*, Der Rechtszwang im Schuldverhältnis, S.86.

115 Vgl. die Nachw. in Fn 112.

tion, das sog. Forderungsrecht. Die sog. selbständigen Nebenpflichten begründen keinen hiervon losgelösten Anspruch. Ihre "Selbständigkeit" gründet sich allein darauf, daß sie auf ein Handeln des Schuldners gerichtet sind, das der Leistungshandlung nicht stets immanent, im schuldvertraglichen Typus nicht notwendig angelegt ist. Doch ist andererseits ohne sie eine Erfüllung der geschuldeten Leistung, so wie sie nach dem Vertrag zu bewirken ist, ebenfalls ausgeschlossen. Somit ist die Handlung doch Bestandteil der Leistungspflicht, wie sie sich aus der Natur und dem Inhalt des konkreten Vertragsverhältnisses ergibt. Versteht man die Leistungshandlung nämlich als die Gesamtheit des Schuldnerhandelns, das zur Bewirkung der Leistung erforderlich ist, so ist auch die Nichtvornahme der aufgrund der selbständigen Nebenpflicht geschuldeten Handlung nur deren Kehrseite, nämlich die Negation der Leistungspflicht. Übersehen wird bei der Unterscheidung der Nebenpflichten, daß selbst wenn durch sie ein von der Hauptleistung getrennter Erfolg geschuldet wird, dieser doch wiederum nur um der Hauptleistung willen geschuldet ist. Dies offenbart, daß auch die sog. selbständigen Nebenpflichten einen Annex, besser einen Bestandteil der Hauptleistung darstellen, also alle Nebenpflichten "unselbständig" in dem Sinne sind, daß sie allein der Erreichung des vertraglichen Zweckes dienen[116]. Einen "selbständigen Zweck", der außerhalb des vertraglichen Erfüllungsinteresse liegen würde, verfolgen auch "selbständige Nebenpflichten" nicht.

Hinzu kommt, daß die Bedeutung der sog. unselbständigen Nebenpflichten unterschätzt wird, wenn man sie nur als unbedeutende Bestandteile des Hauptanspruches ansieht[117]. Ausgangspunkt der Erzwingbarkeit von Nebenpflichten ist der Gedanke, daß der Gläubiger eines Schuldverhältnisses eine rechtlich geschützte Position erlangt und daß in diesem Falle die Rechtsordnung die Instrumente zur Verfügung stellen muß, um diese Position, also den Erfüllungsanspruch selbst, zu schützen, um den Gläubiger nicht lediglich auf die sekundären Ansprüche verweisen zu müssen[118]. Insoweit ist insbesondere von Bedeutung, daß zumindest im deutschen Recht bei einer Beschränkung auf die sog. Geldkondemnation, also auf den sekundären Schadensersatzanspruch, in einer Reihe von Fällen der Gläubiger praktisch rechtlos gestellt würde. Gem. § 253 BGB gewährt das geltende Privatrecht Schadensersatz grundsätzlich nur für Vermögensschäden, soweit nicht ausdrücklich ein anderes vorgesehen ist. Die Geltendmachung eines Vermögensschadens ist aber im Falle der Zweckvereitelung stets ausgeschlossen, wenn der Gläubiger mit dem Vertrag

---

116 Zutr. *Soergel/Teichmann* § 242 Rz 173.

117 Zutr. *Stürner*, JZ 1976, 384, 390 gegen *Lehmann*, Die Unterlassungspflicht im Bürgerlichen Recht, 1906, S.90 ff. und *Siber*, Der Rechtszwang im Schuldverhältnis, 1903, S.85 ff.

118 Vgl. hierzu *Stürner*, JZ 1976, 384, 389 m.w.N. zur historischen Entwicklung.

rein ideelle Ziele verfolgt oder wenn er zwar ein Vermögensinteresse an der Leistung hat, die konkrete Pflichtverletzung aber ein Leistungsinteresse berührt, das selbst keinen Vermögenswert darstellt. Man stelle sich insoweit etwa vor, daß der Verkäufer eines Grundstückes nach Abschluß des notariellen Kaufvertrages im baurechtlichen Genehmigungsverfahren des Grundstücksnachbarn die Zustimmung zu einer Befreiung von nachbarschützenden Vorschriften erteilt (vgl.§ 66 Landesbauordnung Rheinland-Pfalz) oder eine öffentlich-rechtliche Baulast gegenüber der Bauaufsichtsbehörde übernimmt (§ 84 LBauO RhPf, diese wirkt gem. § 84 Abs. 1 Satz 2 LBauO RhPf auch gegenüber dem Rechtsnachfolger), was zwar nicht zu einer Verringerung des Verkehrswertes, wohl aber dazu führt, daß der Käufer das von ihm konkret geplante Bauvorhaben nicht mehr verwirklichen kann. Soweit der Käufer hierfür noch keine finanziellen Aufwendungen getätigt hat, mag ihm zwar u.U. auf der Grundlage des sog. subjektiven Fehlerbegriffs[119] ein Wandlungsrecht gem. §§ 459, 462 BGB zustehen, ein Schadensersatzanspruch scheitert dagegen daran, daß bei Saldierung seines Vermögens eine Verminderung nicht eingetreten ist. Hier muß der Käufer die Möglichkeit haben, den Verkäufer auf Unterlassung der Abgabe der genannten Erklärungen in Anspruch zu nehmen, zumal die Rechtsbeeinträchtigung in dem genannten Fall nicht einmal durch die Eintragung einer Vormerkung gem. § 883 BGB verhindert werden kann, weil der vorgemerkte Anspruch auf Eigentumsübertragung zwar gegen Verfügungen, nicht aber gegen Belastungen aus dem öffentlichen Recht geschützt ist[120]. Man mag insoweit einwenden, daß der Unterlassungsanspruch häufig ebensowenig helfen wird, weil der Gläubiger i.d.R. zu spät von den Vorgängen erfährt. Dies rechtfertigt es aber nicht, den Rechtsschutz grundsätzlich auch in den Fällen zu versagen, in denen die Erfüllung der Nebenpflicht aufgrund der tatsächlichen Umstände doch erzwungen werden könnte[121].

b) Besonderheiten des Anspruches auf Unterlassung kompetenzverletzender Maßnahmen

Einen gewichtigen Einwand gegen eine Erzwingbarkeit der Nebenpflichten zur Sicherung der Hauptleistungspflicht hat Stürner[122] vorgebracht. Er weist

---

[119] Hierzu *Erman/Weitnauer* vor § 459 Rz 3 ff.; *Palandt/Putzo* § 459 Rz 8; *Soergel/Huber* vor § 459 Rz 20 ff.; *Staudinger/Honsell* § 459 Rz 16 ff.

[120] Zur Sicherungswirkung der Vormerkung *MünchKomm/Wacke* § 883 Rz 40 ff.; *Soergel/Stürner* § 883 Rz 28 ff.

[121] Ebenso *Stürner*, JZ 1976, 384, 389.

[122] JZ 1976, 384, 390 f.; zust. *Konzen*, Leistungspflichten, S.90.

darauf hin, daß im Rahmen einer auf die Gefährdung der Erfüllung der Hauptleistungspflicht hin ergehenden einstweiligen Verfügung gem. § 938 ZPO zugleich Sicherungsmaßnahmen angeordnet werden können, die die Erfüllung gewährleisten sollen, sich in ihrer Wirkung also mit der Vollstreckung der Nebenpflicht decken[123]. Er nennt hierfür folgendes Beispiel. Bestehe die Gefahr, daß der Verkäufer eines noch nicht übereigneten Reitpferdes das Pferd an einen Dritten veräußere, so könne das Gericht gestützt auf den Anspruch auf Eigentumsverschaffung aus § 433 Abs. 1 Satz 1 BGB entweder ein Veräußerungsverbot erlassen oder die Sequestration anordnen. Das positive Recht gewähre also den Rechtsschutz in effektiver Weise durch das Verfahren der einstweiligen Verfügung, so daß ein materiell-rechtlicher Anspruch auf Erfüllung der Nebenpflicht ausscheide[124]. Insbesondere sei für einen Anspruch auf Unterlassung der die Erfüllung der Hauptleistungspflicht vereitelnden Handlungen kein Raum[125].

Diese Erwägungen sind für einen Großteil der schuldrechtlichen Leistungsbeziehungen sicher zutreffend[126]. Es fragt sich jedoch, ob der Einwand sich auch vor dem Hintergrund der Besonderheiten des Kompetenzkonfliktes zwischen Funktionsträgern im Aktienrecht bzw. Betriebsverfassungsrecht aufrechterhalten läßt. Hier zeigt sich nämlich, daß es allenfalls um eine entsprechende Anwendung der schuldrechtlichen Grundsätze, eine Übertragung der insoweit getroffenen rechtlichen Wertungen gehen kann, die aber die spezifische Rechtsnatur des zugrunde liegenden Rechtsverhältnisses berücksichtigen muß[127]. Charakteristisch für das Verhältnis zwischen Aufsichtsrat und Vorstand in der Aktiengesellschaft ebenso wie zwischen Betriebsrat und Arbeitgeber im Betriebsverfassungsrecht ist aber, daß der gefährdete Zweck des Rechtsverhältnisses nicht in einer von einer Seite zu bewirkenden Leistung oder einem Leistungserfolg besteht. Vielmehr ist nach dem oben[128] Ausge-

---

123 *Stürner*, JZ 1976, 384, 390; s.a. *Baur*, Studien zum einstweiligen Rechtsschutz, S.70 f.

124 *Stürner*, JZ 1976, 384, 390 f.

125 Krit. zur Auffassung *Stürners* äußert sich *Medicus*, Bürgerliches Recht, Rz 208, der unterstellt, daß *Stürner* eine einstweilige Verfügung ohne selbständigen Anspruch befürworte, dabei aber offenbar übersieht, daß *Stürner* insoweit als Verfügungsanspruch den Anspruch auf Erfüllung der Hauptleistungspflicht zugrunde legt und aus diesem Grund einen Unterlassungsanspruch insgesamt für entbehrlich hält.

126 Allerdings erwägt *Stürner* selbst Konstellationen, in denen die einstweilige Verfügung zur Sicherung des Erfüllungsinteresses nicht ausreicht, JZ 1976, 384, 391.

127 Dieser Aspekt wird von *Konzen*, Leistungspflichten, S.90 ebenfalls erwogen, aber nicht weiter vertieft, weil er einen vorbeugenden Unterlassungsanspruch in Anlehnung an die schuldrechtliche Entwicklung aus anderen Gründen ablehnt; hierzu sogleich unten B III 3b.

führten das Ziel ein Interessenausgleich, der nach der spezifischen Wertung des Gesetzes nur in einem Verfahren unter Beteiligung beider Seiten zustande kommen kann. Das zweckgefährdende Verhalten besteht also nicht in der Abweichung vom Sollzustand der geforderten Leistungspflicht, sondern in der Nichtberücksichtigung der Beteiligung des anderen Teils. Der Zweck ist folglich nicht inhaltlich, sondern verfahrenstechnisch definiert. Sieht man in der Pflicht, Kompetenzübergriffe zu Lasten eines anderen Funktionsträgers zu unterlassen, um einen angemessenen Interessenausgleich zu gewährleisten, einen der die Hauptleistung sichernden Nebenpflicht vergleichbaren Tatbestand, so liegt der Unterschied zwischen den beiden Pflichten darin, daß durch die schuldrechtliche Nebenpflicht der geschuldete Leistungserfolg gesichert wird, also eine materiell bestimmte Maßnahme, etwa die Übereignung der verkauften Sache. Durch die Pflicht zur Unterlassung von Kompetenzübergriffen wird aber nur die Durchführung eines bestimmten Verfahrens abgesichert, an dessen Ende erst eine materielle Regelung stehen soll, deren Inhalt folglich auch für die Pflicht irrelevant ist[129].

Dies läßt sich sowohl an dem Beispiel des Zustimmungsvorbehaltes des Aufsichtsrats gem. § 111 Abs. 4 Satz 2 AktG, als auch anhand des Mitbestimmungsrechtes des Betriebsrats in sozialen Angelegenheiten gem. § 87 BetrVG darlegen. Muß der Aufsichtsrat einer bestimmten Maßnahme gem. § 111 Abs. 4 Satz 2 AktG zustimmen, so läßt sich inhaltlich nicht festlegen, welcher Art die Geschäftsführungsmaßnahme sein soll, die der Vorstand vorzunehmen hat. Da es sich nur um einen Zustimmungsvorbehalt handelt, braucht der Vorstand sogar überhaupt nicht tätig zu werden. In diesem Fall wird dann auch eine Zustimmungspflicht nicht ausgelöst. Will der Vorstand aber tätig werden, so steht die Maßnahme inhaltlich erst fest, wenn eine Einigung zwischen Aufsichtsrat und Vorstand erzielt worden oder die Zustimmung des Aufsichtsrats durch Beschluß der Hauptversammlung gem. § 111 Abs. 4 Satz 3 AktG ersetzt ist. Analog ist im Rahmen des § 87 BetrVG die Maßnahme erst definiert, wenn entweder der Betriebsrat zugestimmt hat oder der Beschluß der Einigungsstelle vorliegt. Es fehlt somit an einer inhaltlich bestimmten primären Hauptleistungspflicht, auf deren Erfüllung geklagt werden könnte und zu deren Sicherung im Rahmen des Verfahrens der einstweiligen Verfügung bestimmte Maßnahmen gem. § 938 ZPO angeordnet werden könnten. Beispielsweise mag dem Betriebsrat ein Initiativrecht zur Neuregelung der Lage der betrieblichen Arbeitszeit gem. § 87 Abs. 1 Nr.2 BetrVG zustehen[130]. Er hat aber keinen An-

---

128 1.Teil C II 1.

129 Ebenso *Derleder*, AuR 1983, 65, 72.

spruch darauf, daß der Arbeitgeber bestimmte Zeiten für Beginn und Ende der täglichen Arbeit einhält. Vielmehr steht die Lage der Arbeitszeit frühestens mit der Einigung mit dem Arbeitgeber bzw. mit dem verbindlichen Spruch der Einigungsstelle fest[131]. Erst recht besteht ein solcher Anspruch nicht, wenn der Arbeitgeber von sich aus die Lage der Arbeitszeit verändern, etwa bei Schichtarbeit eine andere Verteilung der Schichten erreichen möchte. Hier kann der Betriebsrat nur verlangen, daß der Arbeitgeber bis zur Einigung die bisherige Regelung praktiziert, dagegen kann er im Hinblick auf die Neuregelung nicht eine inhaltlich abweichende, seinen Vorstellungen entsprechende Regelung, sondern nur seine Beteiligung im Rahmen des Mitbestimmungsverfahrens fordern.

Hieran zeigt sich folglich ein wesentlicher Unterschied zu den schuldrechtlichen Leistungsbeziehungen, der bei der Übertragung der im Schuldrecht entwickelten Grundsätze zu beachten ist. Zweck des schuldrechtlichen Vertragsverhältnisses ist der nach dem Inhalt des Vertrages geschuldete Erfolg bzw. die hierzu erforderliche Leistungshandlung des Schuldners. Im Rahmen der aktienrechtlichen bzw. betriebsverfassungsrechtlichen Kompetenzordnung ist der Zweck des Rechtsverhältnisses und damit der mit der Pflicht "geschuldete Erfolg" nicht die vom Vorstand oder vom Arbeitgeber zu vollziehende Maßnahme selbst, sondern der vom Gesetz angestrebte Interessenausgleich. Dieser ist aber vom Gesetz nicht inhaltlich vorgegeben, sondern nur verfahrensmäßig durch die Beteiligungsrechte der verschiedenen Funktionsträger abgesichert. Der von Stürner vorgeschlagene Weg über die einstweilige Verfügung versagt also im Bereich des Kompetenzkonfliktes zwischen Funktionsträgern. Deshalb bleibt es bei dem Grundsatz, daß alle Nebenpflichten selbständig durchsetzbar sind, insbesondere die Nebenpflicht zur Sicherung des Leistungszweckes einen Anspruch auf Unterlassung der Handlungen begründet, die diesen Zweck beeinträchtigen oder gefährden.

Einen ähnlichen Ansatz verfolgt Derleder[132]. Er sieht allerdings den Zweck des Unterlassungsanspruches darin, den Hauptanspruch des Betriebsrats im

---

130 Nach h.M. erfaßt das Mitbestimmungsrecht aus § 87 Abs. 1 Nr.2 BetrVG nur die zeitliche Lage der Arbeitszeit, nicht dagegen deren Dauer, vgl. BAG, AP Nr. 2, 5 zu § 87 BetrVG 1972 Arbeitszeit; *Dietz/Richardi* § 87 Rz 205 ff.; *Galperin/Löwisch* § 87 Rz 85; *Wiese* GK-BetrVG § 87 Rz 200 ff.; *Zöllner/Loritz*, ArbR, § 47 II 2, S.497; a.A. *Fitting/Auffarth/Kaiser/Heither* § 87 Rz 44 f.; *Klebe* in DKKS § 87 Rz 71 ff.; w.N. bei *Wiese* a.a.O. Rz 202; zu Einschränkungen des Mitbestimmungsrechts im Hinblick auf die unternehmerische Entscheidungsfreiheit vgl. BAG, AP Nr.8 zu § 87 BetrVG 1972 Arbeitszeit sowie *Wiese* GK-BetrVG § 87 Rz 218 ff. m.umf.N.

131 Zur Frage, ob der Betriebsrat bei Geltendmachung des Initiativrechts für die Zwischenzeit Möglichkeiten des Rechtsschutzes hat, unten C II 2c.

132 AuR 1983, 289, 301; AuR 1985, 65, 75 f.; zust. *Trittin*, BB 1984, 1169, 1172.

Rahmen des § 87 BetrVG abzusichern. Diese Norm gebe dem Betriebsrat einen Anspruch auf Durchführung des Einigungsverfahrens und auf die Herbeiführung einer Betriebsvereinbarung bzw. eines Spruches der Einigungsstelle[133]. Dem entspreche die Nebenpflicht des Arbeitgebers, vor Abschluß des Verfahrens einseitige rechtswidrige Maßnahmen zu unterlassen.

Dieser Ansatz scheint deswegen ungeeignet, weil er die Besonderheiten der Mitbestimmungsrechte übersieht, die zwischen Arbeitgeber und Betriebsrat keine schuldrechtlichen Ansprüche auf ein bestimmtes Tun, sondern ein gesetzliches Partizipationsverhältnis, ein Recht auf Teilhabe an den Gestaltungsentscheidungen entstehen lassen[134]. So ist auch ein Anspruch des Betriebsrats gegen den Arbeitgeber auf Durchführung des Verfahrens vor der Einigungsstelle dem Gesetz nicht zu entnehmen. Die Existenz eines solchen Anspruches müßte zwangsläufig beinhalten, daß das geschuldete Verhalten vom Betriebsrat durchgesetzt werden, der Arbeitgeber also zur Durchführung des Einigungsstellenverfahrens notfalls mit Hilfe von Zwangsvollstreckungsmaßnahmen gezwungen werden könnte. Daß ein solcher Anspruch nicht existiert, ist evident. Der Betriebsrat hat es jederzeit selbst in der Hand, gem. § 76 Abs. 1 BetrVG die Einigungsstelle anzurufen und einen Spruch herbeizuführen. Da es somit eines Tätigwerdens des Arbeitgebers nicht bedarf, wäre auch ein hierauf gerichteter Anspruch des Betriebsrats unsinnig. Damit fehlt es aber an einer Hauptpflicht, die durch die Nebenpflicht abzusichern wäre. § 87 BetrVG normiert also keine Ansprüche des Betriebsrats, sondern eine Berechtigung zur Teilhabe an betrieblichen Entscheidungen, an deren Verletzung sich u.U. Rechtsfolgen wie die Unwirksamkeit einer einseitigen Maßnahme anknüpfen können, deren Nichtbeachtung aber keine Erfüllungsansprüche auslösen kann. Die Sicherungsfunktion des Unterlassungsanspruches bezieht sich mithin auf die Sicherung des Mitbestimmungsverfahrens, allerdings nicht im Sinne eines Anspruches gegen den Arbeitgeber auf Durchführung des Verfahrens. Zweck der Regelung ist vielmehr die Beteiligung des Betriebsrats als solche, also die gesetzliche Partizipation zur Verwirklichung eines angemessenen Interessenausgleichs. Folglich entstehen auf der Pflichtenseite für den Arbeitgeber im wesentlichen Duldungs- bzw. Unterlassungspflichten, weil er diese Einschränkung seiner Entscheidungsfreiheit hinzunehmen und einseitige Maßnahmen zu

---

133 Auch *v.Hoyningen-Huene*, Anm. AP Nr.2 zu § 23 BetrVG 1972 sieht in § 87 BetrVG einen Anspruch des Betriebsrats auf Beteiligung, auf den eine einstweilige Verfügung gestützt werden könne, mit der dem Arbeitgeber aufgegeben werde, den Betriebsrat zu beteiligen.

134 Vgl. hierzu oben 1.Teil C II 1; ebenso in neuerer Zeit BAG, Beschl.v. 16.7.1991, NZA 1992, 70, 71; *Wiese* GK-BetrVG § 23 Rz 117; da hier die Nebenpflicht keinen materiellen Hauptleistungsanspruch, sondern die Wahrung der Kompetenzordnung und damit den angemessenen Interessenausgleich sichert, trifft der von *Sacher*, Unterlassungsanspruch, S.69 ff. gegen *Derleder* erhobene Einwand die hier vertretene Konzeption nicht.

unterlassen hat[135]. Zwar gibt es daneben auch Handlungspflichten, etwa insoweit, als der Arbeitgeber dem Betriebsrat natürlich die Informationen zukommen lassen muß, die dieser zur Ausübung seines Mitbestimmungsrechtes benötigt. Diese Handlungspflichten haben aber nur Hilfsfunktion, da sie die Voraussetzungen für die Wahrnehmung der Kompetenzen schaffen.

Die hier geäußerten Bedenken sieht offenbar auch Derleder, wenn er die auf einen Anspruch auf Beteiligung gestützte Konstruktion v.Hoyningen-Huenes[136] ablehnt[137]. Allerdings bleibt im folgenden unklar, woraus er dann die "Nebenpflicht zur Sicherung der Verfahrensloyalität" herleitet[138]. Insbesondere zeigt sich dabei, daß Derleder stets die Sicherung des einzelnen Beteiligungsrechtes im Blick hat, nicht die Sicherung der Kompetenzordnung als Instrument zur Austarierung des Kräftegleichgewichts. Dies wirkt sich insofern auf das Ergebnis aus, als verfahrenssichernde Ansprüche auch dann bejaht werden, wenn deren Inhalt über die Substanz des Mitbestimmungsrechtes hinausgeht[139], z.B. in bezug auf einen Anspruch des Betriebsrats auf Unterlassung der Betriebsänderung vor ordnungsgemäßer Unterrichtung bzw. Beteiligung gem. §§ 111 f. BetrVG[140].

Dieselben Einwände richten sich gegen die Lösungsvorschläge von Buchner[141] und v.Hoyningen-Huene[142]. Nach Ansicht von Buchner soll der Betriebsrat einen Anspruch auf Beratung, Unterrichtung und Einschaltung haben, der im Verfahren des einstweiligen Rechtsschutzes gem. § 938 ZPO durch bestimmte Anordnungen, insbesondere auch die Pflicht zur Unterlassung mitbestimmungswidriger Maßnahmen, ebenso gesichert werden könne wie ein Leistungsanspruch bei einem Kaufvertrag mit Hilfe eines gerichtliches Veräußerungsverbotes gesichert werden kann. Dagegen will v.Hoyningen-Huene nur eine einstweilige Verfügung zulassen, die den Arbeitgeber verpflichtet, den Betriebsrat zu beteiligen, weil ein Unterlassungsgebot über den zu sichernden Anspruch hinausgehe. Nach dem Gesagten läßt sich das Beteiligungsrecht aber nicht als "Anspruch auf Einschaltung" verstehen. Insbesondere der Ansatz von

---

135 Vgl. oben 2.Teil B I 2, 3.

136 Anm. AP Nr.2 zu § 23 BetrVG 1972.

137 *Derleder*, AuR 1985, 65, 74: "Eine Hauptsacheklage auf Beteiligung wird somit im Hinblick auf das Initiativrecht des Betriebsrats bei sozialen Angelegenheiten das Licht der Welt nicht erblicken".

138 *Derleder*, AuR 1985, 65, 76.

139 *Derleder*, AuR 1983, 289, 301 a.E.

140 Vgl. dagegen hier unten B III 3b.

141 SAE 1984, 187, 189 ff.

142 Anm. AP Nr.2 zu § 23 BetrVG 1972 unter 4.

Buchner deckt sich mit dem Einwand, den Stürner gegen die selbständige Erzwingbarkeit leistungssichernder Nebenpflichten im Rahmen eines schuldrechtlichen Leistungsaustauschverhältnisses vorgebracht hat[143]. Wie dort bereits dargelegt wurde, läßt sich dieser Einwand aber nicht auf die betriebsverfassungsrechtliche Situation übertragen. Eine Anordnung gem. § 938 ZPO, die auf Unterlassung der Maßnahme zielt, würde voraussetzen, daß der Betriebsrat einen Anspruch auf Durchführung einer bestimmten Maßnahme hätte[144]. Dies ist gerade nicht der Fall, da der zu sichernde Zweck des Mitbestimmungsverfahrens nicht inhaltlich, sondern nur verfahrenstechnisch definiert ist.

c) Anspruch auf Beseitigung bereits eingetretener mitbestimmungswidriger Zustände

Teilweise wird der hier vertretenen schuldrechtlichen Konzeption entgegengehalten, daß sie zwar einen vorbeugenden Unterlassungsanspruch zur Verhinderung einer Kompetenzverletzung, nicht dagegen einen verschuldensunabhängigen Beseitigungsanspruch begründen könne[145]. Dies trifft jedoch nicht zu. Vielmehr wird insoweit übersehen, daß es bei dem Anspruch auf Unterlassung zweckvereitelnder Handlungen um die Durchsetzung leistungssichernder Nebenpflichten geht, die durch die Unterlassungspflicht nicht erschöpfend erfaßt werden. Akzeptiert man die Prämisse, wonach die leistungssichernden Nebenpflichten grundsätzlich selbständig klag- und erzwingbar sind, so kann man nicht pauschal davon ausgehen, daß sich die Unterlassungspflicht mit dem ersten Verstoß gegen das Unterlassungsgebot in eine Schadensersatzpflicht umwandele. Natürlich hat der Verpflichtete in erster Linie alles zu unterlassen, was den Zweck des Rechtsverhältnisses zu vereiteln geeignet ist. Hat er aber gegen das Unterlassungsgebot verstoßen, so entsteht hieraus eine Pflicht zur Beseitigung des rechtswidrigen Zustandes, sofern die eingetretene Beeinträchtigung noch durch ein Handeln des Verpflichteten aus der Welt geschafft werden kann, der Zweck also noch nicht endgültig vereitelt ist. Die leistungssichernde Nebenpflicht hat nämlich nicht nur zum Inhalt, alles zu unterlassen, was den Zweck gefährden könnte, sondern zugleich alles zu tun, was der Errei-

---

143 Vgl. hierzu oben B III 2b am Anfang.

144 *Derleder*, AuR 1985, 65, 72.

145 *Sacher*, Unterlassungsanspruch, S.73 f.; auch *Derleder*, AuR 1983, 289, 303 meint, daß ein Beseitigungsanspruch Verschulden voraussetze, hält dies jedoch für einen Vorzug der von ihm vertretenen Lösung.

chung des Zweckes förderlich ist[146]. Beide Aspekte gehören untrennbar zusammen. Erst wenn der Vertragszweck bzw. der Zweck des Rechtsverhältnisses endgültig vereitelt, also Unmöglichkeit eingetreten ist, kommt ein (verschuldensabhängiger) Schadensersatzanspruch in Betracht.

Zur Veranschaulichung bietet sich wiederum das bereits erwähnte Beispiel an, daß der Verkäufer die verkaufte, aber noch nicht übereignete Sache an einen Dritten veräußert. Ist die Übereignung bereits vollzogen, so hilft ein bloßer Anspruch auf Unterlassung der zweckvereitelnden Handlung nicht mehr weiter. Hat der Verkäufer jedoch eine Möglichkeit, die Veräußerung rückgängig zu machen, etwa weil er sich ein vertragliches Rücktrittsrecht gem. § 346 BGB vorbehalten hat, so wird man ihn für verpflichtet halten müssen, von diesem Rücktrittsrecht Gebrauch zu machen, um damit doch noch den Austausch der beiderseitigen Leistungen zu ermöglichen. Eine andere Frage ist, ob sich der Käufer auf diese Möglichkeit verweisen lassen muß. Diese Frage wird man verneinen müssen, vielmehr wird zumindest i.d.R. der Käufer wahlweise einen unmittelbaren Anspruch auf Schadensersatz wegen des vom Verkäufer selbst zu vertretenden Unvermögens haben, wenn der Verkäufer erst seine Rechte gegenüber dem Dritten durchsetzen muß und dem Käufer ein längeres Warten nicht zugemutet werden kann[147]. Entsprechend läßt sich der von Derleder[148] gebildete Fall lösen, daß der Arbeitgeber die Werkskantine ohne Beteiligung des Betriebsrats an einen Dritten verpachtet. Bei der Verwaltung von Sozialeinrichtungen hat der Betriebsrat ein Mitbestimmungsrecht gem. § 87 Abs. 1 Nr.8 BetrVG, so daß die Verpachtung ohne seine vorherige Zustimmung seine Kompetenzen und damit die betriebsverfassungsrechtliche Ordnung verletzt[149]. Erkennt man einen Anspruch auf Unterlassung kompetenzverletzender Maßnahmen im Bereich der Mitbestimmung in sozialen Angelegenheiten gem. § 87 BetrVG an[150], so kann keine Rede davon sein, daß mit dem Eintreten der Kompetenzverletzung eine Beseitigung des mitbestimmungswidrigen Zustandes nur verlangt werden könne, wenn der Arbeitgeber schuldhaft gehandelt habe. Vielmehr ist der Arbeitgeber verpflichtet, alle ihm zur Verfügung stehen-

---

146 *Jauernig/Vollkommer* § 242, II 3 d; *MünchKomm/Roth* § 242 Rz 142; *Soergel/Teichmann* § 242 Rz 163.

147 Zur Unmöglichkeit bei Ungewißheit über den Wegfall des Leistungshindernisses vgl. *Erman/Battes* § 275 Rz 10; *Jauernig/Vollkommer* § 275, 2 a cc; *Larenz*, SchR I, § 21 I a, S.307; *MünchKomm/Emmerich* § 275 Rz 27 ff.; *Soergel/Wiedemann* § 275 Rz 42.

148 AuR 1983, 289, 301.

149 *Dietz/Richardi* § 87 Rz 412; *Fitting/Auffarth/Kaiser/Heither* § 87 Rz 100; *Gumpert*, BB 1978, 968, 969; *Hess/Schlochauer/Glaubitz* § 87 Rz 359; *Klebe* in DKKS § 87 Rz 217; *Moll*, Mitbestimmung beim Entgelt, S.107; *Wiese* GK-BetrVG § 87 Rz 518; a.A. *Stege/Weinspach* § 87 Rz 146.

150 Hierzu unten C.

den Möglichkeiten zu nutzen, um den Betrieb der Kantine durch den Pächter, bevor eine Einigung mit dem Betriebsrat erzielt worden ist, gegebenenfalls also von einem Kündigungsrecht Gebrauch zu machen oder die Überlassung der Räume zu verweigern. Zwar setzt sich der Arbeitgeber durch ein solches Verhalten u.U. Schadensersatzansprüchen des Pächters aus[151], denn die Verletzung des Mitbestimmungsrechtes führt nicht zur Unwirksamkeit der mit Dritten geschlossenen Verträge[152].

Die Tatsache, daß dem Dritten infolge des Beseitigungsverlangens des Betriebsrats der Erfüllungsanspruch verweigert und er auf den sekundären Schadensersatzanspruch verwiesen wird, dehnt auch nicht systemwidrig die Unwirksamkeitsfolge auf das Rechtsverhältnis zwischen Arbeitgeber und dem Dritten aus[153]. Vielmehr ist sie Ausdruck der innerbetrieblich beschränkten Rechtsmacht des Arbeitgebers und fügt sich insoweit nahtlos in das gesetzliche System der Mitbestimmungsrechte ein. Es ergibt sich nämlich dieselbe Konstellation wie etwa bei der Einstellung eines Arbeitnehmers ohne vorherige Zustimmung des Betriebsrats. Auch hier ist ein mit dem Arbeitnehmer abgeschlossener Arbeitsvertrag wirksam, was den Betriebsrat aber nicht daran hindert, dem Arbeitgeber im Wege des Verfahrens nach § 101 BetrVG die tatsächliche Beschäftigung des Arbeitnehmers untersagen zu lassen, was wiederum Schadensersatzansprüche des Arbeitnehmers nach sich ziehen kann sowie darüber hinaus zur Folge hat, daß der Arbeitgeber gem. § 615 Satz 1 BGB zur Entgeltzahlung verpflichtet ist, ohne von der Arbeitskraft des Arbeitnehmers durch Einsatz in der betrieblichen Organisation Gebrauch machen zu können[154]. Folglich kann bei Abschluß eines Pachtvertrages über die Betriebskantine die mögliche Verletzung vertraglicher Pflichten durch den Arbeitgeber ebensowenig der Durchsetzung der betriebsverfassungsrechtlichen Kompetenzordnung durch den Betriebsrat entgegenstehen. Allenfalls kann ein Verlangen des Betriebsrats gegen das Gebot zur vertrauensvollen Zusammenarbeit gem. § 2 Abs. 1 BetrVG verstoßen, wenn dem Betrieb etwa durch die Verweigerung der Überlassung der Räume an den Pächter ein erheblicher Schaden droht und

---

151 Vgl. *Galperin/Löwisch* § 87 Rz 192; *Gumpert*, BB 1978, 968, 971; *v. Hoyningen-Huene*, Betr 1987, 1426, 1431; *Wiese* GK-BetrVG § 87 Rz 87, 532 ff.

152 Dies wird auch von den Vertretern der sog. Theorie der notwendigen Mitbestimmung so gesehen und entspricht daher der ganz h.M.; vgl. *Dietz/Richardi* § 87 Rz 92, 114; *Galperin/Löwisch* § 87 Rz 192; *Gumpert*, BB 1978, 968, 971; *Hess/Schlochauer/Glaubitz* § 87 Rz 88; *v. Hoyningen-Huene*, Betr 1987, 1426, 1430 f.; *Zöllner/Loritz*, ArbR, § 47 V 3a, S.514.

153 Krit. insoweit aber *Dietz/Richardi* § 87 Rz 92; *Zöllner/Loritz*, ArbR, § 47 V 3a, S. 514 Fn 74.

154 Hierzu BAG, AP Nr.5 zu § 101 BetrVG 1972 Bl.3 R ff. unter II 4; AP Nr.9 zu Art. 33 Abs. 2 GG Bl.3 ff. unter A III 2, 3; *Dietz/Richardi* § 99 Rz 232; *Galperin/Löwisch* § 99 Rz 11; *v. Hoyningen-Huene*, BetrVR, § 14 III 8, S.288 f.; *Kittner* in DKKS § 99 Rz 216; *Kraft* GK-BetrVG § 99 Rz 109; *Matthes*, Betr 1974, 2007, 2009; *Zöllner/Loritz*, ArbR, § 48 II 6a, S. 524.

der Betriebsrat keine oder nur geringfügige inhaltliche Einwände gegen die Verpachtung oder die Person des Pächters vorbringt[155].

Der hier entwickelte Anspruch auf Abwehr von Kompetenzübergriffen beinhaltet somit nicht nur einen Anspruch auf Unterlassung von die Kompetenzordnung verletzenden Handlungen, sondern er gibt zugleich einen Anspruch auf Beseitigung eines der inneren Funktionsverteilung widersprechenden Zustandes, soweit ein solcher Zustand fortbesteht und dem in Anspruch genommenen Funktionsträger die Beseitigung noch möglich ist. Der Anspruch ist somit von seiner Struktur her mit dem Anspruch aus § 1004 Abs. 1 BGB identisch, unterscheidet sich dagegen wesentlich in bezug auf die ihm zugrunde liegenden Konfliktsituationen sowie die für ihn maßgeblichen Wertentscheidungen.

3. Voraussetzungen und Grenzen des Anspruchs auf Unterlassung kompetenzverletzender Maßnahmen

Ergeben sich somit die Ansprüche der Funktionsträger im Aktien- und im Betriebsverfassungsrecht aus den allgemeinen Grundsätzen, wonach in rechtlichen Beziehungen jeder Teil die Handlungen vorzunehmen hat, die der Sinn- und Zwecksetzung des Rechtsverhältnisses dienen, und entsprechend die seine Zwecksetzung beeinträchtigenden Handlungen zu unterlassen hat, so ergeben sich auch die Grenzen für die Geltendmachung solcher Ansprüche zwanglos aus der Teleologie des Anspruches selbst.

a) Störung der gesetzlichen Kompetenzordnung

Ebenso wie bei den leistungssichernden Nebenpflichten für die Bestimmung von deren Inhalt und Umfang sowie für die Frage der selbständigen Klagbarkeit der Zweck des Vertrages sowie die Gläubiger- und Schuldnerinteressen zu berücksichtigen sind[156], ergeben sich Schranken für die Abwehr von Kompetenzeingriffen im Wege des Unterlassungsanspruches aus der Intention der vom AktG bzw. vom BetrVG geschaffenen Ordnung. Sieht das Gesetz die Wahrung der Kompetenzordnung als den einzig möglichen Weg zur Erreichung des angestrebten Interessenausgleichs an, so darf sich auch die Durchsetzung der Befugnisse des Funktionsträgers hierzu nicht in Widerspruch setzen. Zunächst

---

155 Vgl. a. *Wiese* GK-BetrVG § 87 Rz 532.

156 *Henckel*, AcP 174 (1974), 97, 111 f.; *Medicus*, Bürgerliches Recht, Rz 208; *Soergel-Teichmann* § 242 Rz 164.

muß daher der Übergriff einen Bereich betreffen, der gerade dem Funktionsträger, der den Anspruch geltend macht, zur eigenverantwortlichen Wahrnehmung gegenüber den übrigen Funktionsträgern zugewiesen ist[157]. Daß dieser Aspekt dem geltenden Betriebsverfassungsrecht nicht fremd ist, zeigt ein Blick auf die Regelung des § 77 Abs. 1 Satz 2 BetrVG. Wenn dort dem Betriebsrat der einseitige Eingriff in die Leitung des Betriebes untersagt ist, dann doch gerade deshalb, weil die Leitung allein dem Arbeitgeber vorbehalten bleiben soll, also einen Bestandteil seines gegenüber den Einwirkungen des anderen Funktionsträgers "abgeschotteten Zuständigkeitsbereiches"[158] bildet. Im Aktienrecht wird darüber hinaus teilweise eine Befugnis des Aufsichtsrats angenommen, bei einer Betätigung des Vorstandes außerhalb des satzungsgemäßen Unternehmensgegenstandes - was grundsätzlich eine von der Hauptversammlung gem. § 119 Abs. 1 Nr.5 AktG zu beschließende Satzungsänderung voraussetzen würde - auf Unterlassung zu verklagen, obwohl in diesem Falle nur die Kompetenz der Hauptversammlung verletzt ist[159]. Im Betriebsverfassungsrecht dürfte eine solche Konstellation kaum jemals virulent werden. Vergleichbar wäre insoweit etwa ein Einschreiten des Betriebsrats, wenn der Arbeitgeber Rechte des einzelnen Arbeitnehmers gem. §§ 81 ff. BetrVG verletzt. Ein solcher Anspruch würde aber bereits daran scheitern, daß es sich bei den genannten Pflichten ihrem Wesen nach um individualrechtliche Pflichten handelt, die auf die Machtbalance zwischen Arbeitgeber und Betriebsrat und daher auf den intendierten Interessenausgleich keinen Einfluß haben[160]. Hieran ändert sich nichts dadurch, daß der Betriebsrat im Beschwerdeverfahren gem. §§ 84, 85 BetrVG eingeschaltet werden kann und u.a. gem. § 85 Abs. 3 BetrVG einen Anspruch gegen den Arbeitgeber auf Unterrichtung über die Behandlung der Beschwerde hat. Der Betriebsrat wird insoweit nur unterstützend zur Durchsetzung der bestehenden individualrechtlichen Ansprüche des Arbeitnehmers tätig. Allenfalls bestehen durch die Einschaltung eigene Rechte des Arbeitnehmers gegenüber dem Betriebsrat gem. § 85 Abs. 1 BetrVG.

---

157 *Bauer*, Organklagen, S.101; *Bork*, ZGR 1989, 1, 19 f.; *Hommelhoff*, ZHR 143 (1979), 288, 307 f.; *Lewerenz*, Leistungsklagen, S.90, 119; *Pflugradt*, Leistungsklagen, S.125.

158 So die Formulierung bei *Bork* ZGR 1989, 1, 19.

159 *Hommelhoff*, ZHR 143 (1979), 288, 310 f.; *Pflugradt*, Leistungsklagen, S.125 f.; abl. *Bork*, ZGR 1989, 1, 20.

160 Was allerdings nichts daran ändert, daß es sich um Pflichten aus dem Betriebsverfassungsgesetz handelt, deren Verletzung im Falle des groben Verstoßes vom Betriebsrat gem. § 23 Abs. 3 BetrVG geltend gemacht werden kann; *Dietz/Richardi* § 23 Rz 69; *Fitting/Auffarth/Kaiser/Heither* § 23 Rz 46; *Galperin/Löwisch* vor § 81 Rz 10; *Wiese* GK-BetrVG § 23 Rz 132; a.A. *Heinze*, Betr 1983, Beil. 9, S.12, 16; *Konzen*, Leistungspflichten, S.71 f., die beide allerdings bestimmte Tatbestände ausnehmen; gänzlich abl. *K.Weber*, Erzwingungsverfahren, S.102 ff.

Aus dem Erfordernis der Verletzung der Kompetenzordnung ergibt sich außerdem, daß die Übertragung der schuldrechtlichen Grundsätze keine Befugnis zu einer allgemeinen Rechtmäßigkeitskontrolle gewährt, die den Aufsichtsrat oder den Betriebsrat berechtigen würde, bei jeglichem rechtswidrigen Verhalten des Vorstandes bzw. des Arbeitgebers einzuschreiten[161]. Im Aktienrecht wird diese Ablehnung einer allgemeinen Verhaltenskontrolle insbesondere damit begründet, daß ansonsten die gem. § 76 Abs. 1 AktG garantierte Eigenverantwortlichkeit der Geschäftsführung des Vorstands tangiert und damit die aktienrechtliche Kompetenzordnung nicht gewahrt, sondern erheblich gestört würde, die Intention des Rechtsschutzes gegen Kompetenzüberschreitungen also geradezu in ihr Gegenteil verkehrt würde.

Ähnliche Überlegungen finden sich auch im Betriebsverfassungsrecht. So hat gem. § 80 Abs. 1 Nr.1 BetrVG der Betriebsrat die Aufgabe, über die Einhaltung der zugunsten der Arbeitnehmer bestehenden Schutzvorschriften zu wachen. Nach ganz h.M. gewährt ihm diese Überwachungsaufgabe aber keinen durchsetzbaren Anspruch gegenüber dem Arbeitgeber auf Einhaltung der genannten Vorschriften[162]. Der Betriebsrat kann also vom Arbeitgeber nicht das in den Schutznormen vorgeschriebene Tun oder Unterlassen verlangen, vielmehr ist dies die Aufgabe des einzelnen Arbeitnehmers, dem hieraus konkrete Ansprüche erwachsen, da ansonsten individualrechtliche Ansprüche in das kollektivrechtliche Verhältnis zwischen Arbeitgeber und Betriebsrat verlagert würden[163].

Der Gesichtspunkt der Wahrung der Kompetenzordnung leitet unmittelbar zu einer weiteren Grenze der Ansprüche auf Unterlassung rechtswidriger Maßnahmen durch einen Funktionsträger über.

---

161 Insoweit ganz h.M. im aktienrechtlichen Schrifttum, *Bauer*, Organklagen, S.119 ff.; *Bork*, ZGR 1989, 1, 20 ff.; *Häsemeyer*, ZHR 144 (1980), 265, 279 f.; *Pflugradt*, Leistungsklagen, S.117 ff., insbes. S.120 f.; *K.Schmidt*, ZZP 92 (1979), 212, 231; *Steinbeck*, Überwachungspflicht, S.194 ff., 200; a.A. nur *Raiser*, ZGR 1989, 44, 63 ff.; ders., AG 1989, 185, 188 f.; diesem zust. *Stodolkowitz*, ZHR 154 (1990), 1, 11 f. für den Fall des Verstoßes gegen konkrete, in Gesetz oder Satzung ausformulierte Verhaltenspflichten; w.N. bei *Bork*, ZGR 1989, 1, 21 Fn 86; identisch ist die Argumentation zum Kommunalverfassungsstreit, wo ebenfalls eine allgemeine Rechtmäßigkeitskontrolle abgelehnt wird, vgl. *Bethge* in Handbuch der kommunalen Wissenschaft und Praxis, § 29 II 2 c, S.192 f.; *Stober*, Kommunalrecht, § 5 IX, S.98.

162 BAG, AP Nr.26 zu § 80 BetrVG 1972 Bl.3 R unter IV 2; AP Nr.17 zu § 87 BetrVG 1972 Lohngestaltung Bl.5 unter B III 2; Beschl. vom 18.6.1991, Betr 1991, 2086 unter B II 4; *Dietz/Richardi* § 80 Rz 13 ff.; *Fitting/Auffarth/Kaiser/Heither* § 80 Rz 9; *Galperin/Löwisch* § 80 Rz 13; *Kraft* GK-BetrVG § 80 Rz 28 f.

163 BAG, AP Nr.26 zu § 80 BetrVG 1972 unter IV 2; *Kraft* GK-BetrVG § 80 Rz 28.

b) Kein Eingriff in einen fremden Kompetenzbereich durch den Unterlassungsanspruch

Die zweite Voraussetzung eines Unterlassungsanspruches besteht darin, daß das von dem in Anspruch genommenen Funktionsträger verlangte Verhalten nicht in dessen (alleinigen) Kompetenzbereich fallen, mithin die gerichtliche Durchsetzung diesen Kompetenzbereich nicht verletzen darf[164]. Die "Organklage" darf also nicht dazu führen, daß in den Kompetenzbereich eines anderen Organs eingegriffen wird. So dürfen dem Funktionsträger nicht Handlungen aufgezwungen werden, über deren Vornahme zu entscheiden nach der Funktionsaufteilung allein Sache des Funktionsträgers selbst ist. Häsemeyer hat hierfür den Satz geprägt, daß "jede Kompetenzanmaßung ... die Kompetenzordnung im ganzen (stört)"[165]. Dies gilt naturgemäß auch für eine Kompetenzanmaßung im Wege der Organklage. Die Durchsetzung der Unterlassungspflicht ist also nur dort mit dem Zweck der Rechtsbeziehungen zwischen den Funktionsträgern vereinbar, wo der in Anspruch Genommene ohnehin nicht allein zum Handeln befugt ist, also ausschließlich sein Handeln die Verletzung der gesetzlichen Ordnung bewirkt, so daß durch das Unterlassungsgebot diese lediglich wiederhergestellt wird. Pflugradt fordert insoweit zutreffend, daß die Klage einen "integrativen, die mit der Kompetenzordnung verfolgte Zusammenordnung fördernden Effekt" haben müsse[166].

Anhand dieser Voraussetzung können zugleich die von Konzen[167] vorgebrachten Einwände gegen die hier vertretene Übertragbarkeit der schuldrechtlichen Grundsätze auf das Betriebsverfassungsrecht entkräftet werden. Konzen führt aus, daß Prämisse des Rechtsschutzes in Form des Anspruches auf Erfüllung der vertraglichen Nebenpflicht sei, daß die Hauptleistungspflicht über die Nebenpflicht inhaltlich hinausgehe. Im Bereich der Informations- und Beratungsrechte des Betriebsrats (auf die sich die Ausführungen allein beziehen) sei das Verhältnis aber umgekehrt. Leite man aus der Pflicht, den Betriebsrat vor der Durchführung einer Maßnahme zu unterrichten, im Falle der Verletzung der Pflicht einen Anspruch auf Unterlassung der beabsichtigten Maßnahme ab, die Gegenstand der Unterrichtung sein sollte, so gehe dieser Unterlassungsan-

---

164 *Bauer*, Organklagen, S.92; *Häsemeyer*, ZHR 144 (1980), 265, 279 f.; *Pflugradt*, Leistungsklagen, S.108; *K.Schmidt*, ZZP 92 (1979), 212, 232; *Stodolkowitz*, ZHR 154 (1990), 1, 9; vgl. a. *Grunewald*, Betr 1981, 407 ff. für die Klage auf ordnungsgemäße Geschäftsführung in der GmbH.

165 *Häsemeyer*, ZHR 144 (1980), 265, 280.

166 *Pflugradt*, Leistungsklagen, S.108.

167 *Konzen*, Leistungspflichten, S.90.

spruch über den Inhalt der Nebenpflicht, nämlich der Informationspflicht, hinaus[168].

Dem ist zuzustimmen, allerdings kann dies nicht zur völligen Ablehnung der gesamten Konzeption führen. Vielmehr läßt sich der konkrete Fall auch bei Übertragung der schuldrechtlichen Grundsätze einer angemessenen und mit dem System der Beteiligungsrechte des BetrVG konformen Lösung zuführen. Beispielhaft sei hierfür der Fall genannt, daß ein Automobilunternehmen mit mehreren Betrieben die Produktion rationalisieren und hierzu die Lagerung von Zubehörteilen nicht mehr in jedem Betrieb gesondert, sondern für alle Betriebe in einem Betrieb zentral durchführen lassen und deshalb diesen Betrieb völlig von der Produktion auf Verwaltung und Lagerhaltung umstellen möchte. Dabei dürfte es sich um eine grundlegende Änderung des Betriebszweckes und somit eine Betriebsänderung i.S. des § 111 S.2 Nr.4 BetrVG handeln. Unterrichtet der Arbeitgeber den Betriebsrat hiervon nicht rechtzeitig, so kann der Betriebsrat zunächst sicher seinen Informationsanspruch gerichtlich durchsetzen, indem er auf Unterrichtung und Durchführung eines Beratungsgespräches klagt[169]. Dies ändert aber nichts daran, daß dem Betriebsrat bei der Frage des "Ob" der Betriebsänderung ein Mitbestimmungsrecht nicht zusteht, diese Entscheidung also nach der Funktionsaufteilung des Gesetzes allein der freien unternehmerischen Entscheidung des Arbeitgebers unterliegt[170]. Könnte der Betriebsrat dem Arbeitgeber nun untersagen lassen, die Umstellung auf die Lagerhaltung durchzuführen, würde er in diesen Kompetenzbereich eingreifen. Ein solcher Anspruch ist folglich bei Übertragung der im Schuldrecht zur Durchsetzung von Nebenpflichten entwickelten Grundsätze abzulehnen[171], weil hierdurch die Kompetenzordnung und damit die Herstellung des gesetzlich intendierten Gleichgewichts nicht gefördert, sondern im Gegenteil gefährdet würde. Gleiches muß im übrigen für den Fall gelten, daß der Arbeitgeber entgegen seinen in § 112 BetrVG normierten Pflichten nicht mit dem Betriebsrat über einen Interessenausgleich verhandelt, bevor er die Betriebsänderung durchführt, oder das Einigungsverfahren nicht durchführt. Auch hier würde ein Anspruch des Betriebsrats auf Unterlassung der Betriebsänderung bis zur Durchführung des vorgesehenen Verfahrens über die zu sichernde Kompetenz hinausschießen und in den eigenverantwortlichen Bereich des Arbeitgebers eingreifen, da der Arbeitgeber die Maßnahme auch gegen den Willen des Betriebsrats durchführen

---

[168] *Konzen*, Leistungspflichten, S.90.

[169] Vgl. hierzu oben 2.Teil B II 2, 3.

[170] *Schlochauer*, JArbR Bd. 20 (1983), S.61, 69 ff.; *Wiese* GK-BetrVG § 23 Rz 125.

[171] Ebenso *Dütz*, Betr 1984, 115, 126; *Wiese* GK-BetrVG § 23 Rz 125.

kann[172]. Hierbei kommt es folglich nicht darauf an, ob § 113 BetrVG bereits eine abschließende Sanktion für die Pflichtverletzungen des Arbeitgebers im Zusammenhang mit dem Interessenausgleich darstellt[173]. Die entsprechende Anwendung der Regeln über die Klagbarkeit von Nebenpflichten führt also auch hier zum systematisch zutreffenden Ergebnis.

Die Forderung, daß das mit dem Unterlassungsanspruch geforderte Handeln die Kompetenzordnung wiederherstellen müsse und nicht seinerseits verletzen dürfe, führt damit zurück zum anfangs[174] verwendeten Bild der Wirkungskreise. Kennzeichnend für die Störung der gesetzlichen Kompetenzordnung ist, daß der Wirkungskreis eines Organs in unzulässiger Weise ausgedehnt wird und damit in den Wirkungskreis eines anderen eingreift bzw. diesen überlagert. Der Abwehranspruch darf dann aber seinerseits tatsächlich nur zur Wiederherstellung der Grenze der beiderseitigen Wirkungskreise führen, nicht dagegen dazu, daß das den Anspruch geltend machende Organ hierdurch seinerseits den eigenen Wirkungskreis über den von der inneren Ordnung gezogenen Rahmen hinaus zu Lasten des anderen Organs ausdehnt.

Daran, daß diese Problematik ausgeblendet wird, krankt unter anderem der Ansatz von Sacher[175], der in enger Anlehnung an die Thesen Pickers zum negatorischen Beseitigungsanspruch einen Unterlassungsanspruch aus § 1004 BGB analog herleiten will. Ausgangsthese ist dabei, daß sich die Beeinträchtigung i.S. des § 1004 Abs. 1 BGB nur feststellen lasse, wenn man neben dem von dem Betroffenen erlittenen Nachteil zugleich die Position des Gegners in die Betrachtung einbeziehe und insoweit auf die rechtliche und nicht die rein faktische Verletzung des Eigentums abstelle[176]. Kennzeichnend für die Beeinträchtigung sei, daß das Eigentum durch eine fremde Rechtssphäre überlagert werde[177]. Der Anspruch knüpfe also an die Überlagerung zweier Rechtskreise an, deren Rechtswidrigkeit darin zum Ausdruck komme, daß die Rechtsmacht des Berechtigten in unzulässiger Weise beschnitten werde und der "Störer" sich andererseits mehr an Rechtsmacht anmaße, als ihm nach der Rechtsordnung

---

172 Ebenso *Eich*, Betr 1983, 657, 661; *Heinze*, Betr 1983, Beil. 9, S.21; *Konzen*, Leistungspflichten, S.91; *Schlochauer*, JArbR Bd. 20 (1983), S.61, 69 ff.; *Wiese* GK-BetrVG § 23 Rz 125; a.A. LAG Frankfurt/M, Betr 1983, 613; LAG Hamburg, Betr 1983, 2369 ff.; *Blanke* in DKKS § 23 Rz 83; *Dütz*, Betr 1984, 115, 126 f.; *Derleder*, AuR 1985, 65, 77; *Trittin*, Betr 1983, 230 f.

173 Hierzu *Hanau*, NZA 1985, Beil. 2, S.12; *ders.*, JuS 1985, 360, 363 f.; *Konzen*, Leistungspflichten, S.91, 105; *Schlochauer*, JArbR Bd.20 (1983), S.61, 72 f.; *Wiese* GK-BetrVG § 23 Rz 126.; *Zöllner/Loritz*, ArbR, § 46 III 6, S.489.

174 2.Teil B I.

175 Unterlassungsanspruch, S.75 ff.

176 *Picker*, Der negatorische Beseitigungsanspruch, S.49 f.

177 *Picker*, Der negatorische Beseitigungsanspruch, S.50.

zustehe[178]. Ziel des Beseitigungsanspruches sei es also, die Überlagerung der Rechtskreise zugunsten des Berechtigten aufzuheben und die Rechtskreise des "Störers" wieder auf das rechtmäßige Maß zurückzuschneiden, so daß sich die Kreise nicht mehr überlagern, sondern berühren. In diesem Zweck der Wiederherstellung der rechtmäßigen Güterzuordnung entspreche der Beseitigungsanspruch dem Bereicherungsanspruch aus § 812 Abs. 1 BGB[179].

Unabhängig davon, ob dem Pickerschen Ansatz für das Verständnis des § 1004 Abs. 1 BGB zu folgen ist[180], greift zumindest dessen unbesehene Übertragung auf das Betriebsverfassungsrecht in jedem Falle zu kurz. Dies gilt insbesondere für die durch § 1004 Abs. 1 BGB angeordnete Rechtsfolge, daß jede Beeinträchtigung einen Anspruch auf Wiederherstellung der beiderseitigen Rechtskreise nach sich zieht[181]. Insoweit wirkt sich nämlich die Tatsache aus, daß dem Funktionsträger in seinem Rechtskreis nicht bestimmte Rechtsgüter zugeordnet sind, deren Bestand gesichert werden könnte, sondern daß es sich um die Gewährung einer Entscheidungspartizipation handelt[182]. Die Partizipationsrechte sind aber nicht durch einen geschützten Bestand an Rechtsgütern, also ein statisches Moment, sondern wesentlich durch ein zeitliches, also ein dynamisches Moment definiert. Ihr Zweck besteht darin, den Betriebsrat zu einem bestimmten Zeitpunkt in die innerbetriebliche Entscheidungsfindung einzuschalten, um die Interessen der Arbeitnehmer einbringen zu können. Folge dieser zeitlichen Dimension ist es aber, daß in den Fällen, in denen die Einschaltung des Betriebsrats nicht zum vorgesehenen Zeitpunkt oder gar nicht erfolgt, eine Nachholung der Mitwirkung häufig dem Zweck des Beteiligungsrechtes nicht mehr gerecht wird, die Wiederherstellung der Integrität des Rechtskreises des Betriebsrats also zugleich ein "Zurückdrehen der Uhr", mit anderen Worten die Rückabwicklung der bislang durchgeführten Maßnahmen erfordern würde.

Dies mag bei den echten Mitbestimmungsrechten, ohne deren Beachtung der Arbeitgeber eine Maßnahme überhaupt nicht durchführen darf, noch systemkonform begründbar sein. Hier ist der Betriebsrat nämlich an der Entscheidung selbst zu beteiligen. Zu denken ist insoweit etwa an Zustimmungsrechte des

---

178 *Picker*, Der negatorische Beseitigungsanspruch, S.50, 82 spricht von "faktischer Rechtsusurpation".

179 *Picker*, Der negatorische Beseitigungsanspruch, S.51 f., 157 ff.

180 Hierzu z.B. die Bedenken bei *Baur*, AcP 175 (1975), 177, 179 f.; abl. auch *Soergel/ Mühl* § 1004 Rz 29; *MünchKomm/Medicus* § 1004 Rz 23 ff.; *Picker* im wesentlichen zustimmend dagegen *Staudinger/Gursky* § 1004 Rz 1 ff.

181 Abl. auch neuerdings zur Anwendung des § 1004 Abs. 1 BGB im Bereich des aktienrechtlichen Organstreits, *Steinbeck*, Überwachungspflicht, S.199.

182 Hierzu oben 1.Teil C II 1.

Betriebsrats. Führt beispielsweise der Arbeitgeber ohne Zustimmung des Betriebsrats Personalfragebogen i.S. von § 94 Abs. 1 BetrVG ein, so widerspricht die gesamte Maßnahme der betriebsverfassungsrechtlichen Ordnung, weil sie nur im Zusammenwirken von Arbeitgeber und Betriebsrat durchgeführt werden darf. Bereits die Einführung des Fragebogens selbst lag somit außerhalb des geschützten Wirkungskreises des Arbeitgebers, so daß er hiermit seinen Wirkungskreis zu Lasten des Betriebsrats ausgedehnt hat und durch eine Untersagung der Verwendung der Fragebögen lediglich der Wirkungskreis auf ein rechtmäßiges Maß zurückgeschnitten, die "Rechtsusurpation" mithin beendet würde. Anders stellt sich die Situation bei den Unterrichtungs- und Beratungsrechten dar, bei denen der Betriebsrat lediglich im Rahmen des Willensbildungsprozesses beteiligt wird, während die inhaltliche Entscheidung in den alleinigen Kompetenzbereich des Arbeitgebers fällt. Informiert der Arbeitgeber etwa den Betriebsrat nicht über die Einführung von neuen Arbeitsverfahren, wozu er gem. § 90 Abs. 1 Nr.3 BetrVG verpflichtet wäre, und erfährt der Betriebsrat hiervon erst in dem Moment, in dem die Verfahren in die betriebliche Praxis umgesetzt werden sollen, so kann selbst eine nachgeholte Unterrichtung ihren Zweck nicht mehr erfüllen. Der Betriebsrat soll nämlich durch die Information in die Lage versetzt werden, vor der Umgestaltung des Arbeitsablaufes bereits im Planungsstadium darauf hinzuwirken, daß die Interessen der Arbeitnehmer an einer menschengerechten Gestaltung des Arbeitsplatzes Berücksichtigung finden[183]. Voraussetzung für eine Wiederherstellung der Wirkungskreise wäre also , daß die Vorbereitungen des Arbeitgebers ins Planungsstadium "zurückgefahren" werden, damit der Betriebsrat seine Beteiligungsrechte ordnungsgemäß ausüben kann. In letzter Konsequenz müßte notfalls dem Arbeitgeber zugleich die Einführung der neuen Verfahren bis zur Nachholung der Unterrichtung untersagt werden können. Dies hätte aber nicht mehr lediglich eine Wiederherstellung der beiderseitigen Wirkungskreise zur Folge, sondern die Wiederherstellung des Wirkungskreises des Betriebsrats ginge einher mit einer Verletzung des Wirkungskreises des Arbeitgebers, da die Entscheidung über das "Ob" der Einführung allein in den Bereich seiner freien unternehmerischen Entscheidung fällt. Der Betriebsrat kann die Einführung weder verhindern, noch kann er eine bestimmte Gestaltung erzwingen[184]. Dann würde aber die Untersagung der Maßnahme selbst eine Ausdehnung seines Wirkungskreises darstellen, die in Widerspruch zur betriebsverfassungsrechtlichen Ordnung stünde.

---

[183] *Dietz/Richardi* vor § 90 Rz 1 f.; *Fitting/Auffarth/Kaiser/Heither* § 90 Rz 1; *Klebe* in DKKS § 90 Rz 1; *Wiese* GK-BetrVG vor § 90 Rz 3.

[184] *Dietz/Richardi* § 90 Rz 18; *Fitting/Auffarth/Kaiser/Heither* § 90 Rz 7; *Galperin/Löwisch* § 90 Rz 8; *Wiese* GK-BetrVG § 90 Rz 20.

Das Zusammenspiel der Wirkungskreise läßt sich mithin nur adäquat erfassen, wenn man für den Anspruch zur Abwehr von Kompetenzverletzungen nicht auf den völlig anders gelagerten negatorischen Rechtsschutz des § 1004 Abs. 1 BGB, sondern auf das zugrunde liegende Rechtsverhältnis selbst zurückgreift, auf dem die wechselseitigen Rechte und Pflichten beruhen. Hieraus, konkret aus der zwischen den Organen oder Funktionsträgern bestehenden Kompetenzordnung, ergeben sich dann auch die Maßstäbe für den Umfang und die Rechtsfolgen von Abwehransprüchen. Folglich kann die Verletzung von Beteiligungsrechten des Betriebsrats auch sanktionslos bleiben, wenn die nachträgliche Durchsetzung notwendig mit einer Verletzung der Kompetenzordnung verbunden wäre. Allerdings ist zu beachten, daß diese Schranke - wie oben dargelegt wurde[185] - bei einer groben Verletzung der Pflichten durch den Arbeitgeber nicht gilt, ihm also in diesen Fällen weitergehende Einschränkungen seiner Wirkungskreise zugemutet werden können, etwa indem ihm nach einer groben Verletzung von Informationspflichten für die Zukunft die Durchführung einer Maßnahme vor Unterrichtung des Betriebsrats untersagt wird.

c) Das Bestehen eines konkreten Kompetenzkonfliktes

Nach seiner Zwecksetzung muß der auf die Abwehr kompetenzverletzender Maßnahmen gerichtete Anspruch sicherlich gegeben sein, wenn es um die Wahrung bzw. Wiederherstellung der Kompetenzordnung anläßlich eines konkreten Streitfalles geht. Fraglich ist dagegen, ob zugleich ähnlich wie in § 1004 Abs. 1 Satz 2 BGB die zukünftige Unterlassung vergleichbarer kompetenzverletzender Handlungen begehrt werden kann. Würde ein solcher Anspruch bejaht, würde sich genauso wie im Rahmen des § 23 Abs. 3 BetrVG die Frage stellen, ob hierfür wie in § 1004 Abs. 1 Satz 2 BGB die Besorgnis weiterer Beeinträchtigungen, mithin eine Wiederholungsgefahr Voraussetzung ist[186]. So hat etwa der 1.Senat des BAG in einer Entscheidung einen sog. allgemeinen Unterlassungsanspruch des Betriebsrats mit der Begründung abgelehnt, daß dieser, soweit man ihn überhaupt annerkennt, in die Zukunft gerichtet sei und eine Wiederholungsgefahr voraussetze, eine solche im konkreten Fall jedoch nicht gegeben sei[187].

Die Bedeutung der Fragestellung läßt sich sowohl anhand des Zustimmungsvorbehaltes des § 111 Abs. 4 Satz 2 AktG, als auch anhand des Mitbestimmungsrechtes des Betriebsrats gem. § 87 Abs. 1 BetrVG verdeutlichen.

---

185 Vgl. ausführlich oben 2.Teil B III 1, 3.

186 Hierzu oben 2.Teil B III 4 b.

187 BAG, Beschl. vom 23.4.1991, AP Nr.7 zu § 98 BetrVG 1972 = NZA 1991, 817, 820.

Man stelle sich etwa den Fall vor, daß die Satzung einer als AG konzipierten Konzernobergesellschaft vorsieht, daß personelle Veränderungen in der Geschäftsführung der Tochtergesellschaften nur mit Zustimmung des Aufsichtsrates durchgeführt werden dürfen. Eine solche personelle Umbesetzung ist für den Vorstand in einer Tochter-GmbH besonders einfach durchzuführen. Da die Bestellung und Abberufung von Geschäftsführern in einer (nicht mitbestimmten)[188] GmbH gem. § 46 Nr.5 GmbHG der Bestimmung durch die Gesellschafter unterliegt, mithin gem. §§ 47 Abs. 1, 48 Abs. 1 GmbHG im Wege des Beschlusses der Gesellschafterversammlung erfolgt, und der Vorstand als gesetzlicher Vertreter der AG gem. § 78 Abs. 1 AktG deren Befugnisse als Gesellschafterin der GmbH wahrnimmt, ist dem Vorstand eine Abberufung zumindest dann ohne weiteres möglich, wenn die AG in der Gesellschafterversammlung aufgrund des Umfanges ihrer Beteiligung die notwendige Stimmenmehrheit besitzt. Nicht zuletzt auf dieser ausgeprägten Möglichkeit der Einflußnahme auf eine abhängige Gesellschaft beruht die Beliebtheit der Beteiligung an einer GmbH als Mittel der Konzernbildung[189]. Beabsichtigt nun der Vorstand, den Geschäftsführer einer 100%igen Tochter-GmbH gem. § 38 Abs. 1 GmbHG abzuberufen, ohne vorher den Aufsichtsrat eingeschaltet zu haben, so könnte der Aufsichtsrat im Wege der Organklage verlangen, daß der Vorstand die Abberufung unterläßt bzw., wenn die Abberufung bereits vollzogen ist, den Geschäftsführer wieder in seine Position einsetzt. Zweifelhaft ist dagegen, ob der Aufsichtsrat gleichzeitig im Wege der Unterlassungsklage verlangen könnte, daß der Vorstand in Zukunft Abberufungen von Geschäftführern der Tochtergesellschaften unterläßt, soweit der Aufsichtsrat diesen nicht zugestimmt hat, selbst wenn eine weitere Umbesetzung weder geplant noch absehbar ist. Übertragen auf die Regelung des § 87 Abs. 1 BetrVG würde sich das Problem in vergleichbarer Weise stellen, wenn der Arbeitgeber etwa technische Überwachungseinrichtungen ohne Zustimmung des Betriebsrats einführt. Sofern man einen Anspruch zur Abwehr kompetenzverletzender Maßnahmen außerhalb des § 23 Abs. 3 BetrVG anerkennt, könnte der Betriebsrat vom Arbeitgeber verlangen, daß dieser die Einführung der Überwachungseinrichtungen, z.B. von Kameras in den Geschäftsräumen, unterläßt oder, soweit die Kameras bereits installiert sind, diese wieder beseitigt, solange er der Maßnahme nicht zugestimmt hat oder die Zustimmung durch den Spruch der Einigungsstelle gem. § 87 Abs. 2 BetrVG ersetzt worden ist, da insoweit ein Mitbestimmungsrecht gem. § 87 Abs. 1 Nr.6 BetrVG besteht. Zweifelhaft wäre dagegen, ob gleichzeitig ein in die Zukunft gerichteter Anspruch auf Unterlassung

---

188 In der mitbestimmten GmbH liegt die Befugnis gem. § 31 Abs. 1 MitbestG, § 84 Abs. 3 AktG beim Aufsichtsrat.

189 *K.Schmidt*, Gesellschaftsrecht, § 36 I 2 a, S.892.

vergleichbarer Überwachungsmaßnahmen besteht, obwohl ein grober Verstoß nicht vorliegt und konkret keine weiteren Maßnahmen geplant sind.

Die Antwort läßt sich wiederum nur finden, wenn man die Teleologie des Anspruches sowie seine Herleitung aus dem allgemeinen Schuldrecht berücksichtigt. Der Anspruch dient zunächst der Wahrung und Wiederherstellung der gesetzlichen Kompetenzordnung und damit dem Zweck des Rechtsverhältnisses, zwischen den Funktionsträgern ein gewisses Kräfteverhältnis zu etablieren. Eine Gefährdung oder Verletzung der Kompetenzordnung kann sich aber nur anläßlich eines konkreten Sachverhaltes ergeben. Auch dies unterscheidet den Anspruch zur Abwehr von Kompetenzverletzungen von der actio negatoria des § 1004 Abs. 1 BGB. Während die in § 1004 Abs. 1 BGB geschützten Rechtsgüter unabhängig von einem konkreten Sachverhalt bestehen, weil sie Bestandteil des Rechtskreises ihres Inhabers sind, und folglich auch jederzeit verletzbar sind, können Kompetenzen nur in bezug auf einzelne Maßnahmen begründet werden. Dem jeweiligen Funktionsträger sind nämlich durch Kompetenzen Gestaltungsmöglichkeiten eingeräumt. Die Kompetenzverletzung bewirkt also, daß ihm diese Gestaltungsmöglichkeit genommen wird. Gestaltung setzt andererseits einen konkret zu gestaltenden Gegenstand voraus. Bereits dies spricht dafür, den Anspruch nur zu gewähren, wenn anläßlich eines konkreten Sachverhaltes eine Verletzung von Kompetenzen erfolgt ist oder unmittelbar drohend bevorsteht.

Diese Überlegung wird durch einen Rekurs auf die obigen Ausführungen zur Herleitung des Anspruches aus dem allgemeinen Schuldrecht bestätigt. Dort wurde darauf hingewiesen, daß bei schuldrechtlichen Austauschverträgen einer Gefährdung bzw. Vereitelung des Vertragszweckes durch die Verletzung leistungssichernder Nebenpflichten im Wege der einstweiligen Verfügung gem. §§ 935, 938 ZPO durch einstweilige Anordnungen begegnet werden kann. Aus diesem Grunde wird auch von denjenigen, die eine selbständige Durchsetzbarkeit der Nebenpflichten ohne Unterschied grundsätzlich bejahen, eine Klagbarkeit der leistungssichernden Nebenpflichten abgelehnt, soweit der Schutz der einstweiligen Verfügung reicht[190]. Der Anspruch zur Abwehr kompetenzverletzender Maßnahmen stößt also gerade in die Lücke, die die einstweilige Verfügung im Verhältnis zwischen Funktionsträgern läßt, weil es in dieser Beziehung an einem schuldrechtlichen Primäranspruch fehlt, die Rechte und Pflichten vielmehr nur in einer Entscheidungspartizipation bestehen, die entsprechend nur verfahrensmäßig abgesichert ist. Dann kann der Anspruch aber von seinem Anwendungsbereich nicht weiter sein als die einstweilige Verfügung. Diese setzt voraus, daß ein konkreter Sachverhalt vorgetragen werden kann,

---

190 *Stürner*, JZ 1976, 390 f.; *Soergel/Teichmann* § 242 Rz 174.

aus dem sich das Bestehen eines Anspruches ergibt, zu dessen Sicherung eine Anordnung im Wege des einstweiligen Rechtsschutzes erforderlich ist[191].

Für den Anspruch zur Abwehr kompetenzverletzender Maßnahmen kann somit nichts anderes gelten. Er besteht folglich nicht wie § 1004 Abs. 1 Satz 2 BGB als in die Zukunft gerichteter Anspruch. Im Rahmen der sog. actio negatoria wird zumeist angenommen, daß nach einer einmal einegetretenen Rechtsgutsverletzung eine Vermutung für das Vorliegen der Wiederholungsgefahr spreche, die vom Störer zu widerlegen sei, so daß der Vortrag eines konkreten Gefährdungstatbestandes entbehrlich ist[192]. Dagegen setzt der negatorische Rechtsschutz von Funktionsträgern einen konkreten Regelungsgegenstand voraus, in bezug auf den eine unmittelbar bevorstehende oder bereits eingetretene Kompetenzverletzung geltend gemacht wird. Er unterscheidet sich insoweit von dem negatorischen Rechtsschutz im Bereich der absolut geschützten Rechtsgüter.

d) Das Fehlen einer ausdrücklichen gesetzlichen Regelung zur Lösung des Kompetenzkonfliktes - die Frage nach der Gesetzeslücke

Schließlich hat der Anspruch eine negative Voraussetzung. Er ist nur gegeben, wenn in den Rechtsbeziehungen zwischen den Funktionsträgern nicht bereits eine Regelung zur Lösung des Kompetenzkonfliktes vorgesehen ist[193]. Dieser Grundsatz findet sich ebenfalls bereits in der Lehre von der Erzwingbarkeit schuldrechtlicher Nebenpflichten wieder. Auch dort ist anerkannt, daß eine Klagbarkeit dann ausscheidet, wenn dem Gesetz zu entnehmen ist, daß der Gläubiger auf repressive Maßnahmen, insbesondere auf Schadensersatzansprüche beschränkt sein soll[194]. Der BGH hat in der Holzmüller-Entscheidung darauf hingewiesen, daß eine Aktionärsklage dann nicht in Betracht komme, wenn der Sinn einer aktienrechtlichen Bestimmung gerade darin bestehe, diese Rechtsverfolgung auszuschließen[195]. Im Aktienrecht läßt sich die Bedeutung

---

[191] *Stein/Jonas/Grunsky* § 935 Rz 11 ff.; *Thomas/Putzo* § 935, 3; *Zöller/Vollkommer* § 935 Rz 10 ff.

[192] RGZ 125, 391, 393; BayObLG, NJW-RR 1987, 1040, 1041; *MünchKomm/Medicus* § 1004 Rz 81; *Münzberg*, JZ 1967, 689, 690; *Palandt/Bassenge* § 1004 Rz 29; *Staudinger/Gursky* § 1004 Rz 154; *Soergel/Mühl* § 1004 Rz 166.

[193] Vgl. zur Lage im Aktienrecht *Bork*, ZGR 1989, 1, 20; *Götz*, ZGR 1990, 645; *Häsemeyer*, ZHR 144 (1980), 265, 282 f.; *Hommelhoff*, ZHR 143 (1979), 288, 312; *Lewerenz*, Leistungsklagen, S.96 ff., 120.

[194] *Soergel-Teichmann* § 242 Rz 174.

[195] BGHZ 83, 122, 127.

dieser Schranke besonders plastisch am Beispiel des Zustimmungsvorbehaltes des § 111 Abs. 4 Satz 2 AktG verdeutlichen. Verweigert der Aufsichtsrat seine Zustimmung, so kann der Vorstand gem. § 111 Abs. 4 Satz 3 AktG einen Beschluß der Hauptversammlung über die Ordnungsmäßigkeit der Zustimmungsverweigerung herbeiführen. Die Hauptversammlung beschließt insoweit darüber, ob der Aufsichtsrat von seinem rechtmäßig bestehenden Vorbehalt ordnungsgemäß Gebrauch gemacht hat[196]. Erreicht der Vorstand nicht die gewünschte Mehrheit in der Hauptversammlung, kann er gegen die Zustimmungsverweigerung nicht zusätzlich noch gerichtlich im Wege der Organklage vorgehen. Andererseits darf der Zustimmungsvorbehalt nicht so umfassend sein, daß der Aufsichtsrat entscheidend in die Geschäftsführung eingeschaltet ist, weil dies gegen den Grundsatz der Eigenverantwortlichkeit der Geschäftsführung gem. § 76 Abs. 1 AktG verstoßen würde[197]. Würde also der Aufsichtsrat die Zustimmungsbedürftigkeit durch Beschluß gem. § 111 Abs. 4 Satz 2 AktG über diese Grenze hinaus ausweiten, so kann hierüber die Hauptversammlung nicht mehr beschließen, da deren Kompetenz nicht die Beurteilung der Zulässigkeit des Zustimmungsvorbehaltes als solchen erfaßt. Dann muß dem Vorstand aber die Möglichkeit offenstehen, gegen den Eingriff in seine Geschäftsführung gerichtlichen Schutz zu erlangen[198].

Ebenso wird man in § 101 BetrVG eine solche Sonderregelung für den Bereich der Mitbestimmung des Betriebsrats bei personellen Einzelmaßnahmen zu sehen haben[199]. Die Vorschrift gewährt dem Betriebsrat gerade Rechtsschutz für die Fälle, in denen der Arbeitgeber unter Mißachtung des Mitbestimmungsrechtes die personelle Maßnahme durchführt und damit die gesetzliche Kompetenzordnung verletzt. Sollte insoweit eine Schutzlücke feststellbar sein, wären also bestimmte mitbestimmungswidrige Maßnahmen des Arbeitgebers im Bereich der personellen Einzelmaßnahmen nicht im Wege des Verfahrens nach § 101 BetrVG zu verhindern, wäre folglich ein Rückgriff auf die allgemeinen Grundsätze, insbesondere die Geltendmachung eines Anspruches auf Unterlassung der kompetenzverletzenden Maßnahme verwehrt[200]. So läßt sich im Hinblick auf die gesetzlich geregelte Möglichkeit, die Aufhebung der personellen Maßnahme durchsetzen zu können, ein vorbeugender Anspruch auf

---

196 *Bork*, ZGR 1989, 1, 20.

197 *Geßler* in Geßler/Hefermehl § 111 Rz 65 ff.; *Mertens* in Kölner Kommentar § 111 Rz 61; *Meyer-Landrut* GK-AktG § 111 Anm. 15; *Steinbeck*, Überwachungspflicht, S.150 f.; *Stodolkowitz*, ZHR 154 (1990), 1, 15.

198 *Häsemeyer*, ZHR 144 (1980), 265, 282 f.; *Hommelhoff*, ZHR 143 (1979), 288, 308 f.; *Stodolkowitz*, ZHR 154 (1990), 1, 15.

199 Ebenso *Derleder*, AuR 1983, 289, 302; *Zöllner/Loritz*, ArbR, § 46 III 6, S.489.

200 A.A. *Leisten*, BB 1992, 266, 272; *Sacher*, Unterlassungsanspruch, S.97 ff.

Unterlassung der Maßnahme, etwa auf Unterlassung der Beschäftigung eines ohne Zustimmung eingestellten Arbeitnehmers, nicht begründen[201]. Im Grunde ist diese Aussage eine Folgerung aus dem Prinzip, daß dort, wo der Gesetzgeber für einen speziellen Fall eine bestimmte Wertentscheidung getroffen hat, die die bestehende spezifische Interessenlage berücksichtigt, diese Wertentscheidung nicht durch allgemeine Regeln konterkariert werden darf, eben weil die Wertung gerade auf der Besonderheit, der Andersartigkeit der konkreten Situation gegenüber den Regelfällen beruht.

Methodisch läßt sich dieses Merkmal einer elementaren Voraussetzung der gesetzesimmanenten Rechtsfortbildung zuordnen. Zwar bedarf es, da es sich nach dem Gesagten um eine gesetzesimmanente Rechtsforbildung handelt, keines unabweisbaren Verkehrsbedürfnisses für die Begründung der Rechtsfortbildung. Deshalb ist es unerheblich, ob ein solches Bedürfnis trotz der Existenz des Anspruches aus § 23 Abs. 3 BetrVG bejaht werden kann[202]. Voraussetzung für die gesetzesimmanente Rechtsfortbildung ist aber das Bestehen einer Gesetzeslücke. Es muß sich also um eine planwidrige Unvollständigkeit des Gesetzes dergestalt handeln, daß nach der gesetzesimmanenten Teleologie und Regelungsabsicht eine Regelung der in Frage stehenden Problematik zu erwarten gewesen wäre[203]. Dagegen genügt es nicht, daß die Ergänzung um die entsprechende Regelung aufgrund außerhalb der Teleologie des Gesetzes liegender Wertungen als wünschenswert oder erforderlich angesehen wird. Man mag das Gesetz insoweit rechtspolitisch als fehlerhaft ansehen, unvollständig ist es aber nach seiner eigenen Konzeption gerade nicht. Folglich ist eine Gesetzeslücke zu verneinen, wenn das Gesetz für den maßgeblichen Sachverhalt ausdrücklich eine Regelung, wenn auch mit anderem Inhalt, getroffen hat. Dabei kann die "Regelung" auch in einer Nichtregelung bestehen. Läßt sich aus dem Schweigen des Gesetzes ableiten, daß keine entsprechende Regelung gewollt ist (sog. beredtes Schweigen des Gesetzes), so ist die Regelung nicht unvollständig, eine Rechtsfortbildung wäre mithin unzulässig, weil sie über die gesetzesimmanente Teleologie hinausgehen würde[204].

Die Feststellung einer Gesetzeslücke zur Rechtsfortbildung ist zwar gegenüber der Lückenausfüllung logisch vorrangig, da eine Lückenfüllung ohne eine ausfüllungbedürftige Regelung nicht denkbar ist. Dennoch handelt es sich um Vorgänge, die miteinander verwoben sind und fließende Übergänge aufweisen.

---

201 A.A. Sacher, Unterlassungsanspruch, S.96 ff., der allerdings die Lückenproblematik kaum diskutiert.

202 Hierzu *Konzen*, Leistungspflichten, S.46 f.

203 *Canaris*, Die Feststellung von Lücken im Gesetz, S.31 ff.; *Larenz*, Methodenlehre, S.374 f.

204 Zum sog. beredten Schweigen *Engisch*, Einführung in das juristische Denken, S.141; *Larenz*, Methodenlehre, S.374 f.

So kann bereits die Feststellung der für die Lückenausfüllung notwendigen Vergleichbarkeit der Interessenlagen zu dem Schluß führen, daß aufgrund der Gleichartigkeit der Fälle beide nach den gleichen Grundsätzen zu behandeln sind, das Fehlen einer entsprechenden Regelung in dem einen Fall also eine Lücke darstellt[205]. Insbesondere bei der Ergänzung des Gesetzes im Hinblick auf ein allgemeines Prinzip ist die Feststellung des Prinzipes nicht nur Mittel der Lückenausfüllung, sondern zugleich Maßstab der Lückenfeststellung[206]. Die Analyse der Situation im Aktienrecht hat gezeigt, daß dort das Bedürfnis nach Ansprüchen bejaht wird, die im Verhältnis zwischen den Organen die Einhaltung der Kompetenzordnung und damit die Wahrung des Kräftegleichgewichts sicherstellen. Diese Wahrung des Kräftegleichgewichts ist der Zweck der zwischen den Funktionsträgern bestehenden Rechte und Pflichten, also der Zweck des Rechtsverhältnisses. Der Wahrung des Kräftegleichgewichts kommt damit dieselbe Bedeutung zu wie im schuldrechtlichen Austauschverhältnis dem Leistungszweck. Im Schuldrecht wird dieser Zweck durch leistungssichernde Nebenpflichten ergänzt, wobei gezeigt wurde, daß diese Nebenpflichten grundsätzlich selbständig durchsetzbar sind. Eine Grenze besteht nur insoweit, als der Leistungszweck bereits im Wege der einstweiligen Verfügung gem. §§ 935, 938 ZPO durchgesetzt werden kann. Soweit eine solche Möglichkeit besteht, fehlt es an einer ausfüllungsbedürftigen Gesetzeslücke. Soweit dies nicht der Fall ist, gewährt die Rechtsordnung auch im Schuldrecht einen eigenständigen Anspruch auf Unterlassung eines den Leistungszweck gefährdenden Verhaltens.

Sieht die Rechtsordnung aber im allgemeinen Schuldrecht solche Abwehrrechte vor, die zudem ihren Ursprung und ihre Rechtfertigung in dem das gesamte Privatrecht beherrschenden Gebot von Treu und Glauben finden, so läßt sich daraus der immanente Grundsatz ableiten, daß die Rechtsordnung in allen Fällen, in denen mit der Etablierung eines Rechtsverhältnisses ein bestimmtes Ziel bzw. ein bestimmter Zweck verfolgt wird, auch zugleich die Mittel zur Verfügung stellt, um ein zweckgefährdendes Verhalten der an dem Rechtsverhältnis beteiligten Personen zu verhindern. Dabei ist es ohne Bedeutung, ob der Zweck von den Beteiligten des Rechtsverhältnisses selbst - wie im Falle des schuldrechtlichen Austauschverhältnisses - mittels privatautonomer Vereinbarung gesetzt wird oder ob er diesen - wie im Falle des Rechtsverhältnisses zwischen Funktionsträgern - vom Gesetz vorgegeben ist.

---

205 *Canaris*, Die Feststellung von Lücken im Gesetz, S.148 f.; *Larenz*, Methodenlehre, S.401.

206 *Canaris*, Die Feststellung von Lücken im Gesetz, S.93 f.

Es handelt sich somit um einen Schluß vom Besonderen auf das Allgemeine, von den unterschiedlichen Interessenlagen auf ein sie verbindendes Prinzip[207]. Das Prinzip wiederum muß dann auch für vergleichbare Konstellationen gelten. Für das Verhältnis zwischen Arbeitgeber und Betriebsrat ist gezeigt worden, daß es sich um eine Rechtsbeziehung handelt, die die Herstellung eines in bestimmter Weise austarierten Machtgleichgewichts bezweckt, um die Ungleichgewichtigkeit auf individualrechtlicher Ebene auszugleichen. Dieser Zweck wird im Falle einer Kompetenzverletzung ebenso gefährdet, wie dies für die Zwecksetzung der Kompetenzverteilung im Aktienrecht der Fall ist. In der für das vorliegende Problem maßgeblichen Hinsicht ist das Verhältnis zwischen Arbeitgeber und Betriebsrat folglich mit dem zwischen den Organen juristischer Personen vergleichbar. Beide Konstellationen weisen wiederum Parallelen zu der im schuldrechtlichen Austauschverhältnis bestehenden Nebenpflicht, den Leistungszweck gefährdende Handlungen zu unterlassen, auf. Da die Durchsetzbarkeit der schuldrechtlichen Nebenpflicht, sei es auch nur über § 938 ZPO, anerkannt werden muß, muß für die Abwehr von Kompetenzverletzungen im Verhältnis zwischen Funktionsträgern ebenfalls ein Instrument zur Sicherung der Kompetenzordnung existieren. Eine unterschiedliche Behandlung der Kompetenzverletzung im Aktienrecht und im Betriebsverfassungsrecht gegenüber der Verletzung von leistungssichernden Nebenpflichten wäre mithin nicht zu rechtfertigen. Aufgrund der lediglich verfahrensmäßigen Absicherung der Beteiligung im Rahmen einer Kompetenzordnung kann nach dem Gesagten ein solches Instrument nicht in einer Durchsetzung im Wege der einstweiligen Verfügung, sondern nur in einem Anspruch auf Unterlassung des kompetenzverletzenden Verhaltens bestehen.

Andererseits hat sich gezeigt, daß die Abwehransprüche im Verhältnis zwischen Organen und Funktionsträgern nicht positiv-rechtlich geregelt sind. Die Tatsache, daß das genannte Prinzip keinen positiv-rechtlichen Niederschlag gefunden hat, obwohl sowohl im Aktienrecht, als auch im Betriebsverfassungsrecht eine Zweckgefährdung durch Kompetenzeingriffe möglich ist, während das Prinzip im Schuldrecht in Form der Durchsetzbarkeit der leistungssichernden Nebenpflicht anerkannt ist, läßt den Schluß zu, daß die Regelung gemäß ihrer immanenten Teleologie lückenhaft ist, so daß zumindest das Schweigen des Gesetzes zu solchen Ansprüchen nicht als "beredtes Schweigen" im obigen Sinne verstanden werden kann.

Somit wäre eine Rechtsfortbildung nur ausgeschlossen, wenn das Gesetz eine positive Regelung vorsähe, die dieselbe Funktion erfüllen könnte wie ein Anspruch auf Unterlassung kompetenzverletzenden Verhaltens.

---

207 *Canaris*, Die Feststellung von Lücken im Gesetz, S.97 ff.

IV. Ergebnis

Als Ergebnis der Analyse der Situation im Aktienrecht läßt sich somit Folgendes festhalten. Obwohl in der aktienrechtlichen Diskussion keine der vertretenen Auffassungen eine völlig überzeugende Konzeption des Organstreits für sich in Anspruch nehmen kann, lassen sich hieraus Erkenntnisse für das Betriebsverfassungsrecht gewinnen. Die wesentliche Problematik im Aktienrecht, nämlich die Frage, ob dem Organ eigene durchsetzbare Rechtspositionen gegenüber anderen Organen zustehen, obwohl beide für denselben Rechtsträger tätig werden und deshalb idealiter Interessenidentität zwischen ihnen besteht, spielt im Streit zwischen Betriebsrat und Arbeitgeber keine Rolle. Dagegen ist beiden Rechtsverhältnissen gemeinsam, daß durch die gesetzliche Kompetenzordnung eine gewisse Machtbalance und hierdurch ein Ausgleich der divergierenden, durch die jeweiligen Funktionsträger repräsentierten Interessen erzielt werden sollte. Somit führt eine Störung der Kompetenzordnung zur Gefährdung der gesetzlichen Zielvorstellung und damit des Zweckes des betroffenen Rechtsverhältnisses.

Das Schuldrecht kennt in diesem Zusammenhang leistungssichernde Nebenpflichten, die einer Gefährdung oder Vereitelung des Zweckes des Schuldverhältnisses entgegenwirken sollen. Diese Pflichten sind grundsätzlich selbständig durchsetzbar. Allerdings ist im Schuldrecht die Möglichkeit der Sicherung im Wege der vorläufigen Anordnung im einstweiligen Verfügungsverfahren gem. § 938 ZPO zu beachten. Diese Sicherungsmöglichkeit scheidet im Falle der Abwehr von Kompetenzeingriffen aus, da hier die Rechte nur verfahrensmäßig abgesichert sind.

Auf dieser Grundlage kann festgestellt werden, daß ein Anspruch auf Unterlassung einer kompetenzverletzenden Handlung unter vier Voraussetzungen besteht[208].

1. Es muß ein Eingriff in den Kompetenzbereich des jeweiligen Organs (Funktionsträgers) vorliegen, wobei es sich um eine Kompetenz handeln muß, die dem betroffenen Organ (Funktionsträger) im Interesse der Funktionenteilung, des funktionalen Gleichgewichts, gerade auch mit dem Zweck der Verteidigung gegenüber dem jeweils anderen Organ zugewiesen worden ist. Die Rechte und Pflichten der Organe begründen also keine allgemeine Überwachungsbefugnis der jeweils anderen Organe i.S einer umfassenden Rechtmäßigkeitskontrolle.

---

[208] Im Folgenden wird nur von "Organen" gesprochen. Für den Bereich des Betriebsverfassungsrechts wurde hier offengelassen, wie die Stellung des Betriebsrats dogmatisch einzuordnen ist (vgl. oben 1.Teil B).

2. Das betroffene Organ darf durch die Geltendmachung des Unterlassungsanspruches nicht seinerseits in einen Bereich eingreifen, der allein dem anderen Organ zur Wahrnehmung übertragen ist (Verbot der Kompetenzanmaßung). Der Anspruch darf also nicht selbst in Widerspruch zu dem funktionalen Gleichgewicht stehen.

3. Das betroffene Organ muß die unmittelbar bevorstehende bzw. bereits eingetretene Verletzung seines Kompetenzbereiches im Hinblick auf einen konkreten Sachverhalt geltend machen.

4. Es darf in dem Gesetz keine speziellere Regelung zur Lösung des Kompetenzkonfliktes geben.

Bei der Frage, ob sich im Bereich der Mitbestimmung in sozialen Angelegenheiten aus der Mißachtung des Mitbestimmungsrechtes durch den Arbeitgeber ein entsprechender Unterlassungsanspruch ergibt, ist nunmehr zu untersuchen, ob die soeben dargelegten Voraussetzungen erfüllt sind, insbesondere ob die Interessenlage bei der Mitbestimmung insoweit vergleichbar ist und ob in diesem Bereich eine Regelungslücke existiert.

C. Ansprüche des Betriebsrats auf Unterlassung mitbestimmungswidriger Maßnahmen im Bereich der Mitbestimmung in sozialen Angelegenheiten

Bei der Frage, ob sich im Bereich der Mitbestimmung in sozialen Angelegenheiten aus der Verletzung des Mitbestimmungsrechtes durch den Arbeitgeber ein entsprechender Unterlassungsanspruch ergibt, ist nunmehr zu untersuchen, ob die soeben dargelegten Voraussetzungen erfüllt sind, insbesondere ob die Interessenlage bei der Mitbestimmung des Betriebsrats in sozialen Angelegenheiten mit der Situation vergleichbar ist, für die ein Abwehranspruch gegen kompetenzverletzende Maßnahmen bejaht wurde, und ob in diesem Bereich eine Regelungslücke existiert.

I. Vergleichbarkeit der Sachverhalte

1. Störung der betriebsverfassungsrechtlichen Kompetenzordnung

Führt der Arbeitgeber eine gem. § 87 BetrVG mitbestimmungspflichtige Maßnahme durch, ohne zuvor die Zustimmung des Betriebsrats eingeholt oder das Verfahren vor der Einigungsstelle durchgeführt zu haben, so greift er in das Mitbestimmungsrecht des Betriebsrats ein. Dem Betriebsrat wird zumindest faktisch bis zur Entscheidung der Einigungsstelle die gesetzlich eingeräumte Möglichkeit genommen, gestaltend auf die Maßnahme einzuwirken. Diese Funktion ist ihm auch gerade zum Zwecke der Wahrnehmung der Interessen der Arbeitnehmer gegenüber dem Arbeitgeber verliehen worden, da die Mitbestimmung in sozialen Angelegenheiten als das Kernstück der Betriebsverfassung das Alleinbestimmungsrecht des Arbeitgebers ersetzen und im Wege der Beteiligung des Betriebsrats ein Mehr an Selbstbestimmung für die Arbeitnehmer gewährleisten sollte.

2. Kein Eingriff in den Entscheidungsbereich des Arbeitgebers

Der Betriebsrat greift durch einen Unterlassungsanspruch nicht in einen dem Arbeitgeber vorbehaltenen Bereich ein. Vielmehr ist im Bereich der sozialen Angelegenheiten dem Arbeitgeber die selbständige Entscheidungsbefugnis genommen. Ohne Zustimmung des Betriebsrats ist ihm jegliche Durchführung einer mitbestimmungspflichtigen Maßnahme untersagt, wie sich daran zeigt, daß nach h.M.[1] eine trotzdem durchgeführte Maßnahme unwirksam ist. Der Betriebsrat maßt sich folglich durch einen Unterlassungsanspruch keine allgemeine Rechtmäßigkeitskontrolle an, sondern stellt allein die betriebsverfassungsrechtliche Kompetenzordung (wieder) her. Folglich wäre aufgrund der Vergleichbarkeit der Interessenlage ein Unterlassungsanspruch zu bejahen, sofern nicht das BetrVG selbst eine abschließende Regelung des Kompetenzkonfliktes enthält.

II. Abschließende Regelung des Kompetenzkonfliktes im BetrVG - die Frage nach der Gesetzeslücke

1. § 23 Abs. 3 BetrVG als abschließende Regelung

Zu dem Argument, daß eine Gesetzeslücke schon im Hinblick auf die ausdrückliche Regelung in § 23 Abs. 3 BetrVG verneint werden müsse, wurde bereits im 2.Teil Stellung genommen. Dort wurde gezeigt, daß die Vorschrift keineswegs eine abschließende Grundlage betriebsverfassungsrechtlicher Ansprüche darstellt, die die Herleitung von Ansprüchen aus einzelnen Beteiligungsrechten ausschließt. Vielmehr läßt sie sich nur als zusätzliche Sanktion neben den ansonsten ohnehin bestehenden Ansprüchen des Betriebsrats verstehen.

Die hier vertretene Auffassung von Bedeutung und Funktion des § 23 Abs. 3 BetrVG unterstützt aber zugleich die Beschränkung des Anspruches auf Unterlassung kompetenzverletzender Maßnahmen auf unmittelbar bevorstehende oder bereits eingetretene Verletzungen der Kompetenzordnung anläßlich eines konkreten Streitfalles[2]. Die besondere Bedeutung des § 23 Abs. 3 BetrVG ist nämlich gerade darin gesehen worden, daß er einen in die Zukunft gerichteten Anspruch gewährt, der zumindest in Fällen des groben Verstoßes gegen betriebsverfassungsrechtliche Pflichten eine Wiederholung der Pflichtverletzung verhindern und die Wahrung der betriebsverfassungsrechtlichen Ordnung in vergleichbarer Weise sicherstellen soll wie die Amtsenthebung des Betriebsrats in § 23 Abs. 1 BetrVG. Diese Möglichkeit, sich im Wege des § 23 Abs. 3

---

[1] Aus der Rspr. BAG, AP Nr.2 zu § 87 BetrVG 1972 Kurzarbeit; AP Nr.6 zu § 87 BetrVG 1972 Altersversorgung Bl 3 unter 2b; ebenso die h.M. in der Literatur *Fitting/Auffarth/Kaiser/Heither* § 87 Rz 23; *Galperin/Löwisch* § 87 Rz 16 ff.; *v.Hoyningen-Huene*, BetrVR, § 12 I 5, S.226 f.; *ders.*, Betr 1987, 1426, 1428 ff.; *Wiese* GK-BetrVG § 87 Rz 76 ff.; a.A. *Dietz/Richardi* § 87 Rz 80 ff.; *Hess/Schlochauer/Glaubitz* § 87 Rz 77 ff.; krit. auch *Zöllner/Loritz*, ArbR, § 47 V 3, S.513 ff.; ausf. Nachweise insbes. zur Rspr. des BAG bei *Wiese* a.a.O. Rz 76; vgl. auch die Nachweise bei *v.Hoyningen-Huene*, Betr 1987, 1428 Fn 33.

[2] Hierzu oben B III 3c.

BetrVG einen von einem konkreten Streitfall unabhängigen "Vollstreckungstitel auf Vorrat" zu verschaffen, und die damit verbundene Zwangswirkung auf den Arbeitgeber rechtfertigt andererseits die Beschränkung auf grobe Verstöße, die so schwer wiegen, daß dem Betriebsrat eine Wiederholung keinesfalls zugemutet werden kann[3]. Sollte somit die zukünftige Absicherung der betriebsverfassungsrechtlichen Ordnung nach der Wertung des Gesetzes von einem vorhergehenden groben Verstoß abhängig sein, so fehlt es für die Herleitung eines ähnlichen Anspruches bei einfachen Verstößen an einer Gesetzeslücke, ja die Bejahung eines solchen Anspruches würde geradezu einen Wertungswiderspruch darstellen. Insoweit bildet vielmehr § 23 Abs. 3 BetrVG eine abschließende Regelung.

Das Verhältnis zwischen dem ungeschriebenen Abwehranspruch des Funktionsträgers und § 23 Abs. 3 BetrVG ist also dasselbe wie zwischen § 101 BetrVG und § 23 Abs. 3 BetrVG. Während der hier bejahte Abwehranspruch ebenso wie § 101 BetrVG im Falle der Verletzung von Mitbestimmungsrechten bei der Vornahme einer konkreten Maßnahme eingreift, soll die Sanktion des § 23 Abs. 3 BetrVG einer zukünftigen Wiederholung der Verletzung des Mitbestimmungsrechtes entgegenwirken. Folglich stellt der hier im Wege der Rechtsfortbildung hergeleitete Abwehranspruch genauso wenig wie § 101 BetrVG eine den § 23 Abs. 3 BetrVG verdrängende lex specialis dar. Bleibt mithin für § 23 Abs. 3 BetrVG neben einem solchen Anspruch noch Raum in Form eines in die Zukunft gerichteten Anspruches, so ist der Bereich jenseits dieser Grenze, insbesondere also bei Kompetenzverletzungen in einem konkreten Einzelfall, der Ausfüllung zugänglich, da nach dem im 2.Teil der Arbeit Ausgeführten sich dem Gesetz eine generelle Beschränkung der Ansprüche des Betriebsrats auf die Fälle des groben Verstoßes nicht entnehmen läßt.

2. Die Theorie der Wirksamkeitsvoraussetzung - eine abschließende Sanktion der Kompetenzverletzung im Bereich der Mitbestimmung in sozialen Angelegenheiten?

a) Problemaufriß

Ob eine durch einen Anspruch auf Unterlassung kompetenzverletzender Maßnahmen auszufüllende Gesetzeslücke, nämlich das Fehlen einer gesetzlichen Sonderregelung für den Fall des Kompetenzübergriffes durch den Arbeitgeber im Bereich der Mitbestimmung in sozialen Angelegenheiten gem. § 87

[3] Vgl. oben 2.Teil B III 3.

Abs. 1 BetrVG, vorliegt, ist noch unter einem weiteren Aspekt problematisch. Hier stellt sich nämlich die Frage, ob das BetrVG nicht im Rahmen der Mitbestimmung in sozialen Angelegenheiten ein geschlossenes System von Sanktionen und Reaktionsmöglichkeiten vorsieht, das mithin nicht lückenhaft und daher einer Ergänzung durch einen eigenständigen Unterlassungsanspruch im Wege der gesetzesimmanenten Rechtsfortbildung nicht mehr zugänglich wäre[4]. Aus diesem Grunde ist auch der Ansatz von Dütz[5], einen solchen Anspruch aus § 78 Satz 1 BetrVG bzw. aus § 823 Abs. 2 BGB i.V.mit § 78 Satz 1 BetrVG als Schutzgesetz herzuleiten, nicht überzeugend. Er enthält nämlich die unausgesprochene Prämisse, daß jede Kompetenzverletzung zugleich eine Behinderung der Tätigkeit des Betriebsrats darstellt. Wäre aber nach der gesetzlichen Systematik der Betriebsrat im Falle etwa der mitbestimmungswidrigen Überstundenanordnung auf die Anrufung der Einigungsstelle beschränkt und wäre ansonsten die individualrechtliche Unwirksamkeit der Maßnahme die einzige Sanktion, so wären diese rechtlichen Möglichkeiten des Betriebsrats durch die Maßnahme des Arbeitgebers in keiner Weise beschnitten, so daß auch von einer Behinderung seiner Tätigkeit nur schwerlich gesprochen werden könnte. Eine Herleitung des Anspruches aus § 78 Satz 1 BetrVG unterstellt also, was es erst zu beweisen gilt, nämlich daß die Regelung in § 87 BetrVG einen negatorischen Rechtsschutz zuläßt bzw. gebietet. Sie überspielt damit als Generalklausel des negatorischen Abwehranspruches zugleich die Besonderheiten und die Normzwecke der einzelnen Mitbestimmungstatbestände[6].

Ebenso ist es verfehlt, aus der bloßen Existenz des Mitbestimmungsrechtes des Betriebsrats einen negatorischen Abwehranspruch in Anlehnung an den in Analogie zu § 1004 BGB hergeleiteten und mittlerweile gewohnheitsrechtlich verfestigten negatorischen Rechtsschutz bei Verletzung absoluter Rechte herzuleiten[7], auch wenn dieser neben den absoluten Rechten rechtlich geschützte Interessen erfaßt[8]. Zum einen setzt die Anwendung dieser Grundsätze voraus, daß die Mitbestimmungsrechte dem Betriebsrat den dort geschützten Rechts-

---

[4] So ausdrücklich *Rüthers/Henssler*, Anm. EzA § 23 BetrVG 1972 Nr.9 unter IV.

[5] Unterlassungsansprüche, S.8 ff; zust. *Kümpel*, AuR 1985, 78, 92; *Trittin*, BB 1984, 1169, 1174.

[6] *Derleder*, AuR 1983, 289, 300; *Konzen*, Leistungspflichten, S.64; *Kreutz* GK-BetrVG § 78 Rz 27; auch *Dütz*, Unterlassungsansprüche, S.13 ff. untersucht die Vorrangigkeit des ausdrücklichen gesetzlichen Schutzes, allerdings ausschließlich unter dem Aspekt, ob dieser bereits ein Höchstmaß an Effizienz gewährleistet.

[7] So *Blanke* in DKKS § 23 Rz 70; *Sacher*, Unterlassungsanspruch, S.75 ff.; *Salje*, Betr 1988, 909, 910 ff.

[8] Zur Entwicklung des negatorischen Rechtsschutzes vgl. *Erman/Hefermehl* § 1004 Rz 4 ff.; *Jauernig/Teichmann* vor § 823, I 3b; *MünchKomm/Mertens* § 823 Rz 49 ff.; *Palandt/Thomas* vor § 823 Rz 16 ff.; *Soergel/Mühl* § 1004 Rz 156 ff.

gütern vergleichbare Rechtspositionen einräumt[9]. Dies ist insbesondere deshalb zweifelhaft, weil die Mitbestimmungsrechte dem Betriebsrat keine subjektiven Rechte verleihen, die seinen persönlichen Interessen zu dienen bestimmt sind. Vielmehr handelt es sich um Kompetenzen, die der Betriebsrat in seiner Eigenschaft als Funktionsträger der Betriebsverfassung im Interesse der Arbeitnehmer auszuüben hat.

Vor allem aber würde durch die pauschale Anwendung der auf eine "Jedermannbeziehung" zugeschnittenen Grundsätze des negatorischen Rechtsschutzes bei absoluten Rechten die spezifische Regelung des Machtgleichgewichtes durch das BetrVG völlig ausgeblendet[10]. Ein Unterlassungsanspruch des Betriebsrats kann aber nur bejaht werden, wenn dieser sich widerspruchslos in das System des betriebsverfassungsrechtlichen Rechte- und Pflichtenverhältnisses einfügt, da ansonsten die Wertungen des BetrVG überspielt werden könnten. Insofern gilt dasselbe wie für die Anwendbarkeit des Deliktsrechts in vertraglichen Sonderbeziehungen. Auch hier sind die deliktischen Ansprüche nur und insoweit gegeben, als sie sich nicht zu Regelungen in Widerspruch setzen, die das konkrete Schuldverhältnis prägen[11].

Dieser Zusammenhang wird auch von denjenigen verkannt, die allein aufgrund der zutreffenden Analyse, daß ein auf § 23 Abs. 3 BetrVG beschränkter Rechtsschutz bei mitbestimmungswidrigen Maßnahmen jenseits der Grenzen des groben Verstoßes nicht unerhebliche Schutzlücken läßt, und die aufbauend auf der Prämisse, daß die Mitbestimmungsrechte mit einer höchst möglichen Effizienz zu schützen seien, einen Unterlassungsanspruch im Wege der Rechtsfortbildung bejahen[12]. Es ist bereits dargelegt worden, daß allein die individualrechtliche Unwirksamkeit der Maßnahme sowie die Durchführung des Einigungsstellenverfahrens zur Durchsetzung der Mitbestimmungsrechte teilweise nicht ausreichend sind[13]. Mit diesem Defizit an Effizienz müßte man sich aber abfinden, wenn es in der Systematik des BetrVG, der gesetzesimmanenten Teleologie angelegt wäre. Nur soweit das Gesetz aufgrund seiner eigenen Teleologie als lückenhaft anzusehen ist, ist eine Rechtsfortbildung zulässig. Diejenigen, die diesen Schritt übergehen, verwischen die Grenzen zwischen

---

[9] Zutr. *Konzen*, Leistungspflichten, S.25.

[10] Hierzu bereits oben B III 3b.

[11] Vgl. *Erman/G.Schiemann* vor § 823 Rz 26; *Jauernig/Teichmann* vor § 823, I 2b; *MünchKomm/Mertens* vor §§ 823-853 Rz 29 ff.; *Palandt/Thomas* vor § 823 Rz 4 ff., 9; *Soergel/Zeuner*, 11.Aufl., vor § 823 Rz 33 ff., 36; *Staudinger/K.Schäfer* Vorbem. zu §§ 823 ff. Rz 32 ff., 35.

[12] Vgl. etwa *Dütz*, Unterlassungsansprüche, S.13 ff.; *Leisten*, BB 1992, 266, 271 ff.

[13] Vgl. oben Einleitung und Problemstellung.

dem Wünschenswerten und der Gesetzeslücke, zwischen (unzulässiger) Rechtspolitik und Rechtsfortbildung[14].

Im Hinblick auf diese Voraussetzung einer gesetzesimmanenten Rechtsfortbildung wird gegen einen eigenen Unterlassungsanspruch des Betriebsrats im Bereich der Mitbestimmung in sozialen Angelegenheiten eingewandt, daß das BetrVG in Form der Theorie der Wirksamkeitsvoraussetzung (auch Theorie der notwendigen Mitbestimmung genannt) ein Instrument zur Durchsetzung des Mitbestimmungsrechts zur Verfügung stelle[15]. Nach der ganz h.M. in Rechtsprechung und Literatur ist die Mitbestimmung des Betriebsrats gem. § 87 BetrVG Voraussetzung für die individualrechtliche Wirksamkeit einer entsprechenden Regelung[16]. Die fehlende Beteiligung des Betriebsrats hat demgemäß zur Folge, daß Vereinbarungen des Arbeitgebers mit den Arbeitnehmern nichtig, einseitige Anordnungen des Arbeitgebers für die Arbeitnehmer nicht verbindlich sind. Allerdings genießen die Arbeitnehmer Vertrauensschutz insoweit, als sich der Arbeitgeber für abgeschlossene Vorgänge in der Vergangenheit nicht auf diese Unwirksamkeit berufen kann, insbesondere z.B. zur Zahlung des Lohnes für einseitig angeordnete Überstunden verpflichtet ist[17]. Die Gegenauffassung, die davon ausging, daß § 87 BetrVG keine Einschränkung der individualrechtlichen Gestaltungsmöglichkeiten, sondern nur einen Anspruch des Betriebsrats auf eine gemeinsame Regelung der Angelegenheit normiere, der im Wege des Einigungsstellenverfahrens durchsetzbar sei (sog. Theorie der erzwingbaren Mitbestimmung)[18], hat sich demgegenüber nicht durchsetzen können. Nach dieser Ansicht begründet § 87 BetrVG lediglich einen im Wege des Einigungsstellenverfahrens durchsetzbares Recht des Betriebsrats auf Mitgestaltung[19]. Folgt man dem, so stellt eine Abrede zwischen Arbeitgeber und Arbeitnehmern ohne Beteiligung des Betriebsrats über Gegenstände der Mitbestimmung nach § 87 BetrVG kein betriebsverfassungswidriges

---

14 Vgl. hierzu oben B III 3c; s.a. *Konzen/Rupp*, Betr 1984, 2695 f.

15 BAG, AP Nr.2 zu § 23 BetrVG 1972 unter B II 5a; *Konzen*, Leistungspflichten, S.92 ff.; *Konzen/Rupp*, Betr 1984, 2695, 2698; *Rüthers/Henssler*, Anm. EzA § 23 BetrVG 1972 Nr.9 unter IV; s.a. *Stroemer*, Untersagung von Maßnahmen des Arbeitgebers im arbeitsgerichtlichen Beschlußverfahren, S.89 ff.

16 Vgl. die Nachw. oben Fn 1.

17 *Fitting/Auffarth/Kaiser/Heither* § 87 Rz 23a; *Galperin/Löwisch* § 87 Rz 16; *Klebe* in DKKS § 87 Rz 4; *Hueck/Nipperdey/Säcker*, ArbR II/2, S.1390; *Wiese* GK-BetrVG § 87 Rz 99.

18 Vor allem *Dietz* § 56 Rz 7 ff., 41 ff.; modifiziert fortgeführt von *Richardi* in Kollektivgewalt und Individualwille, S.291 ff sowie in *Dietz/Richardi* § 87 Rz 80 ff.; außerdem *Hess/Schlochauer/Glaubitz* § 87 Rz 73 ff., 85.

19 *Dietz* BetrVG, § 56 Rz 30, 43 f.; anders jetzt *Richardi* in *Dietz/Richardi* § 87 Rz 103 ff., 107, der zwar die individualrechtliche Unwirksamkeitsfolge ebenfalls ablehnt, eine einseitige Maßnahme des Arbeitgebers aber als betriebsverfassungswidrig ansieht.

Verhalten dar, weil der Betriebsrat nach wie vor sein Recht durch Anrufung der Einigungsstelle durchsetzen kann und er in keiner Weise behindert wird. Nur soweit man den Parteien des Arbeitsvertrages jede Befugnis zur Regelung ohne Beteiligung des Betriebsrats abspricht, bedeutet eine trotzdem durchgeführte Maßnahme einen Rechtsverstoß[20].

Auf der Basis dieser Lehre wird gesagt, daß für einen ergänzenden Schutz in Form eines Unterlassungsanspruches kein Raum mehr sei, wenngleich eingeräumt werden müsse, daß sich der Rechtsschutz im Bereich der sozialen Angelegenheiten hierdurch effektiver gestalten ließe. De lege lata lasse sich dem BetrVG aber nicht der Grundsatz entnehmen, daß die Mitbestimmungsrechte mit einer höchstmöglichen Effizienz zu schützen seien[21].

Dem ist entgegengehalten worden, daß die Beschränkung des Rechtsschutzes auf die Fälle einer groben Verletzung der Mitbestimmungsrechte gem. § 23 Abs. 3 BetrVG dazu führe, daß die schwächeren Mitwirkungsrechte stärker geschützt würden als die zentralen Mitbestimmungsrechte. Während nämlich die Auskunfts- und Informationsansprüche stets einklagbar und mit den allgemeinen Mitteln des Vollstreckungsrechts durchsetzbar seien, stünde dem Betriebsrat bei Verletzung des Beteiligungsrechtes, das ihm im Interesse der Arbeitnehmer die stärksten Einflußmöglichkeiten gebe und dem damit auch die größte Bedeutung zukomme, eine solche Rechtsschutzmöglichkeit nicht zur Verfügung[22]. In der Tat scheint sich insoweit ein Wertungswiderspruch zu ergeben, wenn man einen negatorischen Rechtsschutz gegen mitbestimmungswidrige Maßnahmen im Bereich der sozialen Angelegenheiten verneint. Allerdings ist nicht von vornherein ausgeschlossen, daß das BetrVG im Bereich der Mitbestimmungsrechte, die im Wege der Partizipation der Arbeitnehmer zugleich eine Einschränkung des unternehmerischen Freiraumes des Arbeitgebers beinhalten, eigene Lösungsmechanismen vorgesehen hat, die einer Anwendung der allgemeinen Regeln entgegenstehen. Deshalb sollen die anerkannten Rechtsfolgen mitbestimmungswidriger Maßnahmen im Hinblick auf diese Frage eingehender untersucht werden.

---

[20] Dies sieht auch *Konzen*, Leistungspflichten, S.83

[21] *Konzen*, Leistungspflichten, S.92 ff; *Konzen/Rupp*, Betr 1984, 2695, 2698; *Rüthers/Henssler*, Anm. EzA § 23 BetrVG 1972 Nr.9 unter IV.

[22] *Derleder*, AuR 1985, 65, 71; *ders.*, AuR 1983, 289, 297; *Hanau*, NZA 1985, Beil. 2, S.12; *Leisten*, BB 1992, 266, 271; *Wiese* GK-BetrVG § 23 Rz 113; skeptisch auch *Buchner*, SAE 1984, 187, 189.

b) Das Verhältnis der Unwirksamkeitsfolge zu den Rechtsfolgen mitbestimmungswidrigen Verhaltens im Bereich der personellen Angelegenheiten

Zur Beurteilung der Funktion der Theorie der Wirksamkeitsvoraussetzung ist insbesondere das Verhältnis der Mitbestimmung in personellen Angelegenheiten gem. §§ 98, 99 ff. BetrVG zu § 87 BetrVG von Interesse, da §§ 101, 98 Abs. 5 BetrVG eine einem Unterlassungsanspruch vergleichbare Regelung vorsehen. Hierzu wird zunächst darauf verwiesen, daß das BetrVG ein abgestuftes System unterschiedlicher Beteiligungsrechte mit jeweils unterschiedlichen Rechtsfolgen vorsehe. So könne der Betriebsrat bei einer Verletzung seiner Mitbestimmungsrechte aus §§ 99, 100 BetrVG gem. § 101 BetrVG vom Arbeitgeber die Beseitigung der mitbestimmungswidrigen Maßnahme verlangen. Dem entspreche im Bereich des § 87 BetrVG die individualrechtliche Unwirksamkeit. Ein eigener, dem § 101 BetrVG in der Wirkung vergleichbarer Unterlassungsanspruch würde dieses System sprengen[23]. Einer solchen Argumentation wiederum könnte der Boden entzogen sein, wenn die Vornahme der personellen Einzelmaßnahme ohne Zustimmung des Betriebsrats neben dem Verfahren des § 101 BetrVG zusätzlich die individualrechtliche Unwirksamkeit der Maßnahme zur Folge hätte. Bestünde nämlich die Sanktion der Unwirksamkeit neben den Rechtsbehelfen der §§ 98 Abs. 5, 101 BetrVG, so bestünden aus der Gesetzessystematik keine Bedenken, umgekehrt im Bereich der Mitbestimmung in sozialen Angelegnheiten gem. § 87 BetrVG neben der Rechtsfolge der Unwirksamkeit einen den §§ 98 Abs. 5, 101 BetrVG vergleichbaren Anspruch auf Unterlassung bzw. Beseitigung der mitbestimmungswidrigen Maßnahme zu konstruieren.

Teilweise findet sich der Standpunkt, daß das Interesse des Betriebsrats an der Wahrung seiner Mitbestimmungsrechte durch die Möglichkeit, die Aufhebung der Maßnahme im Wege des § 101 BetrVG verlangen zu können, hinreichend gewahrt sei. Dem Betriebsrat seien die Befugnisse im Rahmen des § 99 BetrVG primär im Interesse der übrigen Belegschaft, nicht im Interesse des von der Maßnahme betroffenen Arbeitnehmers eingeräumt worden, so daß eine individualrechtliche Unwirksamkeit funktionswidrig sei und über den Regelungszweck hinausschieße, soweit es nur um die Wahrung dieser kollektiven Interessen gehe. Vielmehr sei dem Betriebsrat bereits damit gedient, daß der

---

23 *Schlünder*, Rechtsfolgen der Mißachtung der Betriebsverfassung, S.127; *Stroemer*, Untersagung von Maßnahmen des Arbeitgebers im arbeitsgerichtlichen Beschlußverfahren, Diss. Gießen 1984, S.78.

Arbeitgeber betriebsverfassungsrechtlich die entsprechende Maßnahme nicht durchführen dürfe[24].

Allerdings hat sich in neuerer Zeit eine differenzierte Sicht der Auswirkungen einer Verletzung des Beteiligungsrechtes auf die individualrechtliche Wirksamkeit der personellen Maßnahme durchgesetzt. Insbesondere soweit die Maßnahme den Arbeitnehmer benachteiligt, zeigt das Gesetz nämlich in § 99 Abs. 2 Nr.4 BetrVG, daß das Mitbestimmungsrecht durchaus nicht allein im kollektiven Interesse der übrigen Belegschaft besteht, sondern daneben den Schutz des betroffenen Arbeitnehmers bezweckt. Dies deutet darauf hin, daß die Frage nach dem Verhältnis zwischen Mitbestimmungsrecht und Individualarbeitsverhältnis nicht für alle Fälle einheitlich beantwortet werden kann. Vielmehr richten sich die Rechtsfolgen wesentlich nach dem Sinn und Zweck, insbesondere dem Schutzzweck der Beteiligungsrechte[25]. Deshalb ist bei einer Einstellung, die ohne oder unter unzureichender Beteiligung des Betriebsrats vorgenommen wird, der Arbeitsvertrag als wirksam anzusehen. Der Arbeitgeber darf allerdings den Arbeitnehmer nicht beschäftigen, und der Betriebsrat kann verlangen, daß eine Beschäftigung unterbleibt[26]. Bei der Einstellung wird der Betriebsrat allein im Interesse der bestehenden Belegschaft tätig. Sein Mitbestimmungsrecht dient daher dem Schutz der kollektiven Interessen. Diesen Interessen wird aber dadurch genüge getan, daß der Betriebsrat dem Arbeitgeber die faktische Beschäftigung untersagen und dies notfalls gem. § 101 BetrVG erzwingen kann. Die individualrechtliche Unwirksamkeit des Arbeitsvertrages könnte diesen Schutz nicht verstärken, würde aber den einzustellenden Arbeitnehmer schutzlos stellen[27].

Eine andere Betrachtung ist dagegen bei der Versetzung geboten. Die Mitbestimmung des Betriebsrats bei der Versetzung dient auch dem Schutz des von der Maßnahme betroffenen Arbeitnehmers, also der Wahrung von dessen Individualinteresse, nicht allein dem kollektiven Interesse der Belegschaft. Deshalb kann die Verletzung des Mitbestimmungsrechtes zur individualrechtlichen

---

24 *Dietz/Richardi* § 99 Rz 230 ff.; *Kraft* GK-BetrVG § 99 Rz 108.

25 BAG, AP Nr.9 zu Art.33 Abs. 2 GG Bl.3 R unter A III 3a; AP Nr.50 zu § 99 BetrVG 1972 Bl.5 R unter II 4; *Dietz/Richardi* § 99 Rz 230 ff.; *Galperin/Löwisch* § 99 Rz 117; *Misera*, Anm. AP Nr.5 zu § 101 BetrVG 1972 unter III 2a; *Ch.Weber*, Anm. EzA § 99 BetrVG 1972 Nr.58, S.28 ff.; a.A. *Fitting/Auffarth/Kaiser/Heither* § 99 Rz 64 f., die generell von der individualrechtlichen Unwirksamkeit ausgehen.

26 BAG, AP Nr.9 zu Art.33 Abs. 2 GG Bl.5 R unter A III 3; AP Nr.5 zu § 101 BetrVG 1972 unter II 3, 4 mit zust. Anm. *Misera*; *Dietz/Richardi* § 99 Rz 232 f.; *Galperin/Löwisch* § 99 Rz 118; *Kraft* GK-BetrVG § 99 Rz 109.

27 BAG, AP Nr.9 zu Art.33 Abs. 2 GG; AP Nr.5 zu § 101 BetrVG 1972.

Unwirksamkeit der Versetzung selbst führen[28]. Allerdings muß gerade im konkreten Fall der Betriebsrat zum Schutz des einzelnen Arbeitnehmers eingeschaltet sein. Dies ist etwa dann der Fall, wenn er seine Zustimmungsverweigerung u.a. auf konkrete Nachteile für den betroffenen Arbeitnehmer stützt, die durch die Versetzung entstehen, er also den Verweigerungsgrund des § 99 Abs. 2 Nr.4 BetrVG geltend macht, oder wenn der Betriebsrat übergangen wird, die Versetzung für den Arbeitnehmer aber objektiv nachteilig ist. Ist dagegen durch die Versetzung ausschließlich eine Beeinträchtigung kollektiver Interessen zu befürchten, etwa wenn der Arbeitgeber damit einem Versetzungsgesuch des Arbeitnehmers nachkommt, so verbietet sich die individualrechtliche Sanktion ebenso wie bei der Einstellung[29].

Soweit man die individualrechtliche Unwirksamkeit einer Versetzung bejaht, käme es also zu einem Nebeneinander des Aufhebungsanspruches nach § 101 BetrVG und der individualrechtlichen Unwirksamkeit. Damit scheint die These erschüttert, wonach die Anerkennung eines Unterlassungsanspruches bei Verletzung des Mitbestimmungsrechtes in sozialen Angelegenheiten das "abgestufte System" von Sanktionen sprengen würde. Die These basiert nämlich darauf, daß funktionell der Sanktion des § 101 BetrVG bei den personellen Maßnahmen die Sanktion der individualrechtlichen Unwirksamkeit in den sozialen Angelegenheiten entspreche. Führt aber die Verletzung des Mitbestimmungsrechts in personellen Angelegenheiten daneben u.U. ebenfalls zur individualrechtlichen Unwirksamkeit, so erscheint zweifelhaft, ob tatsächlich eine funktionelle Identität zwischen der Theorie der notwendigen Mitbestimmung und dem Verfahren nach § 101 BetrVG besteht.

Doch wäre eine solche Argumentation zu vordergründig. Die Unwirksamkeit der personellen Einzelmaßnahme, etwa der Versetzung, trägt einem besonderen individuellen Schutzbedürfnis des Arbeitnehmers Rechnung, während die Unwirksamkeit im Rahmen des § 87 BetrVG gerade die Wahrung der kollektiven Interessen absichern soll. Der Betriebsrat hat nämlich nur mitzubestimmen, soweit es um kollektive Regelungen geht, die nicht ausschließlich auf die persönlichen Umstände einzelner Arbeitnehmer Rücksicht nehmen. Bei der Mitbestimmung in sozialen Angelegenheiten stellt sich daher häufig gerade das

---

28 BAG AP Nr.50 zu § 99 BetrVG 1972; *Fitting/Auffarth/Kaiser/Heither* § 99 Rz 66; *Ch.Weber*, Anm. EzA § 99 BetrVG 1972 Nr.58; wohl auch *Galperin/Löwisch* § 99 Rz 119; a.A.: nur betriebsverfassungsrechtlich unwirksam mit der Folge, daß der Arbeitnehmer der Anordnung keine Folge leisten muß, *Dietz/Richardi* § 99 Rz 238; *Kraft* GK-BetrVG § 99 Rz 110; ders. in *Kraft/Hoehn*, SAE 1989, 77 f.

29 Vgl. *Ch.Weber*, Anm. EzA § 99 BetrVG 1972 Nr.58, S.30 ff., der auch mit Recht darauf hinweist, daß die bloße Zustimmung des Arbeitnehmers für die Rechtsfolgen der Verletzung des Mitbestimmungsrechtes ohne Bedeutung ist, da der Arbeitnehmer diese u.U. in einer Zwangs- oder Drucksituation erteilt; a.A. insbes. *Kraft* GK-BetrVG § 99 Rz 110 sowie *Kraft/Hoehn*, SAE 1989, 77.

Problem des gerechten Ausgleichs innerhalb der Arbeitnehmerschaft. Nach der Konzeption des Gesetzes kann aber eine Regelung, die die Interessen der Belegschaft als Ganzes angemessen berücksichtigt, nur unter Beteiligung des Betriebsrats getroffen werden[30]. Die individualrechtliche Unwirksamkeit in § 87 BetrVG erfüllt also eine völlig andere Funktion als die in § 99 BetrVG. Während sie bei den personellen Einzelmaßnahmen den Individualschutz bezweckt, dient sie bei der Mitbestimmung in sozialen Angelegnheiten der Wahrung der kollektiven Interessen der Belegschaft, also demselben Zweck, der im Bereich der personellen Maßnahmen die individualrechtliche Situation gerade unberührt lassen und nur im Wege des Verfahrens gem. § 101 BetrVG verfolgt werden soll. Folglich kann selbst für den Fall, daß man der Auffassung folgt, daß die fehlende Zustimmung des Betriebsrats auch bei personellen Einzelmaßnahmen zur individualrechtlichen Unwirksamkeit führen kann, nicht zwingend geschlossen werden, daß das Nebeneinander von Unwirksamkeitsfolge und Aufhebungsanspruch bei §§ 99, 101 BetrVG auch ein Nebeneinander der beiden Sanktionen im Rahmen des § 87 BetrVG bedingt oder zumindest zuläßt. Würde man nämlich bei der Mitbestimmung in sozialen Angelegenheiten einen Unterlassungsanspruch annehmen, so bedeutete dies nicht wie im Bereich der personellen Einzelmaßnahmen eine Kombination von Individual- und kollektivem Schutz, sondern allein eine Erweiterung des kollektiven Schutzes.

c) Defizite der Theorie der Wirksamkeitsvoraussetzung als Instrument zur Sicherung des Initiativrechts?

Als weiteres Argument gegen eine Wirkung der Unwirksamkeitsfolge als abschließende gesetzliche Sanktion könnte angeführt werden, daß sie im Falle der Geltendmachung des Initiativrechts durch den Betriebsrat keinerlei Schutz bietet, wenn der Arbeitgeber der vom Betriebsrat angestrebten Regelung durch anderweitige Maßnahmen die Grundlage entzieht. Insoweit sei folgender Fall zur Veranschaulichung des Problems dargestellt.

Das Unternehmen U unterhält einen Maschinenbaubetrieb, der einen Großteil der Geschäfte mit arabischen Ländern, insbesondere mit dem Irak abwickelt. Nachdem der Irak im August 1990 Kuwait besetzt hat und infolgedessen ein Handelsboykott gegen den Irak verhängt worden ist, kommt es bei U zu einem dramatischen Absatzeinbruch, weil keine anderen Abnehmer für die Maschinen gefunden werden können. Deshalb beschließt die Unternehmensleitung, das Personal in erheblichem Umfange, nämlich von 300 Arbeitnehmern auf 250 Arbeitnehmer abzubauen. Der bei U bestehende Betriebsrat wider-

---

30 *Wiese* GK-BetrVG § 87 Rz 20, 74, 89.

spricht dieser Maßnahme und hält der Unternehmensleitung entgegen, daß man vor dem Ausspruch von Massenkündigungen versuchen solle, die Durststrecke durch Anordnung von Kurzarbeit zu überbrücken. Nachdem die Unternehmensleitung dies abgelehnt hat, ruft der Betriebsrat die Einigungsstelle an. Noch während des Verfahrens vor der Einigungsstelle werden die ersten Kündigungen ausgesprochen. In dieser Situation stellt sich die Frage, wie das Initiativrecht des Betriebsrats gesichert ist.

Die Unwirksamkeitssanktion führt hier nicht weiter, da die ausgesprochenen Kündigungen keinesfalls wegen der Verletzung des Mitbestimmungsrechts des Betriebsrats gem. § 87 Abs. 1 Nr.3 BetrVG unwirksam sind. Die Unwirksamkeit kann nämlich nur die Maßnahmen erfassen, die auch konkret der Mitbestimmung unterliegen. Mitbestimmungspflichtig ist aber nur die Änderung der betriebsüblichen Arbeitszeit, nicht der Ausspruch der Kündigungen. Zwar sind u.U. auch Änderungskündigungen ohne Zustimmung des Betriebsrats unwirksam, soweit mit ihnen eine Änderung von Arbeitsbedingungen durchgesetzt werden soll, die der Mitbestimmung unterliegt, etwa die Änderung der Akkordsätze § 87 Abs. 1 Nr.11 BetrVG, obwohl grundsätzlich nur eine Anhörungspflicht gem. § 102 Abs. 1 Satz 1 BetrVG besteht[31]. Der Unterschied besteht aber darin, daß in diesem Falle die Kündigung selbst eine der Mitbestimmung unterfallende Regelung ermöglichen soll, mithin in bezug auf einen mitbestimmungspflichtigen Gegenstand gestaltende Wirkung entfaltet.

Es stellt sich somit die Frage, ob der Betriebsrat zur Sicherung seines Initiativrechts einen Anspruch auf Unterlassung weiterer Kündigungen bis zum Abschluß des Einigungsstellenverfahrens geltend machen kann. Ob dem Betriebsrat in bezug auf die Einführung von Kurzarbeit überhaupt ein Initiativrecht zusteht, ist äußerst umstritten[32]. Selbst wenn man ein solches Initiativrecht unterstellt, kann dies aber nicht zu einem derartigen Unterlassungsanspruch führen. Das Initiativrecht gibt dem Betriebsrat lediglich die Möglichkeit, in einem der in § 87 BetrVG genannten Gegenstände eine Regelung anzuregen und diese notfalls im Wege des Einigungsstellenverfahrens auch gegen den Willen des Arbeitgebers durchzusetzen[33]. Es handelt sich somit um ein Mitgestaltungsrecht. Dieses Mitgestaltungsrecht kann aber solange nicht verletzt sein, wie eine Gestaltung noch gar nicht vorliegt. Die vom Betriebsrat intendierte Rege-

---

31 BAG, AP Nr.15 zu § 87 BetrVG 1972 Lohngestaltung Bl.5 unter II 2; *Fitting/Auffarth/Kaiser/Heither* § 87 Rz 147; *Hueck/Nipperdey/Säcker*, ArbR II/2, S.1390 Fn 39; *Klebe* in DKKS § 87 Rz 5; *Nikisch*, ArbR III, S.373; *Wiese* GK-BetrVG § 87 Rz 95 m.w.N.; a.A. *Dietz/Richardi* § 87 Rz 113; *Zöllner/Loritz*, ArbR, § 47 V 3c, S.515.

32 Bejahend vor allem das BAG, AP Nr.3 zu § 87 BetrVG 1972 Kurzarbeit; ebenso *Fitting/Auffarth/Kaiser/Heither* § 87 Rz 53; *Galperin/Löwisch* § 87 Rz 111; dagegen *Dietz/Richardi* § 87 Rz 249; *Stege/Weinspach* § 87 Rz 78; *Wiese* GK-BetrVG § 87 Rz 254 f. m.w.N.

33 *Zöllner/Loritz*, ArbR, § 47 III 4, S.507.

lung wird jedoch erst dann für die Arbeitnehmer verbindlich und wirkt damit gestaltend auf die betrieblichen Verhältnisse ein, wenn sich entweder Arbeitgeber und Betriebsrat einigen oder diese Einigung durch den Spruch der Einigungsstelle ersetzt wird. Solange dies nicht der Fall ist, besteht der status quo ante fort. Das heißt einerseits, daß der Arbeitgeber, soweit er eine Änderung anstrebt, bis zum Spruch der Einigungsstelle noch die ursprüngliche Regelung anwenden muß. Dann kann es aber andererseits nicht als Verletzung der betriebsverfassungsrechtlichen Kompetenzordnung angesehen werden, wenn er bei Geltendmachung des Initiativrechtes des Betriebsrats sich ebenfalls an die bestehende Arbeitszeitregelung hält, aber andere Maßnahmen trifft, die nicht oder nicht in gleichem Umfange der Mitbestimmung unterliegen[34].

Eine andere Lösung würde bedeuten, daß man dem Betriebsrat weiterreichende Einflußmöglichkeiten zugesteht als dem Arbeitgeber, was gerade der Besonderheit der Mitbestimmung in sozialen Angelegenheiten widersprechen würde, die dadurch gekennzeichnet ist, daß Arbeitgeber und Betriebsrat gleiche Gestaltungsmöglichkeiten haben sollen. Während der Arbeitgeber nämlich während der Dauer des Einigungsverfahrens gehindert ist, seine Änderungswünsche in die Praxis umzusetzen[35], könnte der Betriebsrat hier durch einen solchen Unterlassungsanspruch die von ihm angestrebte Regelung faktisch bereits vor einem Spruch der Einigungsstelle erzwingen. Ist nämlich dem Arbeitgeber ein Auffangen des Auftragseinbruches durch Entlassungen untersagt, so bleibt ihm, da er die Auftragslage nicht beeinflussen kann, betriebswirtschaftlich gar nichts anderes übrig, als den Wegfall der Arbeit wenigstens in Form von Kurzarbeit umzusetzen. Um in der Terminologie des einstweiligen Rechtsschutzes zu sprechen, käme ein solcher Unterlassungsanspruch also im Ergebnis einer Vorwegnahme der Hauptsache gleich, und zwar selbst dann, wenn die Einigungsstelle das Begehren des Betriebsrats ablehnt.

Ein weiterer Aspekt spricht gegen die Anerkennung eines solchen Unterlassungsanspruchs. Es ist anerkannt, daß das Initiativrecht nicht weiter reichen kann als das Mitbestimmungsrecht, dessen Bestandteil es ist[36]. Gegenstand des Mitbestimmungsrechtes ist die Regelung der betriebsüblichen Arbeitszeit. Insoweit wird das Gestaltungsrecht des Betriebsrats nicht tangiert. Die Anerkennung eines Unterlassungsanspruches würde aber bedeuten, daß man den Schutz

---

34 Eine andere Frage ist, ob die Kündigungen u.U. eine Betriebsänderung darstellen und deshalb wegen fehlender Beteiligung des Betriebsrats ein Unterlassungsanspruch besteht. Auch dies ist zu verneinen, vgl. hierzu oben B III 3b.

35 Anders wenn man der Theorie der erzwingbaren Mitbestimmung folgt vgl. C II 2a.

36 BAG, AP Nr.8 zu § 87 BetrVG Arbeitszeit Bl.3 R unter B III 2a; AP Nr.3 zu § 87 BetrVG 1972 Kurzarbeit Bl.3 unter B II 3b; *Dietz/Richardi* § 87 Rz 50 f.; *Galperin/Löwisch* § 87 Rz 29; *Wiese* GK-BetrVG § 87 Rz 102.

des Mitbestimmungsrechtes auch auf die mit der intendierten Regelung beabsichtigten Zwecke ausdehnen würde. Natürlich kann es sein, daß mit der Durchführung der Entlassungen der Einführung von Kurzarbeit die Grundlage entzogen wird. Doch gewährleistet das Initiativrecht nur, daß der Betriebsrat die gewünschte Regelung durchsetzen kann, nicht dagegen, daß er im Zeitpunkt des Wirksamwerdens der Regelung noch die gewünschten Wirkungen erzielen kann.

Wird somit dadurch, daß der Betriebsrat bei Ausübung seines Initiativrechts erst mit dem Spruch der Einigungsstelle wirksam Rahmenbedingungen für den Arbeitgeber setzen, anderweitige Maßnahmen, die nicht den Bereich des Mitbestimmungsrechtes tangieren, also nicht verhindern kann, das Mitbestimmungsrecht nicht verletzt, so läßt sich die fehlende Effizienz der Unwirksamkeitsfolge in diesem Bereich nicht für die Widerlegung der These anführen, daß die nach der Theorie der notwendigen Mitbestimmung eintretende individualrechtliche Unwirksamkeit die abschließende Sanktion mitbestimmungswidrigen Verhaltens im Bereich der sozialen Angelegenheiten darstellt.

Die Theorie der Wirksamkeitsvoraussetzung könnte aber nur dann eine den Unterlassungsanspruch verdrängende Sonderregelung darstellen, wenn sie geeignet wäre, die Funktion als Sanktion mitbestimmungswidrigen Verhaltens zu erfüllen. Die Eignung der "individualrechtlichen Reflexwirkung" erscheint aber ausgesprochen zweifelhaft.

d) Die Beschränkung der privatautonomen Regelungsbefugnis als Funktion der individualrechtlichen Unwirksamkeit der mitbestimmungswidrigen Maßnahme

Dies gilt zunächst für die bereits angesprochene These, wonach die Unwirksamkeitsfolge in § 87 BetrVG eine der Regelung in § 101 BetrVG bei den personellen Angelegenheiten vergleichbare Sanktion mitbestimmungswidrigen Verhaltens darstelle. Diese These beruht auf der Annahme, daß aufgrund der Tatsache, daß die Verletzung des § 99 BetrVG die individualrechtliche Wirksamkeit unberührt lasse, es zur Wahrung der kollektiven Interessen des Verfahrens nach § 101 BetrVG bedürfe. Da aber im Falle des § 87 BetrVG die Maßnahme im Interesse der Teilhabe des Betriebsrats an Entscheidungen, die die gesamte Belegschaft betreffen, unwirksam sei, entfalle das Bedürfnis für einen Unterlassungsanspruch. Eine solche Sicht verkennt einen wesentlichen Unterschied zwischen der Beteiligung des Betriebsrats in personellen und sozialen Angelegenheiten. Bei personellen Einzelmaßnahmen bedarf es allein der Zustimmung des Betriebsrats. Er hat also nur die Möglichkeit, entweder diese zu erteilen oder die Zustimmung (aus einem der im Gesetz genannten Gründe) zu verweigern. Dagegen bleibt die inhaltliche Gestaltungsfreiheit der Vertragsparteien unberührt. Diese können vielmehr z.B. den Inhalt des Arbeitsvertrages bei einer Einstellung selbständig vereinbaren. Selbst wenn der Betriebsrat vor Abschluß des Vertrages durch Einleitung des Mitbestimmungsverfahrens eingeschaltet wird[37], kann er der Maßnahme nur entweder zustimmen oder diese ablehnen, aber keine inhaltliche Veränderung bewirken. Deshalb erscheint es gerechtfertigt, die individualrechtliche Wirksamkeit der Maßnahme grundsätzlich unberührt zu lassen[38], weil die Unwirksamkeitsfolge die Gestaltungsfreiheit der Vertragsparteien einschränken würde, ohne daß dies durch das Mitbestimmungsrecht geboten wäre. Vielmehr entspricht es der Beschränkung auf die Zustimmungs- oder Ablehnungsmöglichkeit, daß der Betriebsrat im Wege des § 101 BetrVG nur das "Ob" der Durchführung der Maßnahme verhindern kann.

Dagegen ist dem Betriebsrat im Rahmen des § 87 BetrVG eine inhaltliche Gestaltungsmöglichkeit eingeräumt. Die Maßnahme kommt nicht nur ohne seine Zustimmung nicht zustande, sie kommt auch nur mit dem Inhalt zustande, dem der Betriebsrat (sei es auch im Wege der ersetzten Einigung durch die Einigungsstelle) zugestimmt hat. Insoweit wird also die Privatautonomie der Partner des Individualvertrages von vornherein eingeschränkt. Ist diesen somit jede eigene inhaltliche Gestaltung verwehrt, soweit sie unter einen der mitbestimmungspflichtigen Tatbestände fällt, so muß naturgemäß eine trotzdem getroffene Vereinbarung unwirksam sein, weil die Parteien außerhalb ihrer Rechtsmacht gehandelt haben. Während also das Verfahren nach § 101 BetrVG eine echte Sanktion für ein individualrechtlich zulässiges, aber betriebsverfassungswidriges Verhalten darstellt, ist die individualrechtliche Unwirksamkeit gem. § 87 BetrVG lediglich Ausdruck der Beschränkung der Privatautonomie der Parteien des Arbeitsverhältnisses, die - zumindest soweit man der Theorie der Wirksamkeitsvoraussetzung folgt - notwendig mit der Einräumung des Mitbestimmungsrechtes aus § 87 BetrVG verbunden ist. Die Beschränkung wiederum rechtfertigt sich aus dem Partnerschaftsgedanken, der Garantie der gleichberechtigten Teilhabe an der Gestaltung der Arbeitsbedingungen im Bereich der sozialen Angelegenheiten[39]. Gerade diese weitgehende Zurückdrängung der privatautonomen Gestaltung zugunsten des Mitbestimmungsrechts des Betriebsrats spricht aber dafür, auch die gerichtliche Geltendmachung der

---

[37] Vgl. zu maßgeblichen Zeitpunkt, insbesondere zu der Frage, ob "Einstellung" i.S. des § 99 BetrVG den Abschluß des Arbeitsvertrages oder die tatsächliche Beschäftigung meint, *Kraft* GK-BetrVG § 99 Rz 18 ff.; *Kraft/Raab*, Anm. AP Nr.65 zu § 99 BetrVG 1972.

[38] Vgl. aber auch oben C II 2b.

[39] Hierzu BAG, Beschl.v. 16.7.1991, NZA 1992, 70, 71 unter II 1a aa; *Wiese* GK-BetrVG § 87 Rz 73, 81 ff.

Verletzung des Mitbestimmungsrechts in die Hände des Betriebsrats zu legen[40].

e) Die Notwendigkeit der Kongruenz von Rechtsverletzung und Sanktion bezüglich des betroffenen Rechtsverhältnisses

Eine weitere Überlegung zeigt, daß die "individualrechtliche Reflexwirkung" keine geeignete und damit keine die Anwendung der allgemeinen Grundsätze ausschließende Sanktion des kompetenzverletzenden Verhaltens ist. Wie bereits dargestellt besteht zwischen Betriebsrat und Arbeitgeber eine umfassende Rechte- und Pflichtenbeziehung. Die einseitige faktische Durchführung von Maßnahmen durch den Arbeitgeber ohne Beteiligung des Betriebsrats stellt einen Kompetenzübergriff und damit eine Verletzung dieses Rechtsverhältnisses dar. Sähe man die individualrechtliche Unwirksamkeit als Sanktion dieses betriebsverfassungswidrigen Verhaltens an, stünde man vor der eigentümlichen Situation, daß die Rechtsverletzung in einem Rechtsverhältnis durch eine Rechtsfolge in einem anderen Rechtsverhältnis sanktioniert wird. Zwar ist zuzugeben, daß nicht jede Pflichtverletzung in einem Rechtsverhältnis einen Anspruch des Betroffenen zur Folge hat, sondern daß die Rechtsordnung auch andere Rechtsfolgen als Sanktion vorsehen kann. So hätte beispielsweise die Verletzung des Diskriminierungsverbotes gem. § 611a Abs. 1 BGB ohne die Vorschrift des § 611a Abs. 2 BGB nur die Folge, daß die entsprechende Maßnahme des Arbeitgebers gem. § 134 BGB nichtig bzw. für den Arbeitnehmer unverbindlich ist[41]. Doch tritt hier die Unwirksamkeitsfolge in demselben Rechtsverhältnis ein, in dem die Rechtsverletzung erfolgt ist. Hieraus ergibt sich, daß zwar eine Sanktion inhaltlich nicht in einem Anspruch gegen denjenigen bestehen muß, der die Pflichtverletzung begangen hat. Gleichgültig wie die Sanktion inhaltlich ausgestaltet ist, muß sie aber jedenfalls ihre Wirkung in dem Rechtsverhältnis entfalten, in dem die Rechtsverletzung eingetreten ist.

Dem läßt sich nicht entgegenhalten, daß der Betriebsrat die Mitbestimmungsrechte nur für die Arbeitnehmer in deren Interesse ausübe, also nur eine Wahrnehmungszuständigkeit habe[42], weswegen auch die Sanktion für eine Verletzung der Mitbestimmungsrechte im Verhältnis zu den Arbeitnehmern eintreten könne. Diese Argumentation würde übersehen, daß die Mitbestimmungsrechte nicht den einzelnen Arbeitnehmern, sondern der Belegschaft in

---

40 Zutr. *Hanau*, JuS 1985, 360, 362.

41 *MünchKomm/Söllner* § 611a Rz 17; *Soergel/Kraft*, 11.Aufl., Nachtrag, § 611a Rz 26 ff.; *Staudinger/Richardi* § 611a Rz 51 ff.

42 Vgl. *Thiele* GK-BetrVG Einl Rz 67; s. a. oben 1.Teil B II.

ihrer Gesamtheit zustehen. Zumindest wäre ein solcher Einwand vom Standpunkt der Theorie der Wirksamkeitsvoraussetzung inkonsequent. Diese beschränkt nämlich von ihrem Zweck her, die Teilhabe des Betriebsrats an den Entscheidungen des Arbeitgebers abzusichern, die Mitbestimmung gerade auf kollektive Regelungen, also auf Fälle, in denen der Betriebsrat überindividuelle Interessen, das normativierte oder objektivierte Interesse der Gesamtbelegschaft vertritt[43]. Mithin wäre es allenfalls sachgerecht, wenn die Sanktion im Verhältnis zwischen Arbeitgeber und Gesamtbelegschaft eintreten würde. Da aber insoweit wegen der fehlenden Rechtsfähigkeit der Gesamtbelegschaft keine rechtlichen Beziehungen bestehen, muß die Sanktion im Verhältnis zum Betriebsrat als dem Vertreter der Belegschaft erfolgen[44].

Die Beschränkung der Sanktion auf das Individualarbeitsverhältnis ist auch unter prozessualen Gesichtspunkten nicht zur Durchsetzung der Mitbestimmungsrechte geeignet. Insoweit ist zu berücksichtigen, daß die Geltendmachung der Unwirksamkeit durch die einzelnen Arbeitnehmer zu einem Nebeneinander von Prozessen und damit wegen der subjektiven Grenzen der Rechtskraft zu divergierenden Entscheidungen führen kann[45]. Dies stünde aber in diametralem Gegensatz zu dem Zweck des Mitbestimmungsrechtes, in kollektiven Angelegenheiten eine betriebseinheitliche Regelung unter Beteiligung des Betriebsrats zu gewährleisten.

Ebensowenig läßt sich der hier vertretenen Auffassung entgegenhalten, daß schließlich die fehlende Beteiligung des Betriebsrats bei der Kündigung gem. § 102 BetrVG auch eine Verletzung des Beteiligungsrechtes darstelle, trotzdem aber nur eine individualrechtliche Rechtsfolge, nämlich die Nichtigkeit der Kündigung vorsehe, so daß die Rechtsverletzung im betriebsverfassungsrechtlichen Rechtsverhältnis sanktionslos bleibe. Zwar zeigt die Regelung auf, daß die Verlagerung der Auseinandersetzung bei mitbestimmungswidrigen Maßnahmen auf die individualrechtliche Ebene dem BetrVG durchaus nicht fremd ist[46]. Allerdings stellt die hier angeordnete Rechtsfolge nur die Konsequenz aus dem besonderen Schutzzweck des Beteiligungsrechtes dar. Der Betriebsrat wird nämlich insoweit allein zum Schutz des einzelnen Arbeitnehmers in das

---

43 BAG, AP Nr.6, 9, 21 zu § 87 BetrVG 1972 Arbeitszeit; Beschl. vom 27.11.1990, NZA 1991, 382; *Fitting/Auffarth/Kaiser/Heither* § 87 Rz 16 ff.; *Galperin/Löwisch* § 87 Rz 6 ff.; *Wiese* GK-BetrVG § 87 Rz 13 ff. m.w.N.; besonders deutlich wird die Verbindung zwischen der Theorie der notwendigen Mitbestimmung und der Beschränkung auf kollektive Tatbestände bei *Wiese* a.a.O. Rz 20, 88 ff.; zum sog. normativierten Interesse vgl. *Thiele* GK-BetrVG Einl Rz 46 f. sowie oben 1.Teil B I 2.

44 Ähnlich *Kümpel*, AuR 1985, 78, 87 f.

45 *Salje*, Betr 1988, 909, 912.

46 Dies gegen *Derleder*, AuR 1985, 65, 72 f.

Kündigungsverfahren eingeschaltet. Kollektive Interessen spielen zunächst keine Rolle. Dann ist es aber folgerichtig, die fehlende Beteiligung allein im individualrechtlichen Verhältnis zwischen Arbeitgeber und Betriebsrat durchschlagen zu lassen. Die Regelung in § 102 Abs. 1 Satz 3 BetrVG beruht also auf derselben Wertung, die oben dazu geführt hat, bei personellen Einzelmaßnahmen die individualrechtliche Unwirksamkeit anzunehmen, soweit der Schutz des betroffenen Arbeitnehmers dies erfordert. Ein Unterschied besteht nur insoweit, als es im Rahmen des § 99 BetrVG in erster Linie um die Vertretung der kollektiven Interessen durch den Betriebsrat geht, weswegen die individualrechtliche Sanktion allenfalls ergänzend zu der Möglichkeit des Betriebsrats hinzutritt, den Arbeitgeber im Wege des Verfahrens gem. § 101 BetrVG zur Aufhebung der Maßnahme zu veranlassen, während es bei der Anhörung des Betriebsrats vor der Kündigung an solchen kollektiven Interessen fehlt. Da die Anhörung des Betriebsrats gem. § 102 BetrVG somit ausschließlich den Individualschutz bezweckt, konnte sich das Gesetz umgekehrt auf die Anordnung der Nichtigkeitsfolge im individualrechtlichen Verhältnis beschränken. Im übrigen stellen sich die oben beschriebenen Divergenzprobleme bei einem Nebeneinander von Prozessen nicht, da es um die Wirksamkeit einer nur den einzelnen Arbeitnehmer betreffenden Kündigung geht.

Aber auch soweit es im Rahmen des § 87 BetrVG um den individuellen Arbeitnehmerschutz geht, würde sich ein Wertungswiderspruch ergeben, wenn man die individualrechtliche Unwirksamkeit als alleinige und abschließende Sanktion ansähe und damit die Geltendmachung der Verletzung der Mitbestimmungsordnung auf die einzelnen Arbeitnehmer verlagern würde. Die h.M. geht mit der Theorie der notwendigen Mitbestimmung von einem generell anzunehmenden Schutzbedürfnis der Arbeitnehmer aus, das nicht im Einzelfall entfällt, wenn der Arbeitnehmer sich ohne Druck freiwillig mit der Maßnahme einverstanden erklärt[47]. Es wäre aber ein seltsamer Widerspruch, wenn das Gesetz einerseits das Schutzdefizit des Arbeitsvertrages für so gravierend hält, daß es sogar ausdrückliche Vereinbarungen mit den Arbeitnehmern für unwirksam erklärt, andererseits aber dem Arbeitnehmer zutrauen würde, im Falle der Zuwiderhandlung des Arbeitgebers diese Unwirksamkeit geltend zu machen[48]. Vielmehr hat das BetrVG das Schutzdefizit gerade dadurch auszugleichen versucht, daß es die Interessenwahrnehmung auf die kollektive Ebene verlagert und diese dem Betriebsrat übertragen hat, um auf diese Weise ein adäquates Kräftegleichgewicht herzustellen[49]. Dann muß aber auch die Geltendmachung

47 *Wiese* GK-BetrVG § 87 Rz 88 f. in Auseinandersetzung mit *Lieb*, Arbeitsrecht, S.221 f., *Hanau*, RdA 1973, 281, 287 f., *Hurlebaus*, Fehlende Mitbestimmung, S.68 ff.

48 Ebenso *Reuter*, RdA 1985, 321, 326.

49 Vgl. oben 1.Teil A II.

der Störung dieses Kräftegleichgewichts Sache des Betriebsrats sein. Folglich muß die Kompetenzverletzung Sanktionen auslösen, die im Einflußbereich des Betriebsrats stehen, mithin Rechtsfolgen im Verhältnis zwischen Arbeitgeber und Betriebsrat selbst.

f) Die fehlende Kongruenz von Schutzadressaten der Mitbestimmung und den von der Unwirksamkeit der Maßnahme Betroffenen

Konzen[50] begründet seine Auffassung, wonach die individualrechtliche Reflexwirkung der Theorie der Wirksamkeitsvoraussetzung die abschließende Sanktion der Verletzung des Mitbestimmungsrechts darstelle, schließlich noch mit mit dem Argument, daß bei der Mitbestimmung gem. § 87 BetrVG die Schutzadressaten auch von der Unwirksamkeit betroffen seien, während eine solche Sanktion bei den personellen Einzelmaßnahmen weniger Wirkung zeigen könne, weil häufig die Betroffenen - wie z.B. bei der Einstellung - von der Maßnahme begünstigt würden, während das Mitbestimmungsrecht gem. § 99 BetrVG dem Schutz der übrigen Belegschaft diene, die von der personellen Maßnahme gerade nicht erfaßt werde. In einem solchen Fall könne man nicht davon ausgehen, daß der begünstigte Betroffene die Unwirksamkeit geltend mache, so daß dem Betriebsrat durch § 101 BetrVG die Möglichkeit gegeben werden müsse, die Interessen der Belegschaft durchzusetzen und die Durchführung der Maßnahme ohne seine Beteiligung zu verhindern[51]. Dieses Argument belegt aber genau das Gegenteil dessen, für das es als Begründung herangezogen wurde, beweist es doch in besonderer Weise die Untauglichkeit der individualrechtlichen Rechtsfolge als Sanktion des betriebsverfassungswidrigen Zustandes. Zwar wird insoweit die Interessenlage bei der Mitbestimmung in personellen Angelegenheiten zutreffend beschrieben. Dagegen ist nicht verständlich, warum diese Beschreibung nicht in gleicher Weise auf die Mitbestimmung in sozialen Angelegenheiten zutreffen soll. Sieht man von einer alle Arbeitnehmer gleich begünstigenden oder benachteiligenden Maßnahme ab, so geht es gerade im Bereich der kollektiven Regelungen um die Frage der gerechten Verteilung von Vorteilen und Lasten. Hier wird in besonderer Weise deutlich, was es bedeutet, daß der Betriebsrat das Interesse der Gesamtbelegschaft als einen objektivierten oder normativierten Willen zu verfolgen hat, um damit widerstreitende Interessen zum Ausgleich zu bringen[52]. Wird etwa vom Arbeit-

---

50 *Konzen*, Leistungspflichten, S.94.

51 *Konzen*, Leistungspflichten, S.94.

52 Vgl. *Thiele* GK-BetrVG Einl Rz 38 ff., 46; vgl. a. *Trittin*, BB 1984, 1169, 1172, der ebenfalls auf die fehlende Deckungsgleichheit von Individual- und Kollektivinteressen hinweist.

geber eine Versorgungszusage gegeben - über die der Betriebsrat gem. § 87 Abs. 1 Nr.10 BetrVG mitzubestimmen hat[53]-, die bestimmte Gruppen von Arbeitnehmern ausschließt, so ist zwar die Zusage insgesamt unwirksam. Es ist aber kaum davon auszugehen, daß sich die von der Versorgungszusage Begünstigten als die von der Maßnahme Betroffenen auf die Unwirksamkeit berufen werden. Dagegen haben die ausgeschlossenen Arbeitnehmer insoweit keine Möglichkeiten, da mit ihnen eine vertragliche Abrede ja nicht vorliegt. Abgesehen davon, daß es grundsätzlich fragwürdig ist, bei der Verletzung kollektiver Interessen auf individualrechtliche Ansprüche zu rekurrieren, können die benachteiligten Arbeitnehmer nicht auf eine Durchsetzung ihrer Ansprüche im Wege des arbeitsrechtlichen Gleichbehandlungsgrundsatzes verwiesen werden[54]. Es sind durchaus Fälle denkbar, in denen die Ausgrenzung einer Gruppe von Arbeitnehmern durch sachliche Gründe gerechtfertigt ist, so daß es an einem Verstoß gegen den Gleichbehandlungsgrundsatz fehlen würde. Dies würde aber nichts an dem Verstoß gegen die betriebsverfassungsrechtliche Mitbestimmungsordnung ändern. Selbst wenn ein solcher sachlicher Grund besteht, stellt er doch i.d.R. nicht die einzig zulässige Möglichkeit der Differenzierung dar. So hätte der Betriebsrat im Rahmen seines Mitgestaltungsrechtes die Chance, auf eine Regelung hinzuwirken, die zur Differenzierung auf ein anderes Merkmal abstellt oder die auf eine Unterscheidung zwischen den verschiedenen Gruppen von Arbeitnehmern völlig verzichtet. Diese gesetzlich garantierte Einflußmöglichkeit wird ihm durch die faktische Durchführung genommen. Die Unwirksamkeit der Abrede mit den begünstigten Arbeitnehmern ist insoweit ebensowenig ein effektiver Schutz des Mitbestimmungsrechts wie die Unwirksamkeit eines Arbeitsvertrages bei einer Einstellung ohne Zustimmung des Betriebsrats, da die Betroffenen in beiden Fällen keinerlei Interesse daran haben, diese geltend zu machen. Vielmehr ist es jeweils Aufgabe des Betriebsrats, die Interessen der nicht betroffenen, aber u.U. benachteiligten Arbeitnehmer durchzusetzen.

Die individualrechtliche Unwirksamkeit einer Maßnahme des Arbeitgebers im Bereich der Mitbestimmung in sozialen Angelegenheit steht also im wesentlichen aus zwei Gründen einem Unterlassungsanspruch des Betriebsrats nicht entgegen:

(1) Im Gegensatz zu den Ansprüchen des Betriebsrats aus § 101 BetrVG dient die Unwirksamkeitsfolge nicht der Durchsetzung des Beteiligungsrechtes,

---

53 BAG, AP Nr. 1, 2, 3 zu § 87 BetrVG 1972 Altersversorgung; *Dietz/Richardi* § 87 Rz 525; *Fitting/Auffarth/Kaiser/Heither* § 87 Rz 125; *Galperin/Löwisch* § 87 Rz 218c; *Wiese* GK-BetrVG § 87 Rz 627.

54 Hierzu BAG, AP Nr.11 zu Art.119 EWG-Vertrag; AP Nr.4, 7 zu § 1 BetrAVG Gleichberechtigung.

sondern ist Ausdruck der Beschränkung der Vertragsfreiheit von Arbeitgeber und Arbeitnehmer im Bereich der sozialen Angelegenheiten.

(2) Die individualrechtliche Sanktion wäre funktionswidrig, weil sie zumindest potentiell diejenigen betreffen kann, die von der Maßnahme begünstigt werden, also gerade nicht diejenigen, deren Schutz das Mitbestimmungsrecht bezweckt.

3. Umkehrschluß aus § 101 BetrVG?

Nun ist bisher lediglich festgestellt worden, daß die individualrechtliche Unwirksamkeit bei gem. § 87 Abs. 1 BetrVG mitbestimmungspflichtigen Regelungen kein dem Verfahren nach § 101 BetrVG gleichwertiges Instrument zur Durchsetzung der Beteiligungsrechte des Betriebsrats in sozialen Angelegenheiten darstellt. Damit ist aber ein weiteres Argument gegen einen Unterlassungsanspruch noch nicht ausgeräumt, das sich auf ein argumentum e contrario aus § 101 BetrVG stützt. Sieht nämlich § 101 BetrVG ausdrücklich einen Anspruch des Betriebsrats auf Aufhebung einer mitbestimmungswidrigen Maßnahme vor und sanktioniert damit das betriebsverfassungswidrige Verhalten des Arbeitgebers, so ließe sich anführen, daß man aus dem Fehlen einer entsprechenden Regelung in § 87 BetrVG für die Fälle, in denen der Arbeitgeber die Maßnahme ohne Zustimmung des Betriebsrats durchführe, schließen müsse, daß es bei der Mitbestimmung in sozialen Angelegenheiten einen solchen Anspruch nach dem Willen des Gesetzes gerade nicht geben solle. Das Schweigen des Gesetzes im Bereich der sozialen Angelegenheiten lasse folglich nicht den Schluß auf eine Gesetzeslücke zu, sondern es handele sich um ein "beredtes Schweigen", weil ein Anspruch auf Unterlassung bzw. Beseitigung der mitbestimmungswidrigen Maßnahme ausschließlich in den ausdrücklich geregelten Fällen bestehen solle[55]. Dieser Einwand läßt sich nicht bereits dadurch entkräften, daß § 101 BetrVG das Beschlußverfahren anordnet, es für die anderen Fälle daher beim normalen Klageverfahren bleibe[56]. Erkennt man einen Unterlassungsanspruch des Betriebsrats an, so stellt ein hierauf gegründeter Rechtsstreit eine Angelegenheit aus dem Betriebsverfassungsgesetz gem. § 2a Abs. 1 Nr.1 ArbGG dar, weswegen der Anspruch ebenfalls im Beschlußverfahren geltend zu machen ist. Es erscheint jedoch fraglich, ob die Norm des § 101 BetrVG einen Umkehrschluß rechtfertigt. Hierzu soll insbesondere die Entstehungsgeschichte näher beleuchtet werden.

---

[55] *Larenz*, Methodenlehre, S.370, 374 ff. (zur Frage der Gesetzeslücke), S.390 (zum argumentum e contrario); vgl. a. oben B III 2c.

[56] So aber *Salje*, Betr 1988, 909, 910.

Bereits im BetrVG 1952 gab es eine dem § 101 BetrVG vergleichbare Vorschrift, nämlich § 64 BetrVG 1952. Danach konnte der Betriebsrat beim Arbeitsgericht beantragen, dem Arbeitgeber zu untersagen, die personelle Maßnahme nach Ablauf von 14 Tagen nach Rechtskraft des Urteils aufrechtzuerhalten, und diesen Ausspruch mit dem Mittel des Ordnungsgeldes(-strafe) durchsetzen. Verständlich wird diese Vorschrift allerdings nur vor dem Hintergrund der damaligen Ausgestaltung der Mitbestimmung bei personellen Einzelmaßnahmen. Bereits unter der Geltung des BetrVG 1952 hatte der Betriebsrat bei verschiedenen, in §§ 60 Abs. 2, 61, 63 enumerativ aufgezählten Maßnahmen mitzubestimmen. Er konnte hierbei diesen Maßnahmen gem. § 61 Abs. 3 BetrVG 1952 seine Zustimmung aus im Gesetz benannten Gründen verweigern. Kam es zu keiner Verständigung mit dem Arbeitgeber, etwa weil dieser die Zustimmungsverweigerung für unberechtigt hielt, konnte der Betriebsrat gem. § 61 Abs. 2 Satz 3 BetrVG 1952 beim Arbeitsgericht die Feststellung beantragen, daß die Zustimmungsverweigerung zu Recht erfolgt sei. Gab das Gericht dem Antrag statt und hatte der Arbeitgeber die Maßnahme zwischenzeitlich vollzogen, so endete im Falle der Einstellung das Arbeitsverhältnis spätestens 14 Tage nach Rechtskraft des Beschlusses mit der Folge, daß der Arbeitgeber den Arbeitnehmer gem. § 62 Abs. 2 BetrVG 1952 auch tatsächlich nicht mehr beschäftigen durfte. Bei Umgruppierungen und Versetzungen galt gem. § 63 BetrVG 1952 mit Ablauf der 14-Tage-Frist die Maßnahme als rückgängig gemacht.

Daneben konnte der Betriebsrat bereits in dem Feststellungsverfahren den Antrag nach § 64 BetrVG 1952 stellen. Die Bestimmung diente somit wesentlich der Vollstreckung dieser Entscheidung. Sie war notwendig, weil zum einen ein Feststellungsbeschluß einer Vollstreckung nicht zugänglich ist. Zum anderen sah das bei Erlaß des BetrVG 1952 geltende ArbGG keine Vollstreckungsmöglichkeit in dem Beschlußverfahren vor. Nachdem eine solche in § 85 ArbGG (1953) geschaffen worden war, hätte man dasselbe nun durch eine Umformulierung des Antrags nach § 61 Abs. 2 Satz 3 BetrVG 1952 in einen Leistungsantrag erreichen können. Der Gesetzgeber sah hiervon jedoch ab und behielt § 64 BetrVG 1952 als eigenständige Vollstreckungsregelung bei[57].

Folglich sanktionierte § 64 BetrVG 1952 nicht das Verhalten des Arbeitgebers, der völlig ohne Einschaltung des Betriebsrats eine Maßnahme durchführen wollte, sondern er diente der Durchsetzung des Mitbestimmungsrechtes nach abgeschlossenem Mitbestimmungsverfahren. Überträgt man die Situation auf die Mitbestimmung in sozialen Angelegenheiten, so würde eine dem § 64 BetrVG 1952 entsprechende Regelung den Fall erfassen müssen, in dem der Arbeitgeber dem Spruch der Einigungsstelle gem. § 87 Abs. 2 BetrVG zuwi-

---

57 Vgl. *Dietz* § 64 Rz 1a.

derhandelt. Der Spruch der Einigungsstelle wird aber sehr häufig die Rechtsnatur einer Betriebsvereinbarung gem. § 77 BetrVG haben[58]. Dann hat aber der Betriebsrat einen Anspruch gegen den Arbeitgeber auf Durchführung der Betriebsvereinbarung und auf Unterlassung aller gegen die Betriebsvereinbarung verstoßender Handlungen[59]. Zumindest nach heutiger Erkenntnis wäre also eine Regelung wie die des § 64 BetrVG 1952 bei der Mitbestimmung in sozialen Angelegenheiten überhaupt nicht erforderlich. Deshalb kann zumindest für die Vorgängervorschrift des § 101 BetrVG nicht begründet werden, daß ihr die Wertung zu entnehmen sei, daß ein vergleichbarer Rechtsschutz bei der Mitbestimmung in sozialen Angelegenheiten ausgeschlossen sein solle.

Die Neuregelung im BetrVG 1972 hat nun insofern eine Veränderung gebracht, als dem Arbeitgeber die Durchführung der personellen Maßnahme bereits dann verwehrt ist, wenn der Betriebsrat unter Berufung auf die Gründe des § 99 Abs. 2 BetrVG seine Zustimmung verweigert hat. Während unter der Geltung des BetrVG 1952 der Betriebsrat aktiv werden mußte, soll nunmehr der Arbeitgeber das Arbeitsgericht anrufen müssen, um die Zustimmung des Betriebsrats ersetzen zu lassen, mit der Folge, daß ihm prozessual auch die Darlegungs- und Beweislast aufgebürdet wird[60]. Entsprechend mußte eine Regelung für den Fall gefunden werden, daß der Arbeitgeber während dieses Zeitraumes die personelle Maßnahme trotzdem durchführt. Diese ist in § 100 BetrVG und insbesondere in § 101 BetrVG getroffen worden. Zu § 101 BetrVG heißt es in der Gesetzesbegründung lapidar: "In Anlehnung an § 64 des geltenden Rechts sichert diese Bestimmung die Einhaltung des personellen Mitbestimmungsrechts durch die Möglichkeit der Verhängung von Geldstrafen gegen den Arbeitgeber durch das Arbeitsgericht in den Fällen, in denen der Arbeitgeber entgegen einer rechtskräftigen gerichtlichen Entscheidung eine personelle Maßnahme aufrechterhält."[61]. Beabsichtigt war damit also offenbar wie bei § 64 BetrVG 1952 eine eigene Vollstreckungsregelung für die gerichtliche Entscheidung, die lediglich als Folge der veränderten Mitbestimmungsregelung auch den Zeitraum erfassen mußte, in dem die Begründetheit der Zustimmungsverweigerung des Betriebsrats noch nicht abschließend geklärt war. Dabei wurde wohl übersehen, daß der Aufhebungsantrag gem. § 101 BetrVG nunmehr unabhängig von dem eigentlichen Mitbestimmungsverfahren ist, das

---

[58] *Kreutz* GK-BetrVG § 76 Rz 105 f. (str).

[59] BAG, AP Nr.21 zu § 77 BetrVG 1972 Bl.3 R unter B II 1a; AP Nr.24 zu § 77 BetrVG 1972 Bl.2 R unter B II; zur Frage, ob Anspruchsgrundlage § 77 Abs. 1 Satz 1 BetrVG oder die Betriebsvereinbarung selbst ist, vgl. *Kreutz* GK-BetrVG § 77 Rz 21 f.

[60] BegrRegE, BT-Drucks. VI/1786, S.51.

[61] BegrRegE, BT-Drucks. VI/1786, S.52.

gem. § 99 Abs. 4 BetrVG auf Zustimmungsersetzung gerichtet ist. Folglich dient das Verfahren gem. § 101 BetrVG nicht der Vollstreckung eines lediglich feststellenden Beschlusses, sondern sanktioniert die Verletzung des Mitbestimmungsrechts. Andererseits läßt sich hieraus keine Aussage zum Bestehen oder Nichtbestehen materiell-rechtlicher Ansprüche wegen mitbestimmungswidrigen Verhaltens des Arbeitgebers in anderen Mitbestimmungsbereichen in dem Sinne herleiten, daß Anträge auf Unterlassung mitbestimmungswidriger Maßnahmen nur in den gesetzlich geregelten Fällen wie dem § 101 BetrVG möglich sein sollten[62], da der Charakter der Vorschrift jedenfalls zunächst ein prozessualer war[63]. Im Gegenteil könnte man daran denken, daß die Entstehungsgeschichte eine Regelungslücke im Bereich des § 87 BetrVG offenbart. Da nämlich eine dem § 64 BetrVG 1952 vergleichbare Regelung entbehrlich war, weil der Rechtsschutz in anderer Weise ebenso effektiv gewährleistet ist, hätte die Ausdehnung des Aufhebungsanspruches in § 101 BetrVG es nahegelegt, den Schutz gegen mitbestimmungswidrige Maßnahmen auch bei § 87 BetrVG auf den Zeitraum vor Abschluß des Mitbestimmungsverfahrens auszudehnen. Selbst wenn man dem nicht folgt, läßt sich aber aus § 101 BetrVG zumindest ebensowenig der Umkehrschluß ziehen, daß die Vorschrift die Herleitung eines vergleichbaren negatorischen Rechtsschutzes ausschließe, Unterlassungsansprüche also nur in den gesetzlich ausdrücklich geregelten Fällen gegeben seien. Vielmehr ist allein danach zu fragen, welchen Rechtsschutz § 87 BetrVG während der Dauer des Mitbestimmungsverfahrens zur Verfügung stellt, und ob dieser geeignet ist, als Sonderregelung die allgemein aus dem Beteiligungsrecht abgeleiteten Befugnisse zu verdrängen. Dies soll nunmehr zum Abschluß untersucht werden.

4. Das Verfahren vor der Einigungsstelle als vorrangiges und abschließendes Instrument zur Wahrung der Kompetenzordnung

a) Vorrangigkeit des Verfahrens

Teilweise wird vertreten, daß das Verfahren vor der Einigungsstelle gegenüber einem Antrag auf Unterlassen der mitbestimmungswidrigen Maßnahme

---

62 Dies wäre Voraussetzung für einen Umkehrschluß, vgl. *Larenz*, Methodenlehre, S.390; Gleiches gilt im übrigen für die Vorschrift des § 98 Abs. 5 BetrVG.

63 Vgl. a. *K.Weber*, Erzwingungsverfahren, S.42: "Modifikation der allgemeinen Vollstrekkung".

vorrangig sei[64]. Mache der Betriebsrat Unterlassungsansprüche gerichtlich geltend, so entstehe eine Konkurrenz zwischen arbeitsgerichtlichem Beschlußverfahren und dem innerbetrieblichen Verfahren vor der Einigungsstelle. Bei einem Nebeneinander beider Verfahren drohe das Verfahren vor der Einigungsstelle seinen Sinn als vorprozessuales Schlichtungsinstrument zu verlieren[65].

Dem ist entgegenzuhalten, daß es dieses Nebeneinander allenfalls im Sinne einer zeitlichen Koinzidenz, nicht dagegen im Sinne einer Überschneidung der Entscheidungsbefugnisse gibt, mit der Folge, daß durch eine gerichtliche Entscheidung in dem Unterlassungsprozeß die Entscheidung der Einigungsstelle keineswegs obsolet wird. Die Einigungsstelle ist insbesondere in den Fällen, in denen ihr Spruch die Einigung zwischen Arbeitgeber und Betriebsrat ersetzt, in erster Linie dazu geschaffen worden, um im Falle von Divergenzen zwischen Betriebsrat und Arbeitgeber trotzdem eine inhaltliche Gestaltung zu ermöglichen, da diese nur von beiden gemeinsam vorgenommen werden kann. Sie ist somit ein Instrument der Schlichtung, weil sich ansonsten die Betriebspartner gegenseitig blockieren würden[66]. Dieser Funktion entsprechend ist zuständig für die Regelungsstreitigkeiten zwischen Arbeitgeber und Betriebsrat.

Daneben hat die Einigungsstelle aber auch Rechtsfragen zu entscheiden. So muß sie zumindest über ihre Zuständigkeit befinden[67]. Es ist deshalb anerkannt, daß die Einigungsstelle in bezug auf ihre Zuständigkeit eine Vorfragenkompetenz besitzt[68]. Jedoch ist diese Entscheidung deshalb nicht abschließend, weil sie im anschließenden gerichtlichen Verfahren der vollen Überprüfung durch die Gerichte unterliegt, die Einigungsstelle in Rechtsfragen also allenfalls eine vorläufige Kompetenz besitzt. Die Entscheidung der Rechtsstreitigkeiten ist den Arbeitsgerichten vorbehalten[69].

---

[64] *Leipold*, FS Schnorr v. Carolsfeld, S.273, 286; in neuerer Zeit insbes. *Belling*, Haftung des Betriebsrats, S.347 ff.; *v.Hoyningen-Huene*, Anm. AP Nr.2 zu § 23 BetrVG 1972 unter 3g; ähnl. *Joost*, SAE 1985, 59, 61.

[65] *Belling*, Haftung des Betriebsrats, S.347.

[66] BAG, AP Nr.3 zu § 87 BetrVG 1972 Lohngestaltung Bl.2 R unter B I 2; *Henssler*, RdA 1991, 268; *Kreutz* GK-BetrVG § 76 Rz 65.

[67] Zutr. *Dütz*, Betr 1972, 383, 385.

[68] BAG, AP Nr.3 zu § 87 BetrVG 1972 Lohngestaltung; AP Nr.2 zu § 87 BetrVG 1972 unter II 4a; AP Nr.10 unter II 2, Nr.11 unter B 1 zu § 76 BetrVG 1972; *Dietz/Richardi* § 76 Rz 86; *Fitting/Auffarth/Kaiser/Heither* § 76 Rz 42a; *Henssler*, RdA 1991, 268, 269; *Kreutz* GK-BetrVG § 76 Rz 93.

Bei der Frage, ob der Arbeitgeber mit einer einseitigen Maßnahme das Mitbestimmungsrecht des Betriebsrats verletzt, handelt es sich aber ebenfalls um eine Rechtsfrage, nämlich darum, ob der Arbeitgeber rechtswidrig in den Kompetenzbereich des Betriebsrats eingreift. Diese Entscheidung unterliegt nicht der (abschließenden) Kompetenz der Einigungsstelle, sondern für den Schutz gegen Rechtsverletzungen sind die Gerichte zuständig[70]. Die Situation ist deckungsgleich mit der im Vorabverfahren bei der Entscheidung über die Zuständigkeit der Einigungsstelle. Nach ganz h.M. können nämlich die Betriebspartner unabhängig von der Durchführung des Einigungsstellenverfahrens beim Gericht einen Antrag auf Feststellung der Zu- oder Unzuständigkeit der Einigungsstelle stellen, soweit hierüber nach deren Anrufung durch eine der beiden Seiten Streit besteht[71]. Das Rechtsschutzinteresse hierfür ergibt sich gerade aus der Tatsache, daß die Entscheidung der Einigungsstelle über die Zuständigkeit nicht endgültig ist, ohne eine solche Vorabklärung die Zuständigkeit während des gesamten Verfahrens in der Schwebe bliebe[72]. Das Beschlußverfahren steht der Durchführung des Verfahrens vor der Einigungsstelle nicht entgegen, insbesondere gibt es keinen Grund, das Einigungsstellenverfahren auszusetzen oder die Bestellung eines Vorsitzenden gem. § 98 ArbGG abzulehnen[73].

Schon gar nicht läßt sich behaupten, daß das Einigungsstellenverfahren seinen Sinn verliere. Das Arbeitsgericht ist nämlich nicht befugt, die von der Einigungsstelle vorzunehmende inhaltliche Regelung selbst zu treffen und sich damit an die Stelle der Betriebspartner zu setzen. So kann beispielsweise bei der Anordnung von Überstunden das Gericht darüber befinden, ob ein kollektiver Tatbestand vorliegt, somit ein Mitbestimmungsrecht gem. § 87 Abs. 1 Nr.3

---

[69] BAG, AP Nr.11 zu § 76 BetrVG 1972 Bl.2 unter B 1; *Dietz/Richardi* § 76 Rz 100; *Kreutz* GK-BetrVG § 76 Rz 119; dies gilt jedenfalls für die Entscheidung in Rechtsfragen, die sich lediglich als Annex der Regelungsstreitigkeit darstellen, etwa bei rechtlichen Vorfragen; hierzu sowie zum Problem, ob bei der Entscheidung reiner Rechtsfragen eine Beschränkung der gerichtlichen Kontrolle geboten ist, *Henssler*, RdA 1991, 268 ff.

[70] Ebenso *Blanke* in DKKS § 23 Rz 76; *Konzen*, Leistungspflichten, S.102; *Kümpel*, AuR 1985, 78, 87; *Wiese* GK-BetrVG § 23 Rz 116.

[71] BAG, AP Nr.10, 11 zu § 76 BetrVG 1972; AP Nr.7 zu § 87 BetrVG 1972 Überwachung Bl.4 unter B I, unter ausführlicher Auseinandersetzung mit der Gegenauffassung; *Dietz/Richardi* § 76 Rz 87; *Fitting/Auffarth/Kaiser/Heither* § 76 Rz 42; *Galperin/Löwisch* § 76 Rz 87; *Kreutz* Gk-BetrVG § 76 Rz 94; *Matthes* in Germelmann/Matthes/Prütting, ArbGG, § 2a Rz 87 ff.

[72] BAG, AP Nr.11 zu § 76 BetrVG 1972 Bl.2 unter B 1.

[73] BAG, AP Nr.11 zu § 76 BetrVG 1972 Bl.3 unter B 1; *Matthes* in Germelmann/Matthes/Prütting, ArbGG, § 2 a Rz 88; a.A. Arbeitsgericht kann aussetzen: *Dietz/Richardi* § 76 Rz 54; *Gaul*, Anm. EzA § 76 BetrVG 1972 Nr.33 unter 1.

BetrVG und die Zuständigkeit der Einigungsstelle gegeben ist. Es kann aber nicht entscheiden, an welchen Tagen in welchem Umfang Mehrarbeit geleistet werden soll und welche Arbeitnehmer hierfür in Betracht kommen.

Da die Einigungsstelle über ihre Zuständigkeit allenfalls im Rahmen einer Vorfragenkompetenz, aber nicht abschließend entscheiden kann, ist es auch verfehlt, eine Präjudizierung des Spruches der Einigungsstelle durch die Entscheidung über einen eventuellen Unterlassungsantrag zu befürchten. Begründet wird eine solche Präjudizierung damit, daß die Einigungsstelle hinsichtlich der Frage ihrer Zuständigkeit beeinflußt würde und hierüber nicht mehr unabhängig entscheiden könne[74]. Sicher steht mit der Entscheidung über den Unterlassungsantrag fest, ob ein Mitbestimmungsrecht besteht und damit zugleich ob die Einigungsstelle zuständig ist. Belling verkennt aber insoweit, daß die Einigungsstelle in bezug auf die Entscheidung über ihre Zuständigkeit ebensowenig autonom ist wie die Betriebspartner selbst. Eine andere Ansicht würde dazu führen, daß sie ihre Zuständigkeit entgegen der gesetzlichen Regelung bejahen oder verneinen und auf diese Weise die Mitbestimmungsrechte erweitern oder einschränken könnte. Autonom ist die Einigungsstelle eben nur in bezug auf die inhaltliche Gestaltung der zu treffenden Regelung, also bei der Regelungsfrage. Dagegen sind die Entscheidungen über Rechtsfragen im Rahmen der Vorfragenkompetenz durch die Gerichte in vollem Umfang überprüfbar. Folglich wird der Spruch der Einigungsstelle durch einen Unterlassungsantrag des Betriebsrats ebensowenig vorweggenommen wie im Rahmen der gerichtlichen Vorabentscheidung über die Zuständigkeit.

Von daher ist auch der Hinweis wenig überzeugend, daß sich aus der Regelung des § 98 ArbGG, wonach die Bestellung des Vorsitzenden der Einigungsstelle nur abgelehnt werden kann, wenn diese offensichtlich unzuständig ist, geschlossen werden müsse, daß "staatlicherseits möglichst wenig in das Einigungsstellenverfahren eingegriffen werden" dürfe[75]. Abgesehen davon, daß - wie dargelegt - die Prüfung der Zuständigkeit nicht der eigentliche Gegenstand des Verfahrens vor der Einigungsstelle, sondern allenfalls eine Annexfrage ist, so daß von einem "Eingriff" nicht gesprochen werden kann, hat das BAG im Zusammenhang mit der Zulässigkeit der Vorabentscheidung überzeugend dargelegt, daß § 98 ArbGG einer gerichtliche Entscheidung über das Bestehen eines Mitbestimmungsrechtes vor Abschluß des Verfahrens nicht entgegenstehe. Die Beschränkung auf eine Evidenzprüfung im Rahmen des § 98 ArbGG erklärt sich aus der besonderen Zweckbestimmung des Verfahrens, das möglichst rasch die Bildung einer funktionsfähigen Einigungsstelle gewährleisten soll.

---

74 *Belling*, Haftung des Betriebsrats, S.349 f.

75 *Belling*, Haftung des Betriebsrats, S.350.

Dieser Zweck wäre aber gefährdet, wenn erst eine zeitraubende Zuständigkeitsprüfung durchgeführt werden müßte[76]. Der Regelung läßt sich also nicht die Wertung entnehmen, daß der Einigungsstelle eine autonome, von Entscheidungen der Gerichte unbeeinflußte Beurteilung ihrer Zuständigkeit ermöglicht werden sollte.

Der Vorrang des Einigungsstellenverfahrens läßt sich auch nicht damit begründen, daß die Gewährung eines Unterlassungsanspruches bei jeder Verletzung des Mitbestimmungsrechts dem "Gedanken der staatsfreien Betriebsautonomie" widersprechen würde, wonach zunächst eine interne Regelung zu versuchen sei[77]. Ziel des Unterlassungsanspruches ist die (Wieder)Herstellung der betriebsverfassungsrechtlichen Kompetenzordnung. Die betriebsverfassungsrechtlichen Kompetenzen unterliegen aber nicht der autonomen Gestaltung durch die Betriebspartner. Der autonomen Entscheidung der Betriebspartner ist nur die inhaltliche Ausgestaltung der betrieblichen Regelungen vorbehalten, nicht dagegen die Frage, in welchen Fällen ein Beteiligungsrecht des Betriebsrats besteht. Die Kompetenzordnung steht also nicht zu ihrer Disposition[78]. Es kann somit auch keine Rede davon sein, daß der "staatsfreie Raum" autonomer Betätigung "vorzeitig verlassen" würde, wenn die Wahrung dieser Kompetenzordnung gerichtlich erzwungen wird[79].

Ebensowenig würde das Gebot der vertrauensvollen Zusammenarbeit in Frage gestellt, wenn der Betriebsrat sofort mit der scharfen Sanktion des strafbewehrten Unterlassungsgebotes gegen den Arbeitgeber vorgehen könnte[80]. Diese Argumentation stellt die Verhältnisse geradezu auf den Kopf. Bereits Wiese hat darauf hingewiesen, daß § 2 Abs. 1 BetrVG den Betriebspartnern nur gebietet, bei der Ausübung ihrer Befugnisse auf die Belange des anderen Teils Rücksicht zu nehmen, insbesondere die gesetzlichen Grenzen der betriebsverfassungsrechtlichen Ordnung zu beachten. Dagegen bedeutet der Grundsatz nicht, daß die Betriebspartner Kompetenzverletzungen durch die andere Seite hinzunehmen hätten[81]. Ein Unterlassungsbeschluß ergeht durch das Arbeitsge-

---

[76] BAG, AP Nr.11 zu § 76 BetrVG 1972 Bl.2 R unter B 1; es verwundert in diesem Zusammenhang, daß sich *Belling* mit dieser Argumentation in keiner Weise auseinandersetzt.

[77] *Belling*, Haftung des Betriebsrats, S.348 f.

[78] *Dietz/Richardi* § 2 Rz 134; *Fitting/Auffarth/Kaiser/Heither* § 1 Rz 122; *Kraft* GK-BetrVG § 1 Rz 49; *Wiese* GK-BetrVG § 87 Rz 5.

[79] So aber *Belling*, Haftung des Betriebsrats, S.348 f.

[80] So aber BAG, AP Nr.2 zu § 23 BetrVG 1972 Bl.5 R unter B II 5c; *Belling*, Haftung des Betriebsrats, S.349; ähnl. *v.Hoyningen-Huene*, Anm. AP Nr.2 zu § 23 BetrVG 1972 unter 3g; s. a. *Heinze*, Betr 1983, Beil. 9, S.10 f.

[81] *Blanke* in DKKS § 23 Rz 78; *Wiese* GK-BetrVG § 23 Rz 116; ähnl. *Hanau*, JuS 1985, 360, 362; *Sacher*, Unterlassungsanspruch, S.41.

richt nur, soweit dieses ein Mitbestimmungsrecht des Betriebsrats tatsächlich für gegeben hält. Dann wird aber die vertrauensvolle Zusammenarbeit nicht durch die Gerichtsentscheidung gestört, sondern durch die Verletzung des Mitbestimmungsrechts.

Im übrigen steht die genannte Argumentation in merkwürdigem Widerspruch zu dem Zweck des gerichtlichen Rechtsschutzes, dem gerade eine Befriedungsfunktion beigemessen wird. Der Zweck des gerichtlichen Verfahrens wird darin erblickt, eine Klärung des streitigen Rechtsverhältnisses herbeizuführen und damit den gestörten Rechtsfrieden wiederherzustellen[82]. Umgekehrt ist kaum vorstellbar, daß es dem Rechtsfrieden und der vertrauensvollen Zusammenarbeit besser dient, wenn der Betriebsrat die Verletzung seiner Mitbestimmungsrechte hinnehmen muß, weil ein gerichtlicher Rechtsschutz nicht zur Verfügung steht. Im Gegenteil dürfte dies seine Kooperationsbereitschaft eher vermindern. Zwar ist zuzugeben, daß der betriebsinternen Schlichtung durch die Einigungsstelle eine erhöhte Befriedungswirkung zukommt, weil mit der gerichtlichen Auseinandersetzung typischerweise eine Zuspitzung des Konfliktes und damit eine Emotionalisierung des Klimas verbunden ist[83]. Doch kann dies nicht für die Fälle gelten, in denen dem Spruch der Einigungsstelle keine befriedende Wirkung zukommen kann, weil sie nicht in der Lage ist, den Konflikt verbindlich zu entscheiden[84]. An einer solchen Kompetenz zur verbindlichen Entscheidung fehlt es aber gerade in bezug auf die Verletzung des Mitbestimmungsrechts.

Soweit schließlich gesagt wird, daß bei Zulassung der Unterlassungsklage der Betriebsrat das Instrument der Einigungsstelle gar nicht mehr benötige, wenn er eine Maßnahme des Arbeitgebers verhindern wolle, sondern sich ihrer allenfalls bedienen müßte, wenn er von seinem Initiativrecht Gebrauch machen und selbst eine Änderung der betrieblichen Regelung herbeiführen wolle[85], so ist dies zunächst nur dann richtig, wenn der Arbeitgeber trotz Widerspruchs des Betriebsrats die Maßnahme durchführt. Geschieht dies nicht, kann auch der Betriebsrat ein Interesse an der Anrufung der Einigungsstelle haben, etwa um einen Spruch der Einigungsstelle zu erreichen, der die geplante Maßnahme ablehnt und somit dem Arbeitgeber auch für die Zukunft deren Durchführung unmöglich macht. Im übrigen hat der Betriebsrat im Rahmen des § 87 BetrVG

---

82 *Rosenberg/Schwab* § 1 III 3, S.3; *Zöller/Vollkommer* Einl Rz 39.

83 Zutr. *Henssler*, RdA 1991, 268.

84 So zutr. für die Frage, ob ein Rechtsschutzinteresse für ein Vorabentscheidungsverfahren über die Zuständigkeit der Einigungsstelle besteht, BAG, AP Nr.11 zu § 76 BetrVG 1972.

85 *Belling*, Haftung des Betriebsrats, S.350 f.

zwar ein Anrufungsrecht, ihn trifft aber insoweit weder eine Pflicht, noch eine Obliegenheit[86]. Kann somit unter keinem denkbaren Gesichtspunkt von einem Vorrang des Einigungsstellenverfahrens ausgegangen werden, so steht dieses auch einem Unterlassungsantrag des Betriebsrats wegen der Verletzung seines Mitbestimmungsrechts aus § 87 BetrVG nicht entgegen.

b) Das Verfahren vor der Einigungsstelle als abschließende Regelung

Aus dem soeben dargelegten Gegenstand des Einigungsstellenverfahtrens ergibt sich zugleich, warum dieses nicht als abschließende gesetzliche Regelung des Kompetenzkonfliktes angesehen werden kann, die einen Unterlassungsanspruch im obigen Sinne ausschließt. Die Einigungsstelle hat nämlich über die Kompetenzverletzung überhaupt nicht zu befinden. Sie soll die Meinungsverschiedenheit zwischen Arbeitgeber und Betriebsrat hinsichtlich der zu treffenden Regelung beilegen, notfalls im Wege des eigenen Spruches, der die Einigung gem. § 87 Abs. 2 BetrVG ersetzt. Sie soll also für die Zukunft eine für beide Seiten verbindliche Lösung der Regelungsstreitigkeit herbeiführen. Dagegen sind einseitige Maßnahmen, die der Arbeitgeber vor oder während des Verfahrens vor der Einigungsstelle trifft, überhaupt nicht Verfahrensgegenstand[87]. Die Einigungsstelle dürfte wohl nicht einmal befugt sein, solche Maßnahmen in einem Beschluß zu mißbilligen, wenn sie diese für rechtswidrig hält, da es sich um einen Eingriff in Rechtspositionen, mithin eine Rechtsstreitigkeit handelt, deren Entscheidung den Arbeitsgerichten im Rahmen des gerichtlichen Rechtsschutzes vorbehalten ist[88].

IV. Ergebnis

Folglich steht fest, daß das BetrVG keine adäquate, nach seiner eigenen Teleologie zu erwartende Regelung des Konflikts bei komptenzverletzenden Maßnahmen des Arbeitgebers im Bereich der sozialen Angelegenheiten bereit hält. Es liegt damit eine Gesetzeslücke vor, die im Wege der gesetzesimmanenten Rechtsfortbildung einen Rückgriff auf die allgemeinen Grundsätze des Zivilrechts zum Zwecke der Lückenfüllung ermöglicht. Der Betriebsrat hat

---

86 *Konzen*, Leistungspflichten, S.103.

87 Ebenso *Hanau*, JuS 1985, 360, 362.

88 *Wiese* GK-BetrVG § 23 Rz 116; abl. zum Verweis des Betriebsrats auf das Einigungsstellenverfahren auch *Derleder*, AuR 1985, 65, 73; *Dütz*, Unterlassungsansprüche, S.43.

mithin einen Anspruch gegen den Arbeitgeber auf Unterlassung der Maßnahmen, die sein Mitbestimmungsrecht verletzen, in Analogie zu den leistungssichernden Nebenpflichten im Schuldrecht, da durch die einseitige Maßnahme das Machtgleichgewicht gestört und damit der Zweck der Betriebsverfassung gefährdet wird.

Zusammenfassung und Ausblick

Die Ergebnisse der Untersuchung lassen sich folgendermaßen zusammenfassen.

Die Frage, ob dem Betriebsrat bestimmte Ansprüche, insbesondere Unterlassungsansprüche gegen den Arbeitgeber zustehen, wenn dieser durch tatsächliche Maßnahmen der Betriebsleitung Mitbestimmungsrechte des Betriebsrats verletzt, läßt sich nur aufgrund einer Analyse des Rechtsverhältnisses zwischen Arbeitgeber und Betriebsrat beantworten. Ausgangspunkt ist insoweit der Zweck des Betriebsverfassungsgesetzes, durch die Einrichtung des Betriebsrats und die Einräumung von Mitbestimmungsrechten die Selbstbestimmung der Arbeitnehmer zu verwirklichen und auf diesem Wege das Schutz- und Funktionsdefizit des individualrechtlichen Arbeitsvertrages auszugleichen, der aufgrund des bestehenden Ungleichgewichts zwischen Arbeitgeber und Arbeitnehmer eine privatautonome Gestaltung der Arbeitsbedingungen nicht gewährleistet.

Zwischen Betriebsrat und Arbeitgeber bestehen eine Vielzahl von Rechten und Pflichten. Darüber hinaus haben beide Seiten aufgrund der Notwendigkeit der Zusammenarbeit die Möglichkeit, faktisch auf den Rechtskreis des jeweils anderen einzuwirken. Der gesteigerten Einwirkungsmöglichkeit korrespondieren wiederum erhöhte Pflichten zur Rücksichtnahme. Das Verhältnis zwischen Arbeitgeber und Betriebsrat stellt sich also als ein komplexes Gefüge von Rechten und Pflichten dar, das einem Schuldverhältnis ähnlich ist. Es handelt sich dabei allerdings nicht um ein Leistungsaustausch-, sondern um ein Partizipationsverhältnis, dessen Zweck die Herstellung eines Kräftegleichgewichtes zwischen Arbeitgeber und Betriebsrat ist, um auf diesem Wege einen nach der Vorstellung des Gesetzes angemessenen Interessenausgleich zwischen Arbeitgeber und Arbeitnehmern sicherzustellen.

Das Verhältnis zwischen Arbeitgeber und Betriebsrat weist insoweit Parallelen zu dem Verhältnis zwischen Organen einer juristischen Person auf, unabhängig davon, ob man den Betriebsrat selbst als Organ der Arbeitnehmer ansieht. Kennzeichnend für beide Rechtsverhältnisse ist nämlich, daß der Gesetzeszweck nur erreicht werden kann, wenn das durch die Aufteilung der Funktionen und Kompetenzen hergestellte Gleichgewicht gewahrt und nicht durch

Übergriffe des einen Organs in den Funktionsbereich des anderen gestört wird. Es ist deshalb gerechtfertigt, die Rechtsbeziehung zwischen Arbeitgeber und Betriebsrat als interorganähnliches Schuldverhältnis zu bezeichnen.

Der Herleitung von Unterlassungsansprüchen aus diesem Rechtsverhältnis steht die gesetzliche Regelung des § 23 Abs. 3 BetrVG nicht entgegen. Zwar handelt es sich dabei nach dem Wortlaut und dem Zweck der Vorschrift, zukünftige Zuwiderhandlungen des Arbeitgebers möglichst effektiv zu verhindern, um eine eigene Anspruchsgrundlage und nicht lediglich um eine Prozeßstandschaftsnorm. § 23 Abs. 3 BetrVG kann aber nicht als abschließende Regelung betriebsverfassungsrechtlicher Ansprüche bei Verletzung von Beteiligungsrechten des Betriebsrats angesehen werden. Dies ergibt sich daraus, daß zumindest die Informations- und Beratungsrechte dem Betriebsrats durchsetzbare Ansprüche gegen den Arbeitgeber geben, insoweit also eine Anspruchskonkurrenz zu § 23 Abs. 3 BetrVG besteht. Dann kann aber die Vorschrift keine Ausschlußfunktion gerade gegenüber Unterlassungsansprüchen haben, da sie Ansprüche auf ein Tun oder Unterlassen gleichstellt. Im übrigen ergibt sich aus der Entstehungsgeschichte, daß § 23 Abs. 3 BetrVG eine zusätzliche Sanktion darstellen, aufgrund der allgemeinen Vorschriften bestehende Ansprüche daher nicht abschneiden sollte.

§ 23 Abs. 3 BetrVG kommt neben sonstigen Ansprüchen auch eine eigenständige Bedeutung zu. Die abschließende Wirkung kann somit nicht dadurch gerechtfertigt werden, daß die Regelung ansonsten weitgehend obsolet würde. Da der Inhalt des Anspruches nicht festgelegt ist, kann für den Fall des groben Verstoßes dem Arbeitgeber u.U. ein Verhalten auferlegt werden, das nach den in den einzelnen Beteiligungsrechten geregelten Ansprüchen nicht gefordert werden könnte, wenn dieses Verhalten in besonders effizienter Weise die (Wieder)Herstellung rechtmäßiger Zustände bewirkt. Der Anspruch aus § 23 Abs. 3 BetrVG kann somit zum einen inhaltlich über den Anspruch aus dem Beteiligungsrecht selbst hinausgehen. Zum anderen gewährt die Vorschrift als Auffangtatbestand einen Anspruch bei Verletzung von Verhaltenspflichten des Arbeitgebers, denen keine Primäransprüche des Betriebsrats korrespondieren, wie etwa in den Fällen der Behinderung der Tätigkeit des Betriebsrats gem. § 78 Satz 1 BetrVG oder des Verstoßes gegen die Friedenspflicht und das Verbot der parteipolitischen Betätigung gem. § 74 Abs. 2 BetrVG. Schließlich bildet § 23 Abs. 3 BetrVG die Grundlage für einen in die Zukunft gerichteten Vollstreckungstitel, mit dem unabhängig von dem konkreten Verstoß dem Arbeitgeber eine Wiederholung des betriebsverfassungswidrigen Verhaltens untersagt werden kann. Dies ermöglicht dem Betriebsrat, ohne weiteres Erkenntnisverfahren den Arbeitgeber durch Anwendung der vorgesehenen Zwangsmittel zu rechtmäßigem Verhalten zu veranlassen, und trägt somit in besonders effektiver Weise dem Zweck der Vorschrift Rechnung, bei schwerwiegenden

Verstößen eine erneute Zuwiderhandlung zu verhindern. Der Antrag des Betriebsrats muß dabei so bestimmt sein, daß der Arbeitgeber das von ihm geforderte Verhalten ohne weiteres erkennen und sich hierauf einstellen kann. Dagegen ist das Bestehen einer Wiederholungsgefahr kein Merkmal des Anspruchstatbestandes. Ist allerdings eine erneute Zuwiderhandlung mit Sicherheit auszuschließen, fehlt es dem Antrag an dem erforderlichen Rechtsschutzinteresse.

Für die Begründung eines negatorischen Rechtsschutzes des Betriebsrats außerhalb des § 23 Abs. 3 BetrVG bei Verletzung seiner Mitbestimmungsrechte ist insbesondere die Situation im Aktienrecht von Interesse. Dort ergibt sich eine vergleichbare Konstellation, wenn der Vorstand eigenmächtig handelt und die Kompetenzen des Aufsichtsrates, insbesondere dessen Zustimmungsrechte gem. § 111 Abs. 4 Satz 2 AktG übergeht. Das Rechtsverhältnis zwischen dem Arbeitgeber und dem Betriebsrat weist aber eine dem Verhältnis zwischen Organen einer juristischen Person ähnliche Struktur auf.

Die Organklage im Aktienrecht wird in erster Linie unter dem Aspekt behandelt, ob dem Vorstand oder dem Aufsichtsrat überhaupt ein eigenes Klagerecht zustehen kann, obwohl sie Organe desselben Rechtsträgers sind. Diese Problematik stellt sich im Betriebsverfassungsrecht nicht, weil es sich hier nicht um einen Innen-, sondern um einen Außenrechtsstreit handelt, die Bipolarität des Arbeitsverhältnisses sich also auf der Ebene der Betriebsverfassung fortsetzt. Entscheidend ist aber, daß in der aktienrechtlichen Literatur übereinstimmend aus der Funktionsaufteilung in der Aktiengesellschaft ohne Grundlage in der positiv-gesetzlichen Regelung ein Abwehrrecht des Organs gegen kompetenzverletzende Maßnahmen hergeleitet wird. Zur Begründung wird darauf verwiesen, daß die vom Gesetz etablierte Kompetenzordnung gefährdet sei, wenn die Organe nicht die Möglichkeit hätten, Eingriffe in ihren Kompetenzbereich abzuwehren, um auf diesem Wege das zwischen den Organen bestehende Machtgleichgewicht wiederherzustellen. In ähnlicher Weise gilt aber für das Verhältnis zwischen Betriebsrat und Arbeitgeber, daß eine Beeinträchtigung des zwischen ihnen bestehenden Rechts- und Pflichtengefüges zwangsläufig das hiermit bezweckte Machtgleichgewicht und die Erzielung eines angemessenen Interessenausgleichs zwischen Arbeitgeber und Arbeitnehmern gefährdet, mithin der gesetzgeberischen Zielsetzung zuwiderläuft. Die Tatsache, daß ein Abwehrrecht des Organs, in dessen Kompetenzen eingegriffen wird, im Aktienrecht einhellig anerkannt ist, läßt wiederum den Schluß darauf zu, daß diesem ein der geltenden Rechtsordnung immanentes Prinzip zugrunde liegt, das entsprechend im Wege der gesetzesimmanenten Rechtsfortbildung auf das Rechtsverhältnis zwischen Arbeitgeber und Betriebsrat übertragen werden kann.

Der Zweck des Rechtsverhältnisses zwischen Arbeitgeber und Betriebsrat ebenso wie zwischen den Organen einer juristischen Person besteht im wesentlichen in der Herstellung eines Machtgleichgewichts, mit dem die gesetzgeberische Zielsetzung am besten verwirklicht werden kann. Die Pflicht zur Beachtung der Zuständigkeitsordnung stellt sich insoweit quasi als Nebenpflicht zur Erreichung dieses übergeordneten Zieles dar. Deshalb kommt die Störung der Machtbalance zwischen den Funktionsträgern der Gefährdung des Vertragszweckes in einem schuldrechtlichen Austauschverhältnis gleich. Der Anspruch zur Abwehr von Kompetenzübergriffen hat also eine ähnliche Funktion wie der Anspruch auf Erfüllung leistungsssichernder Nebenpflichten im Schuldrecht.

Solche leistungssichernden Nebenpflichten sind aber selbständig durchsetzbar. Die traditionelle Einteilung in selbständige und unselbständige Nebenpflichten kann nicht überzeugen, da letztlich alle Nebenpflichten der Sicherung der Hauptleistungspflicht dienen, in diesem Sinne also unselbständig sind. Im Gegensatz zu der Situation bei den schuldrechtlichen Austauschverhältnissen kann bei kompetenzverletzenden Maßnahmen das Organ auch nicht auf die Möglichkeit des § 938 ZPO zur Sicherung des Beteiligungsrechtes verwiesen werden, da die Berechtigung nicht in einem inhaltlichen Anspruch gegen das andere Organ, sondern in der Einhaltung eines bestimmten Verfahrens besteht. Folglich läßt sich der Abwehranspruch aus der Lehre von der Erzwingbarkeit leistungssichernder Nebenpflichten herleiten.

Aus dieser Herleitung ergeben sich zugleich die Voraussetzungen eines solchen Abwehranspruches gegen kompetenzverletzende Maßnahmen. Da sein Zweck darin besteht, das vom Gesetz etablierte Machtgleichgewicht zwischen den Funktionsträgern zu bewahren, muß zunächst durch die Maßnahme eine Störung der gesetzlichen Kompetenzordnung zu befürchten oder bereits eingetreten sein. Zum anderen darf der Abwehranspruch nicht seinerseits zu einem Eingriff in einen fremden Kompetenzbereich führen. Der Anspruch besteht darüber hinaus nur anläßlich eines konkreten Streitfalles. Schließlich darf das Gesetz nicht selbst eine Regelung des Kompetenzkonfliktes enthalten, da es ansonsten an einer für die Rechtsfortbildung notwendigen Gesetzeslücke fehlen würde.

Überträgt man diese Grundsätze auf die Verletzung des Mitbestimmungsrechts des Betriebsrats in sozialen Angelegenheiten gem. § 87 BetrVG, so ist festzustellen, daß einseitige Maßnahmen des Arbeitgebers die Kompetenzordnung des BetrVG erheblich beeinträchtigen. Durch einen Unterlassungsanspruch würde auch nicht in einen dem Arbeitgeber vorbehaltenen Entscheidungsbereich eingegriffen, da der Arbeitgeber ohnehin im Bereich der sozialen Angelegenheiten nicht zu alleinigem Handeln befugt ist. Ebensowenig läßt sich einwenden, daß das BetrVG im Hinblick auf die Lösung des Kompetenzkonfliktes keine Lücke aufweise. Insbesondere stellt die Theorie der notwendigen Mitbestimmung, wonach die Zustimmung des Betriebsrats Voraussetzung für die individualrechtliche Wirksamkeit der Maßnahme ist, keine entsprechende Regelung dar. Zunächst bringt sie nur die Beschränkung der privatautonomen Regelungsbefugnis der Parteien des Arbeitsvertrages zum Ausdruck. Die Ungeeignetheit der individualrechtlichen Unwirksamkeit als Sanktion des betriebsverfassungswidrigen Verhaltens zeigt sich aber insbesondere daran, daß § 87 BetrVG die Interessen der Arbeitnehmer gerade auf einer kollektiven Ebene verwirklichen soll. Entsprechend muß die Geltendmachung des Rechtsverstoßes auf der kollektiven Ebene, also durch den Betriebsrat erfolgen. Zum einen beruht nämlich die Verlagerung auf die kollektive Ebene auf der Überlegung, daß die einzelnen Arbeitnehmer zur Durchsetzung ihrer Interessen aufgrund des Ungleichgewichts im Arbeitsverhältnis nicht in der Lage sind. Zum anderen fehlt es aber u.U. an der Kongruenz von Schutzadressaten und den von der einseitigen Maßnahme Betroffenen. Begünstigt der Arbeitgeber eine bestimmte Gruppe von Arbeitnehmern gegenüber anderen, so werden jene kein Interesse daran haben, die Unwirksamkeit geltend zu machen. Den von der Begünstigung Ausgeschlossenen, deren Schutz das Mitbestimmungsrecht dient, fehlt aber die Möglichkeit der Geltendmachung.

Der Unterlassungsanspruch läßt sich nicht mittels eines argumentum e contrario aus §§ 101, 98 Abs. 5 BetrVG ablehnen. Diese Vorschriften haben einen prozessualen Ursprung. Aus ihrer Übernahme in das BetrVG 1972 kann daher kein Ausschluß materieller Ansprüche hergeleitet werden. Schließlich kann auch das Verfahren vor der Einigungsstelle nicht als abschließendes Instrument zur Wahrung der betriebsverfassungsrechtlichen Kompetenzordnung angesehen werden, da dessen Gegenstand der Regelungsstreit und nicht die Verletzung des Mitbestimmungsrechtes ist.

Es ist somit gezeigt worden, daß der geltenden Rechtsordnung ein Prinzip immanent ist, wonach in einem Rechtsverhältnis, das nach seiner gesetzlichen Ausgestaltung eine Machtbalance zwischen verschiedenen Funktionsträgern etabliert, um auf diese Weise eine im Sinne des Gesetzgebers optimale Gestaltung der von diesen Funktionsträgern zu regelnden Lebensbereiche zu erreichen, der eine Funktionsträger die Möglichkeit haben muß, Übergriffe des(r) jeweils anderen abzuwehren, da diese die gesetzgeberische Zielsetzung gefährden würden. Noch weitergehend läßt sich unter Einbeziehung der schuldrechtlichen Austauschverhältnisse sagen, daß jede für die Beteiligten eines Rechtsverhältnisses verbindliche Zwecksetzung, gleichgültig ob sie auf dem Gesetz oder der privatautonomen Gestaltung der Beteiligten selbst beruht, unter dem Schutz der Rechtsordnung dergestalt steht, daß den Beteiligten Handlungen untersagt werden können, die diese Zwecksetzung gefährden, sofern nicht aus dem Rechtsverhältnis selbst sich etwas anderes ergibt. Dieses Prinzip ist für die Aktiengesellschaft sowie für das Betriebsverfassungsgesetz in bezug auf das Mitbestimmungsrecht des Betriebsrats in sozialen Angelegenheiten dargelegt worden. Soweit andere Beteiligungsrechte des Betriebsrats vergleichbare Strukturen aufweisen, müßten auch insoweit Abwehransprüche anerkannt werden. Nach seiner theoretischen Herleitung kann das genannte Prinzip darüber hinaus aber nicht auf diese Rechtsverhältnisse beschränkt bleiben, sondern ist der Übertragung auf vergleichbare Rechtsbeziehungen zugänglich. Möge die Arbeit einen Beitrag dazu leisten, den Blick für die über die Besonderheiten der einzelnen Rechtsgebiete hinausreichenden übergreifenden Parallelen in der Struktur der Rechtsverhältnisse zwischen verschiedenen Funktionsträgern zu schärfen und die Herleitung von Abwehransprüchen auf ein solides theoretisches Fundament zu stellen.

Literaturverzeichnis

Anschütz, Gerhard/*Thoma*, Richard: Handbuch des Deutschen Staatsrechts. 2.Band (II), Tübingen 1932.

Bauer, Ulrich: Organklagen zwischen Vorstand und Aufsichtsrat der Aktiengesellschaft. Ein Beitrag zu den Grundlagen des aktienrechtlichen Organstreits. Köln/Berlin/Bonn/München 1986 [zit.: Bauer, Organklagen].

Baumbach, Adolf/*Hefermehl*, Wolfgang: Wettbewerbsrecht. Gesetz gegen den unlauteren Wettbewerb, Zugabeverordnung, Rabattgesetz und Nebengesetze. 16.Aufl., München 1990 [zit.: Baumbach/Hefermehl].

Baumbach, Adolf/*Hueck*, Alfred: Aktiengesetz. Kommentar, begründet von Adolf Baumbach, fortgeführt von Alfred Hueck und Götz Hueck unter Mitwirkung von Joachim Schulze. 13.Aufl., München 1968 [zit.: Baumbach/Hueck, AktG].

Baur, Fritz: Studien zum einstweiligen Rechtsschutz. Tübingen 1967.

- Besprechung von: Eduard Picker: der negatorische Beseitigungsanspruch. In: AcP 175 (1975), 177.

Belling, Detlev W.: Die Haftung des Betriebsrats und seiner Mitglieder für Pflichtverletzungen. Tübingen 1990 [zit.: Belling, Haftung des Betriebsrats].

Beuthien, Volker/*Wehler*, Thomas: Stellung und Schutz der freien Mitarbeiter im Arbeitsrecht. In: RdA 1978, 2.

Biedenkopf, Kurt H.: Vertragliche Wettbewerbsbeschränkung und Wirtschaftsverfassung. Heidelberg 1958 [zit.: Biedenkopf, Vertragliche Wettbewerbsbeschränkung].

Bobke, Manfred H.: Überstundenanordnung ohne Mitbestimmung des Betriebsrats? In: Die Mitbestimmung 1983, 458.

Bork, Reinhard: Materiell-rechtliche und prozeßrechtliche Probleme des Organstreits zwischen Vorstand und Aufsichtsrat einer Aktiengesellschaft. In: ZGR 1989, 1.

- Passivlegitimation und gesetzliche Vertretung der AG bei Klagen einzelner Aufsichtsratsmitglieder. In: ZIP 1991, 137.

Buchner, Herbert: Anmerkung SAE 1984, 187.

Canaris, Claus-Wilhelm: Die Feststellung von Lücken im Gesetz. Berlin 1964.

Coen, Martin: Grundrechtsverwirklichung durch Verfahren vor den Arbeitsgerichten. In: Betr 1984, 2459.

Coing, Helmut: Zur Geschichte des Privatrechtssystems. Frankfurt a.M. 1962.

Däubler, Wolfgang/*Kittner,* Michael/*Klebe,*Thomas/*Schneider,* Wolfgang: Betriebsverfassungsgesetz mit Wahlordnung und Gesetz über den Sozialplan im Konkurs- und Vergleichsverfahren. 3.Aufl., Köln 1992 [zit.: Bearb. in DKKS].

Denck, Johannes: Bildschirmarbeitsplätze und Mitbestimmung des Betriebsrats. In: RdA 1982, 279.

Derleder, Peter: Betriebliche Mitbestimmung ohne vorbeugenden Rechtsschutz ? (Zur drohenden Zerstörung eines empfindlichen Gleichgewichts). In: AuR 1983, 289.

- Einstweiliger Rechtsschutz und Selbsthilfe im Betriebsverfassungsrecht. (Zur Beschränkung der Abwehransprüche des Betriebsrats gegen mitbestimmungspflichtige Maßnahmen des Arbeitgebers). In: AuR 1985, 65.

Dietz, Rolf/*Richardi,* Reinhard: Betriebsverfassungsgesetz. Band 1: §§ 1-73 mit Wahlordnung, 6.Aufl., München 1981. Band 2: §§ 74-Schluß mit Betriebsverfassungsgesetz 1952, 6.Aufl., München 1982 [zit.: Dietz/Richardi].

Dietz, Rolf: Betriebsverfassungsgesetz mit Wahlordnung. 4.Aufl., München/Berlin 1967 [zit.: Dietz].

- Anspruchskonkurrenz bei Vertragsverletzung und Delikt. Bonn/Köln 1934.

Dütz, Wilhelm: Unterlassungs- und Beseitigungsansprüche des Betriebsrats gegen den Arbeitgeber im Anwendungsbereich von § 87 BetrVG. Rechtsgutachten erstattet für die Hans-Böckler-Stiftung. Düsseldorf 1983 [zit.: Dütz, Unterlassungsansprüche].

- Verfahrensrecht der Betriebsverfassung. In: AuR 1973, 353.

- Zwangsschlichtung im Betrieb. Kompetenz und Funktion der Einigungsstelle nach dem BetrVG 1972. In: Betr 1972, 383.

- Erzwingbare Verpflichtungen des Arbeitgebers gegenüber dem Betriebsrat. Zum vorbeugenden und vorläufigen Rechtsschutz im Betriebsverfassungsrecht. In: Betr 1984, 115.

Eich, Rolf-Achim: Einstweilige Verfügung auf Unterlassung der Betriebsänderung. In: Betr 1983, 657.

Emmerich, Volker: Das Recht des unlauteren Wettbewerbs. 3.Aufl., München 1990 [zit.: Emmerich, UWG].

Engisch, Karl: Einführung in das juristische Denken. 7.Aufl., Stuttgart/Berlin/Köln/Mainz 1977.

Enneccerus/Lehmann: Schuldrecht. Ein Lehrbuch von Ludwig Enneccerus. 15. Bearbeitung von Heinrich Lehmann. Tübingen 1958 [zit.: Enneccerus/Lehmann].

Erman: Handkommentar zum Bürgerlichen Gesetzbuch mit Abzahlungsgesetz, Haustürwiderrufsgesetz, AGB-Gesetz, Erbbaurechtsverordnung, Wohnungseigentumsgesetz, Schiffsrechtegesetz, Ehegesetz, Hausratsverordnung, Beurkundungsgesetz. 8.Aufl., Münster 1989 [zit.: Erman/Bearb.].

Fabricius, Fritz: Relativität der Rechtsfähigkeit. Ein Beitrag zur Theorie und Praxis des privaten Personenrechts. München/Berlin 1963 [zit.: Fabricius, Relativität der Rechtsfähigkeit].

Fabricius, Fritz/*Kraft,* Alfons/*Thiele,* Wolfgang/*Wiese,* Günther/*Kreutz,* Peter: Betriebsverfassungsgesetz. Gemeinschaftskommentar. Band I: §§ 1-73 mit Wahlordnungen, 4.Aufl., Neuwied/Darmstadt 1987. Band II: §§ 74-132 mit Kommentierung des BetrVG 1952 und des Sozialplangesetzes, 4.Aufl., Neuwied 1990 [zit.: Bearb. GK-BetrVG].

Fastrich, Lorenz: Richterliche Inhaltskontrolle im Privatrecht. München 1992 [zit.: Fastrich, Inhaltskontrolle].

Fitting/Kraegeloh/Auffarth: Betriebsverfassungsgesetz nebst Wahlordnung. Handkommentar für die Praxis von Karl Fitting und Fritz Auffarth. 8.Aufl., Berlin/Frankfurt a.M. 1968.

Fitting, Karl/*Auffarth,* Fritz/*Kaiser,* Heinrich: Betriebsverfassungsgesetz. 13. Aufl., München 1981 [zit.: Fitting/Auffarth/Kaiser].

Fitting, Karl/*Auffarth,* Fritz/*Kaiser,* Heinrich/*Heither,* Friedrich: Betriebsverfassungsgesetz, 17. Aufl., München 1992 [zit.: Fitting/Auffarth/Kaiser/Heither].

Flume, Werner: Allgemeiner Teil des Bürgerlichen Rechts. Erster Band. Zweiter Teil: Die juristische Person. Berlin/Heidelberg/New York/Tokyo 1983 [zit.: Flume, AT I/2]. Zweiter Band: Das Rechtsgeschäft. 2.Aufl., Berlin/Heidelberg/New York 1975 [zit.: Flume, AT II].

Galperin, Hans/*Löwisch,* Manfred: Kommentar zum Betriebsverfassungsgesetz. Band I: Organisation der Betriebsverfassung (§§ 1-73 und Wahlordnung) von Manfred Löwisch und Rolf Marienhagen, 6.Aufl., Heidelberg 1982. Band II: Regelung der Mitbestimmung (§§ 74-132) von Manfred Löwisch unter Mitarbeit von Bernd Kröger, 6.Aufl., Heidelberg 1982 [zit.: Galperin/Löwisch].

Galperin, Hans/*Siebert,* Wolfgang: Kommentar zum Betriebsverfassungsgesetz. 4.Aufl., Heidelberg 1963 [zit.: Galperin/Siebert].

Galperin, Hans: Die Organstellung des Betriebsrats. In: RdA 1959, 321.

- Begriff und Wesen des Betriebsverbandes. In: JArbR Bd.1 (1963), 75.

Gaul, Dieter: Anmerkung EzA § 76 BetrVG 1972 Nr.33.

Germelmann, Claas-Hinrich/*Matthes,* Hans-Christoph/*Prütting,* Hanns: Arbeitsgerichtsgesetz. München 1990 [zit.: Germelmann/Matthes/Prütting, ArbGG].

Geßler, Ernst/*Hefermehl,* Wofgang/*Eckardt,* Ulrich/*Kropff,* Bruno: Aktiengesetz. Kommentar. München 1973 ff. [zit.: Bearb. in Geßler/Hefermehl].

Götz, Heinrich: Zustimmungsvorbehalte des Aufsichtsrates in der Aktiengesellschaft. In: ZGR 1990, 633.

Großkommentar zum Aktiengesetz. 3.Aufl., Berlin 1970 ff. [zit.: Bearb. GK-AktG].

Grunewald, Barbara: Rechtsschutz gegen fehlerhafte Maßnahmen der Geschäftsführung. In: Betr 1981, 407.

- Die Gesellschafterklage in der Personengesellschaft und der GmbH. Tübingen 1990. [zit.: Grunewald, Gesellschafterklage].

Grunsky, Wolfgang: Arbeitsgerichtsgesetz. 6.Aufl., München 1990 [zit.: Grunsky, ArbGG].

- Anmerkung AP Nr.11 zu § 87 BetrVG 1972 Arbeitszeit.

Gumpert, Jobst: Mitbestimmung bei der Umstellung von Werkskantinen auf Automatenverpflegung. In: BB 1978, 968.

Hadding, Walther: Die Mitgliedschaft in handelsrechtlichen Personengesellschaften - Ein subjektives Recht ? In: Festschrift für Rudolf Reinhardt zum 70.Geburtstag, S.249. Köln 1972.

- Die Klagebefugnis der Mitbewerber und der Verbände nach § 13 Abs.1 UWG im System des Zivilprozeßrechts. In: JZ 1970, 305.

- Ergibt die Vereinsmitgliedschaft "quasi-vertragliche" Ansprüche, "erhöhte Treue- und Fürsorgepflichten" sowie ein "sonstiges Recht" im Sinne des § 823 Abs.1 BGB? Besprechung der Entscheidung BGHZ 110, 323. In: Festschrift für Alfred Kellermann zum 70.Geburtstag, S.91. Berlin/New York 1991.

Häsemeyer, Ludwig: Der interne Rechtsschutz zwischen Organen, Organmitgliedern und Mitgliedern der Kapitalgesellschaft als Problem der Prozeßführungsbefugnis. In: ZHR 144 (1980), 265.

Hanau, Peter/*Adomeit,* Klaus: Arbeitsrecht. 9.Aufl., Frankfurt a.M. 1988 [zit.: Hanau/Adomeit, ArbR].

Hanau, Peter: Allgemeine Grundsätze der betrieblichen Mitbestimmung. In: RdA 1973, 281.

- Probleme der Ausübung des Mitbestimmungsrechts des Betriebsrats. In: NZA 1985, Beilage Nr.2, S.3.

- Rechtsfolgen mitbestimmungswidrigen Arbeitgeberverhaltens (Entscheidungsrezension). In: JuS 1985, 360.

Handbuch der kommunalen Wissenschaft und Praxis. Herausgegeben von Günter Püttner. Band 2: Kommunalverfassung. 2.Aufl., Berlin/Heidelberg/New York 1982.

Heinze, Meinhard: Inhalt und Grenzen betriebsverfassungsrechtlicher Rechte. In: ZfA 1988, 53.

- Die betriebsverfassungsrechtlichen Ansprüche des Betriebsrats gegenüber dem Arbeitgeber. In: Betr 1983, Beilage Nr.9.

Henckel, Wolfram: Parteilehre und Streitgegenstand im Zivilprozeß. Heidelberg 1961 [zit.: Henckel, Parteilehre und Streitgegenstand].

- Vorbeugender Rechtsschutz im Zivilrecht. AcP 174 (1974), S.97.

Henssler, Martin: Die Entscheidungskompetenz der betriebsverfassungsrechtlichen Einigungsstelle in Rechtsfragen. In: RdA 1991, 268.

Hess, Harald/*Schlochauer*, Ursula/*Glaubitz*, Werner: Kommentar zum Betriebsverfassungsgesetz. 3.Aufl., Neuwied/Darmstadt 1986 [zit.: Hess/Schlochauer/Glaubitz].

Hommelhoff, Peter/*Timm*, Wolfram: Anmerkung AG 1976, 330.

Hommelhoff, Peter: Der aktienrechtliche Organstreit. Vorüberlegungen zu den Organkompetenzen und ihrer gerichtlichen Durchsetzbarkeit. In: ZHR 143 (1979), 288.

Honsell, Heinrich/*Mayer-Maly*, Theo/*Selb*, Walter: Römisches Recht. 4.Aufl., Berlin/Heidelberg/New York 1987.

Hoyningen-Huene, Gerrick von: Betriebsverfassungsrecht. 2.Aufl., München 1990 [zit.: v.Hoyningen-Huene, BetrVR].

- Anmerkung AP Nr.2 zu § 23 BetrVG 1972.

- Anmerkung AP Nr.5 zu § 23 BetrVG 1972.

- Die fehlerhafte Beteiligung des Betriebsrats in sozialen Angelegenheiten. In: Betr 1987, 1426.

- Das Betriebsverhältnis. Eine Skizze zum betriebsverfassungsrechtlichen Kooperationsverhältnis. In: NZA 1989, 121.

Hueck, Alfred/*Nipperdey*, Hans Carl: Lehrbuch des Arbeitsrechts. Erster Band von Alfred Hueck. 7.Aufl., Berlin/Frankfurt a.M. 1963 [zit.: Hueck/Nipperdey, ArbR I]. Zweiter Band: Kollektives Arbeitsrecht. Zweiter Halbband von Hans Carl Nipperdey unter Mitarbeit von Franz Jürgen Säcker. 7.Aufl., Berlin/Frankfurt a.M. 1970 [zit.: Hueck/Nipperdey/Säcker, ArbR II/2].

Hurlebaus, Günther: Fehlende Mitbestimmung bei § 87 BetrVG. Köln/Berlin/Bonn/München 1987.

Jarass, Hans D./*Pieroth*, Bodo: Grundgesetz für die Bundesrepublik Deutschland. 2.Aufl., München 1992 [zit.: Jarass/Pieroth, GG]

Jauernig: Bürgerliches Gesetzbuch mit Gesetz zur Regelung des Rechts der Allgemeinen Geschäftsbedingungen, herausgegeben von Othmar Jauernig. 6.Aufl., München 1991 [zit.: Jauernig/Bearb.].

Joost, Detlev: Anmerkung SAE 1985, 59.

Kammann, Karl-Udo/*Hess*, Harald/*Schlochauer*, Ursula: Kommentar zum Betriebsverfassungsgesetz. Neuwied/Darmstadt 1979 [zit.: Kammann/Hess/Schlochauer].

Kehrmann, Karl: Bundesarbeitsgericht: Rechtsprechung des 1.Senats ist befremdend. In: Die Quelle 1983, 232.

Kisker, Gunter: Insichprozeß und Einheit der Verwaltung. Baden-Baden 1968.

Knobbe-Keuk, Brigitte: Das Klagerecht des Gesellschafters einer Kapitalgesellschaft wegen gesetz- und satzungswidriger Maßnahmen der Geschäftsführung. In: Festschrift für Kurt Ballerstedt, S.239. Berlin 1975.

Kölner Kommentar zum Aktiengesetz. Band 1 (§§ 1-147 AktG), Köln/Berlin/Bonn/München 1985. Band 1 (§§1-75); Band 2 1.Lieferung (§§ 76-94), 2.Aufl., Köln/Berlin/Bonn/München 1988/1989 [zit.: Bearb. in Kölner Kommentar].

Konzen, Horst/*Rupp,* Hans-Heinrich: Effektiver Gerichtsschutz und negatorischer Rechtsschutz im BetrVG. In: Betr 1984, 2695.

Konzen, Horst: Anmerkung EzA § 23 BetrVG 1972 Nr.10.

- Betriebsverfassungsrechtliche Leistungspflichten des Arbeitgebers. Köln/Berlin/Bonn/München 1984 [zit.: Konzen, Leistungspflichten].

- Anmerkung JZ 1989, 755.

- Privatrechtssystem und Betriebsverfassung. In: Recht und Rechtserkenntnis. Festschrift für Ernst Wolf zum 70.Geburtstag, S.279. Köln/Berlin/Bonn/München 1985.

- Vom "Neuen Kurs" zur sozialen Marktwirtschaft - Kontinuität und Wandel in der deutschen Arbeitsrechtsentwicklung. In: ZfA 1991, 379.

Kraft, Alfons: Anmerkung SAE 1988, 111.

- Anmerkung EzA § 87 BetrVG 1972 Arbeitszeit Nr.40.

Kraft, Alfons/*Hoehn,* Stephan: Anmerkung SAE 1989, 77.

Kraft, Alfons/*Raab,* Thomas: Anmerkung AP Nr.65 zu § 99 BetrVG 1972.

Kreutz, Peter: Grenzen der Betriebsautonomie. München 1979.

Kümpel, Winfried: Instanzgerichte kontra BAG zum Unterlassungsanspruch des Betriebsrats. In: AuR 1985, 78.

Larenz, Karl: Allgemeiner Teil des deutschen Bürgerlichen Rechts. 7.Aufl., München 1989 [zit.: Larenz, AT].

- Lehrbuch des Schuldrechts. Erster Band: Allgemeiner Teil. 14.Aufl., München 1987 [zit.: Larenz, SchR I]. Zweiter Band: Besonderer Teil. Erster Halbband. 13.Aufl., München 1986 [zit.: Larenz, SchR II/1].

- Methodenlehre der Rechtswissenschaft. 6.Aufl., Berlin/Heidelberg/New York 1991 [zit.: Larenz, Methodenlehre].

Lehmann, Heinrich: Die Unterlassungspflicht im Bürgerlichen Recht. München 1906.

Leipold, Dieter: Die Einigungsstellen nach dem neuen Betriebsverfassungsgesetz. In: Festschrift für Ludwig Schnorr von Carolsfeld zum 70.Geburtstag, S.273. Köln/Berlin/Bonn/München 1972.

Leisten, Leonhard: Einstweilige Verfügung zur Sicherung von Mitbestimmungsrechten des Betriebsrats beim Einsatz von Fremdfirmen. In: BB 1992, 266.

Lewerenz, Karl-Jochen: Leistungsklagen zwischen Organen und Organmitgliedern in der Aktiengesellschaft. Berlin 1977 [zit.: Lewerenz, Leistungsklagen].

Lieb, Manfred: Arbeitsrecht. 4.Aufl., Heidelberg 1989 [zit.: Lieb, ArbR].

von Mangoldt/Klein: Das Bonner Grundgesetz. Kommentar begründet von Hermann von Mangoldt, fortgeführt von Friedrich Klein. Band 1: Präambel, Artikel 1-5 von Christian Starck. 3.Aufl., München 1985 [zit.: v.Mangoldt/Klein/Starck, GG].

Matthes, Hans-Christoph: Die Rechtsstellung des ohne Zustimmung des Betriebsrats eingestellten Arbeitnehmers. In: Betr 1974, 2007.

Maunz/Dürig: Grundgesetz. Kommentar von Theodor Maunz, Günter Dürig, Roman Herzog, Rupert Scholz, Peter Lerche, Hans-Jürgen Papier, Albrecht Randelzhofer und Eberhard Schmidt-Assmann. 28.Lieferung (Loseblatt), Stand Dezember 1989. München 1990 [zit.: Bearb. in Maunz/Dürig, GG].

Medicus, Dieter: Bürgerliches Recht. Eine nach Anspruchsgrundlagen geordnete Darstellung zur Examensvorbereitung. 15.Aufl., Köln/Berlin/Bonn/München 1991 [zit.: Medicus, Bürgerliches Recht].

Mertens, Hans-Joachim: Organstreit in der Aktiengesellschaft ? Eine rechtspolitische Kritik. In: ZHR 154 (1990), 24.

- Unternehmensgegenstand und Mitgliedschaftsrecht. Urteilsanmerkung zu LG Mainz vom 1.4.1977. In: AG 1978, 309.

- Die Geschäftsführung in der GmbH und das ITT-Urteil. In: Festschrift für Robert Fischer, S.461. Berlin/New York 1979.

Misera, Karlheinz: Anmerkung AP Nr.5 zu § 101 BetrVG 1972.

Moll, Wilhelm: Die Mitbestimmung des Betriebsrats beim Entgelt. Berlin 1977 [zit.: Moll, Mitbestimmung beim Entgelt].

von Münch, Ingo: Grundgesetz-Kommentar. Herausgegeben von Ingo von Münch. Band 1 (Präambel bis Art.20). 3.Aufl., München 1985 [zit.: v.Münch/Bearb., GG].

Münchener Kommentar zum Bürgerlichen Gesetzbuch. Band 2: Schuldrecht Allgemeiner Teil (§§ 241-432). Band 3: Schuldrecht Besonderer Teil. 1.Halbband (§§ 433-651k, AbzG). 2.Halbband (§§ 652-853). Band 4 Sachenrecht (§§ 854-1296, WEG, ErbbauVO). 2.Aufl., München 1985/86/88 [zit.: MünchKomm/Bearb.].

Münzberg, Wolfgang: Bemerkungen zum Haftungsgrund der Unterlassungsklage. In: JZ 1967, 689.

Neumann, Michael: Unterlassungsanspruch des Betriebsrats gegen den Arbeitgeber nur nach § 23 Abs.3 BetrVG ? In: BB 1984, 676.

Neumann-Duesberg, Horst: Betriebsverfassungsrecht. Ein Lehrbuch. Berlin 1960.

Nikisch, Arthur: Arbeitsrecht. I.Band: Allgemeine Lehren und Arbeitsvertragsrecht. 3.Aufl., Tübingen 1961 [zit.: Nikisch, ArbR I]. III.Band: Betriebsverfassungsrecht. 2.Aufl., Tübingen 1966 [zit.: Nikisch, ArbR III].

Olderog, Hans-Hermann: Probleme des einstweiligen Rechtsschutzes im Bereich der sozialen Mitbestimmung. In: NZA 1985, 753.

Pahle, Wolfgang: Der vorläufige Rechtsschutz des Betriebsrats gegen mitbestimmungswidrige Maßnahmen des Arbeitgebers. In: NZA 1990, 51.

Palandt: Bürgerliches Gesetzbuch mit Einführungsgesetz, Gesetz zur Regelung des Rechts der Allgemeinen Geschäftsbedingungen, Verbraucherkreditgesetz, Gesetz über den Widerruf von Haustürgeschäften und ähnlichen Geschäften, Gesetz zur Regelung der Miethöhe, Produkthaftungsgesetz, Erbbaurechtsverordnung, Wohnungseigentumsgesetz, Ehegesetz, Hausratsverordnung, bearbeitet von Peter Bassenge, Uwe Diederichsen, Wolfgang Edenhofer, Helmut Heinrichs, Andreas Heldrich, Hans Putzo, Heinz Thomas. 51.Aufl., München 1992 [zit.: Palandt/Bearb.].

Pflugradt, Michael: Leistungsklagen zur Erzwingung rechtmäßigen Vorstandsverhaltens in der Aktiengesellschaft. Ein Beitrag zum aktienrechtlichen Organstreit und zur Aktionärsklage. München 1990 [zit.: Pflugradt, Leistungsklagen].

Picker, Eduard: Der negatorische Beseitigungsanspruch. Bonn 1972.

Radke, Olaf: Parteipolitische Betätigung im Betrieb. In: BB 1957, 1112.

Raiser, Thomas: Klagebefugnisse einzelner Aufsichtsratsmitglieder. In: ZGR 1989, 44.

- Organklagen zwischen Aufsichtsrat und Vorstand. In: AG 1989, 185.

Reuter, Dieter: Betriebsverfassung und Privatautonomie. In: ZfA 1975, 85.

- Gibt es eine arbeitsrechtliche Methode ? Ein Plädoyer für die Einheit der Rechtsordnung. In: Festschrift für Marie-Luise Hilger und Hermann Stumpf, S.573. München 1983.

- Rechtsfortbildung im Arbeitsrecht. In: RdA 1985, 321.

- Die Mitgliedschaft als sonstiges Recht im Sinne des § 823 I BGB. In: Festschrift für Hermann Lange zum 70.Geburtstag, S.707. Stuttgart/Berlin/Köln 1992.

Richardi, Reinhard: Kollektivgewalt und Individualwille bei der Gestaltung des Arbeitsverhältnisses. München 1968 [zit.: Richardi, Kollektivgewalt und Individualwille].

Rosenberg, Leo/*Schwab,* Karl-Heinz: Zivilprozeßrecht. 14.Aufl., München 1986 [zit.: Rosenberg/Schwab].

Rüthers, Bernd: Das Verbot parteipolitischer Betätigung im Betrieb. In: BB 1958, 778.

Rüthers, Bernd/*Henssler,* Martin: Anmerkung EzA § 23 BetrVG 1972 Nr.9.

Rupp, Hans-Heinrich: Grundfragen der heutigen Verwaltungsrechtslehre. Verwaltungsnorm und Verwaltungsrechtsverhältnis. Tübingen 1965.

Sacher, Thomas: Der betriebsverfassungsrechtliche Unterlassungsanspruch unter besonderer Berücksichtigung der Mitbestimmung des Betriebsrates bei Versetzungen. Diss. Regensburg 1990 [zit.: Sacher, Unterlassungsanspruch].

Säcker, Franz-Jürgen: Gruppenautonomie und Übermachtkontrolle im Arbeitsrecht. Berlin 1972 [zit.: Säcker, Gruppenautonomie].

Salje, Peter: Quasinegatorischer Rechtsschutz im Betriebsverfassungsrecht. Zugleich ein Beitrag zur Lehre von der Durchsetzung subjektiver Rechte. In: Betr 1988, 909.

Schlochauer, Ursula: Untersagung von Entlassungen oder Kündigungen durch einstweilige Verfügung bis zum Abschluß eines Interessenausgleichs. In: JArbR Bd.20 (1983), 61.

Schlünder, Guido: Die Rechtsfolgen der Mißachtung der Betriebsverfassung durch den Arbeitgeber. Frankfurt a.M./Bern/New York/Paris 1991.

Schmidt, Karsten: "Insichprozesse" durch Leistungsklagen in der Aktiengesellschaft? In: ZZP 92 (1979), 212.

- Gesellschaftsrecht. 2.Aufl., Köln/Berlin/Bonn/München 1991.

Schmidt-Bleibtreu, Bruno/*Klein,* Franz: Kommentar zum Grundgesetz unter Mitarbeit von Hans Bernhard Brockmeyer. 7.Aufl., Neuwied/Frankfurt a.M. 1990 [zit.: Schmidt-Bleibtreu/Klein, GG].

Schmidt-Rimpler, Walter: Grundfragen einer Erneuerung des Vertragsrechts. In: AcP 147 (1941), 130.

Schmitt Glaeser, Walter: Verwaltungsprozeßrecht. 10.Aufl., Stuttgart/München/Hannover 1990.

Schneider, Wolfgang: BAG stellt bisherige Rechtsprechung auf den Kopf. In: Die Quelle 1983, 491, 553.

Siber, Heinrich: Der Rechtszwang im Schuldverhältnis nach deutschem Reichsrecht. Leipzig 1903.

- Grundriß des Deutschen Bürgerlichen Rechts. Schuldrecht. Leipzig 1931.

Soergel: Bürgerliches Gesetzbuch mit Einführungsgesetz und Nebengesetzen. Kommentar begr. von Hs.Th.Soergel, neu herausgegeben von W.Siebert. Band 2: Schuldrecht I (§§ 241-432). Band 3: Schuldrecht II (§§ 433-515, AGB-Gesetz, AbzG, EAG, EKG, UN-Kaufabkommen).

Band 6: Sachenrecht (§§ 854-1296, WEG, ErbbauVO, SchiffsG). 12. Aufl., Stuttgart/Berlin/Köln 1990/1991/1990 [zit.: Soergel/Bearb.]. Band 3: Schuldrecht II (§§ 516-704). Band 4: Schuldrecht III (§§ 705-853). 11. Aufl., Stuttgart/Berlin/Köln/Mainz 1980/1985 [zit.: Soergel/Bearb., 11.Aufl.].

Soergel/Siebert: Bürgerliches Gesetzbuch mit Einführungsgesetz und Nebengesetzen. Band 2. Schuldrecht I. 10.Aufl., Stuttgart/Berlin/Köln/Mainz 1967 [zit.: Soergel/Siebert/Bearb.].

Staudinger: J. von Staudingers Kommentar zum Bürgerlichen Gesetzbuch mit Einführungsgesetz und Nebengesetzen. Zweites Buch: Recht der Schuldverhältnisse. Einleitung zu §§ 241 ff., §§ 241, 242, Gesetz zur Regelung des Rechts der Allgemeinen Geschäftsbedingungen. 12.Aufl. Berlin 1983. §§ 255-327. 12.Aufl., Berlin 1979. §§ 433-580a. 12.Aufl., Berlin 1978. §§ 611-615. 12.Aufl., Berlin 1989. §§ 823-832. 12.Aufl., Berlin 1986. Drittes Buch: Sachenrecht. §§ 937 - 1011, ErbbVO. 12.Aufl., Berlin 1989 [zit.: Staudinger/Bearb.].

Stege, Dieter/*Weinspach,* Friedrich Karl: Betriebsverfassungsgestz. Handkommentar für die betriebliche Praxis. 6.Aufl., Köln 1990 [zit.: Stege/Weinspach].

Stein/Jonas: Kommentar zur Zivilprozeßordnung. Bearbeitet von Wolfgang Grunsky, Dieter Leipold, Wolfgang Münzberg, Peter Schlosser, Ekkehard Schumann. 20.Aufl., Tübingen 1977 ff. [zit.: Stein/Jonas/Bearb.].

Steinbeck, Claudia: Überwachungspflicht und Einwirkungsmöglichkeiten des Aufsichtsrats in der Aktiengesellschaft. Berlin 1992 [zit.: Steinbeck, Überwachungspflicht].

Stober, Rolf: Kommunalrecht. Heidelberg 1987.

Stodolkowitz, Heinz Dieter: Gerichtliche Durchsetzung von Organpflichten in der Aktiengesellschaft. In: ZHR 154 (1990),1.

Stroemer, Bernd: Untersagung von Maßnahmen des Arbeitgebers im arbeitsgerichtlichen Beschlußverfahren. Dissertation Gießen 1984.

Stürner, Rolf: Der Anspruch auf Erfüllung von Treue- und Sorgfaltspflichten. In: JZ 1976, 384.

Teichmann, Arndt: Strukturüberlegungen zum Streit zwischen Organen in der Aktiengesellschaft. In: Festschrift für Otto Mühl zum 70.Geburtstag, S.663. Stuttgart/Berlin/Köln/Mainz 1981.

Thomas, Heinz/*Putzo,* Hans: Zivilprozeßordnung mit Gerichtsverfassungsgesetz und Einführungsgesetzen. 17.Aufl., München 1991 [zit.: Thomas/Putzo].

Trittin, Wolfgang: Betriebsräte ohne vorbeugenden Rechtsschutz? Zum Unterlassungsanspruch des Betriebsrats bei mitbestimmungspflichtigen Maßnahmen des Arbeitgebers gem.§ 87 BetrVG. In: BB 1984, 1169.

- Der Unterlassungsanspruch des Betriebsrats zur Sicherung seiner Mitwirkungsrechte gem. §§ 90, 111, 112 BetrVG. Anmerkungen zu dem Beschluß des ArbG Braunschweig vom 15.6.82. In: Betr 1983, 230.

Weber, Christoph: Anmerkung EzA § 99 BetrVG 1972 Nr.58.

Weber, Klaus: Das Erzwingungsverfahren gegen den Arbeitgeber nach § 23 Abs.3 BetrVG. Frankfurt/Main 1979 [zit.: K.Weber, Erzwingungsverfahren].

Weiss, Manfred: Betriebsverfassungsgesetz. Frankfurt a.M. 1978 [zit.: Weiss].

Westermann, Harm Peter: Sonderprivatrechtliche Sozialmodelle und das allgemeine Privatrecht. In: AcP 178 (1978), 150.

Westermann, Harry: Rechtsstreitigkeiten um die Rechte aus § 90 AktG. In: Festschrift für Eduard Bötticher zum 70.Geburtstag, S.369. Berlin 1969.

Wiedemann, Herbert: Gesellschaftsrecht. Ein Lehrbuch des Unternehmens- und Verbandsrechts. Band I: Grundlagen. München 1980 [zit.: Wiedemann, Gesellschaftsrecht].

- Organverantwortung und Gesellschafterklagen in der Aktiengesellschaft. Opladen 1989.

Wiese, Günther: Das Initiativrecht nach dem Betriebsverfassungsgesetz. Neuwied/Darmstadt 1977 [zit.: Wiese, Initiativrecht].

- Zum Verzicht auf Befugnisse nach dem Betriebsverfassungsgesetz. In: RdA 1968, 455.

Windscheid, Bernhard: Die actio des römischen Zivilrechts vom Standpunkt des heutigen Rechts. Düsseldorf 1856.

Windscheid/Kipp: Lehrbuch des Pandektenrechts von Bernhard Windscheid. Erster Band, 9.Aufl., bearbeitet von Theodor Kipp. Frankfurt a.M. 1906.

Witt, Carsten: Die betriebsverfassungsrechtliche Kooperationsmaxime und der Grundsatz von True und Glauben. Berlin 1987 [zit.: Witt, Kooperationsmaxime].

Wolff, Hans Julius/*Bachof,* Otto: Verwaltungsrecht II (Organisations- und Dienstrecht). 4.Aufl., München 1976.

Zöller: Zivilprozeßordnung mit Gerichtsverfassungsgesetz und den Einführungsgesetzen, mit Internationalem Zivilprozeßrecht, Kostenanmerkungen. Begründet von Richard Zöller. Bearbeitet von Reinhold Geimer, Peter Gummer, Josef Mühlbauer, Peter Philippi, Egon Schneider, Dieter Stephan, Kurt Stöber, Max Vollkommer. 17.Aufl., Köln 1991 [zit.: Zöller/Bearb.].

Zöllner, Wolfgang: Die sogenannten Gesellschafterklagen im Kapitalgesellschaftsrecht. In: ZGR 1988, 392.

- Privatautonomie und Arbeitsverhältnis. Bemerkungen zu Parität und Richtigkeitsgewähr beim Arbeitsvertrag. In: AcP 176 (1976), 221.

Zöllner, Wolfgang/*Loritz,* Karl-Georg: Arbeitsrecht. 4.Aufl., München 1992 [zit.: Zöllner/Loritz, ArbR].

Kolibri 360 GmbH
Ferdinand-Jühlke-Straße 7
99095 Erfurt, Deutschland
produktsicherheit@kolibri360.de

Druck:
CPI Druckdienstleistungen GmbH
im Auftrag der
Kolibri 360 GmbH
Ferdinand-Jühlke-Str. 7
99095 Erfurt